U0840609

珍藏本
纪念版

汉译世界学术名著丛书

进步与贫困

〔美〕亨利·乔治 著

吴良健 王翼龙 译

商务印书馆
SINCE 1897 The Commercial Press
2017年·北京

Henry George
PROGRESS AND POVERTY
Garden City Publishing Company, Inc. 1926
本书根据美国纽约加登城出版公司 1926 年版译出

汉译世界学术名著丛书
（120年纪念版·珍藏本）
出 版 说 明

2017年2月11日，商务印书馆迎来120岁的生日。120年前，商务印书馆前贤怀揣文化救国的理想，抱持"昌明教育，开启民智"的使命，立足本土，放眼寰宇，以出版为津梁，沟通中西，为中国、为世界提供最富智慧的思想文化成果。无论世事白云苍狗，潮流左右激荡，甚至战火硝烟弥漫，始终践行学术报国之志，无改初心。

逐译世界各国学术名著，即其一端。早在20世纪初年便出版《原富》《天演论》等影响至今的代表性著作，1950年代后更致力于外国哲学和社会科学经典的译介，及至1980年代，辑为"汉译世界学术名著丛书"，汇涓为流，蔚为大观。丛书自1981年开始出版，历时三十余年，迄今已推出七百种，是我国现代出版史上规模最大、最为重要的学术翻译工程。

丛书所选之书，立场观点不囿于一派，学科领域不限于一门，皆为文明开启以来，各时代、各国家、各民族的思想与文化精粹，代表着人类已经到达过的精神境界。丛书系统译介世界学术经典，引领时代思想，为本土原创学术的发展提供丰富的文化滋养，为推动中国现代学术和现代化进程做出了突出的贡献。

为纪念商务印书馆成立120周年，我们整体推出“汉译世界学术名著丛书”120年纪念版的珍藏本，寄望既利于文化积累，又便于研读查考，同时向长期支持丛书出版的译者、编者和读者致以敬意。

两甲子后的今天，商务印书馆又站在了一个新的历史时间节点上。我们不仅要铭记先辈的身影和足迹，更须让我们的步伐充满新的时代精神。这是商务人代代相传的事业，更是与国家和民族的命运始终紧密相连的事业。我们责无旁贷，必须做好我们这代人的传承与创造，让我们的努力和成果不仅凝聚成民族文化的记忆，还能成为后来人可以接续的事业。唯此，才能不负前贤，无愧来者。

商务印书馆编辑部

2017年10月

目　　录

《进步与贫困》25 周年纪念版本序言 …………………… 1
第四版序言 …………………………………………………… 5
绪言 ………………………………………………………… 11

第一编　工资与资本

第一章　当前流行的工资理论——它的缺陷 ………………… 23
第二章　一些专用名词的含义 ………………………………… 35
第三章　工资不是取自于资本，而是由劳动产生的 ………… 52
第四章　劳动者的生活资料不是取自于资本 ………………… 70
第五章　资本的真正职能 ……………………………………… 78

第二编　人口与食物

第一章　马尔萨斯学说，它的起源与依据 …………………… 89
第二章　根据事实的推理 ……………………………………… 100
第三章　根据类比的推理 ……………………………………… 122
第四章　反驳马尔萨斯学说 …………………………………… 131

第三编 分配规律

第一章 对几个分配规律进行的专门探究——这些规律的必然联系…………………………………………… 143
第二章 地租和地租规律…………………………………… 153
第三章 利息和利息的起因………………………………… 160
第四章 关于虚假资本和关于经常被误认为是利息的利润…………………………………………………… 174
第五章 利息规律…………………………………………… 179
第六章 工资与工资规律…………………………………… 186
第七章 这些规律的相互关系和协调……………………… 197
第八章 这样解释的这个问题的静态学…………………… 199

第四编 物质进步对财富分配的影响

第一章 尚需探索的这个问题的动态学…………………… 205
第二章 人口增加对财富分配的影响……………………… 208
第三章 技术改进对财富分配的影响……………………… 220
第四章 由物质进步引起的人类期望的作用……………… 229

第五编 解决了的问题

第一章 反复阵发工业萧条的主要原因…………………… 237
第二章 财富不断增长中持续存在的贫困………………… 253

第六编　纠正的方法

第一章　当前所倡导的纠正方法的不当…………………… 269
第二章　真正的纠正方法…………………………………… 294

第七编　这种纠正方法的公正

第一章　土地私有的不公正………………………………… 299
第二章　劳动者受奴役是土地私有的最终结果…………… 312
第三章　地主的补偿要求…………………………………… 321
第四章　对土地私有制的历史研究………………………… 330
第五章　美国的土地财产…………………………………… 344

第八编　纠正方法的应用

第一章　土地私有做不到对土地的最佳使用……………… 355
第二章　怎样坚持和保证平等的土地权利………………… 360
第三章　用税收原则检验这个建议………………………… 365
第四章　赞同和反对………………………………………… 377

第九编　纠正方法的作用

第一章　对财富生产的作用………………………………… 387
第二章　对分配和由此对生产的作用……………………… 393
第三章　对个人和阶级的作用……………………………… 399
第四章　将在社会组织和社会生活中引起的变革………… 405

第十编　人类进步的规律

第一章　当前人类进步的理论——它的不足…………………… 423
第二章　文明的差异——为什么………………………………… 436
第三章　人类进步的规律………………………………………… 450
第四章　现代文明为何衰落……………………………………… 467
第五章　极为重要的真理………………………………………… 483

结束语……………………………………………………………… 491
译名对照表………………………………………………………… 502

《进步与贫困》25周年纪念版本序言

一个年纪不到30岁的青年从空旷的西部来到纽约这个大城市。他的身材短小瘦削。他的母校是商船前甲板下的水手舱和印刷所。他没有资产，没有人引导，也没有声望。他来自这个国家西部金矿坑道口边上的一个小镇，为那边一家挣扎求发展的小报，不顾联合一致的强有力报纸和电信垄断组织的反对，到这里建立一家电信新闻社。这场斗争中双方的力量太悬殊。这个青年被垄断组织压倒，他的小小的报纸垮台了。

这个青年人就是亨利·乔治，时间是1869年。

虽然遭到失败，但是亨利·乔治没有被压倒。从这场斗争中产生出了一种感情，它不断增强，直到注满大众的心臆，使其成为"一支有理想和目标的大军"。

在这个城市为办报奋斗之余，这个年轻记者常常沉默不语地在街头散步，散步时眼见巨大财富的种种表现使他不胜惊讶。就是在这个城市，不是他曾梦到的任何地方，私人财产之大比得上寓言中蒙特·克利斯托的富豪。但是同是在这个城市，在王侯般豪华的住宅旁边，可以见到贫穷和堕落、匮乏和耻辱，这种情形使来自空旷西部的青年心中懊丧。

为什么在这块财富能使人人富足，并富足有余的土地上会存在如此不平等的情况呢？为什么堆积如山的财富会与如此严重和可耻的匮乏联结在一起？为什么在如此的充分富裕之中，健壮的男人找不到工作？为什么妇女因饥饿而虚弱无力，小孩子消耗青春年华在脚踏纺织机上做苦工呢？

这是事物发展秩序的有意安排吗？不，他不信这一套。突然，一种炽热的思想、一种呼唤、一种幻象，就在光天化日之下的这个城市的大街上，闪入他的脑海。他的每一根神经都战栗了。他发誓，在他找到越来越多的财富中存在着这种日益严重贫困的原因之前；如果他能够，在他找到如何纠正这种现象的办法之前，他绝不休息。

他办电信新闻社失败后不久就返回旧金山；他心里时时反复想着他的誓言。亨利·乔治看到土地投机把广袤领土封锁起来，不使劳动者得到。他看到到处在“囤积”土地；人们致力于获得土地和占有土地，不是为了使用，而是等待它的“涨价”。他到处看到，因此之故使所有希望使用土地的人为土地而互相竞争。他预见到随着人口的增加，这种竞争将愈演愈烈。那些垄断土地的人实际上成为不得不使用土地者的主人。

满怀这些思想，亨利·乔治于1871年用4个月时间坐下来写成一本题为《我们的土地和土地政策》的小书。在这本48页的小书里，他主张把全部劳动税和劳动产品税转变为集中向地价征收的单一税（不管土地是否经过改良），以消灭土地的垄断。这本小书印刷了1 000册，但是作者很快明白，要真正引起社会的注意，这本书还必须写得更加透彻。

这本更加透彻的著作6年多以后才问世。1877年8月《进步与贫困》的写作开始，它是《我们的土地和土地政策》这棵橡树子生长出来的橡树。这本篇幅增多的书“探究了工业萧条以及财富增加与匮乏增加同时并存的原因”，并指出补救的办法。

这本书的完成花了作者一年零七个月的紧张劳动，在此期间作者备尝贫困，他家的起居室没有地毯，作者还经常被迫典当他的个人财物。

当最后一页在万籁无声的深夜完稿时，只有他独自一人，亨利·乔治突然跪倒在地，像孩子般哭泣起来，他业已履行了他的誓言，其余都得由上帝决定。

接着将这份手稿送往纽约去找寻出版商。有几个出版商认为它脱离实际；有几个认为它过于激烈。大部分出版商认为它有危险性；几乎所有的出版商都认为它销路不会好，或者只能收回出版费用。大家知道，即使是名家写的有关政治经济学方面的著作也很难赚钱，何况出自一个默默无闻者——既不出名又无任何声望——之手的著作又有什么希望呢？可是到最后，D. 阿普尔顿股份公司说，作者如愿负担排版费的大部分，他们愿意出版。要出版除此之外没有任何办法。因此，为了使排版工作在他亲自指导下进行，亨利·乔治安排在旧金山他友人的印刷所里排字，该书的作者亲自拣满了头两盘活字。

在用这种铅字排成的活字版运往东部前，印刷所把它们装在印刷机上，印出 500 册“作者校样版本”。亨利·乔治把其中一本寄给他在费拉德尔菲亚的敬爱的 81 岁父亲。同时写去这样一封信：

> 怀着对我们天父的深深的感激之情，我把此书的一册印刷

本寄给您。感谢上帝使我能活着写完它，您能活着见到它。它体现了大量的工作和大量的牺牲，现在总算完成了。此书开始时不会受重视——可能在一段时间里不会受重视——但最终它将被认为是一本有巨大价值的书，它将在东西两个半球上出版，并被译成各种不同文字。对这点我深信不疑，虽然我们两人可能永远见不到这种情形。然而我在此书中表达的那种信念——我们尚有另一个生命的信念——使我认为看不到也无关紧要。

乔治对此书所作的其伟大意义必定受到承认的预言很快就实现了。纽约的阿普尔顿公司在正好 25 年前的 1880 年 1 月份正式出版了第一版。旧金山的某些报纸嘲弄此书和作者，说它是"小亨利·乔治"的"业余癖好"，并预言此书决计不会出名。但是国内其他地方和国外的报纸，如伦敦《泰晤士报》等报纸和以《爱丁堡评论》为首的著名期刊，都称此书为不能轻易置之不理的杰作。在美国和英国，此书廉价平装本的销路超过当时最受欢迎的小说。在这两个国家，还在一些报纸的专栏里连续刊载。此书被译成欧洲各主要语言，仅在德国就有三个译本。对此书的印数也许难以作出准确的计算，但据保守的估计，迄今为止，《进步与贫困》包括所有形式和语种的印行数超过 200 万本，连同亨利·乔治后来所写的可以称为"进步与贫困文库"的其他著作，流行于世的总计也许有 500 万本。

小亨利·乔治

1905 年 1 月 24 日于纽约

第四版序言

这里提出的见解在1871年旧金山出版的题为《我们的土地和土地政策》的小册子中大体上有过简要的论述。嗣后，我打算尽可能快地把这些见解作比较详尽的阐明，但一段长时间内没有机会。与此同时，我更完整、更清楚地看清了它们之间的关系，更坚定地相信这些见解是正确的；但是我也明白，在使它们得到社会承认的道路上充斥着许多偏见和许多错误的思考习惯，因而迫切的需要把我的理论作全面的阐述。

在我们能够建立一个理论体系之前有必要清除芜蔓枝叶的东西。有必要同时为两种对象而写作，即既要为以前从未研究这些主题的那些人，又要为熟悉经济理论的那些人。这本书论及的范围太大，不可能对提出来的许多问题作恰如其分的全面论述。我尽最大努力去做的就是树立总的原则，托付读者在需要它的地方进一步加以运用。这就是我在本书中所要努力做的事情，并在篇幅能容纳的程度内尽可能做得详尽完备。

具有一点经济学知识的人能在某几方面很好地理解本书；但要弄懂其论点或判断其结论，没有必要事先一定要读一些经济学书籍。我依据的事实并非是只有通过搜索大量典籍才能证明的事实。它们是通过一般观察和根据常识得来的事实，每一个读者都能自行核实，读者能够根据这些事实作出推理，确定结论是否正确。

首先从导致这种调查研究的一些事实的简短叙述开始，然后我继续检查当前以政治经济学名义提出的解释，即尽管劳动生产率增长，工资却趋向减少到仅能维持最低生活数目的原因。这样的检查表明，目前关于工资的学说以错觉为基础；事实上，工资是由有偿劳动产生的，如果其他条件相同，工资应随劳动者人数的增加而增加。这里查考碰到作为最重要经济学理论基础和中心并强有力地影响各方面思想的学说——就是主张人口增长快于生活资料增长的马尔萨斯学说。可是检查的结果表明，这种学说在事实和类推概念中没有真正的根据，对它作决定性的检验时，证实它完全不能成立。

迄今为止的检查结果，虽然绝端重要，但主要是否定的。结果表明，当前流行的一些理论不能令人满意地解释贫困与物质增长之间的关系，不能对问题本身作出明白的说明；只是告诉我们，问题的解决办法必须到支配财富分配的规律中去寻找。因此有必要在这个领域中进行查考。初步考察表明，财富分配的三条规律必然是彼此互相关联着的，但是现代政治经济学所制定的这三条规律并非互相关联；在对使用的术语加以研究之后，揭露出思想上的这种混乱，由于思想混乱，这种相互不关联的状况被忽略过去了。于是着手找寻财富分配规律，我首先开始从事地租规律的研究。很容易看出，这条规律是被当代政治经济学正确理解的。但是也看得出，这条规律的全部内涵还没有被正确评价，而这条规律又是工资规律和利息规律的必然结果——决定产品的哪一部分归地主所有的理由也必然决定哪一部分留给劳动和资本。我不停留于此，继续对工资规律和利息规律进行独立的演绎。我停下来去确定什么是利息的真正和正当的理由，并指出许多谬误观念的根源在于混淆了真正的垄断利益和资本的合法利润。现在回过来谈谈主要查考的问题，调研结果表明，利息必然与工资同时上升或下降，并同地租一样最后依据同一事实，即耕种面积的最低界限或地租开始的产生点。一次对工资规律作同样的但是独立的调研，也得到了同样的结果。这样，财富分配的三条规律经过调研说明是相互支持和协调的，而大家看到的随着物质增长使地租到处提高的事实，可以解释工资和利率并未上升的原因。

是什么促使地租提高呢？它是出现在我们面前的下一个问题，要弄清其原因有必要查考物质增长对财富分配的影响。把物质增长的动力分作人口增加和技术改良两个因素，第一次看到人口的增加总是经常不断地不仅仅依靠降低耕种面积的最低界限，而且依靠把随着增加的人口而产生的各种经济与动力限制在一定地方，借以增加总产品中作为地租的比例，同时减少作为工资和利息的比例。然后撇开人口增加这个因素，看得出生产方法和动力的改良往往也导致同一结果。由于土地是私人财产，在人口静止不变的情况下将会产生马尔萨斯学说归因于人口压力的全部后果。而后再考虑由物质进步引起的地价不断上升的后果，清楚地看出，当土地是私人财产时必然引起的土地投机的剧增是地租上升和工资下降的引申而得的然而是最重大的原因。演绎法表明这个原因必然会造成周期性的工业萧条，而归纳法证明这个结论是正确的。根据这样作出的分析，只要土地属于私人，不管人口怎样增加，物质进步的后果必然迫使劳动者得到只能维持最低生活的工资。

确定了使贫困与进步同存的原因，同时也指明了纠正的办法，可是这个办法十分激烈，以致我接着认为有必要去调查有没有任何别的纠正办法。调查从另一个出发点开始，我对当前宣传的或相信能改善劳动群众生活条件的各种办法和意向一一进行查考。这次调查的结果证明我以前的意见是对的，因为调查表明，只有使土地成为公共财产，才能永远解脱贫困并制止工资下降到饥饿点。

现在自然而然地出现了社会正义的问题，使我们的探究进入道德领域。对财产的性质和基础所作的调查表明，各种物质的性质之间存在根本的和不能混淆的差别，那就是劳动的产物和土地形式的财产；前者有自然的根据和认可，而后者没有。承认土地形式的独占财产，必然否定劳动产品形式的财产权。进一步调查告诉我们，土地形式的私有财产不断发展，常常和必然会导致使劳动阶级处于被奴役地位；假如社会选择恢复其权利，地主没有要求赔偿的正当理由；迄今土地形式的私人财产符合人们的自然观念，这种违背正义的现状还牢固存在，但是在美国我们已经开始感到承认此种错误和毁灭性原则的坏影响了。

然后我的调查进入实际的治理国家才能方面，可以看出土地形式的私有财产非但不能改进和使用这种才能，反而阻止这种才能的改进和使用，并造成生产力的巨大浪费；承认土地公共权利不会引起震动和剥夺，只需要取消除地价税外的全部税收的简单和容易的办法便能达成了。对赋税原则的调查表明，这个办法在所有方面都是赋税的最好办法。

对上边提出的改革办法的效果所进行的研究表明，它将大大提高生产；它将保证财富分配的公平；它将对所有阶级有好处；它还将有可能使人类向更高、更光辉的文明前进。

现在调查进入范围更广的领域，从另一个出发点重新开始。因为不但我上边提出的希望与社会普遍流行的社会进步只能以缓慢步子改良的观念相冲突，而且我们在坚持从某些规律中所得出的结论，倘若它们是真正自然规律的话，这个结论在人类历史上一定有明白的表现。因此需要探索人类进步的规律，作为最后的测试。因为我们一旦开始研究这个主题，必然会引起我们注意的某些重大事件似乎全然与当今流行的理论不一致。这次调查表明，文明的差距，不是个人间的差距，而应该说是社会组织的差距，由人类交往促成的那种进步，总是因为社会上不平等的加剧而陷于倒退；即使在现代文明中，毁灭以前所有文明的原因正开始出现，而仅有的政治民主正趋向无政府状态和专制制度。这次调查还认定社会生活规律和道德上的公正规律是一致的，从而证实前边的结论；它也表明怎样防止倒退和宏伟的进步如何开始。到这里调查终止。最后一章是以前各章的总结。

此种调查的巨大重要性是很明显的。假如调查细致地和合乎逻辑地进行，调查的结论会完全改变政治经济学的性质，使它具有真正科学的一致性与确实性，使它深刻同情人民群众的愿望，而目前的政治经济学已经长期脱离了群众的愿望。假如我正确地解决了我希图进行调查的重大问题，我在本书中所做的就是把斯密和李嘉图学派发现的真理与蒲鲁东和拉萨尔学派发现的真理统一起来；就是说明放任主义（在它的全部真正意义上）开辟了实现社会主义崇高梦想的途径；就是指出社会规律和道德规律的一致性；并驳斥许多人所怀有的那种虚无缥缈、华而不实和脱离实际的观念。

本书写作时间从 1877 年 8 月到 1879 年 3 月，当年 9 月排版完竣。从那时起出现新的事例说明书中提出的观点是正确的，世界上各种事态的发展，尤其是大不列颠版图内爱尔兰骚动中开始的重大运动，更清楚地说明我力求解决的这一问题的迫切性。除了改正几处字句上的错误和新增一篇序言外，本版的内容与以前几版相同。

亨利·乔治

1880 年 11 月于纽约

绪　　言

当前的问题

现在这个世纪以生产财富能力的巨大增加为特征。蒸汽和电力的利用；经过改进的生产方法和节省劳力的机器的使用；生产的更细的分工和更大的规模；交换的极大便利；都大大地增加了劳动的效率。

在这个奇异时代开始的时候，人们自会期望也确实期望过，种种能节省劳力的发明一定会减轻工作的劳累和改进劳动者的生活条件；期望生产财富能力的巨大增加一定会使贫困成为过去的事情。上一个世纪的人——如富兰克林或普里斯特利——在想望将来时，如能见到汽轮取代了帆船，火车取代了运货马车，收割机取代了大镰刀，脱粒机取代了连枷；如果能听到服从于人的意志满足人的欲望施展比全部人和驮畜合起来还要巨大的力量的机器轰鸣声；如果能见到森林树木几乎不要人手操作变成木材、屋门、窗框、百叶窗、木箱和木桶；大制鞋作坊成箱生产靴子和鞋子所花费的劳力比老式鞋匠装一只鞋底还少；由一个女孩看管，纺织厂把棉花织成布匹，速度比几百个健壮织工用手工织布机织出等量布匹还快；如果能见到蒸汽锤锻成庞大的机轴和巨大的铁锚，精巧的机器制

出微小的表;金刚钻钻头穿透岩层;煤油代替鲸油;如果能理解由于交换和交通设备的改良节省了巨大的劳力——在英格兰可以吃上澳大利亚屠宰的新鲜羊肉;伦敦银行家在下午发出的订货单,第二天早上就在旧金山执行;如果能想象到数以十万计的改良(以上只提到一部分),那么,他对人类社会条件会作出怎样的推断呢?

看起来不像是推断,他的思维比想象跑得更远,看来仿佛是他亲眼目睹;他的心在猛跳,他的神经在战栗,就像是站在高处的一个人,看到就在渴坏了的商队前面躺着一片闪烁着可爱光芒的沙沙发响的树林和迅速流动的淙淙泉水。很显然,在想象的景色中,他会看到这些新的力量使社会从原来的基础上升,使最贫困的人们脱离匮乏的可能,使最底层的人们免除为生活的物质需要而忧虑;他会看到这些知识之光创造的奴仆承担起传统的艰辛劳动,这些铁肌钢腱使最贫困的劳动者的生活像是天天在度假,在这种生活中,每一个有才能和德性的人都有发展的机会。

由于这些丰盈的物质条件,他会看到(根据必然的循序)实现了它的黄金时代的日益上升的道德状态,这是人类梦寐以求的;青年人不再发育不全成为饿殍;老年人不再为贪婪所折磨;孩子与老虎一起玩耍;拿粪耙的人在辉煌的灯光中饮酒;丑恶的东西消失了,凶猛的东西驯服了;倾轧转变为和谐!在所有人丰足的地方怎么可能出现贪婪呢?在贫困销声匿迹的地方,由贫困和惧怕贫困而产生的邪恶、犯罪、无知、残酷怎么可能存在呢?在所有人都是自由人的地方谁还会低头弯腰,在人人平等的地方谁还能压迫别人?

或多或少,或含糊或清楚,这些都是人们的希望,这些都是使这个美妙世纪具有突出地位的种种进步造成的美梦。这些想望如此深入人心，以致人们激烈地改变思潮，重造信仰和更换最基本的观念。萦绕在心头的对较高生活可能性的梦想不仅充满灿烂光辉和鲜明色彩，而且改变了方向——看到的不再是微弱色调背后的即将隐去的落日，而是黎明的光辉映照着前边的晴空。

事实是无数次的失望，无数次的发明和无数次的创造既没有减轻最需要休息的那些人的劳累，又没有为穷人带来富足。但是这个失败可以归因于许许多多事情，所以直到我们这个时代，这种新的信心几乎未曾减弱。我们已经更确切地理解了有待克服的种种困难；但还是同样相信，时代的趋势将克服这些困难。

可是，我们现在正与不可能误解的事实相冲突。整个文明世界抱怨工业萧条；抱怨劳动力非自愿的闲置；抱怨资本大量集中和浪费；商人中抱怨银根紧张；工人阶级中抱怨匮乏、苦难和忧虑。广大人民群众中间所有沉默而麻木的悲伤，所有强烈而疯狂的痛苦，全都包含在“艰难岁月”这句话中，它们折磨着今日的世界。在所处地点、政治制度、财政金融体系、人口密度、社会组织非常不同的许多社会里，普遍出现这种状况，很难说是由于局部的原因。保持大量常备军的地方有苦难，只有名义上一点常备军的地方也有苦难；用保护性关税愚蠢而无效地阻碍贸易的地方有苦难，但在贸易接近自由的地方也有苦难；专制政府执掌政权的地方有苦难，政权完全掌握在人民手里的地方也有苦难；使用纸币的地方有苦难，只使用金银铸币的地方也有苦难。显然，在所有这些情况中，我们必须推断出一个共同的原因。

是有一个共同原因，它就是我们称之为物质进步的东西或者是与物质进步密切有关的某种东西，因为当我们仔细分析苦难时，不止一个推论说明，我们所说的和将其归结为工业萧条的现象，就是经常伴随物质进步产生的现象强化，并且随着物质进步的推进，这种现象变得更加清楚和强烈。凡物质进步的条件最充分具备的地方——也就是说那里人口最稠密、财富最庞大、生产和交换的机器最发达——我们发现最严重的贫困、最尖锐的求生斗争和最多的被迫赋闲。

在较近建立的国家中——指物质进步尚处于初始阶段的国家——劳动者向那里移民，追求较高的工资，资本流向那里去寻求较高的利润。在建立已久的国家里——指物质进步已经达到较晚阶段的国家——在最巨大的丰足中间到处可以见到赤贫。进入盎格鲁-撒克逊民族的精力刚刚开始进行竞赛的一个新社会，那里生产和交换的机器粗糙和不足，那里财产的增加还没有大到足以使任何阶级过悠闲而奢侈的生活，那里最好的房屋不过是原木小屋或用布和硬纸搭起的棚屋，最富裕的人还必须做日常工作——虽然你会发现那里不存在巨大财富以及所有与财富同时出现的事物，你也会发现那里没有乞丐、没有奢华，也没有赤贫。没有人过安逸舒适的生活，也没有十分好的生活，但每个人都能过活，凡是能够和愿意工作的人都不必担心匮乏之苦。

但这样的社会如果实现了当前文明社会努力追求的目标，并踏上物质进步阶梯——那时居住的人口更稠密，与世界其他地方的关系和联系更密切，并能更好地利用节省劳力的机器，使生产和交换尽可能地节约，那时不仅财富总量而且人均财富都有所增加——贫困则呈现更阴暗的模样。某些人有无限优越和舒适的生活，而其他人根本难以为生。“流浪者”与火车头俱来，济贫院、监狱和豪华的住宅、充满物资的仓库以及宏伟的教堂肯定俱是“物质进步”的标志。在有煤气灯照明和身着制服的巡警巡逻的街上，乞丐等候着过往行人的施舍，在大学、图书馆和博物馆的阴影里，集合着麦考利预言过的更可怕的破坏文物者和更凶恶的摧残文化者。

这个事实——贫困及其伴随物正是以形成物质进步趋向的条件而出现在社会中——证明了，已经达到某种进步阶段的任何地方，其存在的社会困难不是出于局部的环境，而是以这种或那种方式，由进步本身造成的。

承认这个事实也许不使人高兴，但最终它变得十分明显：作为这个世纪的特征并仍在加速度发展的巨大生产能力，并无根除贫困或减轻被迫做苦工那些人负担的趋势，它只不过加深了富人与穷人间的鸿沟，并使求生的斗争更加剧烈罢了。创造发明不断前进所赋予人类的力量是一个世纪前最大胆的想象力梦想不到的。然而在工厂里，节省劳力的机器发展到最惊人的境地，年幼的孩子们在那里操作；新生产能力得到充分利用的地方，人数众多的阶级靠施舍维持生计，或者生活几乎求助于慈善机构；在堆积如山的财富之间，大人饥饿而死，瘦骨伶仃的婴儿吮吸母亲干瘪的乳房；与此同时，到处贪得无厌和崇拜财富表明了恐惧匮乏的力量。希望之乡像海市蜃楼般在我们眼前飞走，知识之树的果实，正当我们抓到时变成罪恶之地的苹果，一触即化为乌有。

财富的确有巨大的增加，一般的舒适、闲暇和讲究程度也提高了;但是这些利益不是普遍的。最低层阶级没有分享好处。[①] 我的意见并不是说最低层阶级的条件不论在哪方面和在任何事情上都没有改进,而是指他们在任何方面的改善都不能归因于增加了的生产能力。我的意思是说,我们称为物质进步的那种趋势决计不能在健康、幸福生活的必需品上改善最低层阶级的生活条件。不,不仅如此,它还进一步压低最低层阶级的生活条件。新的力量虽然有上升的性质,但它不是人们长时间希望和相信的那样,从底层对社会结构起作用,而是在位于社会结构顶部与底部中间的一点上穿透它。好像一个巨大的楔子,不是在社会底部打进去,而是在社会中部穿过去。那些在分裂点以上的人们,处境上升了,但是那些在分裂点以下的人们被压碎了。

人们对这种压低的影响一般都不理解,因为在长期存在一个仅仅能够维持生活的阶级的地方是不明显的。在最低层阶级勉强活命的地方(如欧洲许多地方长期存在的那种状况),这个阶级再也不能往下沉,因为再低一步就不能生存了,所以进一步压低的趋势就不容易出现。但是在新殖民地演化为较老社会条件的发展中,可以清楚地看出,物质进步不仅不能解脱贫困,实际上它产生贫困。在美国,贫困与苦难以及由此而产生的罪恶与犯罪,到处清楚地随着村镇发展成城市以及由不断发展带来的生产和交换方法的改进而得到的好处而增加。正是在合众国的较老和较富部分,

① 的确,现在最贫困的人可能在某些方面享受到最富裕的人一个世纪前不能得到的东西,但这并不说明生活条件的改善,因为这些人获得生活必需品的能力没有增加。大城市中的乞丐可能享受落后边远地区农民得不到的许多东西,但那并不证明城市乞丐的生活条件要比独立农民的生活条件优越。

工人阶级中贫穷和不幸正在最使人痛苦地变得明显。假使旧金山比纽约贫穷程度较轻，难道不是因为在这两个城市都在全力争取的所有事情上旧金山落后于纽约吗？一旦旧金山达到纽约目前程度，谁会怀疑在旧金山的街道上也将出现破衣赤脚的孩子呢？

贫困与进步的这种形影相随是我们时代的难解之谜。它是产生困惑世界的工业、社会和政治难题的最重要事实，也是政治家才能、慈善事业和教育与之作无效斗争的最重要事实。从它那里出现悬挂在最进步和最自信国家未来上空的阴霾。它是决定命运的斯芬克斯向我们文明提出的谜语，后者要是回答不上就将被毁灭。只要现代进步所带来的全部增加的财富只是为个人积累巨大财产，增加奢侈和使富裕之家和贫困之家的差距更加悬殊，进步就不是真正的进步，它也难以持久。这种情形必定会产生反作用。塔楼在基础上倾斜了，每增加一层只能加速它的最终崩坍。对注定必然贫穷的人进行教育，只是使他们骚动不安；把理论上人人平等的政治制度建筑在非常显著的社会不平等状况之上，等于把金字塔尖顶朝下竖立在地上。

这个问题极为重要，迫使各阶层人们不得不重视。迄今尚无针对所有事实与要点作出简单明了补救的解决办法。人们为解释目前的萧条局面而所作的各种不同努力说明了这种情形。这种种努力不仅表明庸俗观念与科学理论之间的分歧，而且还说明，公开宣称有着相同的一般性理论的那些人中间的勉强凑合，他们把实际问题分裂为混乱的见解。著名经济学权威著作告诉我们，目前发生的不景气是由于过度消费；同样著名的经济学权威著作说，它是由于生产过剩；此外一些有名的作家分别指出它的原因有下列种种:战争的浪费;铁路的延伸;工人试图保持较高工资;停止使用银币,发行纸币;节省劳力机器的增多;开辟短途贸易等。

当教授们众说纷纭时,在那些敏锐地感到受损害和深深地意识到不公正的许多人中间迅速出现如下意见:资本与劳动之间必然存在矛盾;机器是恶魔;必须限制竞争和必须消灭利息;发行货币可以创造财富;政府有责任提供资本或提供工作机会。这些思想会把许许多多人(最后政治力量的蕴藏所)置于冒充内行的骗子和煽动者的领导下,因而是充满危险性的;但是这些思想是难以成功地压下去的,除非政治经济学对此重大问题予以解答,它的解答应与它的理论一致,并得到广大人民群众的理解。

对这个问题的解答必须放在政治经济学范围之内。因为政治经济学不是一套教条。它是对某种相关联的事实的解释。它是在某些一连串现象中找出它们之间的相互关联并识别其原因与结果的科学,正如自然科学在其他一连串现象中进行探索一样。它把它的基础建在坚实的地面上。它作出推论的前提是得到最高认可的事实,是我们大家公认的原理;在这些事实与原理的基础上,我们可以安全地进行日常生活的推理和行动;这些事实与原理还可以用抽象的物理定律来表达:运动寻求抗阻最少的路线——就是说人类寻求以最小的劳力来满足他们的欲望。从这样确定的基础出发,以鉴别与分类为主的政治经济学方法就具有同样的可靠性。从这个意义上说,它和几何学一样是一门真正的科学,它根据同样的与空间有关的事实,以同样方法获得结论,而当它的结论正确时,其正确性应是不言自明的。虽然在政治经济学领域内,我们不能像某些其他科学所做的那样,以人工制造的化合物或条件来试验我们的理论，但我们可以对条件不同的几个社会进行比较，或者可以在想象中区分、合并、增添或排除已知趋势的力量或因素，进行有同等可靠性的试验。

我在后边正文中建议尝试使用政治经济学的方法解决我上文概述的重大问题。我建议探究使贫困与进步相互结合和使加剧的匮乏与日益增加财富相互结合的规律；我相信在解释这种怪事的过程中，我们将发现一再发生工业和商业停滞的原因，这种现象若单独从其与更普遍现象的关系来观察，似乎是十分费解的。正确地开始、小心地探求，这样的调查研究必能得出经得起任何考验的结论，作为真理，它将与其他所有真理相互关联。因为在一系列现象的循序中，不会有偶然性。每个结果必有其原因，而每件事实必然含有先前一件事实的影响。

目前所教的政治经济学解释财富增长中贫困长期存在原因的方式与人们根深蒂固的观念不一致；政治经济学所教导的一些毫无疑问的真理却相互孤立和支离破碎；它一直不能在人民的思想里有所发展，但这点必须做到，即使是令人不愉快的真理也必须做到；相反，经过一个世纪的培植，在这个时期内政治经济学吸引了一些最有辨别力和最有能力的才智之士的注意，它被政治家唾弃、被群众发现；在许多受教育和有思想人士的见解中，它被归入伪科学之列，在这类科学中没有一种理论是固定不变的或者能够固定下来的——在我看来一定不是由于这门科学（在恰当探究时）的无能，而是由于它前提中的某个错误步骤或在估计时忽略了某个因素。像这样的谬误一般地被对权威的尊敬所掩盖，我建议在这次调查中不允许有想当然的情况存在，而且即使是被公认的理论也

要经过基本原理的检查，如果经不起检查，立即盘究事实，以求努力发现其规律。

我建议不要使用未经证明的假定，不要害怕任何结论，而是到真理指引的任何地方去探索。我们肩负探求规律的责任，因为在我们今天文明的深处，妇女们虚弱无力，小孩子在呻吟。可是这个规律可能是什么样子，这不是我们的事情。假使我们得出的结论与人们的成见相反，我们不可畏缩；假使结论对长期认为贤明和自然的制度提出异议，我们不可徘徊却步。

第 一 编

工资与资本

第一章　当前流行的工资理论——它的缺陷

先把我们着手调查研究的问题压缩到最紧凑的形式，而后让我们一步一步检查现在为最著名的权威承认的政治经济学对它所作的解释。

不断增长的财富中产生贫困的原因显然就是到处公认的工资趋向最低限度的原因。因此，让我们把我们的查问改成这样的紧凑形式：

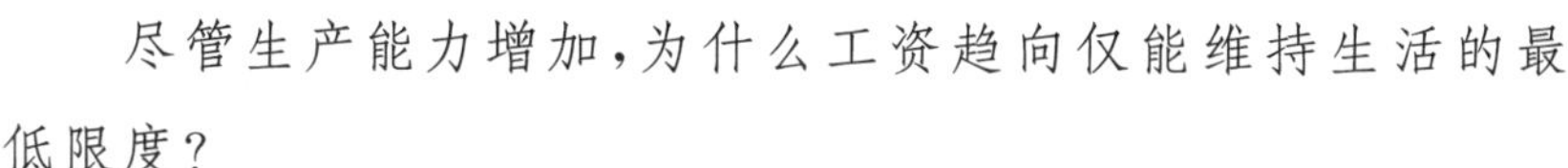

> 尽管生产能力增加，为什么工资趋向仅能维持生活的最低限度？

当前政治经济学的回答是，工资由劳动者人数和用于雇用劳动力的资本数额之间的比率决定，工资不断趋向劳动者同意维持生活和再生产的最低数额，是因为劳动者人数的增加往往跟随和超过资本的增加。除数的增加既然只受商数可能性的限制，被除数即使增到无限大也不会有多大效果。

在当前的思想界，这个学说占据着几乎无可争辩的支配地位。它得到政治经济学论述者中一些十分著名人物的赞同，虽则它也受到过攻击，但是这些攻击一般都是有名无实的[①]。巴克尔接受它作为概括世界历史的基础。全部的或几乎全部的英国和美国的大学教授都在讲授这个学说；它还被收录在教科书里，以引导群众正确地思考实际事务；同时它看来也与新哲学很协调，在短短几年内几乎征服科学界，现在正迅速深入人心。

就这样，它在占据了思想界的上层之后，又以较粗糙的形式更牢固地在可以称之为下层的群众中间生根。尽管它明显的前后矛盾和荒谬可笑，给这个谬论如此顽固保护的是人们头脑中的一种想法，即以工资分配的总数，在每一个社会里都是固定的，“外来劳力”的竞争必然要在分配额中占据一部分。大部分理论都有相同的思想基础，它们旨在取消利息和限制竞争，以此作为使劳动者在总财富中增加份额的手段；这种思想在各方面都有体现，并在思想不足以形成理论的人们中间传播，在报纸的专栏里和在立法机关的争论中都能见到。

虽然这个理论被广泛接受和深深根植于人们头脑中，但在我看来它与明显的事实不符。因为，假使工资决定于寻找工作的劳动力的数量和拨出用作雇用劳动力的资本的数额之间的比率，那么其中一个因素的相对短缺或充裕必然意味着另一个因

① 在我看来对桑顿先生的反对是有道理的。因为，虽然他否认存在预先规定的工资基金，即为购买劳力拨出一部分资本，但是他认为（这十分重要），工资从资本中拨出，资本的增减也就是可以用作支付工资的基金的增减。据我知道对工资基金学说最有力的攻击是弗朗西斯·A. 沃克教授（《工资问题》，纽约，1876 年），可是他还是承认大部分工资来自资本——就目前来说，这点是工资基金理论最顽固支持者能够提出的全部理由——尽管他完全接受马尔萨斯的学说。因此，他的实际结论与当前理论阐述者的结论毫无二致。

素的相对充裕或短缺。这样，在工资高的地方资本一定相对充裕，而在工资低的地方资本一定相对短缺。现在，由于用来支付工资的资本必然大部由不断寻求投资的资本组成，当前利率一定是资本相对充裕或相对短缺的衡量标准。如果说工资决定于寻找工作的劳动力的数量和雇用劳动力的资本的数额之间的比率是正确的话，那么作为劳动力相对短缺标志的高工资必然伴随资本相对充裕标志的低利息，反过来，低工资必然伴随着高利息。

然而事实并非如此，而是恰恰相反。从利息中除去安全保障因素，单就利息本身或使用资本的报酬来说，在工资高的地方有时候利息也高，在工资低的地方有时候利息也低，难道不是普遍存在的事实吗？美国的工资和利息都比英国高，太平洋国家的工资和利息都比大西洋国家高。劳力向高工资的地方流动，资本也向高利息流动，难道不是众所周知的事实吗？无论何处，工资普遍上升或下降的同时也出现利息同样的上升或下降，难道不是事实吗？例如在加利福尼亚，当工资比世界上任何别的地方高的时候，利息也比任何地方高。在加利福尼亚，工资和利息曾一起下降。在工资一般为每天 5 美元时，银行利率一般年率为 24%。现在工资一般每天只有 2 美元或 2.5 美元，银行利率一般降为年率 10% 到 12%。

在资本相对短缺的新建国家里工资高于资本相对充裕的建立已久的国家，这个广泛而普通事实非常触目不能忽视。这种情形受到当代政治经济学作者的注意，虽然只是轻描淡写的提一提。这些作者注意它的方式证明我所说的不错，即它与公认的工资理论完全矛盾。因为像穆勒、福西特和普赖斯这些作家在解释它的时候实际上放弃这个工资理论，而在同一篇专论里，他们又正式赞成这个理论。虽然他们宣称工资由资本数额和劳动者人数的比率决定，但他们解释新建立国家有较高工资和利息的原因在于那里的财富生产量相对较大。我将在以后说明，这点不是事实。事实正相反，财富的生产量在历史长久和人口稠密的国家里比建立不久和人口稀疏的国家里相对较大。但此刻我只希望指出这个矛盾事实。因为说新建国家较高工资是由于那里与工资成比例的生产量较大，那就清楚地说明工资的决定因素是工资与生产量的比率而不是工资与资本的比率。

虽然这种矛盾看来没有被我提到的这批作家观察到，但是当代政治经济学作者中的一位最善于逻辑推理的作家注意到了它。凯恩斯教授[①]以十分独特的方式力图使事实符合理论，他设想在新建国家中，工业大多数生产食物，制造品多为原料，在这种情况下用于生产的资本绝大部分用来支付工资，资本中支付工资的比例要比历史长久国家为大，后者的大部分资本必须用于购买机器和原料。这样，在新建国家中，虽然资本比较短缺，而利息较高用于支付工资的金额确实较大，工资也较高。例如，一个历史长久国家以 10 万美元投资于制造业，也许有 8 万美元花在厂房、机器和购买原料上，只剩下 2 万美元作为工资支出；而在新建国家中，以 3 万美元投资农业，购买工具等的需要不到 5 000 美元，剩下25 000 美元作为工资分配。这样，解释了为什

① 《最近详述的几个政治经济学主要原理》第 1 章，第 2 编。

么在资本比较短缺的地方工资基金可以比较大，和高工资与高利息同时并存的原因。

在下文我想我能够说明，这个解释是建立在完全误解劳动力与资本关系的基础上——对工资基金的看法有根本性的错误；但此刻只需指出这点就够了，即同样国家和同样工业部门中工资和利息的上下波动的关系不是这样解释得通的。在被称作“景气时期”和“不景气时期”的交替中，对劳动力的旺盛需求和高工资总是伴随着对资本的旺盛需求和高利率。而当劳动者找不到工作和工资下降时，总有大量资本以低利率寻找投资。[①] 目前的萧条表现在所有大经济中心闲散资本的大量闲置，也同样表现在工作岗位的缺乏和工人阶级的困苦，同时还表现在真正证券的名义利率上。就这样，在任何解释皆与当前理论不符的情况下，我们的确发现高利息与高工资并存，低利息和低工资同在——劳动力缺少时资本似乎也缺乏，劳动力充足时资本看来也充裕。

所有这些众所周知的事实，彼此同时存在，表明工资与利息间的关系，但它是一种连接关系，不是一种相反关系。它显然完全不符合工资决定于劳动力与资本（或资本中的任何部分）间的比率这个理论。

那么，应该问一问，这样的理论是怎样产生的？它又怎样为从亚当·斯密时代起到现代为止的一大批经济学家所接受？

① 商业恐慌时期以高贴现率为特征，但是贴现率高显然不是正确地所称的高利率，而是防止风险的高保险率。

假使我们审查一下在现代专论中支持这个工资理论的论据，我们立刻看到这个论据不是从对事实观察中归纳出来的，而是从过去假设的理论——即工资来自资本——推演出来的。它假定资本是工资的来源，那就必然得出结论：工资总额必然受雇佣劳动力的资本数额的限制，因而，劳动者能够得到的金额必然决定于他们的人数和作为他们报酬的资本数量间的比率。[①] 这个论据是有效的，但是，如我们见到的那样，其结论与事实不符。因而毛病一定出在前题上。让我们查看一下。

我知道，工资来自资本的原理是当代政治经济学的一个根本性的和显然是最确定的理论，所有努力从事阐明这个科学的伟大思想家都把这个理论当作公理来接受。可是，我认为它可能表明是一个根本性的错误——是一长串错误的主要根源，因为它使最实际的结论也歪曲了。我现在要讲明其中的道理。我必须讲得清晰和确切，因为这个理论是许多重要推理的根据，因为它受到重要权威的支持，因为它本身看来似乎很有道理，而且常常以不同形式重复出现，所以很难用几句话把它驳斥通透。

我力求证明的前提是：

① 例如，麦卡洛克在《原富论》注 6 中说："一个国家中，劳动力雇主打算或愿意支付以购买劳动的资本或财富部分，在一个时候可能比另一个时候大得很多。但是，这部分的绝对数额不论有多少，它显然形成能够得到的劳动工资任何部分的唯一来源。不存在劳动者可以从那里拿到一个先令的其他基金。因而从这点可以引申出，工资平均率或拨作雇用劳动力的国家资本以平均数落入每一劳动者手中的份额必然完全由这一部分的数量比较它必须分配的人数来决定。"从所有公认的优秀经济学家的著作中也能引证同样的说法。

> 工资不是来自资本，它实际上来自以工资购买的劳动力的产品。[①]

因为工资来自资本的现代理论还认为资本从生产中得到偿还，乍一看这个说法似乎实际上没有区别——只是术语上的变动，对它的讨论只会增加无益的争辩，使得许多政治经济主题的作品贫乏和毫无价值，犹如一些不同学术团体对匹克威克先生发现的碑石铭文的正确读法所进行的长期争论一般。但是，考虑到在这两个前提之上建立起全部资本与劳动力关系的现代理论，那么两者之间不仅仅是表面上的区别就很明显了；根据这个前提演绎出来的学说被认为是讨论最重大问题中限定、指导、支配最有能力人们思想的公理。因为，根据工资直接来自资本而不是来自劳动产品的假设，不但引申出工资决定于资本与劳动力的比率的理论，而且也引申出工业受资本限制的理论，也就是在雇佣劳动力前必须积累资本，和除非资本有了积累否则不能雇佣劳动力；引申出资本的每次增加使工业可以或有能力雇佣更多的劳动力的理论；引申出流通资本转变为固定资本就减少应用于维持劳动力的基金的理论；引申出低工资比高工资能雇佣较多劳动力的理论；引申出应用于农业的资本比应用于制造业的资本能维持较多的劳动者的理论；引申出工资越高利润越低，工资越低利润越高，或者利润高低决定于劳动者维持最低生活的费用；与这些谬论一起的还有其他

① 我们说的是花在生产中的劳动力，为使问题简单起见，最好把调查限于生产的劳动力。因此，可能出现在读者头脑的任何问题（如非生产性服务业的工资问题），最好以后再谈。

说法，如对商品的需求不是对劳动力的需求，或者某种商品可以减少工资来增加成本，或增加工资来降低成本。

总之，现代政治经济学的所有学说，在它领域中最宽广和最重要部分或多或少直接建立在这样的假设上，即在获得作为最后目的的产品之前，劳动力是由现存资本维持和付给代价的。倘若表明这个假设错误，相反，劳动力的维持和支付甚至连暂时也不是出于资本，而是直接来自劳动产品，那么这个巨大的上层建筑就没有了支撑而必然坍坍。同样，以这个假设为基础的庸俗理论——认为以工资形式分配的总数是固定的和个人工资份额由于劳动者人数增加而必然减少——也必然垮台。

现代理论和我提出的理论之间的区别，事实上相同于国际交换的重商主义理论和亚当·斯密用以取代它的那种理论之间的区别。在商业是商品交换货币的理论和商业是商品交换商品的理论之间，如果我们想起重商主义信徒并不认为货币除了交换商品外别无其他用途，似乎没有真正的区别。可是，在对这两种理论的实际运用中，出现了严格政府保护主义和自由贸易间的全部差别。

如果我啰唆说了一大套，告诉读者这个论据的极大重要性，并通过这个论据要求读者相信我的理论的话，我以为没有必要为说得简单或冗长而事先道歉。在指责如此重要的一种学说时——这个学说得到极大权威的支持——有必要说得清楚和透彻。

如果不是为了这一点，我可能会乐于用一句话来驳斥那个工资来自资本的假设就了事。因为现代政治经济学建立在这个学说上的庞大上层建筑，实际上是建立在仅仅是想当然的基础上，丝毫未作区分表象与实质的努力。因为工资一般用货币支付，在许多生产操作中，工资是在产品全部完成前或能够使用前支付，于是有人推断工资来自先前存在的资本，因而工业受资本的限制——也就是说，在资本积累后才能雇佣劳动力，劳动力的雇佣以资本积累达到的程度为限。

但正是无保留地主张资本限制工业的著作和成为最重要论据以及精心制作的理论的基础的那些专论，告诉我们资本是储藏或积累的劳动力——是“节省下来以帮助今后生产的那部分财富”。假使我们用资本的这个定义来替代“资本”这个词，这个前提便自己驳斥自己，因为说要待劳动力有了积储之后才能雇佣劳动力，这句话实在太荒谬，不值得讨论。

但是，假使我们试图使用这种荒谬的归纳法来结束辩论，我们可能会遇到这样的解释：他们不是说上帝供应使第一批劳动者工作的必要资本，而是说这个前提仅仅是指生产变成复杂工作的社会状态。

但是所有经济学推理必须牢牢抓住、绝不能轻易放过的十分重要的事实是，最进步形式的社会也只是这个社会开始时最粗糙形式的精心改进，而明显地存在于人际较简单关系中的原则只能被由于劳动分工和使用复杂工具及方法而造成的较错综复杂的人际关系所乔装打扮，不能被它取消和颠倒。蒸汽碾粉厂拥有表现为各种各样运动的复杂机器，它只不过起到从古老河床挖掘出来粗糙石臼在它那个时代所起的同样作用——一种碾谷的工具。在那个工厂里工作的每个人，不管是向锅炉添木柴，管理机器，修凿石磨，在麻袋上打印记，还是管账，都是真正贡献他的劳力为着与史前野蛮人使用石臼时同一目标——把谷物变为人的食物。

因此，假使我们把所有现代生产的复杂工作简化到最单纯的动作，我们可以看到，在分工无限细致和复杂的生产与交换网络中，每个人参加的工作实际上是在做原始人上树采果实、追猎野兽和拾贝壳一样的事情——施展他的力量从大自然获得他欲望的满足。假使我们把这点牢记在心，假使我们把生产看作一个整体——看作在生产大集体中从事任何工作的所有人为满足每个人不同欲望的合作，我们清楚地看到，每人为他的尽力而获得的报酬——作为尽力的结果——恰如先民所做的一般，确实和直接来自大自然。

说明：在我们能够想象的最简单状态中，每个人掘自己的鱼饵，捉自己的鱼。劳动分工的好处很快就清楚，于是一个人专掘鱼饵而其他人捉鱼。然而很明显，掘鱼饵的人实际上在做捉鱼所做的工作，做得和真正在捉鱼的任何人一样多。所以当发现独木舟的优越性时，并非人人都去捕鱼，有人不上独木舟，留下来制造和修理它，制造独木舟的人实际上为捕鱼贡献的力量与实际捕鱼者一样多。当捕鱼人们回家分给他晚上吃的鱼，不仅是他们劳动的产物，确实也是他劳动的产物。这样，当劳动分工公平地开始时，每个人不必直接依靠大自然满足他的全部需要。一个人捕鱼，另一个人打猎，第三个人采浆果，第四个人收集果实，第五个人制造工具，第六个人建造草屋，第七个人制作衣服——每个人做到用他自己劳动的直接产品交换别人劳动的直接物品；真正用他自己的劳动去生产他使用的东西，实际上是使用他特殊的能力以满足他特殊的欲望；也就是说，他得到的东西是他实际上生产的东西。倘若他掘块根食物，用它交换鹿肉，他实际上是真正的鹿肉获得者，好像他曾去追逐鹿，而让猎人去掘他自己的块根食物。通常说的“我制造某某东西”意味着“我挣得某某东西，”或者意味着“我挣到钱，用它买某某东西”，从经济学上说，这些话并非隐喻地是对的而是确确实实正确的。挣得就是制造。

现在，如果我们追踪简单社会里相当明显的这些原理直到我们称之为文明的复杂社会，我们将清楚地看到，在每一种情况下都是用劳动交换商品，生产确实在享受之前；工资是收入——也就是说工资是劳动力的创造物——不是资本的预付款；以货币形式收到工资的劳动者(硬币或纸币，有可能在他的劳动开始之前收到)，实际上收到的是因他的劳动增加了财富总库存而得的报酬，向总库存支取的款项，他可以用于能最大满足他欲望的任何特殊财富形式；不管是他支取的货币，或者是他用货币购买的特殊财富形式，都不代表为维持生活而预付的资本，相反，只代表他的劳动已经增加到总库存中的财富或一部分财富。

记住这些原理，我们便明了，制图员闭门坐在泰晤士河畔阴暗的办公室里为大型轮机绘制图纸，实际上就是用他的劳力生产面包和肉食，好像他在加利福尼亚把谷物收进谷仓里，或者在拉普拉塔大草原挥舞套索；他确实像在制作自己的衣服，好像他曾在澳大利亚剪羊毛，或者在佩兹利织布；他还像实际生产了他就餐时所饮的红葡萄酒，就如曾在加龙河边收集葡萄。在卡姆斯托克采矿中心地下 2 000 英尺处正在挖掘银矿的矿工，通过千百次的交换，实际上无异在近地球中心 5 000 英尺的河谷里收获庄稼，经过北冰洋冰原追逐鲸鱼，在弗吉尼亚采摘烟叶，在洪都拉斯采摘咖啡豆，在夏威夷群岛砍甘蔗，在乔治亚收集棉花或在曼彻斯特或洛厄尔

纺棉纱，在哈茨山脉为他的孩子制作灵巧的木玩具，或者在绿色和金黄色的洛杉矶的果园中采摘橘子，在他下班时，把橘子带回家给他患病的妻子。他星期六夜间在坑道口领到的工资，只是为他已经做的这些工作给出全世界的证明书——只是长长一连串交换中的第一次交换，通过交换把他的劳动变成他真正为之劳动的各种东西。

我们这样看问题时，一切都很清楚；但是要对付这个躲在堡垒和隐蔽处的谬论，我们必须把我们的调查研究从演绎方式改为归纳方式。现在让我们看一下，从事实开始来追究它们的关系，是否能与从首要原理开始在复杂的事实中追究它们的例证得出十分明确的同样结论。

第二章　一些专用名词的含义

我们在着手进一步调查之前，让我们确定一些专用名词的含义，因为专用名词在使用中意义不明确，不可避免地必然在论证中产生模棱两可和含糊不清的现象。在经济学论证中需要使“财富”、“资本”、“地租”、“工资”等名词有比在普通谈论中更确切的意义。然而不幸的是，甚至在政治经济学中，有些专用名词并无普遍同意的一定含义，不但不同作者在使用同一个词时有不同意义，而且就是同一个作家常常在不同意义上使用同一个词。许多杰出作家曾经论述过清楚和精确的定义的重要性，并且说得如此认真可以说无以复加，可是就是这些作家犯了他们警告别人的这个错误，而且相当严重，这种例子并不少见，恕不列举。甚至以精密著称的思想家也有以一词多义来论述他的重要结论的情况，再也没有比这种情况表明语言在表达思想中的重要性了。我力图避免这样的危险。在任何名词有重要含义时，我将清楚地说明使用这个词的意图，说明我用它所指的那个意思，不是别的意思。我要求读者注意，把我所作的定义记在心里，否则我不能希望读者能正确理解我的用意。我不想把任意武断的意义加在名词之上，或者杜撰名词，即使在这样做很方便时也不干，而且我要尽可能使词义符合用法，力求由此做到固定词的含义，使它们清楚

地表达思想。

现在我们马上要做的是弄清工资实际上是否来自资本。作为第一步，让我们确定我们说的工资是什么意思，我们说的资本又是什么意思。关于前一词，经济学家给予它足够确切的含义，但是政治经济学中在使用后一词时模棱两可，需要作详细的查考。

在普通谈论中使用“工资”这个词的意思是为雇佣他人服务而付给他的补偿；我们谈到一个“为工资工作”的人与另一个“为他自己工作”的人截然不同。这个词习惯上还用它专指付给体力劳动的补偿，这样使用范围就更狭窄了。我们不说专业人员、经理或职员的工资，而说他们的费用、佣金或薪水。这样工资一词的普通意义就专指付给体力劳动雇佣人员的补偿了。在政治经济学中，工资一词有广泛得多的含义，它包括所有的劳动报酬。因为根据政治经济学家的解释，生产的三要素为土地、劳力和资本，他们称产品中用于第二个要素的那一部分为工资。

这样，劳力这个词包括财富生产中的全部人力，而作为产品中付给劳力的那一部分的工资包括对这些人力的全部报酬。因此，工资一词在政治经济学上的意义不因劳动的种类而有所区别，也不管劳动的报酬是否由雇主付给；但是工资意指付出劳动而得到的报酬，以区别于使用资本的报酬和地主从土地使用中获得的报酬。为自己耕种土地的人，从他的产品中得到工资，正如，假如他拥有自己的土地和使用自己的资本，他还可以得到地租和利息；猎人的工资是他猎取的禽兽；渔夫的工资是他捕到的鱼虾。独立劳动的挖金者淘洗出来的金沙是他的工资，犹如矿主付给他所雇佣矿工的钱,[①]正如亚当·斯密告诉我们,零售商的高利润,大部分是工资,因为这是他劳动的报酬,不是资本的酬劳。总之,凡是劳力的结果或报答都是“工资”。

现在必须记住“工资”的含义就是这些,把这个解释牢牢记住很重要。因为在标准的经济著作中,工资一词的意义说得不够清楚,随后很容易被忽略。

但是要廓清资本含义中的模棱两可解释和确定这个词的科学用法较为困难。在普通谈论中,各种物品凡具有价值能产生报酬者都笼统地称为资本,而经济学作家的用法差别颇大,以致这个词很难说有一个确定的意义。让我们把几个有代表性作家的定义作相互比较:

亚当·斯密说(第2卷,第1章)“一个人的储存中他期望能给予他收入的那一部分称作他的资本”,他接着说,一个国家或社会的资本包括(1)便利和节省劳动的机器与商业手段;(2)建筑物,不仅指住宅,并包括可以看作商业手段的建筑物,如工场和农场房屋等;(3)使土地更适合耕种和栽植的土壤改良;(4)全部居民学成的和有用的技能;(5)货币;(6)在生产者或商人手中的供应品,他们期望出售这些东西赚取利润;(7)留在生产者或商人手中的原料或半成品;(8)留在生产者或商人手中的制成品。前4项他称为固定资本,后4项称为流动资本,它们中的区别对我们的目的无关紧要,不必予以注意。

① 这点在加利福尼亚的寻常谈话中得到承认,那里的金沙矿工称他们的收入为“工资”,并根据淘得金子的多寡,他们说得到高工资或低工资。

李嘉图的定义是：

> “资本是国家财富运用于生产的那一部分，包括食物、衣服、工具、原料、机器等使劳动得以进行所必要的东西。”
>
> ——《政治经济学原理》第5章。

可以看出这个定义与亚当·斯密的定义十分不同，它不包括斯密提出的许多东西，如学成的技能、生产者或商人拥有的仅属爱好或奢侈的物品；它包括斯密没有提到的一些东西，如消费者所有的食物、衣服等。

麦卡洛克的定义是：

> “一国的资本包括存在于国内可以直接用于支持人的生活或用于促进生产的那些部分的所有产业产品。”
>
> ——《国富论笔记》第2册，第1章。

这个定义遵照李嘉图的见解但较为广泛。它排除不能帮助生产的一切东西，包括一切能帮助生产的东西，不管这件东西的实际用途和使用的必要性——根据麦卡洛克的看法，拉游戏车的马（如他明确说到）与拉犁的马同样是资本，因为在有需要时，它也可以用来拉犁。

约翰·斯图尔特·穆勒采取与李嘉图和麦卡洛克相同的主张，他认为资本的标准既不是东西的用途，也不是它的可使用的性能，而是使用它的决定，他说：

“凡指定为生产性劳动力提供工作需要的场所、保护用具、工具和原材料，以及在工作过程中养活和在其他方面维持劳动者的东西都叫资本。”

——《政治经济学原理》第 1 册，第 4 章。

上述引证足以说明大师们见解的差异。在名望较小的作者中差异更大，下述例子足见一斑。

韦兰教授的《政治经济学基础》长期以来一直是自认为教授政治经济学的美国教育机构所偏爱的教科书，他提出如下清晰的定义：

“资本一词的使用有两个含义。在有关产品方面，它是指产业要对它施加力量的任何物质。在有关产业方面，它指产业要赋予价值的物资和产业已经赋予价值的物资；以及用以赋予价值的工具和支持从事工作者生计的手段。”

——《政治经济学基础》第 1 册，第 1 章。

美国保护主义的鼓吹者亨利·C. 凯里为资本下的定义是：“人用以战胜自然的手段，它包括人本身的身心力量。”佩里教授是马萨诸塞州自由贸易的倡导者，他正确地反对这个定义，说它无望地混淆了资本和劳力的界线，而后他本人同样无望地混淆了资本和土地的关系，把资本解释为：“人本身以外的任何有价值的东西，使用这些东西使钱币增加或产生利润。”一个颇具声望的英国经济学家威廉·桑顿先生对劳力和资本的关系进行细致的查考（《论劳动》),他一开始就说,他把土地归入资本一类,正像一个提出要教代数的人首先宣称他把正负符号看作表示同一东西和具有相同价值一模一样。一位同样有声望的美国作家弗朗西斯·A. 沃克教授在他精心撰写的论《工资问题》一书中表明了相同的主张。另一个英国作家 N. A. 尼科尔森(《交换学》,伦敦,1873 年),在该书的一段中(第 26 页)宣称"资本当然必定通过节约而积累",在紧跟着的一页中说,"生产农作物的土地,翻耕土壤的犁,保证收获农作物的劳力和产农作物本身,倘若在使用中可以得到物质利润,它们全是资本。"这些话看来荒谬透顶。但是如何通过节约土地和劳力来积储资本呢?在书中任何地方都见不到他惠予解释。一个公认优秀的美国作家阿马萨·沃克教授(《财富学》,第 66 页)也以同样方式开头就说,资本产生于净劳力节约,然后立刻又宣称土地是资本。

我可以这样写上几页,援引矛盾的和自我矛盾的种种定义。可是这样只会使读者感到厌烦。没有必要作过多的摘引。这些援引已经足以表明,对资本一词的理解存在多么大的差异。任何人要进一步看到存在于政治经济学教授中关于这个主题论述的"更加混乱不堪"状况,可以在任何图书馆中找到,在那里,这些教授们的著作一本本地排列着。

我们称这些事物什么名字,其实没有什么差别,只要在使用其名字时一直记牢这同一事物而不是别的事物。可是在经济学推理中,由资本一词的这些含糊多变的定义引起的困难在于,只是在推理的前提中,这个词的使用才限于受定义规定的特殊意义,而在由前提推断的实际结论里,这个词所指的却总是寻常的和明确的意义，或至少被理解为这个意义。例如，在论工资来自资本时，大家懂得资本一词的意义与我们说到资本短缺或充裕、增加或减少、贬值或增值时的意义完全一样——一种普遍懂得和明确的意义，不会把资本与生产的其他要素（如土地和劳力）相混淆，也不会把资本和仅为满足欲望的其他类似的东西相混淆。事实上，大多数人开始为资本一词下定义之前都充分明了什么是资本，我认为经济学作家的著作清楚表明，尽管他们下的定义十分不同，他们在所有情况下使用资本这个词都是指这个普遍理解的意义，只有在他们的定义中和根据定义所作的论证中才有不同的说法。

资本这个词普遍理解的意义是财富中专用于获得更多财富的那一部分。亚当·斯密博士正确地表达了这个共同见解，他曾说，“一个人的储存中他期望为他提供收入的那一部分称作他的资本”。一个社会的资本显然就是那部分个人储存的总数，或者说是社会总储存中期望获得更多财富的那一部分，这也是这个词的引申意义。资本一词据语言学家考证，是从以家畜计算财富的时代传下来的，那时人的收入依靠为繁殖而饲养的家畜的头数。

要求确切而明白地使用资本一词的困难，和这种困难在当前政治和社会问题的争论中比在经济学作家所下的定义中显示出更多明显的例证，其原因有二——第一，某类东西，个人占有它相当于占有资本，但它不是社会资本的一部分；第二，同一种类的一些东西算不算资本，要看它用于什么目的。

稍稍注意上述要点，就不难领会资本一词在寻常使用时正确包含的足够清楚和确定的概念；这样的概念使我们能够说明什么东西是资本，什么东西不是资本，并在使用这个词时不会模棱两可和出错的情况。

土地、劳力和资本是生产的三要素。假使我们记住资本是与土地和劳力相区别的一个名词，我们马上了解，其他两个词正确包含的任何因素不能合适地列入资本的范围。土地一词必然包含的，不仅仅是区别于水与空气的大地的表面，而且还包含人本身以外的物质世界。因为只有得到土地（他己身之所自来），人才能接触或利用自然。总之，土地一词包括自然界的全部物质、能力和机会，因之自然界无代价供应的任何东西不适合列入资本。肥沃的田野、丰富的矿脉、落差巨大能提供电力的河流可能给予它的拥有者与拥有资本相同的好处，但若把这些东西列为资本，那么土地与资本就没有区别了，以致它们相互纠缠，使两个词失去意义。劳动一词也同样，它包含人的全部用力，因而不管是天生的还是学成的能力绝不能列作资本。在一般说法中，我们经常谈到人的知识、技巧和勤劳形成他的资本；但这显然是语言的比喻用法，在力求恰当的推理中务必避免。此种品质的优越性能扩大个人的收入，就像资本一般，而一个社会里知识、技巧或勤劳的增加所起的增加生产的作用也等于资本的增加；但这个作用是由于劳动能力的增加而不是由于资本的增加。增加炮弹速度与增加炮弹重量对提高炮弹的冲击力有相同的作用，可重量是一回事，速度是另一回事。

因此，我们必须把可以包括在土地或劳力中的任何东西排除出资本范畴。做到这一点，资本中留下来的东西既不属于土地又不属于劳力，但它们是土地与劳力相结合而产生的。不是由这些东西组成的任何东西就不是真正的资本，也就是说，不是财富就不可能是资本。

但是，由于财富这个范围广泛的词的使用十分含糊，由此产生资本这个词的许多不明确之处。

在一般使用中，“财富”一词指具有交换价值的任何东西。但当它作为政治经济学术语使用时，它必须限定于明确得多的意义，因为寻常称为财富的许多东西在考虑集合财富或总财富时，根本不能视作财富。这样的东西有交换价值，寻常都称为财富，因为它们在个人之间或在这批人和那批人之间代表获得财富的能力；但是它们不是真正的财富，因为它们的增加或减少并不影响财富的总量。它们是债券、抵押契据、期票、银行汇票或其他订立财富转移的契约。它们是奴隶，奴隶的价值仅仅代表一个阶级占用另一个阶级收入的权力。它们是土地或其他自然机会，它们的价值只是承认某人对它们有独占使用权的结果，它们仅代表给予所有人要求享受使用人生产的一部分财富的权力。债券、抵押契据、期票或银行汇票数量的增加不能增加社会的财富，这些票据包括有权收到这些款项的那些人，也包括允许支付这些款项的那些人。对一部分人的奴役不能增加一个人的财富，因为奴隶主获得的东西就是奴隶损失的东西。土地价值的增加并不表示共同财富的增加，因为地主因较高地价获得的好处，就是必须付出地价的佃户或购地人受到的损失。所有这种相对的财富，在一般人思想和谈话中，在法规和法律中与真正的财富没有区别，但是只需要几滴墨水和一张纸，便能被彻底消灭。根据主权国家政府的法令，债务可以取消，奴隶可以解放，土地可以收归为全体人民的共有财产，对整个社会财富不会有丝毫减少，因为有些人因之受损，另一些人因之获益。当伊丽莎白·图德把专卖权赏给宠臣使其发财时，或者当

鲍里斯·戈东诺夫使俄罗斯农民成为可以出售的财产时，既未消灭财富，亦未创造财富。

因此，所有具有交换价值的东西，并不是在政治经济学中使用的唯一意义中的财富。只有这样的东西，在生产它时增加总财富，在毁灭它时减少总财富，才能够称为财富。假使我们仔细想想这些东西是什么，它们的性质怎样，我们在为财富下定义时便不会有困难。

当我们谈到增加财富的社会——如当我们说自从维多利亚女王登基以后英国增加了财富，或者说加利福尼亚比它还是墨西哥领土时财富更多了——我们并非意指那里土地增加，或者土地的自然能力扩大，或者那里人口增多，因为我们希望表达那个意思时，我们就说人口增加；我们也并非意指某些人欠另一些人的债务或应付款的数字增加；我们指的是某些有形东西的增加，那些东西有实际的而并非仅是相对的价值，如房屋、牲畜、工具、机器、农业和矿业产品、制造商品、轮船、货车、家具等的东西。此种东西的增加构成财富的增加；它们的减少就是财富的减少；按人口比例占有这种东西最多的社会是最富足的社会。这些东西的共同特性是：它们由自然物质或产品组成，它们由人的劳动改造，适应人的使用或满足人的欲望，它们的价值决定于劳动的数量，也就是决定于生产这种东西的平均劳动数量。

这样的财富才是政治经济学中唯一可以使用财富一词的东西，它包括经过人的努力加以采取、搬运、合并、分散或用其他方式改进，以便使它满足人的欲望的自然产物。换言之，它是以储存的方式进入物质中的劳动，犹如太阳的热存储在煤中一般，它是满足

人的欲望的人的劳动能力。财富并不是劳动的唯一目的，因为劳动也用于直接满足人的欲望；但财富是我们称之为生产劳动的目的和结果——也就是说，它是使物质具有价值的劳动。凡不经过人的劳动而由大自然提供给人的东西不叫财富，即使是花费劳动也不一定产生财富，除非产生一种实实在在的具有和保留满足人的欲望的能力的产品才叫财富。

现在既然说资本是用于一定目的的财富，那么凡不符合财富定义的便不能算作资本。承认这点并牢记在心，我们才能摆脱使所有推论失去作用的误解，这种误解还使大众分辨不清方向，并使头脑敏捷的思想家陷入迷宫。

虽然全部资本都是财富，并非全部财富都是资本。资本仅是财富的一部分，就是用于帮助生产的那一部分。在划分哪种财富是资本哪种财富不是资本的分辨中，有可能产生第二种误解。

我一直在指出，由于混淆财富和本质不同的资本物以及把仅仅相对存在的财富看作真正财富而产生的错误，是目前存在的一般性错误。它们广泛流传，并植根甚深，不但传播于受教育不足的阶级，而且似乎在受过高深教育的大多数人中流传，那些人在先进的英国和美国形成和指导公众舆论，在议会、国会和立法机关制定法律，并在法院执行法律。更有甚者，那些人在专题论坛上培养出许多柔弱无力的作家，他们以自称为政治经济学的无数文章充塞报章杂志，使理论更加混乱。这种文章还被无知者当作教科书，被头脑简单者奉为权威。无论如何，这些错误仅仅是一般性的错误，它们得不到最杰出的政治经济学作家的帮助。出于有损于他伟大著作和明显表示他最高才能中缺陷的疏忽，亚当·斯密把某些个人品质算作资本，这个结论与他原来的资本定义，即资本是期望得到收入的储存这个定义不符。但是他的最杰出的继承者李嘉图、麦卡洛克和穆勒都避免了这个错误。他们作的定义中都没有涉及个人品质问题。在他们和斯密所作的定义中都没有犯把仅仅是相对资本（如债务借据和地价等）的那些东西错当真正资本的那种普遍性错误。对属于真正财富的那些东西，哪些是资本，哪些不是资本，他们下的定义互不相同，与斯密的定义相差很远。例如，根据斯密的定义，珠宝商的存货应列为资本，而劳动者所有的食物和衣服不能列为资本。可是李嘉图和麦卡洛克的定义中不认为珠宝商的存货是资本。如果把我上文引用的穆勒的话，像许多人理解的那么理解，穆勒也不认为那些存货是资本。可是依照穆勒的解释，物品本身的性质和用途并不决定它们是或不是资本，只有物品的所有人意欲把物品或物品出售后收到的代价用于向生产的劳力供应工具、原料和生活资料，这些物品才是资本。但所有这些定义都同意资本包括劳动者的食物和衣服，而斯密不同意。

让我们考虑下列三个代表现代政治经济学最杰出的学说的定义：

麦卡洛克的资本定义是，“产业产品中直接用于支持人的生活或促进生产的那些部分，”对这个定义有明显的反对意见。人们沿着繁华城市的主要街道走过，见到摆满各种各样值钱货物的商店，虽然这些货物不能用来支持人的生活，也不能促进生产，但它们无疑构成店主人资本的一部分，也构成这个社会资本的一部分。他还能见到能支持人的生活和促进生产的产品铺张地和无益奢侈地消费掉。这些被无益地消费的产品虽然有作为资本的可能，但不构成资本的一部分。

李嘉图的定义避免把可以用于生产而实际没有用于生产的东西列为资本，只包括用于生产的那些东西。但是它受到反对麦卡洛克的第一个反对意见的攻击。假使说只有可以或决定用于支持生产者生活或支持生产的财富是资本，那么珠宝商、玩具商、烟草商、糖果商、画片商等的货物——实际上由奢侈品组成的全部货物就都不是资本了。

如果穆勒由于不提资本家思想的差别而避免这个难题（这点在我看来还不清楚），这是因为把资本家思想的差别弄得如此含混，以致若不是无所不知的人无法告诉，在任何特定地方、在任何时候哪些是资本哪些不是资本。

可是这些定义有一个共同的大缺陷，那就是倘若要在劳动者和资本家之间作出区别的话，这些定义包括了显然不能算作资本的东西。因为它们把计日劳动者不管他是否工作都要消费的食物、衣服等物以及资本家手中准备付给劳动者工资的储存均列入资本范畴。

但是，很明显，这不是有些作家在谈到作为分别参与生产工作和各自分享生产收益的劳动和资本时所使用的资本这个词的意义；也不是这些作家在谈到工资来自资本，或决定于劳动和资本的比率，或在他们以任何方式使用这个词时资本这个词所包含的意义。在所有这些事例中，资本一词都是以它普通被理解的意义使用的，即指财富所有人不打算直接用于满足个人而用于目的在于取得更多财富的那一部分财富。总之，政治经济学家（除了他们的种种定义和基本原理外）以及整个世界都使用亚当·斯密的定义：

"一个人的储存中他期望为他提供收入的那部分称作他的资本。"这是资本一词表达确定思想的唯一概念，也是我们能够以清晰语句把资本与财产相分开并把资本与劳动相对照的唯一概念。因为，假使我们一定要把供给劳动者的食物、衣服、住房等每一件东西看作资本，那么要抓到一个不是资本家的劳动者，我们将不得不搜寻一个绝对赤裸裸的人，一个身无他物、上无片瓦的穷光蛋——除了特殊环境造成的个别情况外，还没有发现有人处于这种境地。

在我看来，这些定义中的分歧和含混是由于这样一个事实，即人们头脑中资本的概念是从资本如何支助生产的先入之见推断出来的。由于这个先入之见，人们不是先决定什么是资本，然后观察资本的作用，而是首先假定资本的职能，然后确定资本的定义，把行使或可以行使这些职能的所有东西都包括在资本的范畴里。让我们把这个过程倒过来，采取自然的循序，在决定这个东西发挥什么职能之前，先辨明它是什么。我们试图做的全部事情，我们必须做的全部事情是确定（根据可能情况）一个大体上了解的名词的界限和范围，使它确切、明显和清晰的界限成为大家的共识。

假使把作为一定时候、一定社会里的实际财富的物品放置在从未读过政治经济学著作的十几个聪明人面前，恐怕他们不会对一件东西产生不同意见，争论是否应把它们看作是资本。商人持有的在他买卖中或投机中使用的钱应被视为资本；留存起来作为家用或个人费用的钱不能被视为资本。农民持有的用于出售或用作种子或供给他的佣工作为工资的一部分的作物应列为资本；留下来作为自己家庭食用的不是资本。出租马车赶车人的马和车应列为资本，但是马车主用作消遣的马车不是资本。这样，妇女头上的假发、人们嘴里的雪茄、孩子玩耍的玩具就没有人认为是资本；但人们会毫不犹豫地把假发商、卷烟商和玩具店主人的存货看作是资本。裁缝师傅制作供出售的外衣应算作资本，但他为自己制作的外衣就不能算作资本。旅店主或饭店主所有的食物应算作资本，但家庭主妇食品室里或工人午餐篮里的食物不是资本。冶炼工或铸铁匠或商人手里的生铁应列为资本，但游艇底仓的压舱生铁不是资本。铁匠的风箱、工厂的织机都是资本，但妇女专用来制作自己衣服的缝纫机不是资本；供出租的房屋或用作营业和生产的房屋是资本，但作住宅的房屋不是资本。总之，现在我们应当承认亚当·斯密当时所写的"一个人储存中他期望为他提供收入的那一部分叫作他的资本，"的定义是对的。不谈他关于个人品质才能是资本的不幸疏忽和稍稍修改他作为资本所列举的金钱，恐怕我们难以找到比我在上文中压缩的亚当·斯密的文字中更恰当列举的属于资本的各种物品了。

现在，在对属于资本的财富和不属于资本的财富作如此区分后，如果我们寻找这两类财富的不同，我们将发觉不同点不在于物品本身的性质、性能或最后去向，如人们曾无效地试图从这里发现问题那样；而是（在我看来）我们应该从这些物品是不是在消费者手里来分辨它们是不是资本。[①] 这些财物本身、它们的用途或它们的产品准备用于交换的是资本，这些财物如在消费者手中便不

① 当金钱用于获得个人满足时，可以说它是在消费者手里，虽然金钱本身不是用作消费，它只代表财富；这样，我在上文中提出作为普通分类的标准基本上是正确的，还得加上这个区别。这方面所指的金钱，我当然说的是铸币，因为，虽然纸币可以发挥铸币的全部职能，可它不是财富，因而不可能是资本。

是资本。由此，假使我们把资本的定义确定为交换过程中的财富，那么所理解的交换不仅包括物品从甲手交给乙手，还包括在利用自然界的再生产或改造力量来增加财富时所发生的那种变质和变形。我想，我们能理解寻常资本概念所正确包含的全部东西，并排除它不包含的全部东西。例如，根据这个定义，在我看来，应把所有这种工具归入真正资本一类。因为，就是依据工具的贡献或用途是否用于交换，决定工具是资本物或者仅仅是财物。这样，工厂主的制造用于交换的物品的车床是资本，而一位绅士为自己娱乐用的车床不是资本。这样，用来修筑铁路、公共电话线路、驿站马车、戏院和旅馆等的财富，可以说被投入了交换过程。这种交换不是一下子实现的，是由无数人一点一点实现的。可是还有一种交换，就是铁路、电话线路、驿站马车、戏院和旅馆，它们的“消费者”不是它们的所有人，而是时时使用它们的许多人。

这个定义与资本就是用于生产的那部分财富的观念也不矛盾。把生产限定为仅是制造物品，对生产的理解就太狭隘了。生产不但包括制造物品，而且包括把物品送交消费者的过程。因而商人、店主和制造商、农民一般也是真正的生产者，他的储存或资本也像后者一样一般运用于生产。但是现在没有必要花时间详细谈论资本的职能，我们在以后将更有能力决定它。我提出的资本定义也没有多大重要性。我不是在写教科书，只试图发现支配一个重大社会问题的规律，倘若当我们谈到资本时，读者对它指的是什么有一个清晰的概念，我的目的就达到了。

但在结束这段离题话之前，我请读者注意常常被忘却的东西——那就是“财产”、“资本”、“工资”那种名词在政治经济学中使用时都是抽象名词，要是一般地肯定或否定它们，就是肯定或否定它们代表的全部事物。忘掉这一点导致思想上许多混乱，并把种种谬论（不忘掉的话是很清楚的）当作明显的真理。因为财富是一个抽象名词，必须记住，财富的概念含有交换能力的概念。拥有一定数量财富就是潜在地拥有（在交换中）与其相等的任何或所有种类的财富。而且，资本也是如此。

第三章　工资不是取自于资本，而是由劳动产生的

随着我们调查研究的继续，上一章离题话的重要性将越来越明显，而它和我们正在论述的这个学科的密切关系便会立即显示出来。

一眼就可以看明白，人们看不到工资一词在经济学中的意义，而把注意力集中在这个词的普通和狭隘的解释上，于是肯定工资取自资本。在劳动者为自己劳动，直接得到他的劳动产品作为劳动报酬的情况下，事情很清楚，工资不是取自资本，而是直接取自他的劳动产品。例如，我用我的劳动收集鸟蛋或采摘野浆果，我得到的鸟蛋或浆果便是我的工资。在这种情况下肯定没有人会争论说，工资取自资本。在这个例子里不存在资本。被抛弃在荒无人迹的岛屿上的绝对一无所有的人可能以收集鸟蛋或采摘浆果为生。

假使我拿起一块皮革，把它制成一双鞋，这双鞋就是我的工资，是我努力的报酬。这双鞋肯定不是来自资本，不是来自我的资本，也不是取自任何别人的资本，而是由于劳动才产生的，劳动的结果变成工资；在获得作为我劳动工资的这双鞋过程中，资本甚至没有片刻间的丝毫减少。因为如果我们提到资本这个概念，开始

时我的资本就是那块皮革和线等。随着我不断劳动，价值逐步增加，直到生产出鞋的成品，我使我的资本增加了原料与鞋的成品之间价值的差额。在获得这外加的价值——我的工资——中，什么时候和怎么会是向资本抽取的呢？

亚当·斯密对经济思想的指导，形成目前工资与资本关系的细致理论。他承认，在我举出的那种简单的例子中，工资是劳动的产物，他以这个论点开始他论劳动工资的一章（第8章）：

> “劳动的产物构成劳动的自然报酬或工资。在土地占用和资本积累之前的事物原始状态中，全部劳动产物属于劳动者。既无地主又无主人分享他的所得。”

要是这位伟大的苏格兰人以此作为他推理的出发点，继续认为劳动的产物是劳动的自然工资，而地主和主人只是分享者，他的结论本来会十分不同，今天的政治经济学也不会包含大量的矛盾和荒谬；但他没有遵循在生产简单形态中表现出来的明显的事实，把它作为线索，穿透较复杂形式的令人困惑的事情，他只在极短时间中承认它，立刻就放弃了它，并声称“在欧洲的任何地方，有一个独立劳动者就有20个工人在一个主人底下工作，”他以另一种观点重新开始他的钻研，这个新观点认为主人用他的资本提供他的工人的工资。

亚当·斯密把独立劳动者与工人的比例定为一比二十，显然亚当·斯密想到的只有机械生产，其实在全部劳动者中，不麻烦雇主直接取得收入者的比例，即使在一百年前的欧洲也必定比这个比例大得多。因为除了存在于每一个社会的相当数量的独立劳动者外，欧洲广大地区的农业，自罗马帝国时代起，一直实行分益耕种制。在这种制度下，是资本家从劳动者那里得到报酬，不是劳动者从资本家那里取得报酬。无论如何，在美国，工资的一般规律一定像在欧洲一样完全适用，那里尽管制造业发达，很大一部分人仍是独立生产的农民，受雇佣取得工资的劳动者的比例一定比较小。

但没有必要争论任何地方独立劳动者对雇佣劳动者的比例大小，也没有必要啰唆地说明不言而喻的事情，即劳动者直接取得他的工资的地方，工资是他劳动的产物，因为一旦明白了工资一词包括全部劳动收入，不管是劳动者直接得自他的劳动成果，还是从雇主处领到的报酬。这样，工资来自资本的假设——政治与经济论文中的庞大上层建筑把它当作真理，毫不迟疑地以它为基础——至少证明大部分是不真实的，充其量，可以肯定似乎有理的一点点地方，只有某些工资——劳动者从雇主那里领到的工资——取自资本。对这个主要前提的限制立刻使由它而产生的推论全部失效；事情还不止如此，让我们看一下，即使在这个限制意义上的这个前提是否合乎事实。让我们拣起亚当·斯密丢弃的线索，一步一步往前探索，看看存在于最简单生产形式中的明显事实关系在最复杂的生产形式中是否也存在。

“事物的原始状态”中整个劳动产品属于劳动者，这种简单形式至今还可以找到许多例子。我们现在看一下比较复杂一点的状态，那里，劳动者虽然为别人工作，或者用别人的资本生产，但他得到实物工资——也就是说得到他生产的物品。在这种事例中，与在独立劳动者的例子同样清楚，工资确实来自劳动的产品，根本不是来自资本。假使我雇佣一个人收集鸟蛋、采摘浆果或制造鞋，用他劳动得到的鸟蛋、浆果或鞋支付他的报酬，工资的来源是付给工资的劳动，这点不可能有什么问题。这种雇佣形式叫“实物雇佣制”(saer-and-daer stock tenancy)。亨利·梅因爵士在他的《早期制度史》里对此论述得十分明白，这种制度清楚地包括雇主和雇工的关系，犹如书中使牲畜的接受人成为雇佣他的资本家的雇工或仆役。就是在这样的关系上雅各布为拉班工作，直到今天，即使在文明国家里，它仍是雇佣劳动的常见形式。在合众国南部诸州及加利福尼亚相当盛行的分成种田办法，欧洲的分益耕种制，以及在许多事例中监工、推销员等的工资以利润的百分比支付，这些不就是雇佣劳动以产品的一部分作为工资吗？

从简单到复杂的生产方式再向前进一步，那里工资虽以生产的实物计算，但以同等价值的其他东西付给。例如在美国捕鲸船上，习惯上不付固定工资而采用一种“分红”办法，或者说是付给捕获量的百分比，百分比大小不一，从船主分得 1/16 到 1/12，到服务员的 3%。这样，当一艘捕鲸船在一次成功的巡航后进入新贝德福德或旧金山时，船舱里带着船员的工资、船东的利润以及补偿给船员的相当于他们在航行中用完的全部储藏物的东西。还有什么事情能比这些工资——捕鲸船船员拿到的鲸油和鲸骨——更清楚地说明，它们不是来自资本，而确实是他们劳动产物的一部分呢？为方便起见，船员之间不是分给他们应得的鲸油和鲸骨，而是每人的那份的价值按市场价格计算，以现金付给每人的份额，这样做丝毫没有改变或模糊工资来自劳动产物的事实。付给的钱只不过是实际工资——鲸油和鲸骨——的相等物。在支付中一点也未曾出现资本的预付。船东在支付船员工资的捕获物运入港口之前，并没有付工资的责任。在船东从资本金中支付船员工资时，他有鲸油和鲸骨增入他的资本。

上述的事例不会有任何争论。让我们现在再往前进一步，这一步带领我们面对雇佣劳动和支付工资的寻常方法。

旧金山湾外的费拉隆群岛是海鸟孵卵地，对这些岛屿有权利的一家公司雇人在适当季节收集鸟蛋。公司付给他们所收集鸟蛋的一部分，像捕鲸业中采取的办法一样，如果业务十分没有把握，也许公司就一定要这么做；但这种鸟很多，性情又和善，用多少劳动就能收集多少蛋，公司发觉付给雇工固定工资更方便。这些人出海，留在岛上收集鸟蛋，把它们送到码头装货处，每隔几天从那里用小船把蛋运到旧金山出售。当收蛋季节结束，那些人回来领取规定的硬币工资。这个办法同规定的工资不是付给硬币而是付给他收集鸟蛋的相等物不是一回事吗？卖掉鸟蛋得到硬币，硬币不就代表鸟蛋吗？难道这些工资不等于他们领取的劳动产品，就像鸟蛋为这些人所有，他们不受任何雇主的干预，为自己拣蛋吗？

另外举一个例子，它反过来说明实物工资等同于货币工资。在圣布埃纳文图拉有一个人，猎取普通毛海豹，取它的油和毛皮，生活过得挺宽裕，这些海豹经常栖息在构成圣巴巴拉海峡的一些岛屿上。在捕猎海豹的远航中，他带三个中国人做助手，开始时他全部用硬币付给他们工资。但是中国人看来十分珍视海豹的某些器官，他们把这些东西晒干后磨粉当作药品，雄海豹的胡须，当超过一定长度时，他们也十分珍视，认为可派大用处，至于什么用处，外界野蛮人不知其详。这个人很快发觉，中国人十分乐意拿被杀死的海豹的这些东西代替货币，他就这样支付他们大部分的工资。

在上边这些事例中可以看出的货币工资与实物工资的同一性，在所有为生产性劳动支付工资中是否全是一样呢？劳动创造的资金是否真是支付工资的资金？

也许可以这样说："存在这样的区别——一个人为自己工作，或者为雇主工作而拿实物工资，他的工资决定于他劳动的成果。倘若遇到天灾人祸，他的劳动证明白费，就什么也得不到。一个人为雇主工作，他不论怎样都能得到工资——他的工资决定于劳动的运作，不决定于劳动的结果。"但这点显然不是区别的真正所在。因为一般说来，付给固定工资的劳动，不止生产工资那么多的价值，而是要多一点；否则雇主就得不到利润。在工资固定时，雇主承担全部风险，并由于他对事业的自信心应得到补偿。因此固定工资总是要比随条件而变化的工资低一些。虽然规定了固定工资，履行了合同中他那部分责任的劳动者通常对雇主有合法的要求权利，但是经常（如果不是普遍）有这样情况：使雇主从劳动中得不到利润的灾难也使他不付工资。在一个重要的产业部门，万一遇到灾害，雇主可以合法地免除支付工资，虽然在合同中工资是固定的不是随条件而变化的。海事法的原则是，"运费是工资之母"，虽然海员可能履行了他的职责，但使船只得不到运费的灾害剥夺他要求工资的权利。

这个法律原则体现了我在争辩的事实。生产总是工资之母。没有生产便没有也不可能有工资。即从劳动的产品而不是从资本的预付中产生工资。

我们无论分析事实的哪个方面，都会发觉这个道理是对的。

因为劳动总是在工资之前。这一点对于劳动者从雇主那里取得工资，还是独立劳动者从自己那里取得工资都是正确的。这一组的事例和别一组事例一样，报酬以所付出的劳力为条件。工资有的按天支付，更多的是按周或月支付，偶尔有按年支付的，在许多生产部门中计件付酬。雇主付给雇工工资总是意味着雇工为雇主的利益事先已付出了劳动。在少数情况下有为个人的劳务预先支付工资的情况，这种预付显然是属于帮助性质或担保性质和预付定金性质。付给律师的预先支付的钱叫作“预订费”(retainer)，这个名字表明这笔交易的真实性质，犹如大西洋沿岸行话中把名义上预付给水手的工资(实际上是预付定金的钱)称为“血腥钱”一样，因为英国和美国的法律都认为一个水手和一只猪猡一样是一件动产。

我详细谈论这件明白的事实——劳动总是先于工资——因为这件事对于了解较复杂的工资现象有极大的重要性，应该牢记在心。如我曾经说过，工资来自资本这个前提似是而非的性质是很清楚的，这个作为十分重要和意义深远的推论基础的前提，出现在一篇声明的第一个例子里，它使人们的注意力离开我说的真理。这个声明说，除非得到资本提供的生活费，否则劳动就无法发挥它的生产能力。[①] 粗心大意的读者立刻会承认这个事实，即为了使

① 产业受资本的限制……没有制造原料和食物供应就没有产业。不言自明但时常被遗忘的事实是，一个国家的人民得到的生计和满足他们需要的不是现在劳动的产品，而是过去劳动的产品。他们消费的是已经生产出来的东西，不是将要生产的东西。现在可以看出，在已经生产出来的东西中，只有一部分作为支持生产劳动力之用，而一个国家的劳动力的人数不会也不能超过如此分配的部分(即这个国家的资本)能够提供的生活资料、生产原料和工具。——约翰·斯图尔特·穆勒的《政治经济学原理》，第1册第5章第1节。

劳动者能够工作，必须有食物、衣服等，他被告知生产劳动者使用的食物、衣服等是资本，他便同意资本消费对于劳动力的使用是必不可少的结论。从这个结论出发只有一个明显的推论，即产业受资本的限制——也就是劳动的需求决定于资本的供应，因此工资决定于求职劳动者人数和用于雇佣劳动者资本数量的比率。

可是我想，上一章中的论述能使任何人看出存在着这样的推理谬误——这个谬误使一些最敏锐的人陷入他们自己编织的网中而模糊不清。这是由于把资本一词用于两种意义。在初级前提中，即在资本对于生产性劳动的进行是必要的前提中，“资本”一词被理解为包括食物、衣服、住所等；而在从它那里引出的最后推论中，却使用这个词的普通和正统的意义，即指不是用于直接满足欲望，而是用于获得更多财富的财富——雇主手中的财富，有别于劳动者手中的财富。这个结论的正确程度相等于接受这样的前提，即劳动者没有吃早餐和穿衣服便不能上工，由此推断劳动者去上工的只能有雇主首先供给早餐和衣服的那么多的人。事实上劳动者一般提供他们自己的早餐和他们穿去上工的衣服；进一步的事实是资本（在使用该词以区别于劳动的意义上）在特殊的情况下有时可能在工作开始之前预付给劳动力，但决计不是强迫的。在今天文明世界里所有大量无业劳动者中，不预付工资不愿工作的人也许不是个别的，但大部分人无疑都愿以不要求在月底前领取工资为条件去工作；不愿意上工，不愿意像大多数劳动者习惯做法那样等到周末领工资的人，即使有，恐怕不会多到可以称为一个阶级的程度；当然更没有人不愿意等到一天下班领取工资，或者如果你高兴，还可以说没有人不愿意等到下一次吃饭时候领取工资。支

付工资的确定时间无关紧要；最重要的一点——我强调的一点——是工资支付在做工以后。

因此，工资支付总是体现以前付出的劳动。现在问一下，生产中提供劳动意味什么呢？显然是生产财富，这些财富如果准备去交易或用于生产，那就是资本。因此，用资本支付工资之前，先有用工资支付的劳动生产了资本。由于雇主一般都有利润，就他而言，支付工资就是把从劳动中得到的资本的一部分归还给劳动者。就雇工来说，工资就是收到他的劳动在以前生产的资本的一部分。由于以工资形式支付的价值通过劳动换成另一种价值，怎么能说工资取自资本或由资本预付呢？在用工资交换劳动中，雇主总是在他支付工资形式的资本之前获得劳动创造的资本，在哪点上他的资本甚至有暂时性的减少呢？[①]

用事实来检验这个问题。例如，有一个雇佣工人的制造业主，把原料制造成品——把棉花制成布匹，把铁制成铁器，把皮革制成靴等，他和一般状况一样，一周发一次工资。他在开工前的星期一早上盘点他的资本，资本包括厂房、机器、原料、手头现金和储存的制成品。为简单起见，假定他在这周内既不买进也不卖出，星期六晚上在工作停止和支付雇工工资后他重新盘点他的资本。现金一

① 为了更加清楚起见，我再说一说劳动生产资本的情形。劳动经常获得的或是财富（它可以是资本也可以不是资本）或是服务，只有在遭到意外的偶然情况下才一无所获。在劳动仅仅为满足雇主个人欲望的地方（如我雇一个人为我擦靴子）我不是从资本中支付他的工资，而是从我不是用于生产而是用于个人享受的财富中支付。纵使这样支付的工资被认为取自资本，那么在这样行动时，这些工资便从资本范畴转为用于满足资本主人个人欲望的财富范畴，犹如一个雪茄商从准备出售的存货中取一打雪茄放在口袋里自己吸用的情况一模一样。

项由于付了工资而减少；原料和煤等也减少了，还必须适当扣除一星期中厂房和机器磨损的价值。但如果他经营的生意有利可图的话（一般情况必然如此），制成品一项一定有很大增加，足以补偿全部减少之数，总计下来资本有所增加。那么很明显，以工资形式付给他雇工的价值不是取自他的资本，也不是取自别人的资本。它不是来自资本，而来自劳动本身创造的价值。他预付的资本不多于他雇工掘蛤蜊，用他们掘出蛤蜊的一部分支付工资。他们的工资确实是他们劳动的产品，就像原始人的工资一样，在“占有土地和积累资本前”很久的时候，原始人用石块从海边岩石上敲下一个牡蛎，就是他的工资。

为雇主工作的劳动者要到他做了工作之后才能拿到工资，他的情况就像银行的存款人一样，只有在他把钱存入银行以后，才能取款。正如他取出的款项就是他以前存入的款项，银行的存款人不会减少银行的资本，劳动者领取工资同样既不会暂时减少雇主的资本，也不会暂时减少整个社会的总资本。他们的工资不是取自资本，就像银行存款人的支票支取的不是银行的资本。的确，劳动者领取工资一般不是收回他们劳动造成的同样形式的财富，正像银行存款人不是取回他们原来存入的硬币或钞票，而是领取相同形式的东西；所以我们说存款人取回他存入的钱是对的，同样我们说劳动者收到的工资是他劳动造成的财富也是对的。

这个普遍的事实经常被搅混，主要是由于使经济学显得晦涩的那个原因，即财产与钱币的混淆不清；值得注意的是，自从亚当·斯密博士使鸡蛋顶端朝下竖立起来以后，竟有这么多的人大量地表现出重商主义理论的谬误，在论述资本和劳动的关系时，陷入相同性质的幻想。货币是交换的普遍媒介，是共同的通货，通过它发生财富从一个形式到另一个形式的变形。可能存在于一次交换中的不论什么困难，总表现在货币减少的一方，因而，有时以货币交换其他形式的财富要比一种特定形式的财富交换货币容易，由于这个原因，财富拥有者愿意交换货币的要比愿意交换特定财富的多。所以从事生产用货币支付工资的雇主，有时会发现他以货币交换的增加了的价值很难迅速复原为货币，于是人们常说他在支付工资中耗尽或垫付他的资本。而且，除非劳动创造的新价值少于支付的工资(这只是特殊情况)，他以前是货币现在是商品的资本，只是形式变了，但并未减少。

有一个生产部门，不大可能因人们以货币估计资本的习惯而发生思想混乱，因为它的产品是货币的一般原料。情况表明，这个生产部门的业务几乎一个一个地向我们说明从最简单的生产形式到最复杂的生产形式。

加利福尼亚早期殖民的情况，和以后在澳大利亚发生的情况一样，淘金工在河床里发现大自然千万年来累积的闪光颗粒的沉积，他拣起或洗出他的实在金钱形式的“工资”(他也这样称呼他的所得)，因为铸币稀缺，金沙称分量作为货币流通，每天结束，他就把金沙形式的工资装入鹿皮小包里。就这些工资是否来自资本而言，不可能发生争论，它们明显地是他劳动的产物。当一个富矿区的土地所有人雇人为他工作，用他们的劳动从峡谷或沙洲那里淘到的同一产品付给他们工资，在这样情况下也不会发生争论。随着铸币大量增加，使用它可免去称金沙时的麻烦与损失，铸币的较大方便使金沙处于商品地位。雇工淘金的矿主出卖矿工劳动获得的金沙得到铸币，用铸币支付矿工的工资。在矿主有足够铸币发工资的地方，他就不向最近的金店出售金沙以免支付商人的利润，他把金沙保存起来，到一定数量时亲自或用快运方式运往旧金山。他可以要铸币厂免费铸成铸币。他这样积储金沙时，他的铸币储存逐渐减少；正如制造商积储货物时，他的钱币储存减少。但没有人会如此愚笨地想象，矿主收进金沙和付出铸币，会使他的资本减少。

可是这种只需要初步劳动即可开采的沙金矿很快被掘尽，迅速出现开采金矿的更复杂的方法。在矿区土地尚未开发还没有产生任何收益之前，先要挖掘深矿井，修筑大堤坝，通过最坚硬的岩石凿出长隧道，开通几英里长的渠道，翻山脊穿深谷，把水引来，并安装昂贵的机器。这些工程没有资本无法建造。有时修建这些工程要几年时间，在这段时间中不能希望有收入，而雇佣的工人必须每星期或每月支付工资。有人肯定会说，在这种情形下（即使没有其他事例可举）工资实实在在来自资本，实实在在由资本预付，在付工资时必然减少资本！至少在这个例子里，产业受资本的限制，因为没有资本就不能进行这种工程！让我们仔细看一看：

就是这一类情况往往成为工资由资本预付的例子。因为在这种情况中工资在劳动目的尚未达到或完成之前支付，和在农业中一样，耕地和播种一定早于收获作物几个月；也和造房屋，建造船舶、铁路、运河等一样。显然资本的所有人不能期望立即得到收益，而像俗话所说，资本必须“搁置”一段时间，有时甚至要好多年。因此，如果忘掉了基本原理，就容易仓促作出结论，说工资是由资本预付的。

但这些事例不会使清楚地理解我在上文中所阐述的道理的读者感到困惑。只要简单分析便能明了，这些工资的支付先于制成品甚至生产产品的例子，不能成为这个明显规律的例外，即完成产品在支付工资之前。

如果我请一个掮客把白银换成黄金，我交出白银，由他过秤并收起来，然后他交给我等价的黄金，其中扣除他的佣金。这个掮客预付给我资本吗？显然没有。先前他有黄金，现在他有白银加上他的利润。由于他先拿到白银，然后付出黄金，在他一方面甚至没有片刻预付资本。

现在，掮客的这次买卖完全和资本家在我们正在讨论的例子中所做的一样，虽然资本家用资本支付工资。由于进行劳动在支付工资之前，还由于在生产中进行劳动意味着创造价值，所以雇主收到价值先于他付出价值——他只是以一种形式的资本交换另一种形式的资本。因为价值的创造不只是在产品完成的最后时刻；价值作为运用劳动的即时效果产生于生产过程的每一阶段。因此，不管运用劳动的过程有多长，劳动总是在从资本中得到工资之前，以它的尽力运作来增加资本。

一个铁匠在打铁炉旁打造铁镐，显然他在制造资本——他先将铁镐加进他雇主的资本，而后从资本中领取工资。一个机器匠或锅炉制造工制造大东方号轮船的龙骨板，他不是同样清楚地在创造价值——制造资本吗？巨型汽轮和铁镐一样是一件财富物品、一件生产工具，虽然这个庞然大物可能几年完成不了，而另一件物品几分钟便能完成，就每一天的工作来说，这一件和那一件显然同样都是生产财富，也是增加资本。在制造汽轮的例子中，如同制造铁镐的例子中一样，并非最后一铁锤打下去（完全和第一锤敲打一样）才创造制成品的价值，价值的创造是连续的，它立即产生于劳动的施展过程。

我们清楚地看出，不论在哪里，劳动分工使生产全部过程的各个部分分别由不同生产者进行已经成为习惯。也就是说，不论在哪里，我们已有计算花在生产任何准备阶段的劳动所创造的价值总量的习惯，略加思索便能明白，这是极大部分产品的计价办法。不论一条船、一座房屋、一把大折刀、一只妇女用顶针或一个面包都一样。它们都是产品，但它们不是在一道工序或由一组生产者生产出来的。情况就是这样，因而我们能轻易地分辨出一件完成物品中价值创造的不同阶段。虽则我们分辨不出最后生产程序中的不同部分，但我们分辨得出原料的价值。这些原料常常还能分解好多次，剖析出在创造最后价值中许多界限清楚的步骤。在每一次这样的步骤中，我们习惯地计算一次创造的价值、一次增加的资本。面包师从烘炉里取出的一炉面包代表一定的价值。但在这个价值中有一部分是制作面团的面粉的价值。而面粉的价值又是由小麦的价值和面粉厂产生的价值等构成。生铁离成品还很远。在它变成成品（这是从矿山开采出铁矿石的最终目的）之前必须通过几个，也许要通过许多生产阶段。可是，生铁不是资本吗？所以从棉地上摘棉花时生产过程尚未真正完成，皮棉轧出棉籽和打包时也没有，棉包运到洛厄尔或曼彻斯特时也没有，棉花制成棉纱时也没有，棉纱织成棉布时也没有，只有当它最后到达消费者手中时生产过程才真正完成。可是这个过程的每一步都清楚地创造了价值，增加了资本。因此，当开始耕种土地准备种植作物时，难道不

是创造价值，增加资本吗？虽然我们难以习惯地辨认它的作用和计算它的价值。这是因为天时可能不好庄稼可能收不上吗？显然不是，因为任何成品生产的每一步骤同样有可能遇到意外灾害。一般来说庄稼肯定会生长，所以耕耘和播种多少总会结出棉铃，正如纺多少棉纱能织出多少棉布一样。

总之，支付工资总是以进行劳动为条件，生产中支付工资，不管生产过程有多长，绝不会有任何资本的预付或暂时的资本减少。造一条船可能要一年甚至几年，但建成船只总计的价值创造是一天一天和一小时一小时地累积的，从龙骨安放的时候起，甚至从清理造船场地的时候起就开始了。在船只完成前支付的工资不会使船厂老板减少他的资本也不会减少整个社会的资本，因为部分完成的船体代表付出工资的价值。在这样的工资支付中不存在资本的预付，因为工人的劳动在这个星期或这个月里创造和给予船厂老板的资本超过这个星期或这个月底付给他们的工资。只要指出这个事实，即如果有人要求船厂老板在造船的任何阶段出售部分完成的船体，船厂老板将有希望获得利润，道理就很明白了。

因此，当萨特罗或圣哥达隧道或苏伊士运河挖掘时，不存在资本的预付。这条隧道或运河的已挖掘好的部分变成与挖掘它所花的钱相等的资本——挖掘的钱包括工程中所用的炸药、钻孔器等和工人使用的食物、衣服等——公司资本价值总额并未减少，只是原有形式的资本逐渐转变为隧道或运河形式的资本。相反，一般说来，随着工程的进展资本还有所增加，正如投资在生产周期较快事业中的资本一般总是增加的。

这种情形在农业中也很明显。价值的创造不是在收获庄稼时一下子产生的，而是一步一步在以收获庄稼作为结束的全过程中产生的。在过程中间支付的工资不减少农民的资本，下列事实可以证实这点：在生产过程中出售或出租土地，一块翻耕过的土地比未翻耕土地的售价或租价较高，已播种的土地比仅仅翻耕的土地的售价或租价更高。像有时会见到的那样，农民出售正在生长的庄稼，或者农民自己不收庄稼，而让收割机主承包收割，足以说明价值的创造在收获之前已经存在。果园和葡萄园的情形也是如此，虽然尚未结实，它们已经有了与果树生长年龄成比例的价值。马、牛和羊也一样，它们不断长大，它们的价值也逐渐增加。如果说在可以称为寻常生产交换点的东西之间价值的形成常常不大明确的话，这种价值增加肯定与每次劳动施展同时发生。因此在劳动行使先于支付工资的地方，资本的预付实际上是劳动造成的，是雇工付给雇主，不是雇主付给雇工。

“可是，”有人会说，“在我们上边考虑的那些事例中需要资本！”诚然，我不以为他说得不对。但是需要资本不是为了预付工资，需要资本是为另一个相当不同的目的，这个目的是什么我们可以毫无困难地看到。

交付实物工资，就是付给劳动力所生产的同样种类的财富；例如，我雇人伐木，答应给他们采伐木材的一部分作为工资，这是林地主人或承租人有时采用的办法，很清楚，这里不需要资本支付工资。嗣后由于出售大量木材比出售少数木材更加容易和有利，为相互方便起见，我同意不用木材而用货币付工资，只要我能在付工资日之前以木材交换货币，同样不需要资本付工资。只有在我大量积储木材，或无法出售木材，或无法以我希望的有利条件出售木材时,我才需要资本。即使在这时,如果我能以木材抵押借款取得部分或暂时的现金,我也不需要资本。假使我不能或不愿出售木料或以它抵押借款,而希望不断积累大量木材,才需要资本。可是我需要这笔资本不是为支付工资,而是为积累大宗木材。同样,在挖掘隧道的例子中,如果用隧道支付工人工资(如果方便很容易做到,就是付给公司股票),付工资就不需要资本。只有在那些实业家希望以隧道形式积累资本时,他们才需要资本。再谈一下前边的一个例子,我卖给他白银的那个掮客没有资本便难以做生意,但是他不需要资本,因为当他收到我的白银时,他给我黄金,就不必向我预付资本。他需要资本是因为这种生意的性质需要在手头保持一定数量的资本,以便顾客登门时,可以进行顾客希望的交易。

我们可以在每一个生产部门发现同样的情形。当以工资雇佣的劳动所生产的产品一产出就卖掉的时候,雇主绝不会拨一笔资本支付工资;只有当这种产品卖不掉储存起来,或者(对个人也同样)这种产品虽进入交易,但一时得不到现款时,也就是赊销时,才需要资本。但是这时需要的资本不是为支付工资,也不是为预付劳力,因为资本总是体现在劳动的产品中。需要资本的任何生产者绝不仅是劳动力的雇佣者;当他真的需要资本时,是因为他不单是劳动力的雇佣者,还是劳动产品的商人或投机者,或者是劳动产品的囤积者。这是雇主的一般情况。

现在把本章的论点扼要重述如下:为自己工作的人得到的工资就是他生产的东西,他生产了这些东西,不论何时出售产品,他把这些东西的价值交换另一种形式的价值。以规定的货币工资为他人工作的人,依照交换合同工作。他进行劳动时也创造他自己的工资，只在规定的时候根据规定的数量以不同方式取得工资。在履行劳动时在交换中他是预付的一方；当他取到工资时这笔交换完成了。在他挣工资期间，他把资本预付给雇主，但在任何时候，除非在工作完成之前先付工资，才是雇主预付资本给他。得到以工资交换生产产品的雇主，不管是立刻把产品卖掉还是把它留一段时间，都不会改变这笔交易的性质，正如产品的最终接收者最后不论如何处理这批产品不会改变它的性质一样，他可能住在世界的另一个地区，也许是一连串几百次交易的最后一位接收者。

第四章　劳动者的生活资料不是取自于资本

读者心中还可能仍然存在或再次出现使他困惑的障碍物。

正如犁田人不能吃犁沟，没有完全装好的蒸汽机无论如何织不出机工穿着的衣服，用约翰·斯图尔特·穆勒的话说，难道我“忘了不是现在劳动的产品而是过去劳动的产品维持一国人民的生活，供给他们的需要吗？”或者用福西特夫人所著通俗基础读物的话说，难道我“忘了种子播下去和用这些种子的产品制成面包之间一定已有许多月份过去，”和“因而很明显，劳动者不能靠他们的劳力正在致力生产的东西生活，而是由他们的劳动或别人的劳动以前生产的叫作资本的财富维持生活吗？”①

这几行文字中所作的假设——劳动必然由资本供养这个只要说出来人们不得不承认的假设——渗透在目前整个政治经济学的机体里。它如此有信心地认为劳动力的供养资料取自资本，以致“受雇佣人数决定于雇佣工人的基金，因而工人总是随资本增加而增加，随资本减少而减少，”这个前提被同样认为是公理，它转过来

① 米利森特·加勒特·福西特：《初学者的政治经济学》，第 3 章，第 25 页。

又成为一些重要推理的基础。①

但只要分析一下就可以看出，这些前提非但不是不言而喻的，而且是十分荒谬的；因为它们包含了劳动产品在积蓄起来之前不能进行劳动的观念——把劳动产品放到生产者的前边去了。

经过检查，看得出这些前提是从混乱的思想中得出它们显然是似是而非的道理。

我已经指出，由错误定义掩盖起来的这个谬论以下列判断为根据：因为食物、衣服、屋舍对于劳动者是必要的，所以产业受资本的限制。我们说一个人必须先吃早饭然后才能上工，并不是说除非有资本家供应他一餐早饭，否则不能上工。因为他的早餐，事实上在任何未发生饥荒的国家里，可能不是来自留作用于生产的财富，而来自留作用于生活资料的财富。正如前边已经提到，食物、衣服等——总之所有财富形式——只有掌握在不准备把它们用于消费而用于交换其他商品或用于生产性服务的那些人手里才是资本，而当它们落入准备消费它们的那些人手里时便不再是资本；因为在那种转移中，它们从旨在获得其他财富的财产形式变为旨在满足欲望的财产形式，不管消费它们是否有助于财富生产。除非牢记这个区别，否则不可能划清资本财富与非资本财富的界限。即使像约翰·斯图尔特·穆勒那样以“财富占有人的内心”来区分两者，也是办不到的。因为人不可能在从事生产劳动时才吃饭和穿衣，否则就绝食和裸体。他们吃饭，是因为饿了，他们穿衣，因为不穿衣不自在。一个劳动者要从早餐桌上取食，至于那天他去不

① 引号里引用的是李嘉图的话(第2章)；但这个观念在公认的名著里十分普遍。

去工作，要看他有没有工作机会。如果认为资本和非资本的区别在于是否支持生产性劳动，那么，他吃的食物是不是资本呢？这点劳动者本人不可能回答，同样，李嘉图—穆勒学派的任何哲学家也难以答复。当食物进入他的胃肠时，这个问题还是回答不出，甚至，假使那个劳动者开始时得不到工作，他继续在找寻，食物已变成他的血肉时还是回答不出。尽管此人还是得吃早餐。

辩论到此为止，根据这个论点确定财富与资本间的区别虽然在逻辑上足够充分，但还不能说是颠扑不破。也不必如此。在我看来劳动力必然由过去劳动产品供应生活资料的前提，只有在这样的意义上说才是对的：即劳动者下午的劳动必然在中饭的帮助下才能进行，或者说，在你吃兔子之前它必须被捉住和煮熟。显然这不是以上述前提来支持（以前题为转移的）重要推理的那种意义，那种意义是说，在不能立即生产劳动者生活资料的工作动工之前，必须存在在工作过程中支持劳动者生活的一批生活资料。让我们看一下这个论点对不对：

鲁宾逊·克鲁索以无限的辛劳与艰苦制造独木舟是不能立即获得报酬的生产。可是，在他开始之前有必要积累足够的食物，在他砍树、凿出独木舟和最后把它放入海中时供他生活吗？根本不是这样。他在用一部分时间制造独木舟和把它推下海的同时，只需要用一部分时间采取食物。假设有100个人在一个新地方登陆，但没有食物储备。对他们来说有必要在开始耕种土地前先积累一段时间的食物吗？根本没有必要。鱼、猎物、浆果等食物十分丰足，只需要100人中的部分劳力足以采集和捕捞食物来维持全体人员每天的生活，有一种互利的意识或相互依赖的愿望产生，使那些目前采取食物的人，把食物分发（交换）给那些从事将来才有报偿的劳动的人。

在这两件事例中正确的东西，在所有事例中全都正确。生产不能用作生活资料或不能立刻利用的物品，不一定需要事先生产财富，以维持前一种生产进行中劳动者的生活。只需在交换系列里的某个地方同时生产足够劳动者生活的资料，那里又愿意用生活资料交换劳动者正在生产的东西就行了。

事实上，在正常情况下，消费由同时在进行的生产供给，不是大家都知道的正确做法吗？

有一个挥霍浪费的懒汉，既不从事脑力劳动，又不从事体力劳动，而依靠他父亲遗留给他的、安全投资于政府公债的财富生活。难道他的生活资料来自过去积累的财富，或他身边进行的生产性劳动吗？在他的餐桌上有刚生下的禽蛋、几天前才制成的黄油、当天早上挤出的牛奶、24 小时前还在海洋里生活的鱼、屠宰场及时送来烹饪的肉、菜园刚摘下的蔬菜和果园刚采下的水果——总之，几乎样样东西都才离开生产劳动者的手（劳动者范围包含运输工人、批发商以及从事更早阶段生产的那些人），没有一样东西（也许除了几瓶陈酒外）是在长远以前生产的。此人从他父亲那里继承的和我们说他赖以为生的，实际上根本不是财富，只是要求别人所生产财富的权力。就是从当前生产的产品中，取得他的生活资料。

伦敦周围 50 平方英里所囊括的财富，无疑比同样面积的任何别处所囊括的财富要多。可是如果伦敦的生产劳动绝对停止的话，几个小时之内人们将开始像患肝蛭病的羊那样死去，在几个星期，最多在几个月内，恐怕没有一个人还能活着。因为生产劳动的

全部停顿将是一场比曾经降临于一个围城的任何灾害更为可怕的灾难。它不仅像提图斯环绕耶路撒冷建筑的围城的外墙，阻止一个大城市赖以生存的供应品不断进入，而且还是包围每一个家庭的同样的墙。想一想任何社会中这样的劳动中断，你会了解，说人类实际上是现挣现吃地生活是多么正确；就是社会的日常劳动，以它每天生产的面包供给社会。

正如建造金字塔的劳动者的生活资料不是来自以前储藏的存货，而是来自尼罗河流域不断种植的作物；正如现代政府进行一项几年才能完成的大工程时，不是为这项工程拨出已经生产出来的财富，而是要拨发尚待生产的财富，也就是在工程进行中从生产者那里以税收形式取得的财富；由此可见，不直接生产生活资料的劳动者，其生活资料来自别人在同时生产的生活资料。

假若我们循着交换系列，可以看出，在这个系列中，生产蒸汽机中所做的工作能保证工人得到面包、肉、衣服和房屋，我们可以发现，尽管在制造机器的劳动者和面包、肉等生产者之间可能有千百次的中间交易，这种交易分解到最后，实际上等于他们间劳动的交换。引导人花费劳动制造机器的原因，显然是有某人希望交换一部机器，而此人有能力给予制造机器的劳动者想要的东西——也就是说，生产面包、肉等的那些人，或生产那些人希望得到的东西的另外一些人存在着对机器的需求。这种需求指示机工去生产机器，因而反过来，机工对面包、肉等的需求实际上指示同等量劳力去生产这些东西，由此可见，他用于生产机器的劳动实质上生产了他花工资买到的东西。

把这个原理编成公式：

消费需求决定用在生产中的劳动的方向。

这个原理简单明白，无须进一步说明。据此，我们主题中的所有复杂难解之处统统消失了，因而使我们对错综复杂的现代生产中劳动的目的和报酬和我们观察社会初阶段较简单形式的生产与交换中的劳动性质取得一致的看法。我们知道不论现在还是当初，每个劳动者力求用他的努力满足他自己的欲望；我们知道，虽然劳动的细微分工使得分配给每个生产者的产品中只有一小部分是他自己生产的特定物品，甚至一点也不是，可是他在生产其他生产者所需要的物品时，就在指引其他劳动者生产他所需要的物品——实际上等于他本人生产这些物品。这样，如果他制造大折刀和吃小麦，小麦恰如他劳动的产品，好像他曾为自己种植小麦一样，而让种麦人好像自己制造大折刀一样得到大折刀。

这样，我们便能透彻而完全地看出这个道理的确切无误：劳动者付出劳动后取得的不论何消费物，不存在对劳动者的资本预付，假使我制造大折刀，用取得的工资购买小麦，我只不过是用大折刀交换小麦——把大折刀加入现有的财富库存，再从库存中取走小麦。由于消费的需求决定用在生产中的劳动的方向。我们甚至不能说，我从小麦库存中取走小麦，这样我减少了小麦的库存，因为我把大折刀放进可交换的财富库存而同时取出小麦时，我已经在交换系列的另一端决定劳动趋向小麦生产（犹如小麦生产者放进小麦取走大折刀决定劳动趋向大折刀生产），这是获得小麦的最简易的方法。

所以一个把犁人——虽然他在开犁沟，准备种的庄稼尚未播种，播种后还需几个月才能成熟——在用劳力犁沟时，实际上已在生产他吃的粮食和他得到的工资。因为尽管犁沟只是生产粮食的劳动的一部分，但与收割一样是必不可少的一部分。开犁是走向收获庄稼的一步，这一步保证了今后的收获，可以从不断储存的财富库存里释放出把犁人的生活资料和工资。这点不仅在理论上是对的，在实际上和字义上说也是对的。在合适犁地的时间把犁地的活儿停下来，不就是不必等到收获时节立刻就显出粮食稀缺的征候吗？把犁地活儿停下来，会计室、机器工场和工厂不就立刻感到其影响了吗？织布机和纺纱机不就会像犁一样立即停下来吗？的确会这样，我们可以从其影响中看到随后发生的坏收成。如果的确是这样，这个犁地人不就是真正在生产他的生活资料和工资，就等于在他犁地的日子里他的劳动确实生产了用他劳动交换来的物品吗？

事实上，在劳动寻觅工作的地方，资本缺乏不会阻止地主雇佣劳力，因为土地能产出有需求的庄稼。他或者与地主订立合同，以分成办法耕种土地，这种办法在美国某些地方很普遍。在这种情况下，如果劳动者没有生活资料，他们凭正在做的工作，从最近的商店里赊欠需要的物品；如果地主愿意付给工资，由他自己向旁人告贷，这样在耕种时所做的工作，根据工作进度立刻用来交换物品。倘若劳动者要消费的东西超过付出劳动可支用的数量，倘若劳动者被迫不去工作而去求告贷（因为在任何文明国家里，正常情况下劳动者的生活无论如何必须得到维持），这一部分生活资料是由于有归还前景而抽出来的储备资本，事实上它是由今后的工作归还的。例如，在南加利福尼亚的纯农业地区，1877 年遭受严重歉收，几百万只绵羊除骨骼外什么也没留下。在巨大的圣华金河谷，许多农民在下一个收获季节之前没有足够的粮食赡养家庭，更不用说维持他们的雇工了。但合适的季节下了雨，这些农民又着手雇佣人手犁地播种。因为到处有农民获得部分收成。一旦下了雨，这些农民就急着把庄稼在下一个收获带来较低价格之前卖掉。这样留作储备的谷物通过交易和预付办法供给耕种者使用，这些谷物被为下一次收成所做的工作释放出来，实际上是由这些工作生产的。

可以把连接生产与消费的交换系列喻为一只充满水的弯管。如果从管子的一端注入一定分量的水，就会从另一端溢出同样分量的水。溢出的水不是注入的水，但与后者分量相等。所以做生产工作的人，他们一边投入、一边取出——他们得到的生活资料和工资只是他们劳动的产品罢了。

第五章 资本的真正职能

现在可以发问,如果不需要资本支付工资或在生产期间支持劳动,那么,资本的职能是什么呢?

上边的论述已经回答得很清楚了。我们知道,资本乃是用于获得更多财富的财富,有别于用于直接满足欲望的财富;或者,我以为可以给它下定义为:在交换过程中的财富。

因此,资本增加劳动生产财富的力量:(1)使劳动能以更有效率的方式进行,如不用手挖出蛤蜊而用铁锹挖掘,或铲煤入锅炉以行船,不必辛苦划桨。(2)使劳动能够利用自然生殖力量,如播种以收获谷物,或饲养动物使之繁殖。(3)使劳动可以分工。这样,一方面利用特殊能力、培养技术和减少浪费,在创造财富中增加人这个要素的效率;另一方面利用土壤、气候和地势多样性的有利条件,把自然要素的力量发挥到最高程度,以便在对某种特定物种生产最有利的地方取得每一特定种类的财富。

资本不供给劳动用以造成财富的原料,但有人却以相反的观点教诲人。财富的原料是自然供给的。但经过部分加工和在交换过程中的这种原料是资本。

资本不供给或预付工资,但有人以相反的观点教诲人。工资是劳动者得到的他劳动产品的一部分。

资本不供养在工作过程中的劳动者，但有人以相反的观点教诲人。劳动者由他们自己的劳动供养，生产用来交换生活资料的任何产品(整体或部分)的人，实际上生产那些生活资料。

因而资本不限制产业，但有人以相反的观点教诲人。对产业的唯一限制是自然原料的获得。但是资本可以限制工具的使用和劳动的分工，以限制产业的形式和产业的生产能力。

资本可以限制产业的形式是清楚的。没有工厂不可能有工厂技工；没有缝纫机便没有机器缝纫；没有犁便没有把犁人；没有投入交易的大量资本，产业便不可能形成与交易有关的许多特殊形式。缺乏工具必然大大限制产业的生产能力，这也是很清楚的。如果农民没有足够的资本购买犁，他一定得使用铁锹，他不能买收割机一定得用镰刀，不能买脱粒机一定得用连枷；如果机工没有好工具只得依靠凿子割铁板；织工只能依靠手织机，如此等等；这时产业的生产能力恐怕达不到有充分资金购买最先进的工具时的生产能力的1/10。没有资本使劳动分工不能超过最粗糙和几乎难以察觉的最初阶段的程度，而使分工成为可能的交换不能扩展到最近的地区之外，除非一部分生产出来的产品经常保持在库存里或在运输中。甚至狩猎、捕鱼、采坚果和制武器的职业也不能专业化，以致个人难以从事任何工作；除非每个人努力取得的物品的某些部分不立即消费掉，把它储存起来，这样致力于得到一种物品的人才能在需要时得到别种东西，才能以一天好运气的收获供应下一天的不足。在有了高度文明特色和必需的细微劳动分工的时候，大量各种各样的财富必须经常保存在库存里或运输中。为使文明社会的居民能够随意将他的劳动和他周围人的劳动以及和地

球上最遥远地方的人的劳动进行交换，在仓库里、店铺中、船舱里和铁路货车上必须有大量的货物，正如为了使大城市的居民任意地取得一杯水，在水库里必须储存若干亿加仑的水，并用几英里的管道输送到全市。

但是，说资本可以限制产业的形式和产业的生产能力，与说资本限制产业绝不是一回事。因为目前经济学的名言“资本限制产业”，不是指资本限制劳动的形式或劳动的生产能力，而是指资本限制劳动的行使。这个判断从资本以原料和生活资料供应劳动的假设中得出似是而非的根据；这个假设在我们看来毫无根据，只要想到劳动产生资本，因而劳动必然在资本之前的道理，这个假设的荒谬就暴露无遗了。资本可以限制产业的形式和产业的生产能力；但这不是说没有资本就不可能有产业，就像有人错误地说没有动力织机就织不出布；没有缝纫机就没有缝纫；没有犁就不能耕田；或者，在一个像鲁宾逊·克鲁索那样的社会里，因为没有交换就不可能有劳动一样。

说资本**可以**限制产业的形式和生产能力和说资本**肯定**限制它们不是一回事。因为能够真正说得上产业的形式和生产能力受资本限制的事例，我想检查起来似乎多是理论上的而不是实际上的。在墨西哥或突尼斯这样的国家，资本的大量和普遍的使用显然将大大改变产业的形式和大量增加产业的生产能力；常有人说这样的国家需要资本以开发她们的资源。但这样的国家不存在某些落后的东西吗？她们缺乏的除资本外没有其他东西吗？不是那里政府的贪婪和滥用权力、财产无安全保障、人民的无知与偏见阻止资本的积累和使用吗？不是由于这些不利条件的真正限制，难道是由于资本的缺乏，才使得她们即使有了资本也不会使用吗？当然，我们也能想象得出资本缺乏是增加劳动生产能力的唯一障碍的社会，但是这种社会只有想象它同时出现几种条件时才可能存在，而这些条件除了偶然或作为片刻即过的特殊情况外，即使出现也是极少的。在我看来只有被战争、大火或自然灾变夺走资本的社会，以及刚在一块新土地上殖民的文明人组成的社会，才提供这样的例子。然而，在被战争破坏的社会里，被习惯使用的资本的迅速增殖，长期未受到人们的注意，而在新建社会里，迅速产生能够使用或合理使用的资本的事例，同样显而易见。

我想象不出还有别的如此罕见和短暂的由于资本缺乏而真正限制劳动生产能力的环境。因为，在一个社会里虽然可能存在由于缺乏资本不能正常有效地运用其劳动的一些人，但只要整个社会有充足的资本，真正的限制就不是缺乏资本而是不能合适地分配资本。如果腐败政府掠夺劳动者的资本，如果不公正的法律从生产者那里夺走他用以维持生产的财富，把它交给完全依靠产业年金的那些人，对劳动效率的真正限制便不是资本缺乏而是腐败政府。无知、习俗或其他阻止资本使用的条件同样也是限制因素。就是这种种因素而不是资本缺乏，形成真正限制条件。把一把圆锯交给一个火地岛人，把一个火车头交给一个贝督因阿拉伯人，或者把一部缝纫机交给一个弗拉塞德女人，绝不会增加他们劳动的效率，给他们其他任何东西看来也不可能增加他们的资本，因为不是他们习惯上当作资本使用的任何财富将被消费掉或浪费掉。并非由于缺乏种子和工具使阿帕切人和苏人不耕种土地，假使供给他们种子和工具，他们也不会用来生产，除非同时限制他们到处漫

游，并教他们耕种土地。假使把伦敦全部资本在他们目前的状况下给了他们，这些资本便不再成为资本，因为他们用于生产中的只是可用于打猎的极微小部分，甚至连这部分资本的使用也要等到给予他们的大量财富中可以吃的部分消费光之后。但对于他们确实需要的那种资本，他们想方设法要得到它，不顾最大的困难，追逐某些形式的资本。这些野蛮部落使用美国和英国工厂生产的最好武器狩猎和打仗，而且总是使用最新改良的武器。只有他们的文明进步时，他们才关心文明国家需要的那些别的资本，这些资本才对他们有用。

乔治四世统治时代，有几个回国的传教士把新西兰一个叫洪吉的酋长带回英国。他高贵的外貌和美丽的文身花纹引起了很大的注意，他将要回去时，国王和几个宗教团体送他相当多的工具、农具和种子。这位满怀感激的新西兰人的确在食物生产中使用这种资本，但使用的方式是他的英国款待者梦想不到的。回去的路上到达悉尼时，他把全部赠品交换成武器和弹药，到家后，他用这些武器与别的部落打仗，战果辉煌。第一仗就俘虏 300 人，全部煮熟吃掉。洪吉在进主餐之前，先挖出并吞下受了致命重伤的敌手——敌方酋长——的眼珠，并吸饮其热血。[①] 但现在他们之间的永久性的战争停止了，毛利人的后裔已经大部分采取欧洲人的习惯，他们中间许多人拥有和使用大量资本。

同样，把新社会中简单方式的生产和交换完全归因于资本缺乏也是错误的。这些需要极少资本的方式本身是粗糙和低效的，

① 《新西兰和它的居民》，理查德·泰勒牧师著，伦敦，1855 年，第 21 章。

但考虑到这种社会的条件，可以发现这些方式实际上最为有效。装备有最新机器的大工厂是迄今设计的把羊毛或棉花织成布匹的最有效的设备，但只有在大量织造布匹的地方才能发挥效率。一个小村庄所需的布匹可以用纺车和手工织机以少得多的劳力来织造。一部完美的印刷机，只需一个人就可印成千上万份印刷品，而一个大人和一个孩子使用斯坦厄普或富兰克林印刷机能印一百份；可是要印出乡村报纸的很小的版面，老式印刷机却是最有效率的机器。偶尔运送两三个客人，划子是比汽轮更合适的工具；几袋面粉用一匹驮马运输比用火车更省劳力；把大量商品放在边远森林地带十字路口的商店里只会浪费资本。一般地说，我们可以发现，人口稀疏的新国家使用简陋的生产和交换设施，并非由于资本缺乏，而是由于使用资本不能产生利润。

犹如向一个水桶倾注不管多么多的水，桶里只能有一桶水，同样，一个地方用作资本的财富也不会多过最适合当地人民现有条件——智力、习惯、治安和人口密度——的生产和交换机构所需要的数量。我倾向于认为，作为一般规律，这个数量是能得到的——社会有机体分泌必要的资本量，犹如健康人的有机体分泌必要的脂肪。

可是，不管资本数量曾否限制产业的生产能力，却固定了工资不能超过的最高额。很明显，并非是资本缺乏造成文明国家群众的贫困继续发展。因为，任何地方的工资不但不能达到由产业生产能力确定的限度，而且在资本最充足的地方，工资相对最低。所有最进步国家里的生产工具与机器显然超过了对它们的需要，而任何有利可图的投资前景会引来超过需要的资本。水桶不但满了，水还溢了出来。非常明显，不单在没有知识者中间，而且连有丰富经济知识的人们，都把产业不景气归因于机器众多和资本积累；而毁灭资本的战争，却被人们视作繁荣贸易和高工资的原因——多奇怪的念头！在这些问题上有多么严重的思想混乱！却受到认为资本雇佣劳动和支付工资的许多人的支持。

在本书的研究中，我们的目的在于解决已经有了许多自相矛盾答案的问题。在清楚地明辨资本究竟是什么和资本究竟有什么作用方面，我们已经迈出最初和非常重要的一步。但它仅仅是第一步。让我们扼要重述上文的要旨，再继续下去。

我们已经知道，工资决定于劳动者人数和雇佣劳动力的资本总数之间的比率这个流行理论与普遍事实不符，事实是工资和利息的升降不是相反而是同步的。

此种不一致现象促使我们查考这个理论的根据，我们进一步看到，与流行理论相反，工资根本不是取自资本，而直接来自接受工资的劳动的产品。我们看出资本并不预付工资或支持劳动者的生活，而资本的职能是以工具、种子等以及进行交换所需要的财富支持生产中的劳动。

我们就这样得出了如此重要的实际结论，其重要性足以证明我们为了查明事实所花的艰苦努力是值得的。

因为，如果工资不是取自资本而是取自劳动产品，资本和劳动关系的流行理论便宣告无效，而根据这个理论提出的全部纠正办法，不论是政治经济学教授或者工人提出的（以为减轻贫困的办法只有增加资本或限制劳动者人数或者限制他们的工作效率）都必然荒谬不经。

假使每一个劳动者进行劳动时确实创造财富储存，工资取自这种储存，那么劳动者人数的增加不会减少工资，而是相反，由于劳动效率随着劳动者人数一起明显提高，劳动者越多，其他条件不变，工资应该越高。

但是这个必要的条件“其他条件不变”，使我们碰到一个在进一步探究之前必须考虑和解决的问题。即随着人口增加对自然的提取也增加，这样，自然的生产能力是否趋向越来越小呢？

第二编

人口与食物

第一章　马尔萨斯学说，它的起源与依据

在这个学说的背后存在着必须加以考虑的理论。目前流行的关于工资由来和规律的理论可以在普遍公认的学说——以马尔萨斯命名的学说——中找到最有力的依据，那个学说提出：人口增加自然地趋向于快于食物的增加。这两个理论互为表里，构成目前政治经济学对我们正力图解决的重大问题的答案。

在前面各章中工资决定于资本和劳动者比率的流行理论已经显示出完全没有根据，令人惊奇的是它怎么会如此普遍流行。这种理论产生于大量劳动者似乎依靠分隔的资本家阶级的雇佣和工资这样一种社会状况是不足为奇的，在这种环境里，这种理论在很少不怕麻烦从表面现象中辨别真相的群众中流行也是不足为奇的。令人吃惊的倒是，这个检查起来显得如此毫无根据的理论，竟能连续得到这么多在这个世纪里致力于阐明和发展政治经济学的思想锐利的理论家的承认。

这个事实只能说明，这些理论家普遍接受马尔萨斯学说，舍此便无法解释。目前的工资理论没有被公平地检验，因为它有马尔萨斯学说的支持，在政治经济学家的心里它似乎是不言而喻的真理。这两个理论相互调和、加强和保护，同时它们又得到

在讨论地租理论中突出提到的一个原理的额外支持——那就是，运用于土地的资本和劳动的报酬过了某一点就要逐渐减少。这些理论一起对高度有组织的和先进的社会所呈现出来的现象给予这样的解释看来符合所有事实，因而阻止人们作更细致的研究。

这两个理论中的哪一个在历史上领先，这点很难说。人口理论形成时没有享有科学公理的地位，直到工资理论被普遍公认后才为世人接受。但它们自然地出现并共同发展，二者在建立政治经济学体系很久以前都多少呈现出有点粗糙的形式。从亚当·斯密的几段话来看，他没有充分发挥马尔萨斯学说（这个学说在斯密思想里有不完全的雏形是很明显的），为什么这样，在我看来，一定由于他对工资这个主题思考的方向有错误。可是，不管有多大偏差，这两个理论联系得如此紧密，两者相互补充得如此完整，以致巴克尔在他的《论18世纪苏格兰知识界》中评论政治经济学历史时认为主要是马尔萨斯的功劳，是他提出人口对食物压力的流行学说"决定性地证实"目前工资理论的正确性。他在《英格兰文明史》第3卷第5章中说：

> "在18世纪刚结束时，已决定性地证明劳动的报酬完全决定于两个条件，那就是支付全部劳力的国家基金的数量和分配那笔基金的劳动者的人数。我们知识中的这个巨大进步，主要（虽然不是完全）是由于马尔萨斯，他论人口的著作除了开辟学术思想新纪元外，已经产生了可观的实际效果，还可能引起更加重大的别种成就。这本著作1798年出版，以致死

于 1790 年的亚当·斯密没有机会看到书中他自己的观点如何被扩展而不是被修改，他本来会感到极度的快乐。当然，可以肯定，没有斯密不会有马尔萨斯；就是说，只是由于斯密打下了基础，马尔萨斯才能筑起高层建筑。”

自从发表后就不单强有力地影响政治经济学界思想而且影响更高思辨领域的这个著名学说由马尔萨斯归纳为如下命题：（如同北美殖民地的增长显示的）人口的自然趋势至少每 25 年增加一倍，因而是以几何级数增加，而能从土地获得的食物，在“对人类勤奋最有利的环境中，增加速度不可能快于数学级数，或者说每 25 年增加相等于目前生产的数量”。“这两个不同增加速度的必然后果”，马尔萨斯先生天真地继续说，“将是非常惊人的。”这样，他（在第 1 章中）说得更加详尽：

“让我们把这个岛屿上的人口定为 1 100 万；并假设目前的食物足够供养这么多人，在第一个 25 年中，人口将增为2 200万，食物也增加一倍，食物增加相等于人口增加。在第二个 25 年中，人口将增为 4 400 万，而食物只能供养3 300万人。在再一个时期，人口将增为 8 800 万，食物却只能供养人口的一半。在一个世纪结束时，人口将为 17 600 万，而食物仅够供养 5 500 万人，将有 12 100 万人得不到一点供养。

“不以这个岛屿而以全球为例，当然排除了移民的可能；假设目前人口为 10 亿，人类将以 1、2、4、8、16、32、64、128、

256 的级数增加，而食物增加的级数为 1、2、3、4、5、6、7、8、9。在两个世纪之内，人口与食物的比率为 256∶9；在三个世纪里，这个比率将是 4 096∶13；在 2 000 年之内，差数将几乎难以计算。”

当然，自然条件阻止出现这样的后果。因为人只能在找到食物的限度内生存，所以马尔萨斯的结论是，这个人口无限增加的趋势必然被两种手段所抑制，一种是道义上对生殖能力的限制，另一种是受增加死亡的各种原因的限制，后者他解析为罪恶与不幸。第一种防止生殖的原因他称为预防限制；而增加死亡的原因他称积极限制。这就是有名的马尔萨斯学说，如马尔萨斯本人在《人口原理》中所宣布的。

不值得花时间详细谈论几何级数和数学级数增加率的假设中包含的谬误，玩弄比例不比人们熟悉的兔子与乌龟之谜更为端庄。在后一个故事里，使兔子追赶乌龟，却永远追不上。因为这个假设对马尔萨斯学说毫无必要，至少连有些完全接受他学说的人也明显不接受这个假设；例如约翰·斯图尔特·穆勒，他说这是“为使事实精确而提出与事实不符假设的一次不幸尝试，有推理能力的每一个人必然看得出这个假设对于他的论证完全多余”。[①] 马尔萨斯学说的实质是，人口趋向于比供给食物的能力增加得更快，这

① 《政治经济学原理》第 2 卷，第 9 章，第 45 节——尽管穆勒这样说，但马尔萨斯本人非常重视他的几何和数学比率，有可能就是这些比率使马尔萨斯得到巨大名望，因为这些比率向人们提供一个响亮有力的公式，而许多人把它看得比最清楚的推理还重要得多。

种差距不管马尔萨斯说成是人口的几何级数和食物的数学级数，还是穆勒说成是人口以不变的比率和食物以渐减的比率增加，只不过是说法不同罢了。双方都同意的至关重要的一点，用马尔萨斯的话说，就是“人口的增加有超过食物增加的自然趋势和永恒力量”。

从目前来看，马尔萨斯学说可以用如下最有力量和最少反对的形式归纳出来：

永远趋向于增加的人口，当不受限制时，最终必然碰到食物的限制，而限制不是固定的而是有弹性的障碍，它使获得食物越来越困难。因而，在生殖能力有时间发挥其力量而不受谨慎观念限制的地方，那里一定存在某种程度的食物缺乏，这种缺乏将使人口保持在食物界限之内。

虽然在实际上，那种以创造性的善行和智慧使人口与食物协调地相适应的观念与把贫困及其伴随物产生的责任委诸不可思议的天命而不去追究其原因的自鸣得意的态度同样令人嫌恶，这个学说公开认为罪恶与苦难是大自然天性（它与最纯洁和最温柔的感情相联系）的必然后果，它当然与人类内心深深根植的思想相冲突，因而它一旦正式公布就受到严厉的攻击，虽然这种攻击常常表现出感情比推理更加突出。可是这个学说胜利地经受住严峻的考验，尽管有戈德温的驳斥，科贝茨的谴责以及所有争论、讥讽、取笑和感伤等种种可能针对它的利箭，今天它作为公认的真理屹立在思想界，甚至迫使那些意图否定它的人承认它。

它胜利的原因和力量的来源是很清楚的。看来它得到不可辩驳的数学精确性的支持——不断增加的人口最后必然超过大地供应食物甚至居室的能力。马尔萨斯学说还得到动植物王国里类比(analogies)的支持，在那里到处有生命想冲破限制不同物种的障碍，但毫无效果——现代思想路线在消除不同生命形式之间的差别上，越来越重视类比的重要性；这种重视显然由于下列事实而得到进一步加强：稠密人口中诸如贫困、罪恶等的明显盛行；不断增加的人口中物质进步的一般效果未能减轻人民的贫穷程度；新殖民国家中人口的迅速增加，以及人口居住较稠密的国家中，由于食物匮乏使贫困阶级死亡增多，这样人口的增加的速度就将明显降低。

马尔萨斯学说提供一个可以说明以上这些事实和类似事实的一般原理，而说明它们的方式与工资取自资本的理论相协调，也和从这个理论演绎出来的所有原理相协调。根据目前工资理论——工资随着劳动者人数的增加而下降——必然要把资本分得更加细小；根据马尔萨斯学说——随着人口增加而出现贫困——必然要把食物分得更加细小。只需要把资本和食物看成一回事，把劳动者人数和人口看成一回事，目前论政治经济学的专题论文（论文中这些名词经常变换）都把它们等同起来，使得上述两个命题不但本质上相同，形式上也一致了。[①] 因而，巴克尔在以上援引的那段话中说，马尔萨斯提出的人口理论看来明确地证明与斯密提出的工资理论是一致的。

① 马尔萨斯学说关于资本定义的要旨，我想可以从斯密的定义（写在马尔萨斯之前）和写在马尔萨斯之后的李嘉图、麦卡洛克和穆勒的定义的比较中看出（见第 32、33、34 页）。

李嘉图在《人口原理》出版几年之后纠正斯密在地租的性质和原因上所犯的错误，他要大家注意这个事实，即随着日益增加的人口地租必然增加，迫使人们耕种生产力越来越低的土地和利用同一土地上产量越来越小的生产点，这就是地租上升的原因，这个理论又给予马尔萨斯的学说以支持。就这样形成了三方面的联合，马尔萨斯学说从两方面受到这个联合的支持——先前为人们接受的工资理论以及以后为人们接受的地租理论不过是马尔萨斯一般原理运用的特殊例子——与人口不断增加同时出现的工资减少和地租上涨，只是人口对食物压力所表现的方式。

自从李嘉图时期以来，目前大家公认政治经济学虽然在某些次要点上有一些澄清和说明，但没有实质上的变化和进展。而马尔萨斯学说出现在政治经济学的构架内虽然与上文提到的人们的感情不和，但与工人阶级（至少是在有长期历史的国家里的工人阶级）中普遍流行的其他思想并无矛盾；而是相反，像支持它、反过来又受它支持的工资理论一样，与这些思想相协调。在技术工人和普通工人看来，低工资和找不到工作的原因明显地是由于人数过多引起的竞争，在肮脏的贫民窟里，还有什么比过多的人口更清楚地显示是贫困的原因吗？

但这个学说获得成功的主要原因，还在于它不威胁任何既得权利，也不招任何强大利益集团的怨恨，它温顺地慰抚那些挥舞财富力量并有力控制思想的阶级，使它们安心。当旧的支持力倒台时，它出来挽救特权，一些人就是凭这种特权操纵世上众多的好东西；它宣称人们的匮乏与不幸是自然原因造成的，如果归因于政治制度的话，人们就会谴责容许这些苦难存在的每一个政府。《人口原理》是对威廉·戈德温的《关于政治公正的探究》的公开回答，后者是一部坚持人类平等原则的著作。《人口原理》旨在为现存的不平等辩护，把不平等的责任从人制定的制度转移到造物主制定的规律上。这种做法并非首创，近40年前华莱士已经提出人类过度生殖的危险，作为对人们正义地要求平等分配财富的回答。但是时代要求出现同样的思想，马尔萨斯提出这个理论时，特别得到有权势阶级的感谢，因为那些阶级由于法国革命的爆发，已经对人们怀疑事物现状的心理产生深刻的畏惧。

现在和当时一样，马尔萨斯学说以"不可避免的必然性"为理由挡开改革的要求，掩饰有些人的自私自利，使他们不受质疑不受良心的谴责。它提供一种哲学，戴夫斯用它在开盛宴时可以看不见门外饿昏过去的拉扎勒斯的形象；有了它，穷人乞求施舍时富人可以自鸣得意地扣上他口袋的纽扣，有钱的基督徒在星期天倚在有精美垫子的教堂靠背长椅上祷求上帝的赐福，全不念对近在咫尺的穷人苦难的责任。因为根据这个学说，贫困、匮乏和饥饿不能责怪个人的贪婪或社会的不善调节；它们都是普遍规律不可避免的结果，怀疑这个规律，即使不是不虔诚，也是与怀疑万有引力一样是不讲道理的。按照这个说法，在匮乏中积储起财富的人，只是围起一个小小的绿洲抵御流沙，否则定会被流沙淹没。他为自己得到财富，并未伤害任何人。即使富人照字面遵从基督的命令，把财产分给穷人，也不会有丝毫好处。人口将增加，这只会再次达到食物或资本的限度。得到的平等只是共同苦难的平等罢了。因而干涉任何强有力阶级的利益的改革只会产生沮丧和失望。由于道德规范禁止采取预先措施摆脱人口过多，因此抑制人口增加的强大趋势，不使人类像装在箱子里的沙丁鱼那样挤满地球，个人或联合的努力要根除贫困，除了信赖教育和宣传外，什么事情也做不了。

一种理论只要与贫困阶级的思想习惯相合，因而为富人的贪婪和权势者的自私辩护，它必然将迅速传播和在人们的思想里深深植根。这就是马尔萨斯提出的那个理论的情况。

近年来，有关人的起源和物种发生的观念迅速发生了变化，在这种变化中，马尔萨斯的学说得到新的支持。巴克尔说得很对，马尔萨斯学说的公布标志着学术思想史的一个新纪元，这点很容易看出；但追索它在哲学较高领域的影响（这方面巴克尔的著作是一个范例），虽然极端有趣，却将把我们带出目前研究范围之外。生物发展新哲学给予马尔萨斯理论的支持，不管有多少是反射有多少是首创，现在迅速地向四面八方传播，在判断这个理论获得它目前力量的来源时必然注意到它。如在政治经济学中，来自工资理论和地租理论的支持，联合起来把马尔萨斯的学说举入主要真理的地位，因而扩展到各种形式的生命发展领域的类比思想也会起到给予这个学说更高地位和使它坚不可摧的效果。阿加西斯直到去世之前一直是进化新哲学的狂热反对者，他谈到达尔文主义时说“马尔萨斯全过时了”，①而达尔文本人却说，生存竞争“是以多种力量应用于整个动物界和植物界的马尔萨斯理论”。②

但在我看来，说物竞天择或最适者生存的理论是扩展的马尔

① 《马萨诸塞州农业委员会上的演讲》（1872 年），见《美国农业部报告》（1873 年）。

② 《物种起源》第 3 章。

萨斯主义，并不完全正确，因为马尔萨斯学说最初并不、现在也不一定包含进化的思想，但是很快在这个学说里加进这个思想。麦卡洛克把社会改良和技术进步归因于“人口增加的原理”，[①]并宣称贫困是强有力的刺激物，促使上等和中等阶级采取行动发展工业、科学和积累财富，没有这种刺激物，社会将很快陷入麻木和腐朽的地步。这个论点就是在关于人类社会问题上承认“生存竞争”和“最适者生存”的进步作用，这个作用不就是现在自然科学权威告诉我们大自然用以产生地球上丰富的生命所采取的无限多样和巧妙适应形式的手段吗？这个论点不就是承认看来似乎残酷、无情，但在无数年代中使物种从低级进化到高级、使人和猴子分化，并使19世纪继承石器时代的力量吗？

被如此称赞和似乎已被证实以及被如此联系和保护的马尔萨斯学说——贫困是由于人口对食物的压力，换一种说法，劳动者人数增加的趋势必然永远减少工资直到劳动仅能维持生存的程度——现在被当作得到普遍接受和不能被怀疑的真理。根据这个学说来解释种种社会现象，正如多少年来以地球固定不动的假设来解释天象，或者以摩西记载的文字启示来解释地质问题。如果单单考虑威望，要正式否定这个学说几乎需要有与最近出发参加反对地球绕日运转学说的有色人种教士一般的胆量，因为马尔萨斯学说已经在知识界得到这种或那种形式的普遍赞同，而在当代最好和最普及的文献中都可以处处看到这个学说的踪影。它受到经济学家和政治家的称赞，受到历史学家和自然研究所的称赞；受

① 《国民财富》注4。

到社会科学家代表大会和工会的称赞；受到教会人士和唯物主义者的称赞；受到最严格宗派的保守分子的称赞和最激烈的激进分子的称赞。许多从未听到马尔萨斯名字也不知道他的学说是什么的人也持有与这个学说相仿的见解，并习惯地用它作为推理的基础。

然而，如果目前流行的工资理论的根据在接受公正检验时不复存在，我确信，作为工资理论双胞胎的马尔萨斯理论的根据也将会消失。这就证明了工资并非取自资本，这样我们就把安泰举离了地面。①

① 安泰，希腊神话中的人物，当他站在地上时所向无敌，一旦双脚离地，力量就消失。——译者注

第二章　根据事实的推理

马尔萨斯学说得到普遍接受和权威人士的赞同，我认为有必要考查一下在社会问题讨论中给予它如此压倒优势地位的根据和原因。

当我们对这个学说进行简单试验时，我想，将发现它和目前流行的工资理论一样，绝对站不住脚。

首先，一系列支持这个学说的事实并不证明它的正确，由此作出的类比也不支持它的论点。

其次，一些事实明确反驳了它的论点。

我经过深入探究事情的核心，可以有把握地说，那种认为人口增长快于食物增加的假说，不论在以往的经验上还是在比拟上均无证据。为表明这个假设而援引的事实只能说明：凡是人口稀少（如新建国家）或财富分配不公（如历史悠久国家的穷苦阶级中）的地方，人类生活忙于寻觅生存必需品，生殖趋势如果一直不加限制，其速度有时会超过食物的增加，但如果据此认为，在人口相当稠密、财富分配相当均匀足以使整个社会无须为争取最低生活而倾其全部精力的地方，也有相同速度的生殖趋势，那就不是合理的推理。也不能作这样的假设：即生殖趋势必将引起的贫困必然会阻止无限生殖社会的存在；显然，这就等于在争论的那一点上，陷入循环推理的游戏了。即使承认生殖的趋势最后必然产生贫困，也不能只根据这一点便断言现存的贫困是这个原因引起的，除非能证明不存在引起贫困的其他原因——在目前政治、法律、习俗状况中显然不可能做到这一点。

《人口原理》本身也把这一点说得十分明白。这本名著，谈论它的人远比读过它的人多，即使只把它当作文献珍品，也仍然值得仔细阅读，虽然发明“人口原理”的荣誉除马尔萨斯外还有詹姆斯·斯图尔特爵士和汤森先生以及别的几位，但只是在《人口原理》出版后这个原理才举世皆知。此书本身的价值和此书产生的影响或至少使人相信它产生的影响之间差距悬殊，在我看来这是文学史上最惊人的事情之一；戈德温的《政治正义》激起《人口原理》的写作，为何他直到晚年才予以回答，这是容易理解的。《人口原理》一开始就假设人口以几何级数增加，而食物充其量只以数学级数增加——这个假设的有效性相当于看到一只小狗的尾巴的长度增加一倍，同时它的重量也增加同样数目，就断言它的尾巴以几何级数增长，而它的重量以数学级数增加。从这个假设得出的推论就像斯威夫特在他的讽刺小说里相信一个以前没有狗的岛上的居民，把这两个级数连在一起，有可能推断出非常“惊人的结论”：当狗长到 50 磅时，它的尾巴长度将超过 1 英里，绝对难以摇摆，因而建议采取用绷带把它包起来的谨慎限制办法，以替代把尾巴不断砍掉的积极限制办法。从这种荒谬的推论开始，《人口原理》提出征收进口关税，并对谷物出口支付补助金等一大堆论点，这个观点早已被戳穿而被丢入垃圾堆。《人口原理》全书整个议论部分贯穿着这种观点，字里行间说明这位受尊敬的绅士在逻辑思维上十分幼稚可笑——例如，他认为如果工资从每天 18 便士或 2 先令增

加到5先令，肉的价格必然从每磅8或9便士上涨到2或3先令，因而劳动阶级的生活条件不会改善，这段话使我想到，再也没有比我有一次听某个印刷工郑重宣布的话与它更加酷似。他说，当他20岁时认识一个40岁的作家，因为他现在40岁了，那位作家肯定有80岁了。这样的思考上的混乱出现在书中不止一处两处，可以说全书错误百出。[①] 该书主体实际上致力于反驳该书提出的理论，因为马尔萨斯论述的他称之为对人口的积极限制只不过是表明：他认为人口过剩的结果实际上是由其他原因引起的。书中援引的全部事例几乎调查了整个世界，调查中发现由于罪恶和贫困限制结婚人数和缩短人的寿命从而限制人口增加，但没有一个事例中的罪恶和贫困是由于人口数量的实际增加超出赡养者供给食物的能力引起的；而在每一个事例中，罪恶和贫困皆出于与社会不协调的无知和贪婪，或出于腐败的政治、不公正的法律或毁灭性的战争。

马尔萨斯未能证明的事情，在他以后的任何人也不能证明。纵横五大洲，上下数千年找不到任何一个重要国家里[②]有任何例子可以适当地把贫困和匮乏归因于不断增加的人口的压力。人口增加的压力不管包含什么可能发生的危险，然而迄今未曾出现，不

---

① 马尔萨斯的其他著作，虽然作于他成名之后，却没有什么名气，甚至连那些认为《人口原理》属于伟大发明的人也等闲视之。例如不列颠百科全书虽然全盘接受马尔萨斯学说，但在关于马尔萨斯的政治经济学条目中却说：“马尔萨斯对这个主题的阐明，条理不清，既不切合实际，又缺乏科学性。议论的大部分是对李嘉图特殊学说的评论，以及探究价值的性质和原因。可是，这些议论糟得不能再糟。事实上马尔萨斯对李嘉图的理论根本没有清晰和精确的概念，对决定不同物品交换中价值的原理也没有明确的概念。”

② 我提到重要国家，因为可能某些小岛（如皮特凯恩岛）与外界隔绝，因而没有与外界的交换。而交换是随着人口变得稠密时改进生产方式所必须采取的手段，这些岛屿似乎有可能提供我所说的例子。但是，再回过来一想，这些特殊例子也并不恰当。

管有时出现什么情况，它还不是危害人类的祸殃。人口永远趋向超过食物的限度！那么，地球上的人类已存在若干万年（现在认为已有几百万年），为什么人类的分布还这样稀少？为什么人类生活过的某些地方现在荒无人烟，以前耕种过的田野现在变成森林，以前人类熙熙攘攘的地方现在野兽在舔它的幼仔呢？

事实是，我们计算人口成百万增加的同时，容易看不到——但它却是事实——在我们知道的世界历史中，人口的衰微同人口的增长一般寻常。现在地球上的人口总数是否比以往任何时期更多，这只是一种猜度性的推测，因为孟德斯鸠在 20 世纪上半叶曾断言（这也许是当时流行的看法），自从基督纪元以后，地球上的人口大大下降了——一种完全相反的意见。但最近的调查与勘探使人们更加相信过去认为是古代历史学家和旅行家夸大的描述，有证据表明，古代确有较稠密的人口和较先进的文明，人类的历史比以前想象得更古。我们根据贸易发展、技术进步和城市规模来推算人口，往往容易低估集约耕作（早期文化的特征）能够供养的人口密度——在依靠灌溉的地方尤其如此。我们可以从中国和欧洲耕地密布的地区看到众多的有简单生活习惯的人，他们只有很少的商业和极低水平的技术（高技术是现代进步标志），并且无向城市集中的趋向（如现代人口所表现的），然而能够容易地生活。①

① 从 H. H. 班克罗夫特的《当地人种》中的地图可以看到，维拉克鲁斯州不是墨西哥以古迹著称的一个地方。可是科尔多瓦的乌戈·芬克写报告给史密森学会（1870 年报告），说到全州几乎没有一英尺土地不挖掘出一把黑曜岩石刀或一块陶器破片；而整个地方纵横交叉地布满为防止雨季土壤流失的平行石砌线条，它表明即使最贫乏的土地当时的人也有需要加以耕种，因此必然得出的结论是：在欧洲人口最多地区，古代人口至少和现在一般稠密。

事情果真如此的话，我们有把握确认现在人口比以往任何时候都多的唯一大陆只有欧洲。但并非欧洲全部都是这样。肯定地说，希腊、地中海岛屿、土耳其的欧洲部分，也许还有意大利和西班牙古代人口比现在还多，同样情况可能还有中欧、东欧和欧洲的西北部分。

美洲在被发现的时候人口已有增加；但增加的程度不像普遍设想得那么大。有人估计仅秘鲁一个地方在被发现时的人口就比南美整个大陆现在的人口还多。所有证据都表明，美洲在被发现之前人口曾不断下降。我们只能想象，在“这个古老的新世界”里，曾有几多大国走完它们的历程，有几多帝国兴起和衰亡。可是大量废墟里的碎片尚能证实一个更加宏伟的前印加文化；在尤卡坦和中美洲的热带森林中，存在着西班牙征服前早已湮没的大城市的遗迹；墨西哥在科尔特斯发现它时，看得出在野蛮社会遗迹的下边还有一层发展较高的社会痕迹，而在现在美国领土上的很大一部分稀疏地分布着证明一度曾有相当稠密人口的土墩，有些地方如在苏必利尔湖铜矿区，有比白人与之接触的印第安人在技术上更为先进的痕迹。

至于非洲更没有问题。北部非洲现在的人口只有古代人口的一小部分；尼罗河流域过去人口比现在多得多，而撒哈拉以南，没有迹象说明在有历史时期内人口有所增加，那里遍地人口减少肯定是由奴隶贸易造成的。

至于亚洲，即使到现在它还拥有世界总人口的一半以上，虽然它的人口密度只有欧洲的一半多一点，有种种证据表明印度和中国过去的人口比现在多；这块巨大的人类滋生地产生布满这两个大国的大量人群，并发出巨大人潮席卷欧洲，它在过去的人口肯定更多。但是最令人瞩目的变化发生在小亚细亚、叙利亚、巴比伦、波斯，也就是向亚历山大投降的这个广大区域。那里一度曾有巨大的城市和大量的人口，而现在成为贫穷的村庄和光秃的荒野。

在已经提出的所有理论中，没有提到地球上人类有固定数量的理论，这有点奇怪。这个理论至少比人口永远趋向超过食物的理论更符合历史事实。很清楚，人口有时在这里减少，在那里增加；人口的中心点历经变动；新的民族兴起旧的民族没落；人口稀疏地区变为人烟稠密的地区，人口繁茂地区变为人烟荒寥的地区；但是尽我们可能回顾历史而不让自己沉湎于推测，没有迹象表现出人口的不断增加，甚至没有迹象清楚地表明时时都有总数的增加。就我们能够察觉的情况而言，我们的先民从未进入无人居住的地方，他们的前进总是一场与某些原先居住在那里的其他民族的战斗；在模糊的帝国背后隐隐存在更朦胧的帝国幽灵。我们有把握推测，世界人口必定有为数不多的开始阶段，因为我们知道有尚不存在人类的地质年代，我们不能相信人是一下子冒出来的，就像卡德摩斯把人种散播于龙牙中然后突然冒出来那样；然而凭着历史、传统、古迹发出的微弱光芒照亮的又长又深的古代远景，我们可以辨明有巨大的人口。在这个漫长的时期里，即使我们能相当清楚地看到地球上总人口的增加，人口原理还没有强大到足以使人口布满世界，与整个地球支持人类生活的能力相比，它上面的人口还是非常稀少的。

另外还有一个明显而普遍的事实，凡考虑这个主题并能把目光超出现代社会的任何人，都不会看不到。马尔萨斯主义提出一

个普遍规律——人口的自然趋势必然超过食物。如果有这样的规律，那么在人口达到一定密度的任何地方，这个规律必定与得到普遍承认的任何重大自然规律一般明显，那么为什么在经典的信条和法规上，在犹太教徒、埃及人、印度人、中国人的信条和法规上，以及在缜密社会中生活并建立起信条和法规的任何民族的经典上，我们都找不到要人们实行马尔萨斯提出的谨慎限制的命令呢？而相反，多少世纪以来的人类智慧和世界上的各种宗教一直反复向人们灌输的公民义务和宗教义务思想恰巧与目前流行的政治经济学倡导的思想和安妮·贝赞特目前正在英格兰宣传的观念相反呢？

我们必须记住，有些社会向每个成员保证其就业和食物。约翰·斯图尔特·穆勒说（第 2 卷第 12 章第 2 节），实行这种保证的政府如对婚姻和生育不加调节，将会出现普遍的不幸和退化的状况。他说，"负盛名的作家一直清楚地指出这些不幸后果，有教养的人们对此不予理会是不再可以原谅的。"然而在斯巴达、秘鲁和巴拉圭，和在几乎到处已经建立原始农业组织的勤勉社会一般，那些地方似乎完全不知道有这种由自然趋势产生的可怕后果。

除了我援引的明显而普遍的事实以外，还有一些属于常识性的事实，看来也不符合此种不可抗拒的人类生殖趋势。如果生殖的趋势像马尔萨斯想象的那么强大，那么为什么经常有些并不缺乏食物的家族悄然绝迹呢？为什么当每一项根据世袭头衔和世袭领地给予奖赏时，不能经常发现后代增加，而必须保持家系认知和探明其子孙下落呢？为何在像英国这样的贵族政治体制中，有许许多多贵族爵位戛然终止，而贵族院只有时时增封新贵族爵位，才能在几百年中保持满额呢？

即使衣食爵禄有保证，但经历久远年代还能存下来的唯一例子，还需到永不改变的中国去找。孔夫子的后代至今还在那里，并享有特殊的权利和尊敬，形成事实上唯一的世袭贵族。根据人口每 25 年增加一倍的假设，在孔子死后 2 150 年中，孔家人数应达到 859 559 193 106 709 670 198 710 528 人。事实上不存在这个不可思议的数字，在他死后 2 150 年，孔子的子孙在清朝康熙年间计有男丁 11 000 人，或者说共有人口 22 000 名。这个差异委实太大，如果想到这个家族以祖先“至圣先师”的荣耀而受到的尊敬阻止了积极限制所起的作用，而孔子对弟子的谆谆教诲的名言中单单不提谨慎限制，就更加令人惊异了。

然而有人可以这样说，即使像孔族这样的增加也可算巨大的增加。一对夫妇在 2 150 年中生殖 22 000 人与马尔萨斯所说的速度相比差得太远。然而，它仍向人们提示有人口过分拥挤的可能性。

但仔细一想，子孙后代的增加并不表示人口的增加。只有在同族交配时才算得人口增加。史密斯和他的妻子有一个儿子和一个女儿，儿女分别与别人的儿女结婚，又各有两个孩子，这样史密斯夫妇就有 4 个孙辈；但是从一个世代来说，人数并不比上一代增多——每个孩子各有 4 个祖辈。假定这样的过程继续下去，这个世系可能不断扩展到几百、几千和几百万人；但是就子孙的一个世代人数来说，并不比以前祖宗任何一代人更多。世代的网络好像布匹上的格子或斜纹。从顶端的任何一点开始，目光随着线条朝底端向两边分岔；但是从底端的任何一点开始向上看，线条同样在顶端分岔。一个人可以有多少个孩子是个难以确定的问题。但是他有两个生身父母则是肯定的，而父母亲又有双亲也是肯定的。根据这个几何级数往上推算几个世代，看看它是否导致如马尔萨斯先生所说的人口将布满太阳系的“惊人后果”。

从这样的思考出发，让我们进一步进行更明确的探究。我断言通常作为人口过剩引用的事例是经不起推敲的。这些事例中最强有力的是印度、中国和爱尔兰提供的。在这三个国家中大量人口饥饿而死，庞大的阶级或因苦难而缩小，或被迫移居他国。可这些情况真的是由于人口过剩吗？

以总人口与总疆域来比较，印度和中国在世界上远远算不上人口十分稠密的国家。据贝姆和瓦格纳的估算，印度的人口每平方英里仅 132 人，中国为 119 人，而萨克森每平方英里的人口为 442 人，比利时 441 人，英格兰 422 人，荷兰 291 人，意大利 234 人，日本 233 人。[①] 印度和中国有大量地区未被利用或充分利用，甚至在它们的人口较稠密地区，无疑这两个国家还能供养多得多的人口，并使他们生活得更加舒适，因为这两国运用于生产的劳动，使用最粗糙和效率最低的方式，这两国完全忽视巨大的自然资源。这种情况产生于并无天生缺陷的民族，因为比较语言学告诉我们，印度人与我们属于同一血统，当我们祖先还是漫游的野蛮人

① 我从史密森学会 1873 年的报告中摘录这些数字，但略去小数。贝姆和瓦格纳先生估算中国人口为 446 500 000 人，虽然另外有些人争辩说中国人口不超过 150 000 000人。他们二人把近印度(Hither India)人口定为 206 225 580 人，每平方英里 132.29 人；定锡兰为 2 405 287 人，每平方英里 97.36 人；定远印度(Further India)为 21 018 062 人，每平方英里为 27.94 人。他俩估计世界人口为 1 377 000 000 人，平均每平方英里 26.64 人。

时，中国就拥有高度文明和最重要现代发明的雏形。

在印度，从难以追忆的时候起，劳动阶级受剥削和压迫陷入无助与无望的悲惨境地。千百年来种地人在备受榨取之后，如留给他的产品够他生活和再生产用，就自认为很幸福的了；到处难以安全地积累资本或者把相当数量的资本用于生产；凡能够榨取的财富都聚集在君主、王公手里（这批人并不比盘踞在国内的强盗王更好），或者落入他们的包税人或弄臣手里，所有财富皆被毫无好处地挥霍浪费掉；而沦为精心制作和可怕迷信的宗教，如同有形的暴力统治人的肉体一般，残忍地统治着人的心灵。在这种情况下，能够进步的技术只有那种满足权贵铺张与奢侈欲望的技术。印度王公的大象装饰着做工精致的耀眼黄金饰物；象征王室权力的华盖上的宝石闪闪发光；但是印度农民的犁只是一支削尖的木棒。王公后宫的贵妇们披裹的薄纱轻如蝉翼，以致被称为“织成的风”，但是工匠的工具极为简陋粗糙；商业事实上只能在暗中进行。

这些状况足以清楚证明是暴政和危机产生印度的匮乏和饥饿，并不如巴克尔所说，是由人口对食物的压力产生匮乏而匮乏产生暴政。[①] 威廉·坦南特是东印度公司的牧师，他在《人口原理》出版前二年即1796年著文说：

“当我们考虑到印度斯坦的极大的富饶时，想到那里饥荒频仍令人吃惊。饥荒的原因显然不是由于土壤和气候的恶

① 《文明史》第1卷，第2章。在这章巴克尔搜集了印度人民从非常遥远的时代起受压迫和折磨的人量证据，受马尔萨斯学说的蒙蔽，他把这种情况作为有关文明发展理论的基石，他认为只有人口压力减轻，那里才能生产足够食物。

劣，祸根必然可以追踪到政治原因，只需稍加深入探究，人们就能发现各级政府的贪婪和勒索。在这些政府统治下没有安全感，也就没有促使人民勤勉生产的刺激物。这样，没有人愿意生产勉强够自己生活之外的更多谷物，因而一遇到坏收成就出现饥荒。

“莫卧儿王朝从来不为印度王公提供完全安全保障，臣民的安全保障更少；而农民可说完全无保障。这个王朝是连续不断的暴力与造反、叛乱与惩罚，在这种状况下，商业与技艺都不能繁荣，农业也不能形成一个体系。莫卧儿王朝垮台后出现令人更苦恼的情况，因为无政府状态比残暴统治更坏。伊斯兰教政府的统治如此恶劣，而欧洲各国又没有推翻它的理由。这个政府是在其本身腐败的重压下垮台的，继而出现的是五花八门众多小首领的暴政，这批人的统治权来自他们对国家的背叛，而他们对农民的榨取则竭尽贪得无厌之能事。政府的地租过去是（在土著人统治的地方）现在仍是由残酷的歹徒一年征收两次，这帮外貌似军队的歹徒把运气不好的农民从村庄赶到森林后，任意地毁坏或抢走可以满足他们贪欲的不论哪种产品。农民保卫他们生命或村庄土墙屋舍里财产的任何意图，只会带来对他们有用而不幸生命的严厉报复。那时候他们会遭到枪炮的包围和攻击，直到抵抗停止，此时幸存者被卖掉，他们的住处被焚烧夷为平地。此后，如果有人敢于回来，你就能看到印度农民在昨日还是他们住处的地方捡拾零星的残留物品；但是，更经常的是在这场浩劫之后废墟仍在冒烟，没

有一个人影打破那里凄凉的寂静。上文的描述不光是适用伊斯兰的首领；它也同样适用印度教徒统治地区的王公们。”①

在这个贪得无厌的残暴政权下，即令每平方英里只有一个人，即令在伊甸园里也会产生匮乏和饥馑，在以后不列颠统治印度的最初时期，是在更强大的不可抗拒的力量支持下的同样无情的掠夺。麦考利在他论克莱夫勋爵的文章中说：

“在加尔各答很快积储起巨额的财富，而几百万人陷入极端悲惨的境地。他们业已习惯于生活在暴政之下，但从未遭受像这样的暴政。他们发觉这个公司的小指头比印度王公道拉的腰还粗。它像邪恶魔鬼的政府，不像暴君的政府。他们有时在忍受不幸中听天由命，有时从白人那儿逃走，好像他们的父辈惯于从马哈拉塔（Maharatta）那里逃走一般，英国旅行者的四人大轿经过阒无人烟的村庄和市镇，因为英国人到来的报告使所有人都逃得无影无踪。”

麦考利只稍稍提及这种恐怖，伯克生动流利的笔触对事实有更有力的描述：整个地区听凭一伙最凶残的人的毫无节制贪心的主宰，赤贫的农民受无情的摧残被迫放弃储藏的一切，而过去人烟稠密的地区变成渺无人迹的荒野。

① 《印度记事》，Wm. 坦南特著。伦敦，1804年，第1卷，第39节。

但是早期英国统治那种没有法律的任意肆虐早已受到抑制。强大的英国政权给予全体居民以古罗马式的和平；英国法律的正义原则精心制成法规体系已广泛施行，法官保证这些可怜人民中的最低贱者具有盎格鲁-撒克逊自由人一般的权利；整个印度半岛铁路纵横，并建设起巨大的灌溉工程。可是，一个接着一个的饥荒以更加严重的程度蹂躏广大区域，且发生得越来越频繁。

这不是马尔萨斯学说的证明吗？这不是表明不管食物可能增加到多么多，人口仍旧继续对它有压力吗？这不是表明马尔萨斯争论的是正确的吗？他说，关闭容纳过多人口的闸门只是迫使大自然打开新的闸门，除非增加人口的源头用谨慎节制的办法加以阻止，否则限制人口的不是战争就是饥荒。这一直是正统的说法。但从最近英国期刊有关印度问题的讨论中揭露出来的事实，可以看出事情的真相。这些过去和现在夺走几百万人生命的饥荒，并非由于人口对食物自然限度的压力，而是由于海德·阿里的骑兵以毁灭性的旋风突然降临卡纳蒂克，把它沦为废墟所致。

几百万印度人蒙受许多征服者的奴役之苦，但最严重的苦难是英国统治下长期不变的折磨人的重压，这种压力实实在在地使几百万人无以为生，如英国作家描述的，它不可避免地趋向一场最可怕和最广泛的大灾难。别的征服者就生活在当地，虽然他们的统治腐败而专横，但他们了解当地情形，也被人民所了解；但现在的印度好像是由不在当地的外国地主拥有的一处大地产。在那里保持一个费用最昂贵的军队和文官政府，由仅把印度看作是暂时流放地的英国人管理和指挥；每年至少从印度人那里征收两千万镑的巨额款项，以汇款、年金、政府国内开支等形式流往英国，而当地劳动者在许多地方每天有一个半便士到4个便士的工资就很高兴了，这笔巨款好似纳贡没有任何回报。过多地用在铁路上的大笔款项，从利润上看来在经济上是非生产性的；巨大的灌溉工程大部分费用过大效果不佳。在印度的大部分地方，英国人希望造成一个土地拥有者阶级，使土地完全落入世袭收税人手中，这些人以最残忍的手段榨取耕地农民的地租。在其他地方，地租仍由政府以地赋方式征收，但地赋估价数太高，征税额太大，致使在良好收成时只能过最低生活的印度农民落入高利贷者的魔爪，这批人如有可能，其盘剥方式比承租王室土地的收租人还要贪心。完全以蔬菜为食物的地方特别需要食盐，政府征收的盐税接近1200%，因而盐不可能供各种产业之用，人们的巨大躯体因为吃不到足够的盐不能保持健康，牲畜的健康更受影响。在英国官吏手下有一大批当地雇员，这批人压迫和榨取人民。英国法律连同其僵硬规定的实施，对土著人来说，这些神秘莫测的诉讼程序等于授予当地高利贷者以有力的掠夺工具，农民被迫从他们那儿以最苛刻的条件借钱以支付税款，农民也容易被引诱答应他们提出的契约义务，因为不懂得这些义务的意义。“我们不关心印度人民”，弗洛伦斯·南丁格尔带着似乎呜咽的音调写道，“东方——不，也许全世界——见到的最令人悲哀的景象发生在我们东方帝国的农民身上。”她继续说明，可怕饥馑的根源在于从种田人手中夺走耕种的工具，以及作为“我们自己法律后果”使印度农民沦为真正的奴隶，“在世界最富裕的国度里，在不存在饥荒的许多地方，”产生“一种

折磨人的、慢性的半饥饿状态”。[①] H. M. 海因德曼说，“一直蹂躏着印度的饥荒，基本上是由于钱财的匮乏。男人与女人没有东西吃，因为他们省不出钱去购买食物。可是，我们还被迫（我们这样说）向这些人征收更多的税。”[②]他还告诉我们，即使在遭饥荒地区，粮食如何外运以支付赋税，整个印度又如何不断地遭受敲骨吸髓的榨取，加上政府的惊人费用，使人民一年比一年更穷。印度出口货几乎完全是农产品。这些产品的出口，如海因德曼指出的，至少有 1/3 收不到任何回报；它们相当于贡金——在印度的英国人寄出的汇款或印度政府在英国机构的费用。[③] 至于其余部分，极大部分回报是政府补给品或是在印度的英国主人享用的舒适品和奢侈品。他指出在帝国统治下政府的开支有惊人的增加；向如此贫穷只能吃个半饱群众征收的无情赋税正在夺走他们耕种土地用的不充足的工具；阉牛（印度役畜）的头数正在下降，农民把不充足的农业工具交给高利贷者，“我们这个务实的民族强制农民（从他们那里）以 12%、24%、60%的利率借钱，[④]以建造巨大公共工程和

---

① 南丁格尔小姐（《19 世纪杂志》1878 年 8 月号登载的“印度人民”一文）所说的代表几百万事例中的例子，说明印度南方农民沦为仆从的情况，他们是通过民事法庭提供的便利落入高利贷者和当地小官吏欺骗和压迫的魔掌。“我们的民事法庭被认为是使富人能够压榨贫民的机构，但许多人还愿意向本地的司法机关寻求庇护，”戴维·韦德伯恩爵士论印度受保护王公的一篇文章中这样说，在这篇文章（刊登在同一杂志 7 月号）中，他提到赋税相对较轻的一个土邦，作为印度最富庶人民的例子。

② 见 1878 年 10 月和 1879 年 3 月《19 世纪杂志》的几篇文章。

③ 福西特教授最近在《建议中的对印度的贷款》的文章中吁请人们注意这样的一个项目；总督委员会委员的治装和迁居费用为 1 200 镑；加尔各答和孟买主教的治装和迁居费为 2 450 镑。

④ 弗洛伦斯·南丁格尔说，100%也很普通，甚至到那时农民仍被她所描述的手段剥削。无须说，这种利率（像当铺老板的利率）不属于此词经济意义上的利息。

支付工程费用的利息，而这些工程从未付过接近5%的利息。”海因德曼先生说：“事实是，从整体上说，印度社会在我们统治下日益可怕地贫穷，而这个趋向贫穷过程现在以特别快的速度继续着。”鉴于不但有我提到的作家而且有印度官员自身提出的种种事实，这段话是无可怀疑的。政府为减轻饥荒所作的努力，使用增加税收的办法，只能加剧和扩大发生饥荒的真正原因。虽然最近印度南部发生了饥荒，估计有600万人饿死，幸存下来的大量人也已一无所有，可是税赋并未豁免，对贫苦的人民来说已是十分苛重的盐税还要增加40%；正如1770年孟加拉饥荒之后，政府的收入有实际上升，采取的手段就是对幸存者提高估征税额和严峻地实施强制征税。

现在的印度和过去印度一样，只有最肤浅的看法才会把匮乏和饥饿归因于人口对土地生产食物能力的压力。如果农民能保留少量资本，如果他们能够从即使在无灾害年份也驱使大量农民陷入不但不如印度兵丁必须有的生活水准，而且不如英国人道主义给予监狱中囚犯的生活水准那种状况中解脱出来——振兴产业，采用更好的生产方式，无疑印度能供养多得多的人口。印度还有广大的地域未开发，大量矿产资源未开采，肯定说印度人口尚未达到（有史以来从未达到）土地提供食物的真正限度，甚至尚未达到由于对土地日益增加的索取因而使它的生产能力开始下降的界限。印度匮乏的真正原因一直是、现在还是人的掠夺，而不是大自然的吝啬。

对印度是正确的论点对中国一样正确。像中国那样的人口密度在世界上比比皆是，那里下层阶级的极端贫困可以归咎于在印度起作用的同样原因。如许多事实表明，不是由于人口过多。全国都不安全，生产在最不利条件下进行，交换受到严厉的束缚。那里的政府是一个接一个的压榨机器，任何种类资本的安全必须向中国官员贿买；那里内地的运输大量依赖人的双肩；那里平底帆船必须建造得不适合于外海航行；那里海盗行为是正常的行业，而强盗经常成群横行；贫穷是普遍现象，不管人口如何稀少，庄稼歉收就会造成饥荒。[①] 中国有能力供养更多的人口，这点不但表现在所有外国旅行家一致证明存在大量尚未开垦的土地上，也表现在人们知道那里存在大量尚未开采的矿藏上。例如，有人说中国蕴藏着较之任何地方已发现的更大、更好的煤矿，开采这些煤矿将多么有力地增加中国供养更多人口的能力，这是容易想象的。煤不是食物，这点不错；但是煤的生产相等于食物的生产。因为，煤不但可以交换食物（像所有矿区所做的那样）消耗煤蕴藏的能量可以用于生产食物，或者可以把劳力解放出来生产食物。

因此，印度和中国都不能为贫穷和饥饿来责怪人口对食物的压力。不是稠密的人口，而是阻止社会组织趋向自然发展的原因和阻止劳动力获得完全报酬的原因使几百万人生活在饥饿边缘，并时时迫使几百万人陷于饥饿。所以印度劳动者为得到一把米而感到幸运，中国人吃老鼠和小狗，这些和掘植物根的印第安人以蚱蜢为生或澳大利亚土著人吃从朽木里找到的蠕虫一般，都不是由于人口的压力。

让我说清楚，我的意思不仅是说，印度或中国有了更发达的文

① 中国最近饥荒的地域不是人口最稠密的地区。

化就能够供养更多的人口，对于这点，任何马尔萨斯主义者都会同意。马尔萨斯学说不否认生产技术的进步允许更多人口找到食物。可是马尔萨斯学说断言——这是学说的精髓——不管生产能力如何，人口的自然趋势将会赶上它，而且力图压迫并超过它，用马尔萨斯的话来说，由此产生阻止人口进一步增加所必需的罪恶与不幸；这样，随着生产能力增强，人口将相应增加，并在短时间内产生上面所说的同样结果。我要说的是：无论哪里都找不到支持这个理论的任何例子；无论哪里都不能把匮乏恰当地归咎于人口对当时所有知识程度内人们获得食物能力的压力；任何地方归咎于人口过多而产生的罪恶与不幸，实际上可以追索到的原因为战争、暴政和压迫，这些祸殃阻止知识的运用，否定对生产绝对必要的安全。自然人口增加不会产生匮乏的理由，我们将在下文讨论。任何地方尚未出现这种情况的事实是我们现在所关心的。这个事实在印度和中国都很明显，这个事实在我们追索其原因的任何地方也是很明显的，虽然肤浅的看法常常认为罪恶与不幸产生于过多的人口。

在所有的欧洲国家里，爱尔兰提供人口过多的例子。农民极端贫困和普遍的低工资，以及爱尔兰的饥荒和爱尔兰人向外移民，一直被认为是马尔萨斯学说在文明世界眼前发生作用的证明。我怀疑是否还有能引用的更惊人的例子，足以表明一种先入为主的理论蒙蔽人们眼目使其看不到各种事实真正关系的力量。明明白白的事实是：爱尔兰任何时候的人口都是这个国家现有生产技术状况下发挥自然力量便能供养得相当舒适的。在爱尔兰人口最多的时期(1840—1845 年)居民稍稍超过 800 万。可是很大一部分人只能勉强设法生存——住简陋的小木屋，穿褴褛的衣服，主要食物只有马铃薯。当马铃薯发生枯萎病时，饿死者数以千计。难道是土地没有能力支持这么多的人口，以致迫使众多的人过着这种悲惨生活，在单一块根作物歉收时让他们成为饿殍吗？事实正相反，是抢夺印度农民的同样无情的掠夺使他们丧失劳动果实，在大自然提供丰盈收获的地方让人们挨饿。在这块土地上没有无情的收税歹徒横行不法进行抢劫和勒索，但劳动者被同样无情的一伙地主弄得实际上一无所有；土地在地主之间划分，作为他们的绝对所有物，从不理会以土地为生那些人的任何权利。

考虑一下马铃薯枯萎病发生前这800万人设法生活下去的生产条件吧。坦南特先生用来描述印度的那句话完全适用于那里的情况——“对产业的巨大刺激力，即安全保障的刺激力不复存在。”大部分土地的耕种由佃农随意进行，即使佃农在被迫支付高额的地租后还能继续生产，他们也不敢对土地或耕种方法作任何改良，因为改良是地租增加的讯号。劳动力就这样以最低效率和浪费的形式使用，并在无目的的闲荡中浪费掉，只要劳动果实有安全保证，这些劳动力就将不间断地运用。但即使在这些条件下，爱尔兰供养800万居民也绰绰有余。因为当其人口达到高峰时，爱尔兰仍是一个食物出口国。甚至在饥荒年份，谷物、肉类、奶油和奶酪也成车出口，车队途中道路两边满是挨饿的人群，沟壑里堆积着饿殍。这些出口的粮食，其中至少一大部分是没有回报的。就爱尔兰人民而言，这样出口的粮食就像付诸一炬或投入大海，或者说等于没有生产。粮食出口不是用来交换，而是像一种贡品——付给不在庄园的地主；是他们从生产者身上榨取赋税，而他们对生产粮食毫无贡献。

假如这些粮食留给生产者;假如允许土地耕种者保有和使用他们的劳动所产生的资本;假如安全感刺激产业并允许采取经济的生产方法,产品就足以支持比爱尔兰过去更多的人口过舒适的生活,马铃薯枯萎病的发生也不会和过去一样使人们吃不到饭。因为并非是"爱尔兰"农民的轻率——如英格兰经济学家冷漠地说——导致他们以马铃薯作为主食。在爱尔兰移民能够得到食物时,他们不会靠马铃薯过活。在美国,爱尔兰人的小心谨慎,从他们力求购置一些东西以备雨天使用就明显表现出来。爱尔兰农民以马铃薯为食,是因为高额地租从他们那里夺走所有其他东西。事实是,爱尔兰的贫困和不幸绝不能归咎于过多的人口。

麦卡洛克在 1838 年对《国富论》的评注 4 中写道:

> "爱尔兰人口的惊人密度是许许多多人赤贫和处于凄惨环境的直接原因。目前在爱尔兰,就它现有的生产手段能够完全雇佣或保持人们过中等舒适程度生活而言,说那里的人口多了一倍是不为过分的。"

因为 1841 年爱尔兰人口为 8 175 124 人,因此我们可以把 1838 年它的人口定为大约 800 万人。这样,把麦卡洛克的否定语气改为肯定语气,那就是,根据过多人口的理论,在爱尔兰要使人民充分就业并过上中等舒适生活,就得减少 400 万人。在上个世纪早期斯威夫特教长写他的《小小的建议》时,爱尔兰人口大约为 200 万。在上世纪早期到 1838 年中间爱尔兰的生产手段和生产技术没有可以觉察得到的进步,那么——如果把爱尔兰人 1838 年时的赤贫与凄惨境况归咎于人口过多的话——根据麦卡洛克自己的说法，爱尔兰在1727年时的200万人就应当容易地全部就业和过上比中等舒适程度更好的生活了。然而，事实并非如此，1727年爱尔兰人民的赤贫和凄惨境况令人心酸，以致斯威夫特教长以火辣辣的绝妙讥讽语调建议用培养吃烤炙小孩的爱好来减轻多余的人口，并建议每年把10万婴孩运往屠宰场，作为富人的美味食品！

一个浏览过描写爱尔兰苦难的文学作品，同时写我正在写的这一章文字的人很难以有教养的语言自满地说爱尔兰的匮乏与苦难是由于人口过多所致，尽管这种说法甚至在像穆勒和巴克尔这样有高尚心胸者的作品里也能找到。我不知道世上还有别的事情比叙述爱尔兰人民遭受的贪婪而折磨人的暴政更使人热血沸腾冷静不下来的；就是这种暴政，而不是土地无力支持它的人口，是爱尔兰赤贫饥荒的原因；如果没有世界历史证明，任何地方存在的赤贫起了使人衰弱的作用，那就很难使人不轻视这样的民族：它受到如此虐待和折磨，而只偶然杀死一个地主！

人口过多曾否确实引起贫穷和饥饿可以争论；但爱尔兰的贫穷和饥饿不能归咎于这个原因，犹如奴隶贸易不能归咎于非洲人口过多或耶路撒冷的毁灭不能归咎于食物不能与人口的生殖同步增加一样。如果大自然使爱尔兰成为香蕉和面包果的园林，如果爱尔兰海岸布满钦查群岛（Chinchas）那样的鸟粪沉积，而低纬度的太阳把它潮湿的土壤晒暖使之有更多的生长作物的力量，目前那里的社会条件照样会产生贫困和饥饿。在高额地租夺走土地耕种者除了在丰收时勉强够维持生活外的全部劳动产品的国家里，怎么会不出现贫穷与饥荒呢；地主任意决定土地使用期，阻止了土地和生产的改良，只会鼓励最浪费和最无效率的耕作方法；佃农不敢积储资本，即使他能得到资本时也一样，唯恐地主命令他用它支付地租；佃农实际上是一个赤贫的奴隶，只要一个同样的像他那样的人点头示意，他随时可能被从可怜的土屋赶出，变成无家可归的挨饿的流浪汉，甚至不准他采摘野生果子或诱捕一只野兔来填充辘辘饥肠。不管人口如何稀少，不管自然资源蕴藏如何丰富，在财富生产者被迫在剥夺了希望、自尊、精力和健康的条件下工作，而住在异国的地主毫无回报地榨取土地净产品至少 1/4 的土地上，并且不景气的产业必须供养住在国内的地主连同他们的马匹、猎犬、代理人、经纪人、管家，加之外国教会侮辱当地人的宗教，警察和士兵被用来威吓和镇压人民反对不公正的制度，在这种情况下人口与资源都不是产生贫穷和饥饿的必然原因。把由这些引起的不幸归罪于自然规律，不是远比无神论更坏的对自然的不敬吗？

在这三个事例中正确的道理，在所有事例中对它加以检验。结果将都是正确的。就我们掌握的事实而言，可以有把握地否定人口增加曾经压迫食物从而产生罪恶与不幸以及否定人口的增加曾经相对地减少食品产量。印度、中国和爱尔兰的饥荒与人口稀少的巴西的饥荒一样，都不能归咎于人口过多。由匮乏引起的罪恶与不幸不能归咎于大自然的吝啬，就和被成吉思汗的宝剑杀死的 600 万人，帖木儿（Tamerlane）的头盖骨金字塔或古代布立吞人（Britons）和西印度群岛土著居民的绝灭，不能归咎于大自然的吝啬一样。

第三章　根据类比的推理

如果我们从考察为说明马尔萨斯学说而提到的事实转而考虑支持这个学说的类比，我们将发现它同样缺乏说服力。

动物界和植物界繁殖力的强大，从马尔萨斯到今天的教科书一直都在引用——如一对鲑鱼，如果几年中不受天敌的侵袭可能充满海洋；一对野兔在同样环境里将很快遍布一个大陆；许多植物成百倍地散布种子，有些昆虫产卵成千上万；在整个生物界里，每一个物种永远趋向进逼（在没有各种天敌时）、显然确实进逼其食物的限度——以说明人口也同样趋向进逼食物，如没有其他手段加以限制，人口的自然增加必然引起低工资和匮乏，如果限制不充分，任人口继续增加，将发生真正的饥饿，直至把人口保持在食物限度之内。

这种类比有效吗？人的食物取自植物界和动物界，因此植物和动物大于人的生殖能力只能证明食物增长比人口增加得更快。事实是不是这样，即所有供人食用的东西具有繁殖许多倍的能力——有的几千倍，有的几百万倍或者甚至几十亿倍——而人只能成倍增加，如果是这样，即使让人类以最大程度的生殖力增加，人口的增加不是绝对不可能超过食物的供应吗？但只要我们记住这一点事情就很清楚了，即在植物界和动物界，虽然每一物种按其本身的繁殖能力增加自然和必然会碰到限制其进一步增加的条件，但这些条件既不固定也没有底线。没有一个物种达到土壤、水、空气和阳光的最后限度；对每一个物种的真正限制在于其他物种，它的对头、仇敌或食物。因此，对于供给人类食物物种的生存限制条件人有能力加以扩大（在某些情况下，仅仅是人的出现便能扩大这些条件），供应人类需要的物种的繁殖力不但不会在遇到先前限制时浪费掉，而且在为人服务中向前发展，其发展速度绝非人类增加的能力可以相提并论。倘若人只射鹞鹰，食用鸟将增加，倘若人只诱捕狐狸，野兔将成倍剧增；蜜蜂跟着拓荒者移动，人产生的有机物可以喂养鱼类。

即使不考虑任何最后原因，即使不提植物与动物的高度而永恒的繁殖力注定使它们有益于人的使用，低级生命繁殖时对食物的压力不见得一定与人（万物之灵）的情况相同，单就人与其他形式的生命之间仍然存在的区别就足以说明这样类比的不恰当。在所有生物中人是唯一的这样的生物，他能发挥供给他食物的生物的繁殖力，使其比他本身的繁殖力更为强大。野兽、昆虫、鸟类和鱼类只会吃找到的食物。它们数量的增加要减少其食物，当它们达到食物现存的界限时，它们再要增加必须先有食物的增加。可是人与任何别的生物不同，人的增加带来他食物的增加。假使从欧洲乘船去北美大陆的不是人而是熊，那么到现在熊的数目不会比哥伦布时代更多，可能还要减少，因为熊的食物不会增加，适应熊生活的外部条件也不会扩展，而且也许会朝相反方向发展。可是今天单是在美国领土内就有 4 500 万人，而当时只有几十万人，如今在这块土地上 4 500 万人的人均食物量远远超过当时几十万人的人均食物量。不是食物的增加引起人的增加；而是人的增加带来食物的增加。因为人增加了，食物才增加。

动物与人之间有一种区别。鹞鹰和人都吃鸡，但鹞鹰越多鸡越少，而人越多鸡越多。海豹和人都吃鲑鱼，但一只海豹吃一条鲑鱼就少了一条鲑鱼，如果海豹的增加超过某一点，鲑鱼定会绝迹；而人将鲑鱼卵放养在良好的环境中，鲑鱼的数量便能大大增加，比补足他所吃掉的数量还多。因而，不管人增加怎么多，增加的需求绝不会超过鲑鱼的供应。

总之，在整个植物和动物界，食物的限度独立于吃食物的动植物，而就人而言，在土地、空气、水和阳光的最后限度内，食物的限度决定于人本身。情况就是这样，显然不能企求在低级形式的生命和人之间进行类比。动植物确实要碰到食物限度，而人在地球达到其界限之前不会碰到食物的限度。注意，这个道理不但作为整体是正确的，对所有局部也是正确的。如同我们不能降低最小的海湾或海港的水位，除非我们不但降低与它相通的海洋的水位而且降低全世界所有海洋的水位；所以，任何特定地方的食物界限不是那个地方的自然界限，而是整个地球的自然界限。50 平方英里的土地根据眼前生产技术情况只能生产几千人的食物，但在包括伦敦市在内的 50 平方英里土地上要供养 350 万人，人口增加食物随之增加。就食物的限度而言，伦敦人口可以增加到 1 亿、5 亿或 10 亿，因为它依靠全世界运入食物，因此，食物对伦敦人口增长的限度就是地球为全人类供养食物的限度。

可是，这里出现支持马尔萨斯学说的另一个概念——土地产量递减理论。在当前的一些专论里作为产量递减律最后证据的是，如果说超过了某一点，土地产量对增加投入的劳动和资本的比率就越来越少的理论不对的话，那么日益增加的人口就不会引起耕地的扩大，就不必开垦新土地便能生产出足以供养全部增加人口的需要了。同意这个论点看来就等于同意人口增加必然增加获得食物的困难的理论。

但我认为这个“必然”只是表面上的。如果分析这个说法，看得出它属于依靠暗示的或联想的限定条件方始有效——一种相对的真理，当认真分析时便变成非真理了。因为人不可能耗尽或减少自然界的能力，这是以物质不灭和能量守恒定律为根据的。生产和消费只是相对的名词。极端地说，人既不生产也不消费。用全人类的劳力不能使这个旋转的地球增加一个原子的重量或减少一个原子的重量，不能丝毫增加或减少永远循环产生所有运动和支持所有生命的力的总数。犹如我们取自海洋的水必然回归海洋一般，我们索取大自然储藏的食物，在我们索取的一瞬间，它就开始返回大自然的储藏。我们从一块大小有限的土地上获取的东西可能暂时减少那块土地的生产能力，因为返回的东西可能去了别的一块土地，或者分开来去往那一块土地和别一块土地，也许去往所有的土地；但是这种减少生产能力的可能性随着土地面积的增加而减少，当以全球土地来考虑时便完全消失。地球供养 1 万亿人和供养 10 亿人一样容易，这点是根据众多明显事实推演出来的必然结果，至少就我们的能动作用而言，物质是永恒的，力必然永远继续起作用。生命不会用尽维持生命的力。我们来到这个物质世界时什么没有带来，我们离去时也不会带走什么。从肉体上说，人仅仅是一种转瞬即逝的物质形态、一种运动的变化方式。物质

永存而力长在。任何物质都不会减少，任何力都不会减弱。由此可知，地球对于人口的限制只能是空间的限制。

现在看来，这种空间限制——人类有增加到无立足之地的危险——是如此遥远，对我们来说并不比冰河期重来或者太阳最后熄灭有更多的实际意义。然而，尽管它如此遥远和模糊，这种可能性还是使马尔萨斯学说具有明显的不言而喻的性质。但如果我进一步探究，甚至这种模糊的影子也不见了。它也是从错误的类比产生的。动植物趋向于受到空间的限制，并不证明人类的相同趋势。

即使人仅仅是一种发展到较高阶段的动物；即使已经逐渐具备玩把戏本领的圆尾猴是人的远亲，生下不久就进入大海的驼背鲸与人有遥远的关系——即使在这些关系以前人是植物的亲属，并与植物、鱼、鸟、野兽受同样规律的支配，然而仍旧有这么一个差异存在于人和其他动物之间——他是在得到食物时欲望增加的唯一动物；他是从不满足的唯一动物。每一种其他生物的需求是一律的和固定的。今日的牛所渴望的东西不比人第一次给它加轭时的牛更多。英吉利海峡的海鸥盘旋于急速行驶的汽船之上，它对食物或窝巢的需求不比恺撒舰队船只的龙骨第一次与不列颠海滩摩擦嘎嘎作响时舰队上空盘旋的海鸥要求更高。对于大自然赐予的所有食物（即使永远十分充足），除人以外的所有生物关心的是满足它们有限的和固定的需要。它们利用额外供给或额外机会的唯一途径就是繁殖。

但人却不同。肉体需要一满足，立刻会产生新的需求。人首先需要食物，这与野兽一样；其次是住所，这也与野兽相同；有了吃与住，人的生殖本能便占有最重要的位置，与野兽的本能相仿。但过此以后人兽之间就不同了。野兽不再前进；而人仅仅是迈开无限进程的第一步——这种进程是野兽从未进入过的；是不同于野兽、高于野兽的进程。

在数量的需求一旦满足，人追求质量。人与野兽共有的那种欲望扩大了、精致了、升高了。食物要满足的不仅是饥饿，而且是滋味上的喜好；在衣服方面，人不仅要求舒适，而且要求外观漂亮；粗陋的茅棚变为屋舍；无鉴别的性吸引力开始变为微妙的感染力，而动物生命中生硬和共有的性质发展和升华为精致美丽的形式。随着满足人需要的能力的增加，人的欲望增高了。舍弃低级欲望，卢库卢斯与卢库卢斯一类人一起饮酒；12 头公猪在炙叉上旋转烤炙，安东尼那一口肉转一下就烤熟了；搜遍自然所能提供的英华以增添克娄巴特拉的娇媚[①]；与山一般高的大理石柱廊、空中花园和金字塔拔地而起。进入较高形式的欲望，这种欲望在植物中木然沉睡，在野兽中忽明忽灭，在人心中苏醒了。心灵的双眼睁开，他渴望了解世界。他敢于进入酷热的沙漠和冰雪风暴的极地，但不是为了求食；他通宵观望，这是为探究恒星在天空中的运行。他越来越辛勤劳动以满足动物感觉不到的饥饿，以解除野兽无法懂得的干渴。

外至自然万物，内及己身心灵，回顾遥远迷雾中的过去，展望深邃不清的未来，当动物的欲望在满足中沉睡的时候，人无休止的

① 卢库卢斯、安东尼、克娄巴特拉都是古罗马时代讲究享受和奢侈挥霍的人物。这段说明人的欲望随需要满足不断上升。——译者

欲望日益高升。他探究事物背后的规律；他要知道地球如何形成，群星如何产生，并追索生命之泉的源头。然后，由于人性发展更加高尚，就产生更高尚的欲望——最高尚的感情，最高尚的希望——那种他可以致力于使生活更美好、更光明的欲望，他可以致力于消灭匮乏和罪恶、忧伤和羞辱的欲望。他控制和遏制动物的欲望；他谢绝宴会，放弃权位；他把权力让给别人，让他去积储财富，去满足快活的享受，并在短短冬日的温暖阳光下舒适取暖。他自己为从未见过也不可能见到的人工作；为名誉工作，或者也许只为遥远的将来、在他的棺木盖上撒上泥土很久以后才能来到的正义而工作。他孜孜不倦地开拓前进，前边天气寒冷，很少得到人的欢呼，岩石尖尖荆棘遍地。在四周射来的嘲弄和似刀一般刺来的讥笑中，他为将来建设；他披荆斩棘开出一条小路，今后进步的人类可以把它加宽为大道。他的欲望上升，召唤他进入更高、更宏伟的领域，东方升起的一颗星引导他继续向前。噢！人的脉搏与神的怀念一起跳动——他甚至愿为恒星的运行出一份力量！

这样的类比放在人与他物的鸿沟之间，这条鸿沟岂非过宽吗？给予更多食物，打开更充分的生活机会，植物和动物只能更多繁殖而已；而人有了这些便能发展进步。前者面对使它扩张力量只能扩大数量；而后者将不可避免地趋向更高的形式和更大的能力。人是一种动物；但他是动物之外又加上别的一些东西。他是神话里的大地树，根部扎在地下，而其最高的枝丫会在天上开花！

不论从哪方面说，支持这个人口永远趋向于受到食物限制理论的理由是一种不可靠的假设。逻辑学家会说，它是无法分类的中名词。各种事实不能证明它合理，类比不能支持它成立。它纯属幻想中的怪物;就像是长时期阻止人们认识地球是圆的并在运动的那种怪论。它正像那种认为在我们底下没有系在地球上的任何东西一定会掉走的理论;正像认为一个球从船的桅杆顶上掉下时,它在运动中必然落在桅杆后面的那种理论;正像认为将一条活鱼放在注满水的器皿中不会排水的那种理论。如果不说它像奇谈怪论那样无稽,至少也像假设那样没有根据,就像我们能够想象,如果亚当具有算术头脑,他有可能以他第一个孩子生下几个月增长的速度来计算孩子以后的体重。根据生下时体重 10 磅 8 个月后增至 20 磅的事实,他可能使用某些聪明人假定他具有的算术知识,算出像马尔萨斯先生所说的非常令人吃惊的结果;那就是当孩子长到 10 岁时,体重会达到公牛的重量,12 岁时如大象那么重,到 30 岁时达到 175 716 339 548 吨。

事实是,我们没有理由担心人口对食物的压力,正像亚当无须担心他孩子体重急剧增长。至于得到事实的真正证明和得到类比启发的推理,要求人口规律得包含那些使人满意的适应性,就像调查研究已经探明其他自然规律所具有的那样;我们如果假设生殖的本能在社会的自然发展中往往产生不幸与罪恶这是没有更多证据的,就像我们假设万有引力必定会把月亮拉到地球上或把地球拉到太阳上一样,也像我们根据气温降到 32 度水收缩的道理,假定河流湖泊每逢温度再降一点时必定冰冻到底,因而地球的温带甚至在一般的冬天也不能住人一样,除了马尔萨斯提出的积极限制和谨慎限制之外,许多众所周知的事实说明还有随着生活舒适程度提高和人的智力发达而开始起作用的第三种限制。在新殖民地区得与自然作斗争,很少有机会注意文化生活的人们,以及在历史久远的国家里那些虽置身财富之中而被剥夺财富增加的全部好处，因而全体只能过一种动物似生活的贫穷阶级，他们与因财富增加而带来独立、闲暇、舒适和一种充实多样生活的另一些阶级相比较，生育率之高是大家都知道的。很久前被一句通俗谚语所承认的事实“富人运气好，穷人儿女多”得到亚当·斯密的注意，他说，一个贫穷的半饥饿的高地妇女有 23 个或 24 个孩子是寻常的事情，现在这种情形还到处可以清楚地察觉得到，因此，只需要提一下就行了。

如果人口的真正规律表明就是这样（我认为肯定是这样），那么增加的趋势绝非永远到处一致，在大多数人失去原有舒适的地方，和人种续存受不利条件引起的死亡威胁的地方，人口增加趋势强烈；但在个人有可能高度发展和人种续存有保证的地方，这种趋势减弱。换言之，人口规律符合和服从智力发展的规律，并受不是由于自然规律而是由于社会调节不当而使人类陷入无法上升境地的危险和处身于财富之中而使人遭受匮乏的危险的巨大影响。我想，当我们弄清原因找出社会发展的真正规律后，这个真理将得到定决性的证实。但现在提出议论这些会打乱辩论的自然次序。如果我成功地否定——指出支持马尔萨斯学说的推理不能证明这个学说的正确——就目前说已经够了。下一章我打算用肯定的语气，说明可以用事实驳倒这个学说。

第四章　反驳马尔萨斯学说

在当前流行的政治经济学中植根甚深，又与它的种种论据紧紧缠绕在一起的就是人口增加趋向于降低工资和产生贫困的这个学说，它与流行的观点协调得如此完美，以致非常容易以不同形式从多方面出现，这使我想到有必要先详细说明支持这个学说的一些论据的不当，然后再用事实对它本身加以检验；现在，在人类思想史中增加了一个最惊人的例子，说明当人们受先入理论蒙蔽的时候，多么容易见不到事实真相。

我们能够容易地使这个学说接受事实的最重要和最后的检验。很明显，人口增加是否必然会降低工资和引起匮乏的问题，事实上就是人口增加后，一定量的劳动所产生的财富，其数量会不会减少的问题。

对这点，目前流行的学说是持肯定态度的。被人们接受的这个学说认为，向大自然索取越多，它给予人们越少，使用多一倍的劳动得不到多一倍的产品；由此人口增加趋向降低工资和加深贫困，或者用马尔萨斯的话来说，必然会产生罪恶与苦难。兹摘引约翰·斯图尔特·穆勒的一段话：

“在任何特定的文明状况中，较多的人口不能集体地获得像较少人口那么好的供应。自然的吝啬而不是社会的不公正是人口过剩受到惩罚的原因。不公正的财富分配不会加剧这种不幸,充其量只能使人们早点感觉到这种不幸。有人说人口增加带来嘴同时也带来双手,但这种说法无济于事。新增加的嘴吃得和原有的嘴一样多,新增加的手却生产不了一样多的东西。如果所有生产工具作为共有财产为全体人民所有,产品以完全平等的方式分配给他们,如果在如此建立的社会里,工业像现在那么兴旺,产品像现在那么充足,那么就有足够的物品使所有人过极为舒适的生活;但是当人口翻了一番(在人们现有习惯的影响下在鼓励生育的环境中,这无疑将在20年稍多的时间里变为现实),那时他们的情况会怎样呢?除非在这段时间里生产技术有史无前例的改良,除非不得不依靠的次等土地和必须使用于上等土地上的更艰辛和报酬更少的耕作能获得供多得多人口食用的食物,否则就会使社会中的每一个人比以前贫穷,这是无法避免的必然。如果人口继续以同样速度增加,很快就会达到使任何人得不到必需品以外东西的地步。此后不久,任何人得不到充分的必需品,人口进一步增加的趋势将受死亡的阻止。"①

我不同意所有这些话。我断言,正确的道理与这些主张正好相反;我断言,在任何特定的文明状况中,较多的人口能够集体地得到比较少人口更好的供应;我断言,社会的不公而不是大自然的

① 参见《政治经济学原理》,第1册,第13章,第2节。

吝啬是匮乏和不幸的原因，而目前流行的理论把这些归咎于人口过剩；我断言，增加的人口带来的新增的嘴不比原有的嘴需要更多的食物，而同时带来的手在事物的自然秩序中能生产更多的东西；我断言，如果其他条件不变，人口越多，财富公平分配给予每个人的舒适也越多；我断言，在平等状态中，人口的自然增加将永远趋向使每个人更富足而不是更贫穷。

我以这样鲜明的态度参加争论，并把问题交由事实检验。

但请注意(我甚至不怕重复提醒读者注意一种思想上的混淆，这种情况甚至在享有盛名的作家中也能见到)，解决这场争论的事实不在于人口的什么阶段生产最多的食物，而在于人口的什么阶段表现出有生产财富的最大能力。因为任何形式生产财富的能力就是生产食物的能力，而任何形式的消费财富或消费财富的生产能力相等于消费食物。例如，我口袋里有一些钱。我可以用来购买食物，也可以购买雪茄、珠宝或戏票。我花钱时，就像我决定用劳动去生产食物或雪茄或珠宝或在戏院演出。一颗钻石价值许多桶面粉，就是说，以平均计算，生产钻石的劳动可以生产这么多面粉。如果我让我的妻子戴上钻石，就像我花费掉了同样多的生产食物的劳动，犹如我为了夸耀日的花费这么多的食物。如果雇佣一个听差，等于我叫一个本来可以犁地的人离开犁。饲养一匹赛马需要的精力和劳动足够饲养许多匹役畜。赛灯会和放礼炮时消耗的财富等于烧掉许多食物；供养一团官兵或维持一艘战舰及舰上官兵，就是把劳动转作非生产用，这些劳动原可以生产几千人的食物。因此，任何人口生产生活必需品的能力不是用实际生产的生活必需品来衡量，而是以各种方式花费的能力来衡量。

没必要作抽象的推理。这是一个简单的事实。生产财富的相对能力是否随着人口增加而减少?

事实昭然若揭,只需要注意到这些事实便能明白。在现代,我们眼见许多社会人口增加,难道这些社会的财富在同一时间里不是增加得更快吗?我们看到许多社会的人口现在仍在增加,这些社会不也在更快地增加财富吗?当英国以每年2%的速度增加人口的时候,它的财富以更大的比率增加,对此有任何怀疑吗?美国人口每29年翻一番[①]的同时,它的财富在短得多的时间里翻一番,这不是事实吗?在同样条件下——即在相同文明阶段、相同民族的社会里——人口最稠密的社会最为富裕,这不是事实吗?人口较密的美国东部各州按人口比例不是比人口较稀的西部或南部各州更富裕吗?人口比美国东部各州还要稠密的英格兰,按人口比例不是比前者更富吗?你在哪里发现以最浪费的态度将财富作非生产性使用——豪华的建筑、精美的家具、奢侈的设备、雕像、图画、游乐园和游艇呢?不是在人口稠密而非稀疏的地方吗?你在哪里发现那样的人最多——他们本身不是劳动力,而总的生产量足够他们生活——如有收入过悠闲生活的人、盗贼、警察、仆役、律师、文人以及诸如此类的人?人口稠密的地方不是比人口稀疏的地方更多吗?资本从哪里输出作有利可图的投资呢?不是从人口稠密的国家流入人口稀疏的国家吗?这些事实决定性地表明,在人口最稠密的地方财富最多;随着人口增加,一定量的劳动生产出来的财富也增加。我们不论瞩目何处都可以看到这种明显的事

① 1860年以前人口增长率为每10年增加35%。

实。在同样的文明程度、同样的生产技术、同样的政治发展等的阶段里，人口最多的国家总是最富裕的国家。

我们举一个特殊例子，在所有可以引用的例子中，这个例子乍一看似乎最能支持我们正在考虑的那个学说——有一个社会，当人口大量增加时，那里的工资大大降低，这不是含糊的推测而是明显的事实，说明大自然的慷慨已经减少了。这个社会就是加利福尼亚。发现金矿时，第一个移民浪潮涌入加利福尼亚，人们发现了大自然最慷慨给予的地方。河两岸和沙洲上，几千年闪闪发光的沉积可以用最原始的设备采得，产量之丰富使得每天 1 盎司（16 美元）只是普通的工资。平原上到处覆盖着富有营养的青草，那里放牧着无数马群和牛群，数量如此之多，以致任何旅行者可以随意地把他的鞍子加在刚成长的马上，或者，如果他想吃牛排，可以随意地屠杀一头小公牛，而把唯一值钱部分——牛皮留给它的主人。从第一次耕种的丰腴的土地上，仅仅进行犁地和播种所收获的庄稼数量，在历史久远的国家里（如果有收获的话）只有投入最充分的肥料和最辛勤的耕耘才能得到。在加利福尼亚开发早期，得天独厚，工资和利息比世界其他任何地方都高。

这种大自然开始时的慷慨赐予，由于日益增多人口对它越来越大的需求而逐渐减少了。挖掘的收获越来越可怜，现在再找不到有价值可言的挖掘点，开采金矿需要很大的资本、大量的技术和精巧的机器，并有巨大风险。“马匹很值钱，”饲养在内华达州艾灌丛里的牛群要穿山越岭用铁路运来，并在旧金山的屠宰场宰杀，农民开始节省麦秸并寻找畜肥，耕地如不灌溉，四年中难望三年有收成。与此同时，工资和利息逐步下降。许多人愿意接受低工资工作，现在他们一周的工资比以前一天挣得还少，贷款一年的利息只有过去一个月的数目，这是以前想不到的。在降低的自然生产力与降低的工资之间是因果关系吗？因为劳动生产较少的财富从而使工资降低，这是正确的吗？事实恰恰相反！加利福尼亚劳动生产财富的能力在 1879 年不比 1849 年低，我深信 1879 年要比 1849 年高。在我看来，无论何人只要考虑到加利福尼亚的劳动效率在这些年中由于公路、码头、流水漕、铁路、汽船、电报和各种机器的发展，加上该地与世界各地的更紧密联系，以及因为人口增加而兴起的无数经济组织而有巨大增长，他就不可能怀疑在加利福尼亚劳力从自然那里取得的报酬，从整体上说现在要比砂金矿床尚未挖完和土地尚未开发的时候大得多，就是说人能力的增加抵偿自然能力的下降绰绰有余。这个结论的正确性有许多事实为证，表明如今财富的消费（与劳动者的人数相比较）要比当时大得多。人口不是完全由壮年男子组成，还得抚养很大一部分妇女和儿童，而且不从事生产的人数增加的速度比整个人口增加得更快；奢侈品的增加比工资下降更多；在顶好的房子是用布和纸做的棚屋的地方现在耸立高楼大厦，它们的宏伟华美堪与欧洲王宫相媲美；旧金山大街上奔驰着穿号衣马夫驾驭的马车，旧金山海上漂游着华贵的游艇；能够以他们的收入过奢侈生活的阶级日益扩大；与现在的富人相比，早年最富的人看起来比贫民好不了多少——总之，每个人手里都有最惊人和最决定性的证据，说明财富生产和消费的增加比人口增加的速度快得多，如果说有的阶级所得较少的话，完全是因为分配极大不公。

在这个特殊例子中明显的道理，在更大范围调查所得的结果中也是明显的。最富的国家并不是那些自然蕴藏最富饶的国家，而是那些劳动最有效率的国家——不是墨西哥而是马萨诸塞州；不是巴西而是英格兰。人口最稠密对自然生产力压力最重的国家(在其他条件一样情况下)也就是能把产品的最大部分用于铺张挥霍和支持大量非生产人口的国家，也就是资本漾溢外流的国家，也就是在紧急关头(如战争)有能力支撑最大消耗的国家。像英国这样人口稠密的国家，财富生产与雇佣劳动力的比例必然大于工资和利息较高的新建国家，这点从以下事实来看便很明显，因为前者虽然只有人口中很小一部分从事生产性劳动，但能得到多得多的盈余供生活必需以外的其他用途。在新建国家中，全部可使用的社会力量都投入生产，没有一个健康男人不做某种生产性工作，没有一个健康的女人不做家务。那里没有穷人和乞丐，没有闲着不干事的富人，没有为满足富人生活方便及其怪念头而工作的阶级，没有单纯从事文学或科学活动的阶级，没有损害社会的犯罪阶级，没有为制止犯罪、保卫社会而维持一个巨大的脱离生产的阶级。然而，以全社会力量投入生产，还是不能出现或经得起像历史久远国家那样的与整个人口成比例的财富消费；因为在新建国家里虽然最底层阶级的状况比较好，没有人生活不下去，但也没有人获得比一般人多得多的收益，很少甚至没有人能够像历史久远国家那样生活得奢华甚至舒适的程度，也就是说，在历史久远国家里，虽然生产财富的劳动力的比例较小，但与人口成比例的财富消费较大，或者说，在那里较少的劳动者生产出较多的财富；因为财富必须先生产出来然后才能消费。

然而，可以这样说，历史久远国家较多的财富不是因为它有较

大的生产能力，而是因为它有积累的财富，可是新建国家还没有足够时间积累财富。

此刻用一点时间弄清积累财富的概念是合适的。事实是，财富只能有微小程度的积累，许多社会像大部分个人一样，实际上是现挣现吃。财富难以有很大积累，除非少数不重要形式的财富，但它们保存不长。世上物质用劳动制成合乎需要的形式便形成财富，但物质永远趋向于回复其原来状态。有几种形式的财富能保持几个小时，有的保持几天，有的几个月，有的几年；只有极少的财富形式能从上代传到下代。举几种最有用、最耐久的财富形式——轮船、房屋、铁路、机器——为例，除非不断地用劳动进行维修和更新，它们几乎立刻失去效用。任何社会停止劳动，财富便消失，几乎就像水龙头一关闭喷泉的射水马上消失一般。劳动一旦重新使用，财富几乎会立刻再现。在战争和其他灾害毁灭财富而人未受到伤害时，人们就注意到这个道理。1666年伦敦大火并未使那里今日的财富减少；1870年芝加哥大火也未使那里的财富减少。那些被大火夷为平地的地方，人们用手建造起更加宏伟的建筑，建筑物中储有更多的货物；一个不知道这个城市历史的陌生人，走过那些雄宏庄严的大道，绝想不到几年之前，那里除一片焦土外空无一物。同样的道理——财富是不断地创造出来的——在所有新建城市里是很明显的。假设人口和劳动效率相同，昨天建立的城市和罗马人建立的城市，有一样多的财富和享受。凡曾目睹墨尔本和旧金山的人不可能怀疑以下的事实：如果把英国的人口搬到新西兰，不带一点积累的财富，新西兰将很快变得和英国今天一样富裕；或者反过来说，如果英国人口减少到和现在新西兰人

口一样稀少，尽管有积累的财富，英国人将很快变得和新西兰人一样贫穷。积累的财富在与社会有机体关系中所起的作用，正如积累的营养料对生物有机体所起的作用一样。有些积累的财富是必要的，在某种程度上，在紧急情况下可以使用它；但过去几代人生产的财富不能用于现在的消费，犹如一个人去年吃的宴席现在不能供给他力气。

上面所说的事情，我只提到它们的一般意义而未提其特殊含义，如果不考虑这些事情也很明显，积累的巨大财富只有在几种情况下才是较大财富消费的原因，一是积累的财富正在减少的地方，二是积累的财富数量能保持的任何地方，三是在积累的财富正在增加的地方这种情况更加明显，更多的财富消费必然意味更多的财富生产。不论我们把不同社会作相互比较，还是比较同一社会的不同时期，一个以人口增加为标志的进步国家一定也有明显的财富消费增加和财富积累增加，不仅是总数的增加，而且是人均数的增加。因此，人口增加（这种情况任何地方还都在发生）并不意味平均财富生产量的减少，而是它的增加。

这个理由很明显。因为，即使人口增加确实减少了创造财富自然因素的能力，但它迫使人们依靠较贫瘠的土地等手段而大大增加人的因素的能力，足以补偿而有余。在自然吝啬的地方，20个人一起工作生产的财富，超过在自然最丰裕地方，一个人生产财富的20倍。人口越稠密，劳动分工越细，生产和分配的经济组织越庞大，因而，真理正与马尔萨斯学说相反；在我们有理由假定的限度之内，人口将仍然继续增加，在任何特定的文明状况中，较多的人口比较少的人口能够生产比人口比例更大的财富量，能够更充分地供应人们的需要。

只要看一看这些事实，还有什么事情能更清楚地说明，文明中心越来越严重贫困的原因不是由于生产力的薄弱？在贫困最深的国家，生产力显然足够强大，如果完全运用，足以使最底层的人得到舒适豪华的享受。使今日文明世界苦恼的工业瘫痪和商业萧条，显然不是由于生产能力的缺乏。不管是什么样的麻烦，其原因明显地不是缺乏生产财富的能力。

就是这个事实——在生产能力最大和财富产量最多的地方出现匮乏——形成困惑文明世界的和我们正在试图解开的谜。显然，把匮乏归咎于生产能力降低的马尔萨斯学说不能对它作出解释。这个学说与全部事实完全不相符。把这个结果归咎于上帝的旨意是毫无事实根据的，根据我们对这个结果的查考，我们可以推断它产生于人谋的不臧，这个推断随着我们继续研究下去，将变为正确的论证。因为我们还要找出在不断增多的财富中产生贫困的真正原因。

第三编

分配规律

第一章　对几个分配规律进行的专门探究——这些规律的必然联系

我想，上面的考查已经决定性地说明，目前以政治经济学名义对我们正试图解答的问题所作的解释，根本说明不了问题。

随着物质进步，工资停止增加且倾向于减少，这个现象不能用劳动者人数增加不断地使支付工资的资本总量划分成更小份额这个理论来解释。正如我们已经了解，工资并非来自资本，而是劳动的直接产物。每一个从事生产的劳动者，在工作时就创造了他的工资；劳动者增加，实际工资基金也增加——增加到财富的共同储存里，一般地说，增加量要比他以工资形式取出的量大得多。

这个现象也不能以不断增加的人口对自然不断增加的索取使自然产出减小这个理论来解释；因为劳动效率增加使进步国家成为人均产量不断增加的国家，因而人口最稠密的国家，在其他条件相同的情况下，总是最富裕的国家。

迄今为止，我们只是在增加问题的令人困惑的程度。我们推翻了以某种时髦方式解释现有事实的一种理论；但这样做只使现存事实显得更加费解。就像托勒密的理论得势的时候，曾经轻易地证明太阳和星星不是环绕地球旋转，但白天和夜晚以及天体明显移动的现象依旧难以解释一样，除非出现一个更好的理论，否则不可避免地要回到旧理论去。我们的推理引导我们作出结论：每个劳动者生产他自己的工资，劳动者人数的增加应该增加每个人的工资；然而明显的事实却是许多劳动者得不到有利的工作，劳动者人数的增加带来工资的缩减。总之，我们证明工资必然达到最高的地方，实际上工资最低。

无论如何，在这样做的时候，我们已经有了一些进步。虽然我们尚未找到在找的东西，但已经发现过去找也找不到的地方，说明下一步就可以找到了。我们至少已经缩小了寻找的范围，至少现在已经清楚这一点：生产力的巨大增长，使众多生产者只能得到产品最小份额并愿意靠这些份额生活的原因不是资本的局限，也不是自然给予劳动报酬能力的局限。由于原因不能在控制财富生产的规律中找到，它一定能在控制财富分配的规律中找到。让我们转向财富分配规律。

有必要对财富分配的主要方面作一番考查。要发现随着人口增加和生产技术进步反而使最低阶级贫困加深的原因，我们必须找到决定产品哪一部分作为工资分配给劳动的规律。为了找到工资规律，或者至少在找到它时确定就是它，我们还必须查明确定产品哪一部分归资本和哪一部分归土地所有人的规律。由于土地、劳力和资本在生产财富中结合在一起，产品必然在这三者之间划分。社会产品或生产量，即那个社会生产财富的总量——只要先前储存未减少，它是满足全部消费和汲取全部收入的总基金。我解释过，生产不仅指制造各种东西，还包括物品经运输或交换后价值的增加。与纯农业和纯工业社会一样，纯商业社会也生产财富；后者和前二者一样，这种产品的某些部分归资本，某些部分归劳动，某些部分（如果土地有价值的话）归地主。事实上，生产出来的一部分财富不断地去取代不断消费掉的资本，资本是不断地消费掉并不断地复原的。但没有必要把这一点计算在内，没有必要把不断消灭和不断补充的资本像我们习惯做的那样老是提到或想到它。提到产品时，我们是指除了归还生产中消费的资本以外的那部分财富；在提到利息或资本报酬时，我们是指在归还或维持资本后给予资本的那部分产品。

此外，凡超越最原始阶段的每一个社会，产品的某些部分作为税收由政府消费。但在寻找分配规律时没有必要把它考虑进去。我们或者把税收看作不存在，或者从产品中减去这个数字。以某种形式的垄断取走的产品也可以同样对待，关于垄断将在第 4 章讨论，而垄断施展的权力类似税收。发现分配规律后，我们能够看出税收对它们（如有的话）有什么影响。

我们必须为自己发现这些分配规律，或至少发现三种分配形式中的两种。尽管我们在上文中对其中之一进行了考查，但目前流行的政治经济学对它们（至少作为一个整体）尚无正确的理解，这点可以从任何一份著名的论文中看出来。

首先在使用的名词上明显表现出来。

所有政治经济学著作都告诉我们生产三要素是土地、劳力和资本，全部产品主要分配作三个相应部分。需要三个名词，每一个应该清楚地表示其中的一个与另外两个绝不混淆。地租，其含义十分清楚地表示三部分中的第一部分，即归地主的那部分。工资，其含义十分清楚地表示第二部分，即构成劳动报酬的那部分。至于第三个名词应该表示资本的报酬，在著名著作中，这个名词的含义最为模棱两可和混乱，令人疑惑。

在这几个名词的普通用法中，最接近表示资本的报酬这个意思的是利息（interest），在通常使用时，这个名词意指使用资本的报酬，在使用和运用中不会与劳动的任何含义相混淆；也不会与风险（risk）的任何含义相混淆，除非与债券（security）牵连时有可能相混淆。利润（profits）这个词在通常使用时几乎与收益（revenue）同义；它的意思是得益（gain），即收入超过花费的那部分，但常常包含应是地租的那种收入（receipts）；同时它还经常包含几种别的收入，实际上应该是工资和风险补偿，特别是各种使用资本的风险补偿。除非对这个词的词义极端破坏，政治经济学著作中不能用这个词表示产品中与归劳动和地主截然不同的归资本的那一部分。

政治经济学名著现在认清了所有这些区分。亚当·斯密恰当地说明工资和风险补偿如何大量进入利润（profits），指出为什么药剂师和零售商的巨大利润实际上是他们劳动的工资，不是他们资本的利息（interest）；为什么风险行业中有时取得的巨额利润（如走私和伐木业）实际上是风险补偿。从长期看，这种风险减少资本的报酬常常达到一般利率或低于一般利率。在随后的大部分著作里也有相同的说明，在那些著作里利润（profits）正式以它的普通意义来解释，也许不包含地租（rent）在内。所有这些著作都告诉读者，利润（profits）由三要素组成——监督的工资，风险补偿和利息，后者即使用资本的报酬。

因此，不管是这个词的普通意义，还是流行政治经济学所特指的意义，利润（profit）这个词在讨论财富在生产三要素之间的分配中没有其地位。不管在这个词的普通意义上，还是特指意义上，说财富分配为地租、工资和利润，等于说将人类分为男人、女人和人。

使读者大惑不解的是，所有名著中都出现这种情形：在正式把利润分解为监督的工资、风险补偿和利息之后，这些著作又继续把财富分配分作土地的地租、劳动的工资和资本的利润。

我不怀疑，成千上万的人由于这种名词的混乱在头脑中产生困惑而无所适从，并在失望中放弃弄清混乱的努力，因为他们想到这些伟大的思想家不可能有错误，一定是他们自己愚笨。这些人如果要得到安慰的话，他们可以去读巴克尔的《文明史》，便能懂得这个肯定对他所读过的东西有非常清晰概念的人和这个曾仔细地读过亚当·斯密以下主要经济学家著作的人怎样被利润和利息的混杂而陷入难以摆脱的困境。因为巴克尔（第1卷第2章以及注释）固执地说到财富分配为地租、工资、利息和利润。

这没有什么可惊奇。因为这些经济学家正式把利润分解为监督的工资、风险保障金（insurance）和利息之后，在指出确定一般利润率的原因时，谈到显然只影响利润的那部分（即他们称为利息）的一些东西；然后，在谈到利率时，或者提出毫无意义的供求准则，或者谈到影响风险补偿的原因，他们显然使用这个词的普通意义，而不是使用他们指定的这个词经济学中的意义，根据这个词的经济学意义是不包含风险补偿的。如果读者愿意读一读约翰·斯图尔特·穆勒的《政治经济学原理》，并将论利润那一章（第2册第15章）与论利息那一章（第3册第23章）进行比较，他将看到混乱情况，其程度之惊人，我不愿描述。

当然，这样的人不会无缘无故地被引入这样的思想混乱。假使说他们是一个接一个地跟随亚当·斯密博士，好像孩子们玩“跟我来”游戏，在他跳的地方他们也跳，在他跌倒的地方他们也跌倒，这是因为在他跳的地方有一道篱笆，在他跌倒的地方有个洞。

产生这种混乱的根源在于人们头脑中先入为主的工资理论。我上文列举的理由即劳动阶级的工资决定于资本和劳动者人数的比率，在他们看来似乎是不言而喻的真理。但是有某种劳动报酬显然不适应这个理论，所以工资这个词在使用中它的意义缩小到只包括狭小常识中所说的工资。如果是这样，要是我们以它一贯应有的定义来使用利息这个词以表示产品分配的第三部分，那么，个人出力所得的全部报酬，除了通常所称的拿工资的工人那些人外，就不能包括在不论哪个范围里了。但如把财富分配划分为地租、工资和利润，不是划分成地租、工资和利息，这个困难便掩盖过去了，所有不属先前接受的工资规律的工资，含糊地包括在利润之中，作为监督工资。

仔细阅读经济学家关于财富分配所说的话，虽然他们在使用工资这个词时所下的定义不错，我们还是看得出，工资一词是逻辑学家所称的非全面词，也就是说它不包含所有工资，只包含某些工资，即雇主付给体力劳动者的工资。因而其他工资被抛弃到资本报酬一类和包括在利润项下，这样就回避了资本报酬和人力报酬之间的明显区别。事实是，目前流行的政治经济学未能对财富分配作清楚和始终一贯的说明。地租规律被清楚地说明了，但没把它和其他事物相联系；其余两个规律则被弄得一团混乱。

这些著作的结构安排表明了作者思想的混乱和不明确。我知道的政治经济学专论中没有一篇把这些分配规律合在一起解释，以便读者一看便能明了并认清它们彼此的关系；这些专论把对每一种规律的说明用大段大段政治和伦理的想法与议论装点起来，这样做的理由不难理解，把三个分配规律放在一起解释（如现在学校所教的那样），一眼便能看出它们之间缺乏必要的联系。

财富分配规律显然就是比例的规律，必须把三个规律联系起来，这样得出任何两个规律，便可以推断出第三个规律。说三部分中有一个增加或减少，也就是说其他两个或其中一个必然相反地减少或增加。假使汤姆、迪克和哈里做合伙生意，确定一个人利润份额的协议书同时必然确定其他二人分别的或合并的利润份额。固定汤姆的份额为40%，那么只留下60%在迪克和哈里之间分配。固定迪克的份额为40%，哈里的份额为35%，就是固定汤姆的份额为25%。

但在名著中，没有提到财富分配规律之间的这种关系。如果我们摸索出它们，并把它们联结起来，我们认为这些名著是这样说的：

工资决定于用来作为劳动支付和给养的资本量和寻求工作的劳动者人数之间的比率。

地租由耕种的边际效用决定；所有土地收获物中超过以同等劳力和资本投入最贫瘠土地上所能获得的那一部分产品便是地租。

利息决定于借款人的需求和放贷人提供资本的数额之间的平衡。如果我们要找出他们所称的利润规律，它决定于工资，工资上升利润下降，工资下降利润上升；或者用穆勒的话说，它决定于资本家的劳动成本。

把这些财富分配规律的流行说法合在一起，一眼便看出它们彼此缺乏联系，而这种联系是正确的分配规律必须具有的。它们互不关联、互不协调。因此，在这三种规律中至少有两种不是理解错误便是解释错误。这个判断符合我们已经见到的事实，即工资规律的流行看法和可以推断的对利息规律的流行看法经不起检验。那么，让我们从工资、地租和利息三方面探索劳动产品的分配规律。我们找到它们的证据在于它们的相互关系——它们一定彼此符合、彼此相关和彼此互相约束。

我们探究的显然与利润无关。我们要找出土地、劳动和资本间共同产品的分配是由什么决定的；而利润不是与三种分配中任何一种完全有关的名词。在政治经济学家划定的利润分配的三部分中——风险补偿、监督工资和使用资本的报酬——后者属于利息这个名词，它包括使用资本的所有报酬，不包括其他的任何东西；监督工资属于工资这个名词，它包括人力的所有报酬，不包括其他任何东西；风险补偿没有地方可以归类，因为当一个社会的全部交易放在一起看时，风险便不见了。因此，我将和政治经济学家的定义保持一致，用利息这个词指给予资本的那一部分产品。

扼要重述一遍：

土地、劳动和资本是生产的要素。土地一词包括所有的自然机会或力量；劳动一词包括所有的人力；而资本一词包括用以生产更多财富的财富。这三个要素的报酬就是供分配的整个产品。归地主的为使用自然机会赋予的那部分叫作地租；构成人力报酬的那部分叫作工资；构成使用资本报酬的那部分叫作利息。这些名词彼此不相混淆。任何个人的收入可以由这些来源中的一个、两个或全部三个构成；但在发现分配规律的努力中我们必须把它们分开讨论。

在即将开始探索时，先让我提出这么一点：我认为现在已充分表明政治经济学理论上的失误，在我看来，可以追索到它们采取的错误观点。生活在资本家通常出租土地和雇佣劳动的社会里，由于经常观察这种状况，因而资本家好像是生产的承担者或第一推动人，以致伟大的科学创立人把资本看作生产的首要要素，把土地看作资本的工具，把劳动看作资本的媒介或手段。这种观点在每一页上都很明显——表现在他们推理的形式和方法中，在性质的说明中，甚至在他们选择名词中。到处以资本为出发点，以资本家为中心人物。这种情况发展到连斯密和李嘉图都用“自然工资”来表示劳动者的最低工资；实际上（除非不公平是自然的）劳动者生产的全部产品倒应该看作是劳动者的自然工资。这种把资本看作劳动雇主的习惯，产生了工资决定于资本的相对充分程度的理论和利息变化与工资相反的理论，同时引导人们离开真理。如果没有这种习惯，真理原本是很明显的。总之，就重要的分配规律而言，导致政治经济学没有登上山峰而跨出错综复杂难以解决的错误一步，是亚当·斯密迈出的。他在第一册书中舍弃他在“劳动产品构成劳动的自然报酬或工资”这句话中表示的观点，而采取资本雇佣劳动和支付工资的观点。

但当我们考虑事物的起源和自然次序时，上面观点认定的次序是颠倒的；资本不是第一位的而是末一位的；资本不是劳动的雇主，实际上它受劳动的雇用。在劳动能够进行之前必然先有土地，

在资本被生产出来之前必然先有劳动的行使。资本是劳动的结果，受劳动使用，在进一步生产中帮助劳动。劳动是活跃的、最初的力量，因此劳动是资本的雇主。劳动只能在土地上行使，从土地吸取转变为财富的物质。土地是劳动的先决条件、劳动的场所和劳动的原料。自然的次序是土地、劳动、资本；我们不能把资本作为出发点从它那里开始，我们应从土地开始。

还有一件事要注意。资本不是生产中的必需要素。劳动在土地上行使，没有资本的帮助也能生产财富。在事物的必然起源中，在资本存在之前，必定是这样生产财富的。因此，地租规律和工资规律必然彼此联系，形成一个整体而与资本规律无关，否则这些规律就与很容易想象到并在某种程度实际存在的资本没有参与生产的那些情况不相符合了。由于资本如人们常说的那样只是储藏起来的劳动，只是劳动的一种形式，是劳动这个总术语中的一个细部；其规律必然从属于工资规律和独立于土地与工资规律相互联系之外，这样才符合整个产品在劳动和资本中划分不扣除地租的那些事实。用上面用过的例子来说，产品在土地、劳动和资本中划分必然像产品在汤姆、迪克和哈里之间划分一样，犹如汤姆和迪克是最早的合伙人，而哈里只是作为迪克的助手和分享者参加。

第二章　地租和地租规律

地租一词在经济学上的意义，像我现在使用它那样，指由于土地所有人拥有所有权自然地增加给土地或其他自然能力所有人的那一部分产品，不同于通常使用的这个词的意义。在某些方面，这个词在经济学上的意义比通常意义狭窄，在另外一些方面，它的意义又比通常意义广泛。

属于前者的，如一般讲话中，我们用租金这个词指为使用房屋、机器、固定装置等所付的钱，以及指为使用土地或其他自然能力所付的钱；在说到一所房屋租金或一处农场租金时，我们不把使用建筑物的价格从单纯使用土地的价格中分开来。但在地租一词的经济学意义中不包括使用任何人力产品的付款。为使用房屋、农场等支付的总款项中，为使用土地付出的那一部分是地租，而为使用建筑物或其他人力添加东西支付的那部分应该是利息，因为这部分是为使用资本而支付的。

属于后者的，如一般谈话中，只有在所有人和使用人是不同的两个人时才谈到地租，但在经济学意义中，在所有人和使用人是同一人时也称地租。在所有人和使用人同为一人的地方，他收入中相当于把土地租给他人所可能得到的那部分是地租，而他使用他自己的劳动和资本的报酬等于这块土地不属于他而是他向人租入时他的劳动和资本为他带来的那部分收入。地租还表示在出售土地的价格中。购买土地时，为所有权和永久使用权而支付的钱就是交换的或资本化的地租。假使我以低价买入土地，过一段时间以较高价格售出，我赚了钱，这钱不是我的劳动工资，也不是我的资本利息，而是地租的增加。总之，地租是所生产财富中的一部分，是使用自然能力的专有权利时给予所有人的那一部分。在土地有交换价值的地方，就存在经济学意义上的地租。在土地有使用价值的地方，不论是所有人还是租入人使用，就存在实际地租；在土地没有被使用，但仍有价值的地方，存在着潜在地租。这种产生地租的能力，使土地具有价值。除非土地所有权能提供某种利益，否则土地就没有价值。[①]

这样，地租或土地价值不是产生于土地的生产能力或效用，它绝不给予生产以任何帮助和好处，而纯粹表明它是取得生产的一部分成果的权力。不管土地有多少能力，除非有人愿意为取得使用权而交付劳力或劳力成果，土地便产生不出地租和没有价值；任何人为取得使用权愿出的代价，不决定于土地的能力，而决定于它的能力与不出代价可以使用的土地的能力的比较。我有十分丰腴的土地，只要存在不出代价就可以使用的同样好的别的土地，我的土地就不会产生地租，也没有价值。可是，当别的同样的土地被人占用，不出代价可以使用的最好土地或是由于肥沃程度、地点较差或是由于其他条件不好，我的土地就开始具有价值并能产生地租。即使我的土地生产能力降低，只要不出代价可以使用的土地的生

① 在谈到土地价值时，我使用和将使用这句话来指最低等土地的价值。在我想谈土地及其改良时，我将使用这句话。

产能力降低得更多，我能得到地租，因而我土地的价值将逐步上升。总之，地租是垄断价格，由于个人可占有的自然要素的减少而产生，此种自然要素是人力无法生产和增加的。

假使一个人占有任何社会能得到的全部土地，当然他能够要求别人同意他认为适当的使用土地的价格和条件；只要他的所有权得到承认，社会别的成员除了同意他的条件外，只有死亡或迁移别无他途。许多社会过去就有这样的情况；但现代社会，虽然土地一般归个人所有，但由于在各种各样人的手中，因而使用土地的价格不允许由所有人随心所欲地决定。虽然每一个土地所有人都试图尽可能地多得，但他能得到的收入有一个限度，那就是市场价或市场地租，不同的土地在不同时候有所变动。在所有各方自由竞争的环境中和在探索政治经济学原理时经常假设的条件下，决定地主能得到多少地租或价格的规律或关系称为地租规律。这点肯定下来，我们就有了探索控制工资和利息规律的较容易的出发点。由于财富分配是一种瓜分，在弄清是什么决定产品归地租的份额时，我们也得弄清在没有资本合作时是什么决定留给工资的份额，和生产中有资本合作时是什么决定留给工资与利息的联合份额。

幸运的是，就地租规律而言没有争论的必要。权威解释完全与常识一致，[①]而当前政治经济学中公认的定论具有如几何学定

① 我的意思不是说，对公认的地租规律从未有过争论，在目前科学互不通气的情况下，作为政治经济学出版的所有胡言乱语中，很难发现没有争论的问题。我的意思是说，这个规律得到真正被认为权威的所有经济学作家的赞同。如约翰·斯图尔特·穆勒所说（第2册第16章），“很少有人拒不同意它，除非由于没有彻底理解它。反对它的那些人对它理解的不确切和不恰当是十分明显的。”这个评论后来被许多人引为例证。

律一般不言自明的性质。这个公认的地租规律，约翰·斯图尔特·穆勒称它为政治经济学对“初学者能力的考验”，有时人们称它为“李嘉图地租规律”，原因是李嘉图虽不是它的首创人，但他首先把它放在引起人们注意的突出地位。[①] 他把地租规律说明为：

> 一块土地的产品超过对在使用的最贫瘠土地投入相同劳力与资本能够收获数量的部分叫地租。

这个规律当然对用于农业以外目的的土地以及对所有自然资源（如矿山、渔场等）都适用；李嘉图以后的所有主要经济学家都对它作了巨细无遗的解释和说明。仅就对它作简单的说明而言，就具有作为不言自明前提的全部力量，因为竞争的效力使人们不愿把劳力和资本投入报酬最低的生产而愿意投入能够得到最高报酬的生产；因而使拥有较高生产能力土地的人能够把用以补偿劳力和资本（一般平均数）以外的全部土地报酬作为地租；也就是说，劳力和资本从在使用的最下等土地上获得的产品或从最低生产点上获得的产品当然是不付地租的。

换一种说法也许可以使人们更全面地了解地租规律：自然生产资源的所有权使其所有人有权占有使用劳动和资本在自然资源上生产财富的数量，相等于超过相同的劳力和资本用于它们可免费投入的最次等事业上能够获得报酬的部分。

---

① 根据麦卡洛克的意见，第一次提到地租规律的是爱丁堡的詹姆斯·安德森博士 1777 年的一本小册子。19 世纪初，爱德华·韦斯特爵士、马尔萨斯先生和李嘉图先生同时对此发表了见解。

但这个解释显然是同一回事，因为劳动和资本能够从事的任何事业，无不需要使用土地；再者，耕种土地或以其他方式使用土地，从全局考虑，其报酬总是趋向下降，达到与其他事业的收入一般低的程度。例如，假设一个社会，一部分劳力和资本从事农业，一部分从事工业。耕种最下等土地平均收获的报酬，我们定为20，因而在工业中也和在农业中一样，20是劳动和资本的平均报酬。再假设由于某种长期性的原因，工业中的报酬此时下降到15。显然，工业中的劳力和资本将流向农业；这种流动趋向不会停止，一直要继续到扩大耕种次等地或同一块土地的次级点，或者由于工业缩小生产，产品的相对价格上升，或者事实上二者同时出现，使农业和工业中的劳动和资本的收获（从全面考虑）恢复相同水平才会停止；因此，不管工业继续开工的最后生产点在哪里，不管它是18、17还是16，耕种土地也将扩充到那点为止。这样说来，说地租是超出边际耕种或最低点耕种收获的产量，与说地租是超出以等量劳力和资本投入最低报酬事业中获得的产品是一回事。

事实上，地租规律从竞争规律演绎而来，完全等于这样断言：如同工资和利息趋向于共同水平，财富总产量中的那一部分，即超过运用于在使用的最次等自然资源上的劳动和资本能够获得报酬的部分，将以地租形式给予地主。最后分析起来，地租规律所依据的基本原理（它对政治经济学等于万有引力对物理学）就是，人追求出最少的力来满足他们的欲望。

那么，这就是地租的规律了。虽然许多著名的论著跟随李嘉图的榜样亦步亦趋，但李嘉图似乎仅仅在它与农业的关系中来考虑地租规律。他在好几处地方谈到工业不产生地租，实际上，工业与商业产生最高的地租，这点从工业和商业城市土地价值更高上可以看出，从而掩盖了这个规律的全部重要性；而且，从李嘉图起，这个规律本身已得到清楚的了解和全面的承认。但是这个规律的几个系定理却没有得到这样的了解和承认。尽管它们十分明白易懂，但得到公认的工资理论（它不但得到迄今所作解释的支持和加强，而且受当我们得出合乎逻辑的结论时便显出巨大力量的种种思考的支持和加强）到现在为止一直阻止人们认识这些系定理。[①]地租理论的系定理在产品仅在地租和工资间分配的地方就是工资规律，在产品划分为地租、工资和利息的地方就是工资和利息合在一起的规律，这不是像最简单的几何论证一般明白吗？反过来说，地租规律必然是工资和利息合在一起的规律，因为它断言：运用劳动和资本生产的产量不论有多少，这两个要素取得的工资和利息只是它们能够在不付地租的土地上（就是在使用的最下等土地或最低点时）生产的产品那么多。因为，在产品中，如果超过劳动和资本从不付地租的土地上获得的报酬以外的全部必须作为地租付给地主的话，那么，劳动和资本能够要求作为工资与利息取得的全部数量就是它们能够从不交地租土地上取得的数量。

或者可以把它们的关系写成代数式：

因为：产品＝地租＋工资＋利息

所以：产品－地租＝工资＋利息

① 巴克尔（文明史第2章）承认地租、利息和工资间的必然关系，但显然从未研究出关系是什么。

这样，工资和利息不决定于劳动和资本的产品，而决定于产品中取走地租后还留下多少；或者，决定于劳动和资本能够从在使用最下等土地上（不付地租）获得的产品。因而不管生产能力增加多少，如果地租以同样速度增加的话，工资和利息都不会增加。

一旦认清这个简单关系，好像明澈的光线照亮以前难以解释的疑窦，以前看来不协调的种种事实，明显排列得有条理。进步国家中地租的不断增加，立刻被看作是为什么工资和利息在生产能力增加时停止增加的关键原因。任何社会生产的财富由称为地租线的东西分成两部分，地租线由边际耕种或者劳动和资本从不付地租的此种自然资源获得的报酬来决定。地租线以下的产品部分必须支付工资与利息，地租线以上的产品部分全部给予地主。因此，土地价值低的地方，可能财富产量小，但工资和利息的比率较高，如我们在新建国家所见到的；土地价值高的地方，财富产量可能很大，但工资和利息的比率相当低，如我们在历史久远国家见到的。生产力增加的地方，如全部进步国家生产能力都在增加，影响工资和利息的不是生产力的增加，而是受地租影响的程度。如果地租成比例增加，所有增加的产量将被地租独吞，工资和利息如前不动。如果地价增加比生产能力增加更多，地租吞噬的甚至比产量增加的还多；虽然劳动和资本的产品很大，工资和利息将要下降。只有地价不像生产力增加得那么快，工资和利息才能跟着生产力增加而增加。所有这些在事实中得到印证。

第三章　利息和利息的起因

确定了地租规律，我们已经得到了它的必然系定理。在产品由地租与工资瓜分的地方，它就是工资规律；在产品由三个要素瓜分的地方，它就是工资和利息合有的规律。在只牵涉土地和劳动的生产中从产品中以地租名义取走的是什么比例，必然决定留给工资的是什么比例；如果有资本加入生产，则必然决定留作工资和利息瓜分的是什么比例。

但是不提这种演绎的结论，让我们分开和独立地追索每一种规律。当用这种方式获得它们的规律时，如果发现它们相互关联，我们的结论便有最大的正确性。

因为研究的最后目的是发现工资规律，我们首先探究利息这个主题。

上文已经提到利润和利息意义上的不同。值得进一步指出的是，作为财富分配中一个抽象名词的利息，其意义与寻常使用这个词时的含义不同。在这里，这个词包括使用资本的所有报酬，不仅仅指借款人付给贷款人的那种外加款项；它不包括风险补偿，这个项目形成寻常叫作利息的很大一部分。风险补偿显然只是平衡资本不同使用间所得报酬的方法。我们要找出的是什么决定利息本身的一般比率？不同的风险补偿率加上利息本身的一般比率就是当前的商业利率。

现在，在寻常叫作利率中的最大差异是由于风险的差异，这点很明显；但是在不同国家和不同时候利率本身也有很大的变化，这点也很明显。在加利福尼亚，以前一个时候每月2%的安全利率也不认为过高，现在贷款安全增加，利率每年为7%或8%，这种差距的部分原因在于普遍增强了稳定感，而大部分原因显然是由于其他一般性的某些原因。一般说来，美国的利率高于英国；美国新近建立的州的利率又比建立较早的州的利率高；随着社会进步，利息趋向下降是相当明显的并早已受到了注意。能够包含所有这些变化并说明其原因的规律是什么呢？

对于当前政治经济学未能确定利息的真正规律，除了上文顺便提到的一些意见外，不值得再详加议论。政治经济学对这个主题的论述不够明确和连贯，使公认的工资学说经不起事实考验，也不需加以详细评论。它们明显地违背事实。利息不决定于劳动和资本的生产能力已由普遍的事实所证明，即凡劳动和资本生产能力最大的地方，利息最低。利息的升降与工资（劳动费用）不是相反，不是工资上升利息下降，工资下降利息上升，这点也已由普遍的事实所证明，即在工资高的时候和地方，利息也高，在工资低的时候和地方，利息也低。

让我们从起点开始。我们已经充分地说明了资本的性质和职能，即使有几分离开正题的危险，我们还是力图在思考利息规律之前，先确定利息产生的原因。这样做除了帮助我们在探究中能更牢固和更清楚地掌握正在研究的主题，还引导我们得出实际重要性将日益明显的结论。

出现利息的原因和正当理由是什么？为什么借款人归还贷款人的钱要比他收到的多一点？这两个问题值得回答，因为它们不但有理论上的重要性，而且还有实际上的重要性。利息是对辛勤劳动的掠夺这个观念广泛传播，日益普遍，在大西洋两岸的大众文学和民众运动中越来越成为人民的共识。当前政治经济学的理论家说，劳动与资本之间没有冲突，并反对所有限制资本获得报酬的计划，说它不单伤害资本，也损害劳动。可是在政治经济学著作中又有这样的理论说，工资和利息彼此有相反的关系，如果工资增高或降低，利息就会降低或增高。[①] 很明显，如果这个理论是对的，那么，从劳动者观点出发，对降低利息的任何计划，能合乎逻辑作出的唯一反对理由只有说这个计划行不通，在立法机关万能的思想还十分普遍的时候，这个反对理由显然没有充分根据；虽然这样的反对可能导致一个特定计划的放弃，但这种反对阻止不了寻求另一个计划。

利息为何应该存在？在所有有名的著作里，作者都告诉我们，利息是生活节制的报酬。但显然这没有充分说明利息存在的理由。节制不是一个人积极的而是消极的秉性；它不是去做什么，而只是不做什么。节制本身不生产任何东西。那么为什么把生产出来东西的任何部分说成是它的功劳呢？假使我有一笔钱，把它锁上一年，我发扬了极大的节制不去动用它，好像我已把它借出去了一样。然而若真是借了出去，我可希望连同作为利息的外加一笔钱一起归还给我；如果只是把钱锁在箱内，我只有同一笔钱毫无增

① 这里真正说的是利润，但带有明显的资本报酬的含义。

加，但节制还是相同的。如果这样说，在借出钱时我为借钱人作出服务，但可以这样回答，他把钱保管得好好的，是为我作出服务——这样的服务在某些条件下可能有很大价值，我宁愿支付保管费而不愿没有它；这种服务对于某些形式的资本的作用甚至可能比对钱更明显。因为有很多形式的资本很难保持原状，必须不断更新；很多形式的资本，如果不立即使用，要维持它很不容易。所以，如果资本的积累人把资本借出以帮助资本使用人，使用人在偿还时不是完全清偿了债务吗？安全地保持、维护和再创造资本不是对使用资本的完全抵偿吗？积累是节制的结果和目的。节制只能是节制，不能有更多的成就；它本身甚至不能维持原状。如果我们仅仅避而不去使用它，一年之中将有多少财富消失！二年之后还能留下多少！因此，如果节制在资本的平安归还外还要求得更多，不是委屈了劳动吗？诸如此类的思想构成社会上普遍意见的基础，那些意见认为利息的自然增长是以牺牲劳动的利益为代价，事实上是对劳动的掠夺，这种掠夺在以正义为基础的社会环境里应该予以取缔。

在我看来，反驳这些观念的试图总是失败。例如，拿巴师夏经常引用刨的例证来说明寻常的推理。有一个叫詹姆斯的木匠花了10天劳动为自己做了一个刨，在当年300天劳动日中可以一直使用它290天。另一个木匠威廉要借刨用一年，答应到一年终了，当刨用坏时还一个同样好的新刨。詹姆斯拒绝以这个条件把刨借出，坚持说，如果他只能收回一只刨，就没有东西补偿他这一年中使用刨能给予他好处的损失。威廉承认这个道理，同意不只归还一把刨，此外再给詹姆斯一块新木板。这个协议双方都满意。那年中刨用坏了,年终詹姆斯收到一个一般好的刨加上一块木板。他一再借出新刨,到最后传给他的儿子,“他儿子照旧出借刨”,每次都收到一块木板。代表利息的木板据说是一种自然和公平的报酬,是使用刨的回报。威廉“获得存在于工具中以增加劳动生产力的力量”,他的情况不比不借刨坏;而詹姆斯得到的不比他如果不出借刨而保留并使用它所能得到的更多。

情况真是这样吗?这个假设中没有肯定只有詹姆斯会制刨而威廉不会,如果是这样,那么一块木板就成了优秀技能的报酬。事实只是詹姆斯节制地避免消费他劳动的成果,直到他积累的劳动成果变为一块木板——这就是资本的实质意义。

现在假使詹姆斯没有出借刨子,他能够使用 290 天,那时刨子就用坏了,他必须把当年余下来的 10 天工作日用来制造一个新刨。假使威廉不借刨,他将用 10 天时间为自己制造一把刨,他可以在余下的 290 天中使用它。因此,如果我们以一块木板代表使用刨一天劳动的成果,到这一年终了,如果没有借刨这回事,就刨而言,每人都仍和这年开始时一样,詹姆斯有一把刨而威廉没有,但每人将有 290 块木板作为一年工作的成果。如果借刨的条件如威廉第一次提出的那样,归还一个新刨,二人那就将保持同样的相对地位。威廉将工作 290 天,最后 10 天制造一把新刨以归还詹姆斯。詹姆斯将用当年的头 10 天时间制造可以使用 290 天的另一把刨,那时他将从威廉那里收到一把新刨。这样,单是归还刨子在这年年终将使两个人的地位没有变化,好像没有发生借刨这回事一般。詹姆斯没有一点损失以有益于威廉,威廉没有一点收益使詹姆斯受损。每个人得到他的劳动报酬与不借刨子时一样,即

290 块木板，詹姆斯将有一把新刨，有利他开始工作时使用。

可是，当归还刨子加上一块木板时，詹姆斯到这年底的地位比不借出刨要好，而威廉的地位变坏。詹姆斯将有 291 块木板和一只新刨，威廉只有 289 块木板没有刨。如果此时威廉在与上次一样条件下又借刨又借木板，到第二年年底他必须归还给詹姆斯一只刨两块木板再加上一小块木板；如果威廉继续借入他上次归还的刨和木板，并循环不停，那么他的收入将不断下降，而詹姆斯的收入将不断增加，倘若这种借贷继续下去，到最后总有一天（作为最早借一把刨的后果）詹姆斯将获得威廉劳动的全部成果，也就是说，威廉实际上将成为他的奴隶，这不是很明显吗？

那么，利息是自然和公平的吗？在上述的例子中说明不是这样显然巴师夏（和许多别人）视作利息根据的道理，即“存在于工具中以增加劳动生产力的力量”在道义上和事实上都不是利息的根据。把巴师夏的意见作为结论性的理论，使那些不肯像我们那样对它加以分析的人深信不疑，其错误之处在于他们把借刨和刨给予劳动更大的生产能力联系在一起。其实不存在这样关系。詹姆斯借给威廉的东西实质上不是用它就有更大劳动生产能力。假使是这样，我们就不得不假设制造与使用刨是一种行业的秘密或专利，那样，刨就成为专利之物而不是一种资本了。詹姆斯借给威廉的东西实质上不是以更有效方法使用劳动的特权，而只是运用 10 天劳动的具体成果。如果“存在于工具中以增加劳动生产力的力量”是产生利息的原因，那么随着创造发明的增加利息就会增加。情况不是如此。如果我借入价值 50 美元的缝纫机，不能期望我付出比借价值 50 美元缝针更多的利息；如果我借入一部蒸汽机，不

能期望我付出比借一堆同等价值砖头更多的利息。资本和财富同样是可以互换的。资本不是一件东西，它在交换圈中是同等价格的任何东西。工具的改良不增加资本的增殖力量；它增加劳动的生产能力。

我往往这样想，如果所有财富由像刨那样东西组成，所有生产都是像木匠那样的生产——也就是说，财富单单由世上无活动力的物质组成，生产只是把这种无活动力的物质制造成不同的形式，那么利息就只是对辛勤劳动的掠夺，不能长期存在。这不是说就此不会有资本积累，因为，虽然希望财富增值促使将财富转为资本，但这不是资本积累的动机至少不是主要动机。孩子节省零钱过圣诞节；海盗愿增加埋藏的宝藏；东方王公要积累大量铸币；像斯图尔特和范德比尔特那样的人已养成积储的爱好，他们只要有可能就要在百万财富上再增加钱财，即使这些积累不会增值，仍然要继续聚财。但也不是说将不会再有借贷，因为相互方便在很大程度上促成借贷。假使威廉立刻要开始工作，而詹姆斯要在10天后才开始工作，此时借刨可能互相有利，虽然借入人不会给借出人一块木板。

可是所有财富不都像刨、木板或钱那样不具有繁殖能力的性质；所有生产也不都是仅仅将世上这些无活动能力的物质转变为其他形式。的确，如果我把钱放在一边，它不会增加。但是，假使我放在一边的是酒，到一年终了，我将有价值上的增加，因为酒的质量变好了。或者假设，在一个适宜的地方放出一群蜜蜂，到一年终了我将有更多蜂群，因而有蜜蜂所酿的蜜。或者假设，在一处牧区我放养羊、猪或牛，到一年终了，按一般情况说，将有更多的牲畜。

在这些例子中,促使财富增加的某种东西虽然一般需要劳动去利用它,但它毕竟不是劳动并可以与劳动分开,那就是有活力的自然力量,那就是到处成为我们称作生命的种种神秘东西或条件特征的增长原理和增殖原理。在我看来,它就是利息产生的原因,或者说就是发生超过应属于劳动部分的资本增加的原因。这样说吧,在永远的自然运动中,有某些生命之流,如果我们使用它,它将用独立于我们自己努力的力量帮助我们,把物质变成我们所希望的形式——就是说变成财富。

虽然可以提出许多东西,如钱、刨、木板、机器或衣服等没有天生的增长能力,但另外有一些属于财富和资本的东西,如酒,会自己增加质量达到某一点;或者像蜜蜂或牛,会自己增加数量;还有其他一些东西,如种子,虽然有增加的条件,但没有劳动就不会生长,当这些条件具备时,就能增加,或者产生超过应属于劳动部分的报酬。

财富的相互可转换性必然包含具有特殊优点的所有种类财富之间的平均标准,而这些特殊优点由于占有特定物种而自然增长,因为任何人当他的资本可以变换更有利的形式时都不愿意保持原有的形式。例如,没有一个人愿意把小麦磨成面粉保存起来,以方便那些时时希望以同等数量的小麦换取面粉的人,除非他在交换中得到的好处等于(从全面考虑)他能从种植小麦中获得的报酬。没有一个人在他能够饲养一群绵羊时,愿意现在就用它们交换下一年才可拿到的全部羊的羊肉,因为他饲养羊群不但明年能得到同等数量的羊肉,还能得到羊羔和羊毛。没有一个人愿意掘一条灌溉渠，除非那些靠沟渠灌溉能利用自然生殖力的人们把他们收入增加中这样的一部分给他，使他的资本产生的收入和别人的一样多。因此，在任何交换圈里，大自然繁殖力或生命力给予某些种类资本的增殖能力必然与全部资本是平均的；在借出或在交换中使用钱、刨、砖头或衣服的人，他获得增益的能力不会比他若把同等数量能增殖形式的资本借出或投入再生产使用时较弱。

在利用受交换影响的自然能力和人力的变化中，也会产生类似自然生命力产生的财富增加。例如在一个地方，一定量的劳动能获得植物食物 200 或动物食物 100。在另一个地方，情况相反，同样量的劳动能生产植物食物 100 或动物食物 200。前一个地方植物食物对动物食物的相对价格为 2 ∶ 1，后一个地方为 1 ∶ 2；假设两种食物需要各一半，同等量的劳动在两个地方都能得到 150。但是若用劳动在前一处取得植物食物，在后一处取得动物食物，并交换所需要的量，则两地的人就能以一定量的劳动获得任何一种食物的 200（除去交换的损失和费用）；所以在每一个地方，节省的产品投入交换，也带来增值。因而，惠廷顿把猫带到没有猫而老鼠成灾的遥远国家，带回许多包货物和许多袋黄金。

当然，劳动对于交换是必需的，就像它对于自然再生产能力的利用是必需的一般，而交换的产品和农产品一样，显然是劳动的产品。但不论在哪种情况下，有一种与劳动合作的辨认得出的力量，这种情况使得单单以所花费的劳动量来衡量成果变得不可能，而应把使用的资本和时间视作各种力量总和中的不可分割部分。在所有各种方式的生产中资本帮助劳动，但是二者的关系随着生产方式不同而不同。第一种生产方式只包含物质形式和地点的改变，如刨、木板或采煤；另一种生产方式需要有自然的生殖力量或由于自然和人力分配的不同而产生的增值能力，如种植谷物或以冰交换食糖。在第一种生产中只有劳动为生产的有效因素；当劳动停止时生产也就停止。木匠在日落时放下他的刨，他用刨生产的价值停止增加，要到第二天早上开始劳动时再开始恢复。工厂敲响下班钟时，矿山停止作业时，生产就停止了，要等到下一班再开始生产。就生产而言，停工时间完全可以不计。在完全依靠所花费劳动量的生产中，光阴的消逝、季节的变迁无关紧要。可是在另一种我上边提到的生产方式中，劳动可能像伐木工那样，把伐下的原木投入河流，让它们任流水带到许多英里外锯木厂的栅栏里去。当农民睡觉或去犁另外一块地时，土里的种子发芽生长，而永远流动的风和洋流把惠廷顿的猫带往饱受鼠患的虚构地区的君主面前。

现在再谈谈巴师夏的例证。如果说威廉在那年年底归还给詹姆斯一只同样好的刨之外应当再增加一点东西是有一定道理的话，那道理显然不是像巴师夏所说的那样，在于工具给予劳动更大的力量，因为如我已经说过的，那不是一个理由；而在于时间的要素——出借与归还刨之间的一年之差。现在，如果光是从这个例子看，提不出表明时间要素起作用的证据，因为一把刨在年底并不比它在年初有更大价值。但倘若我们用一只小牛来替代刨，就能清楚地看到，要使詹姆斯像不出借小牛那样不吃亏，威廉在年底必须归还的不是一只小牛而是一头壮牛。再则，如果我们假设，詹姆斯开始工作的头 10 天不是制作刨子而是种植玉米，如果他在年底收获的只等于种下的玉米，显然他没有得到全部补偿，因为在一年时间里种下的玉米发芽生长，比原来多许多倍；同样，如果把刨用以交换，一年中可以交换好几次，詹姆斯每次交换都能产生增值。由于詹姆斯的劳动可以在任何方式中运用，也就是说他用于制刨的劳动可以转到其他地方，除非能收回的东西比一把刨更多，他不会愿意制刨让威廉使用一年。同时威廉还得担负起比一把刨更多的东西，因为运用在不同方式中的相同一般劳动优势的平均水平使他的劳动能从时间要素那里得到好处。这种一般（如我们可以说）劳动优势的平均水平的“合伙共享作用”在社会迫切需要同时进行不同方式生产的地方必然出现，它使本身不能增值的财富获得与从时间要素获利的财富一样的好处。最后分析起来，从时间流逝所给予的利益来自自然的生殖力以及自然和人的改变力量。

要是物质的质和能量到处一律，人的所有生产能力完全一样，就不会有利息。优良工具的优点有时可以在类似支付利息那种条件下转移，但这种事情一定是非规则和断断续续发生的——是一种例外，不是一种常规。因为获得这种报酬的能力不像现在那样是拥有资本所固有，而时间产生的利益只有在特殊环境中才奏效。譬如，我有 1 000 元钱，当然能够贷出以获取利息，利息的产生不是因为有人没有 1 000 元钱，没有其他办法得到它，愿意为使用这笔钱支付利息；而是因为我的 1 000 元钱所代表的资本能产生增益给拥有它的任何人，即使他是百万富翁也无不同。任何东西的价格不决定于买者希望得到它而愿付的数目，主要决定于卖者如果不卖能够得到什么。例如，一位想退休的工厂主有价值 10 万元的机器，他把它出售，如果不能将 10 万元钱投资从而给他产生利息，那么，只要这笔交易稳妥可靠，不管他一次得到价款还是分期得到价款，这对他并不重要，如果购买人有所需的资本（为这笔交易成功我们必须这样假设），他立刻付清还是过一段时间付清，也并不重要。倘若购买人没有所需的资本，为了他的方便，付款就该延迟，但是只有在特殊情况下，出售人可以提出或购买人可以同意为此支付一笔额外费用；在这种情况下这笔额外费用可以正确地称为利息。因为正确地说利息不是为使用资本而付出的钱，而应是从资本增值中自然增长的报酬。如果资本不产生增值，资本所有人得到额外收入的情形是很少而特殊的。威廉会很快理解，为了换取推迟还给詹姆斯刨的权利，付出一块木板对他是否合算。

总之，在我们着手分析生产时，发觉生产有三种方式，那就是：

更动或改变自然产品的形式或地点，使它们满足人的欲望。

种植或利用自然的生命力，如栽种植物和饲养动物。

交换或利用因地点改变而提高的那些自然力的较高能力和因环境、职业和性格而改变的那些人力的较高能力，以求增加财富的总量。

这三种生产方式中的每一种，资本都可以帮助劳动；或更清楚地说，在第一种方式中，资本可以帮助劳动，但不是绝对必要；在其余两种方式中，资本必须帮助劳动，有这样的必要。

在使资本改变为适当形式时，我们可以增加劳动的有效能力，把财富的性质注入物质，如同我们把木头和铁改变成一把刨的形式和用途；或者，把铁、煤、水和石油改变为一部蒸汽机的形式和用途；或者，把石头、黏土、木材和铁改变成一座建筑物的形式和用途，但这种使用资本的特征，在于使用中有利可图。但是，当我们在第二种方式中运用资本时，如我们在地里种庄稼或在畜牧场里养动物，或者把酒窖藏用时间改进其质量，利益的产生不是来自使用，而是来自增值。因而，当我们以第三种方式运用资本时，我们不使用物品而把它用以交换，利益在于交换来的物件有更大的价值。

最初，从使用产生的利益归于劳动，而从增值产生的利益归于资本。但是，由于劳动分工和财富相互可变换性，必然产生利益的平均化，由于这三种生产方式彼此相关，从一种方式中产生的利益将与从其余两种生产方式中产生的利益平均化。因为不论劳动还是资本，当它们可以投入另外任何一种生产方式获得更大报酬的时候，它们不会投入本来想投入的一种生产方式。就是说，使用于第一种生产方式的劳动得到的不是全部报酬，而是报酬减去必须给予资本的那一部分，使资本的增加相等于它在其他生产方式中能够得的增加；投入于第二种和第三种生产方式的资本，得到的不是全部增值，而是增值减去足以付给劳动的数字，其数字相等于劳动如果花费在第一种方式时能够得到的报酬。

因此，利息产生于增值能力，这种能力是自然的生殖力以及事实上进行交换的类似能力给予资本的。它不是专断的而是自然的事情；它不是特定社会组织的结果，而是作为社会基础的普遍规律，因而它是公正的。

侈谈取消利息的人犯了一种类似于我先前指出过的把工资取自资本理论奉为圭臬那种人所犯的错误。当他们用这样观点想到利息时，他们想的只是资本使用人付给资本所有人的钱。但显然，这种钱不是全部利息，只是利息的一部分。不论谁使用资本并获得增值，就有能力付给利息。如果我种植和仔细培育一棵树直到它成材，我从它的果实中得到我所积累的资本的利息，那就是我所花费的劳动。如果我饲养一头牛，牛早晚给我的牛乳不仅是我挤奶时花费劳动的酬劳，而且也是饲养它时花费在牛身上的资本的利息。因此，倘若我使用自己的资本直接帮助生产（如用机器），或者间接帮助生产（在交换中），我从资本的增值性收到特别的分辨得出的利益，这种利益虽然不像我把资本借给别人而他付给我利息那么清楚，但它同借出资本取得利息同样真实。

第四章　关于虚假资本和关于经常被误认为是利息的利润

我认为，有人相信利息是对辛勤劳动的掠夺，是由于他们不能分清什么是真正资本什么不是真正资本，和不能分清其实是利息的利润和不是从使用资本产生而得自其他来源的利润之间的区别。在当前的谈话和文字中，都把拥有能为他产生报酬之物（不使用劳动）的每一个人称为资本家，而把这样得到的任何东西叫作资本的利润或收益，我们还到处听说劳动和资本的冲突。不管事实上有无劳动和资本的冲突，我并不想要求读者作出决定；但这里先澄清一些混淆判断的误解是有好处的。

我业已提请读者注意这个事实：许多人错误地把土地的价值当作构成普通叫作资本这个东西的一部分，实际上它根本不是资本；许多人同样普遍地把成为进步社会产品中越来越大部分的地租包括在资本收益之中，其实它不是资本的收益，必须把它仔细地与利息分开。这一点现在不需详谈。我还请读者注意这个事实：构成通常叫作资本另外一大部分的股票、公债等物根本不是资本；但在外形上，这些债务凭证非常类似资本，在某些情况下它们实际上或看起来执行资本的职能，同时它们为所有人产生报酬，这种报酬不但人们叫它为利息，而且具有利息的各方面形象，所以在弄清环绕利息这个概念的含糊解释之前，值得花时间对这些问题再次详尽地谈一谈。

请大家永远记住，不是财富不可能是资本。就是说，资本必须是实在的、有形的东西，不是大自然自发的礼物，其本身(不需要代表)具有直接或间接满足人类欲望的能力。

因此，政府公债不是资本，也不是资本的代表。政府通过公债得到的资本被非生产性消费掉——从炮口上化为烟雾，在战舰上花尽，用在维持士兵的行军、训练、厮杀和破坏上了。公债不能代表已经毁灭的资本，它根本不代表资本。它只是一个庄严的宣布，政府将在某个时候，用税收从那时人民拥有的财富储存里取走那么多的财富，把它交给公债持有人；与此同时，政府以同样方法时时征收足够的税款以补偿公债持有人的增益，政府答应给予那些人的增益数，实际上就在那些人的口袋里。从现代国家产品中取走的用以支付公债利息的巨大金额不是资本的收入或增益，不是严格意义上真正的利息，它只是从劳动和资本的产品中征收的税款，为此使得工资和真正利息大大减少。

但是，假使发行公债是为了浚挖河床，建设灯塔或设立公共市场；或者假使——改换说法表示同一概念——公债由铁路公司发行，在这种情况下公债的确代表资本，筹集和运用于生产性项目，就像付股息公司的股票，可以认为持有资本的凭证。可是只有在它们实际代表资本的范围内才能算是资本，在发行数超过使用的资本数时就不能认为是资本。在我们的铁路公司和其他公司中，几乎全部都用这个方式集资。那些公司使用一元钱的资本，就要发行 2 元、3 元、4 元、5 元甚至 10 元钱的证券，根据票面，公司定期或不定期地支付利息或股息。这些公司这样赚得和这样付出的超过应付给真正投资资本的利息以外的部分，以及垄断市场集团吸收而从不报账的巨额利润，显然不是根据资本作出的服务而从社会总产品里取出的，因而不是利息。如果我们受那些把利润分解为利息、保险金和监督工资的经济学作家术语的限制，这些款项必须归入监督工资这一类。

但监督工资十分清楚地包括来自个人品质的收入，如技术、机智、进取心、组织能力、发明才能、个性等，那么对于我们现在所说的利润，应有另一个可以加以归类的名称，那就是垄断的利润。

当詹姆斯一世把制造金银丝的特权授予他的宠臣时，以严刑峻法禁止任何他人制造那种丝线，白金汉由此获得的收入，不是产生于投资在制造中的资本的利息，也不是产生于实际管理生产者的技术和才能，等等，而来自他从国王那里得到的独占权利——实际上就是为自己利益向全体金银丝使用者征收赋税的权力。公司很大一部分利润也是得自同样性质的来源，而这种利润通常与资本的收益相混淆。为鼓励发明给予一定期限专利权的收入清楚地属于这种性质的来源，还有借口促进国内工业用保护性关税建立各种垄断性专卖而获得的利润也是同样性质。但另外还有一种更隐蔽和普遍的垄断形式。在股东共同控制下大量资本的聚集会造成一种新的权力，这种权力基本上不同于具有资本一般特性的产生利息的增值能力，虽然说起来后者是建设性的，但随着资本聚集的继续，由此产生的权力则是破坏性的。这种权力与詹姆斯国王赐给白金汉的权力属于同一类，它在施展时经常无情地不顾产业的权利，也不顾个人的权利。铁路迫近一个小市镇就像强盗走近他的受害人。它威胁说，“如果你们不同意我们的条件，我们就要把你们的市镇留在铁路一侧二三英里以外！”其作用犹如强盗举起手枪，高喊：“起来，交钱！”一般。因为铁路公司的威胁不仅在于剥夺该镇可能从铁路通车得到的好处，它将使该镇比未建铁路前处境远为恶化。譬如说那里有水路交通，水路上有一条对开的船，铁路迫使它降低运费，直到破产停航。于是公众不得不支付搭车运货的费用，就像罗希拉人（Rohillas）被迫支付 400 万卢比，由苏拉哲·道勒（Surajah Dowlah）雇用沃伦·黑斯廷斯率领的英国军队支持他来破坏他们的乡土和屠杀他们的人民。正像强盗联合在一起合伙抢劫瓜分赃物，铁路干线也联合在一起提高运费共享所得的利益。太平洋铁路与太平洋邮轮公司组成联合体，该组织实际在陆地和海洋上都建立起收税关卡。正像白金汉手下的一批伙计使用金丝特许权给予的权力，搜索民房，抢走证件，捕捉人民，以遂其敲诈勒索的贪欲。组织庞大的电报公司，用其联合巨大资本的力量，剥夺这个伟大发明给予美国人民的全部利益，损害他们的通信权利，并捣毁冒犯它的报馆。

这些事实有必要提一下，但不需详细论述。每个人都知道，当资本大量集中时，经常以专横和贪婪的手段进行腐蚀、掠夺和破坏。我希望引起读者注意的是，用上述手段取得的利润不要与作为生产要素之一的资本所取得的合法报酬相混淆。前者绝大部分应归咎于政府立法部门力量的失调，和盲目坚持古代的野蛮状态以及迷信地崇敬执行法律的少数人的专门技术；同时，在进步社会中随着财富集中往往导致权力的集中，其原因就是我们正在探索的重要问题的解决办法，但至今尚未找到。

一加分析便可明白，在普通人思想中与利息相混淆的许多利润，实际上不是由于资本的能力，而是由于集中的资本的能力或者由于对社会不良调节起作用的集中资本的能力。

同样，完全属于风险因素的利润也常常与利息相混淆。有些人投机致富，这种勾当给大多数人必然带来损失。很多形式的投机都是这样，尤其是那种称为股票买卖的赌博方式。精力、判断力、拥有资本以及在低级赌博中称作赌徒、骗子的技巧给予投机者致富机会；但正如和在赌桌上一样，不论谁赢钱，总有人输钱。

现在，看一看经常提到作为积累资本能力例证的巨额财产吧——威斯敏斯特公爵和比特侯爵、罗思柴尔德家族、阿斯特家族、斯图尔特家族、范德比尔特家族、古尔德家族、斯坦福家族和弗勒德家族——细察起来很容易看出，这些财产不是或多或少由利息积累的，而是通过我们在上面评述过的办法敛聚的。

我一直要求读者重视这种区别有多么必要，在人们目前的讨论中表现得很清楚，因为在讨论中，作为立论的根据忽白忽黑，而他们的观点忽左忽右。一方面，有人要求我们在赤贫与巨大财富积累同时并存中看到资本对劳动的掠夺性，另一方面他们又指出资本帮助劳动，因此要求我们作出结论，在贫富的宽阔鸿沟中没有任何不公平或不自然的东西；财富不过是对勤劳、聪明和节约的报酬；而贫困则是对懒惰、无知和轻率的惩罚。

第五章　利息规律

现在我们讨论利息规律，牢记上文提请读者注意的两件事，那就是：

第一，不是资本雇佣劳动，而是劳动雇佣资本。

第二，资本的数量不是固定的，依据以下两点经常增加或减少：(1)依据运用于资本生产的劳动的多寡，(2)依据财富转变为资本或资本转变为财富的情况，因为资本就是以一定方式运用的财富，而财富是包括范围较广的名词。

显然，在自由的环境中，使用资本的最大限度是它能带来增益的界限，使用资本的最小量或零点是资本的替换补充；因为超过前一界限，借入资本会带来损失，低于后一点，资本便不能保持原来数量。

再请注意：不如某些作家轻率讲到的，使资本适应特殊形式或用途因而增加劳动效率是确定使用资本最大限度的根据，实际上决定最大限度的是属于一般资本的平均增益能力。能以有利形式运用资本的能力是劳动的能力，资本本身没有这种能力。让我们假定，一张弓和一些箭能使一个印第安人每天杀死一头野牛，而使用木棒和石块他一个星期还难以杀死一头；但部落里武器制作者不能要求猎人每杀死 7 头野牛便给他其中 6 头作为使用弓箭的报酬;同样投资于毛纺厂的资本不能要求把该厂产品与以同等劳动使用手摇纺纱织布机的产量之间的差额给予资本家。威廉从詹姆斯那儿借入一把刨,用它刨木板时并没有得到比用贝壳或燧石刨木板更多的劳动效率的好处。知识的进步使得使用刨的利益成为大家都知道的劳动能力。他从詹姆斯那里得到仅仅是一年时间要素给予占有刨那种资本可以得到的好处。

如果说给时间要素以利益的自然生命力是利息产生的原因,那么结论就是利率的最大限度将由自然生命力的强度和它在生产中被运用的程度来决定。可是自然生殖力相差很大,例如鲑鱼产卵数以千计,而鲸鱼每隔几年才产一条幼仔,在兔子与大象以及在蓟尾植物与巨大红杉之间也一样。看来就是这种方式保持自然的平衡,在自然生殖力和破坏力之间有一种平衡,实际上就是这种平衡把增殖的原则保持在均衡点上。对于这种自然平衡,人类的干预能力有限,只有改变自然环境,人类才能任意地改变自然生殖力的强度。但是人在这样做的时候,从他众多欲望中产生另一个原则,这个原则在财富增加中带来同样的均匀与平衡,而均匀与平衡是由自然界不同的生命形式来实现的。这种均匀通过价值表现出来。例如在适合饲养兔子与马的地方,我饲养兔子,你饲养马,我的兔子在达到自然限度之前可能比你的马增加得快。但是我的资本不会比你增加得快,因为不同增长率的结果将使兔子的价值比马的价值低,马的价值比兔子的价值高。

虽然自然生命力的不同强度就这样达到均匀,但在社会发展的不同阶段,财富总产量中与这些生命力或比例的程度可能有差异。对于这点有两个问题值得注意。首先,虽然在像英国这样的国家中，财富总产量里工业比例与农业比例相比，增加得更多，但应注意到，在很大程度上，这只有在政治或地理区域上说才是正确的。从工业社会说就不是这样，因为工业社会不受政治区域的限制，不受海洋或山脉限制，它们只受交换范围限制。所以在英国工业经济中，农业和畜牧业对工业的比例要与艾奥瓦和伊利诺伊、得克萨斯和加利福尼亚、加拿大和印度、昆士兰和波罗的海相平均——总之要与英国的世界范围的贸易所涉及的每一个国家相平均。其次，应该注意到，虽然在文明的进步中，工业与农业相比较，工业有相对增加的趋势，因而成比例地较小依赖自然生殖力，但与这种情况同时出现的是交换的相应扩大，由此招来较大的增值能力。这两种趋势在很大程度上，就我们现有知识而言，也许可以彼此相抵，从而保持确定资本平均增益或正常利率的平衡。

处于资本报酬必然最高点和必然最低点之间的这个正常利息点，不管它落在何处，若把所有事实（如安全感和积累欲等）考虑进去，必然使资本的报酬与劳动的报酬相等，就是说，对有关努力或牺牲给予有同样吸引力的结果。要计算出这个利息点也许是不可能的，因为工资习惯上以数量计算而利息以比率计算；但如果我们假设一定量的财富是一定量劳动在一定时间内与一定量资本合作的产品，那么就使我们可以比较分给劳动和资本的产品比例。肯定有这么一个点，在这个点上（或者应该说在这个点附近）利率必然会停下来；因为，除非实现这样的平衡，劳动就不会接受使用资本，或者资本就不会受劳动的处置。因为劳动和资本只是同一件事情——人力——的不同形式。资本由劳动生产出来，它事实上只是压印在物质上的劳动——储存在物质中的劳动，在需要时再释放出来，就像太阳的热储存在煤中，在火炉中释放出来。因此，在生产中使用资本仅仅是劳动的一种形式。由于资本只能在消耗中使用，资本的使用就是劳动的花费，为了保持资本，它通过劳动的生产量必须相当于它在帮助劳动中消耗的数量。因而在允许自由竞争的环境中，就是使工资达到一般标准，使利润达到实际上平等的原则——人类希求用最少的力满足他们欲望的原则——发挥作用，建立和维持工资和利息间的这种平衡。

利息和工资间的这种自然关系——双方体现对平等力量给予平等报酬的这种平衡——可被说成表示相对立的关系，但这种对立只是表面上的。在迪克与哈里合伙经营中，说迪克得到一定比例的利润，暗示哈里所得部分大了，迪克所得就小，哈里所得部分小了，迪克所得就大；在这个事例中，如果每人只得到他添入共同基金中的那一部分，那么其中一人所得的增加不会减少另一个人的收入。

把这个关系肯定下来，就能清楚地看出，利息和工资一起升降，没有增加的工资，利息不能增加；没有下降的利息，工资不会下降。因为，如果工资下降，利息一定按比例下降，否则把劳动变为资本要比直接运用劳动更为有利；同样，如果利息下降，工资一定按比例下降，否则资本的增加会受到限制。

当然，我们现在不是说特定的工资和特定的利息，而是说一般的工资率和一般的利率，利息总是指除去保险费和监督工资后资本能够获得的报酬。在特定事例中或特殊运用中，工资和利息趋向平衡的倾向可能受阻；但在一般工资率和一般利率之间这种倾向必然受到激励而发挥作用。因为，虽然在一个特定的生产部门中，提供劳动那些人和提供资本那些人之间有一条清楚的界线，但即使在一般劳动阶级和一般资本家阶级之间有最显明区别的社会里，这两个阶级在难以觉察的渐变中彼此淡化，在极端的事例中，这两个阶级融合为同一批人。恢复平衡或应该说阻止打乱平衡的相互作用，在劳动与资本完全分开的地方不管存在什么阻碍，都能不受阻挡地继续发生影响。此外，必须记住，如上面已经说过，资本只是财富中的一部分，它与财富的区别一般只在于它被运用的目的。因此，整个财富对于资本与劳动的关系有同样的平衡作用，就像飞轮对机器运动所起的作用，当资本过多时吸入，资本不足时再次吐出。好比一个珠宝商，当他有特别充盈的库存时，可以给他的妻子戴钻石首饰，当他的库存减少时又把钻石放置在橱窗里。当利息方面出现超过与工资相平衡的趋势时，不但会立刻指导劳动趋向资本生产，而且还引导财富作为资本运用；而当工资方面出现超过与利息相平衡的趋势时，不但以同样方式引起劳动脱离资本生产，而且减少资本比例，即把组成资本的某些财富从生产性使用转为非生产性使用。

扼要重述一遍：工资与利息之间存在一定的关系或比率，它由一些原因决定，这种关系或比率如果不是绝对持久的，其变化也是缓慢的。在这种关系上，有充分的劳动进入资本供应资本，根据知识程度、技术状况、人口密度、职业性质以及交易的多样性、范围和速度供生产使用，劳动与资本的相互作用经常保持这种关系或比率；因而利息和工资必定同时上升和下降。

比如，面粉价格由小麦价格和加工费用决定。加工费变化慢而且小，即使从长期说，差距也几乎不易察觉；而小麦价格经常变化且幅度相当大。因此我们可以正确地说，面粉价格在很大程度决定于小麦的价格。或者，以上边同样方式来套这个命题，那就是：在小麦价和面粉价之间存在一定的关系或比率，它由加工费确定，面粉需求和小麦供给之间的相互作用经常保持这种关系或比率；因此面粉价格与小麦价格必定同时上升和下降。

或者，我们把小麦价格放到一边进行推论，可以说面粉价格决定于季节好坏和战争等等，这样我们可以把利息规律放在直接使它与地租规律相联结的形式中，说一般利息决定于资本自由地运用在最下等土地上的报酬，也就是说决定于资本运用在不需付地租的最好土地上的报酬。这样，我们就把利息规律写成一种形式，这种形式表明利息规律是地租规律的系定理。

我们可以用另一种方式来证明这个结论：因为，如果我们排除工资，就能明白地看出，地租增加利息必然减少。要排除工资我们必须幻想出以完全不同原则组织起来的一个世界。我们可以想象被卡莱尔称为愚人天堂的那种世界，在那里不需要劳动帮助单靠资本的生殖力生产财富——那里绵羊背上驮着现成的服装，奶牛献出奶油和乳酪，而阉牛，当它长到合适程度时自己切成牛排和烤肋条；那里房屋可以撒种生长，一柄大折刀掷在地上会生根，到一定时候便结出许多各种样式的刀剑。想象一下某些资本家携带适合形式的资本撒到那种地方。显然，他们将得到资本生产的全部财富作为他们资本的报酬。但有一个条件，就是资本的产品全部不要支付地租。地租出现时，它取走资本的产品，随着地租增加，资本所有人的报酬必然减少。如果我们设想那个资本具有不需劳动帮助而生产财富能力的地方有一定范围，譬如说只是一个岛屿，我们将看到，一旦资本增加到该岛能够支持它的限度，资本的报酬必定下降到微不足道略高于仅够补充的最低程度，而土地所有人将得到几乎全部产品作为地租，资本家能有的唯一选择，就是把他们的资本抛入大海。或者，如果我们想象这个岛屿与世界其余地方有交通往来，那里资本的报酬将停在与其他地方的利润率相持平的一点上。利息在那里与其他任何地方相比，既不较高也不较低。地租将占据整个优越条件，而土地在这样的岛屿上有巨大的价值。

总结一下，利息的规律如下：

> 工资和利息的关系决定于资本作用在再生产方式中所具有的平均增值能力。随着地租上升，利息将与工资同时下降，或者利息将由耕种的边际决定。

我在这段详细叙述中力求查出和说明利息规律，在说明中十分尊重现存的术语和思想方式，如果不受模糊难辨的争论妨碍的话，我们的探索本来不需要这样做的。实际上，财富分配本来只有两方面并非三部分。资本只是劳动的一种形式，它与劳动的区别实际上只是名词的细分罢了，正如劳动分为熟练劳动和非熟练劳动一般。我们在考查中达到的结论和我们如果完全把资本当作劳动的一种形式，并追索划分产品为地租、工资两部分的规律得到的结论相同，产品在地租和工资间划分就是在自然物质及能力和人力两大要素占有人之间的划分，这两大要素相结合产生所有财富。

第六章　工资与工资规律

我们使用推理的方法，已经得出工资规律。为了证明结论的正确和澄清有关这个主题的所有含糊不清的地方，让我们从一个独立的出发点来探索这个规律。

不能因为在任何特定时间和地点存在一般的利率，就认为同样存在一般的工资率，当然不存在这种东西。包括得自劳动的所有报酬的工资，不但因个人能力不同而变动，而且由于社会组织日益复杂，在各种职业之间相差很大。但是，在所有工资中间有某种一般关系，因此当我们说工资在一个时候或地方比另一个时候或地方较高或较低时，我们表达的概念是清楚易懂的。工资在其等级中上升或下降服从于一个共有的规律。这个规律是什么？

人类行动的基本原则——这个规律在政治经济学中等于万有引力在物理学中——就是企求用最少力量满足他们的欲望。这个原则通过它引起的竞争，必然使得在同样条件下使用同等的努力获得平等的报酬。当人们为自己工作时，这种平等化主要受价格平衡的影响；在为自己工作的那些人和为他人工作的那些人之间，平等化的同样趋势也起作用。在这个原则下，在自由环境中，一个人能够雇佣他人的条件是什么呢？显然，条件由如果这些人为自己劳动能够得到什么来决定。上述原则将阻止他给予较自己劳动更多的东西，除非有能力诱使他们改变主意接受雇佣所必要的那种条件，这个原则也阻止他们接受比自己劳动更少的东西。如果那些人要求更多，其他人的竞争将使他们得不到雇佣。如果雇主出的代价较少，就会没有人愿意接受条件，因为他们为自己工作能得到更多的收入。因此，虽然雇主希望付得尽量少，雇工希望得到尽量多，工资将决定于归于劳动者本身的这些劳动的价值或产品。如果工资暂时定得超过或低于这条线，立刻会出现把它们拉回来的趋势。

在那些劳动最早从事的，甚至在最发达的社会条件里仍然构成生产基础的原始和基本的工作中，很容易见到的劳动结果或收入不仅仅决定于劳动本身的强度和质量。财富是两种要素——土地和劳动——的产物，一定劳动量将产生多少东西要根据运用劳动的自然机会的能力大小而变化。确定这一点，人类企求以最少力量来满足其欲望的原则将使工资固定在可以运用在自然生产能力最高点上的最少劳动的产品。根据同一原则，在现有条件下劳动可以得到的自然生产能力最高点就是生产可以继续进行的最低点，因为人们受内心企求的以最小力量来满足其欲望的最高规律的推动，在有可能在较高生产能力点进行劳动的时候，他们不愿意在较低的生产能力点上劳动。这样，雇主必须支付的工资将由可以继续生产的自然生产能力最低点来衡量，这个点上升或下降，工资也将随之升降。

试举例加以说明：在简单的社会形态中，在原始状态里，每一个人都为自己工作，有的狩猎，有的捕鱼，有的种地。我们假设，耕种这个工作刚刚开始，所使用的土地质量相等，用等量的劳力可以生产等量的报酬。因而工资——虽然没有雇主和雇工，工资还是存在——就是劳动的全部产品。估计到上述三种工作的惬意、风险等程度的差异，我们假设它们全都是一样的，即同等劳力生产同等结果。现在，如果他们中的一个成员愿意雇佣几个伙计为他工作，不再为自己劳动，他必须付给由全部劳动平均产品所确定的工资。

过了一段时间。耕种工作扩大，耕种的土地不再是同一质量，而是包括不同质量。此时工资不再和以前一样是全部劳动的平均产品。工资将是由耕种边际决定的劳动平均产品，或者说是由最低报酬点决定的劳动平均产品。因为，由于人们企求以最小劳力来满足其欲望，耕种中的最低报酬点给予劳动的报酬一定与狩猎和捕鱼的平均报酬相等。[①] 劳动不再是相等努力产生相等报酬，把劳动用在优质土地上的人将得到比以同样劳力耕种劣质土地的人较多的报酬。但工资仍然平等，耕种优质土地的人收入的超过部分实际上是地租，如果土地已经归个人所有，它将为土地所有人提供收入。在改变了的环境里，如果这个社会的某个成员希望雇佣他人为其工作，他必须支付的只是劳动在耕种最低点上所生产的产品。因此，如果耕种边际下降到越来越低的生产能力点，工资必然同样下降；相反，如果耕种边际上升，工资也必然同样上升；因为，就像一个自由落体趋向于以最短路线向地心靠拢一样，人类企求以最容易方式满足自己的欲望。

于是，我们在最明显和最普遍的原则演绎中得出工资规律。工资决定于耕种边际——工资的多寡决定于劳动从可以运用的最高自然机会那里获得产品的多寡；这个规律来自人类希求以最少

① 这个平均化由价格的平衡来实现。

劳力来满足他们欲望的原则。

现在，假使我们从简单社会形态转向高度文明社会的复杂现象，我们经过考查将发现同样适合这个规律。

在文明社会里，工资相差很大，但不同工资之间还是或多或少具有明确和明显的关系，这种关系不是一成不变的，如一个时候一位著名的哲学家在讲课中可以赚到比最佳技工高出许多倍的工资，而另一个时候很难期望得到一个仆人的收入；在大城市的某些职业中可能赚到相对高的工资，在一个新移居区的职业中得到的工资相对较低；但工资之间的这些变化，在任何情况下（尽管有习惯、法律等引起无端的偏离）都可以找出一定的条件因素。亚当·斯密在他最有趣的一章文字里列举重要条件因素："它们补偿某些职业的微薄收入也抵消另一些职业的巨大收入：第一，职业本身的惬意与不惬意。第二，学会职业本领的容易和困难以及费用的低廉和高昂。第三，职业的永久或短暂。第四，给予他们信任的大小。第五，那些职业成功的可能性与不可能性。"[①]没有必要详述不同职业间工资差距的这些原因。亚当·斯密以及追随他的经济学家对此已作了可钦佩的解释和说明，即使他们不理解这个主要规律，他们详尽地说明这个问题。

不同职业中工资出现差异的全部条件的要旨包括供给与需求，可以完全正确地说，不同职业的工资根据劳动供求的不同相对发生变化——需求的意思是整个社会对特定种类服务的要求，供

① 最后一点类似利润中的风险因素，说明成功的律师、医师、承包商、演员等赚高工资的原因。

给的意思是在现有条件下，能运用于那些特定种类服务的相对劳动量。上边的话虽则对工资的相对差异而论是正确的，但当有人说（如常说的那样），一般工资率决定于供给与需求，这话没有意义。因为供给与需求是相对名词。劳动的供给只是指用以交换劳动或劳动产品的劳动，而劳动的需求只是指用以交换劳动的劳动或劳动产品。供给就是这样被需求，而需求就是这样得到供给，在整个社会里两者必然同时存在。当前政治经济学在有关销售问题的叙述中清楚地理解这一点，而李嘉图、穆勒及其他经济学家的推理证明供求的改变不能产生价值的一般升降（虽然这种改变可引起某种特定物品价值的升降），这点也适用于劳动的供求。习惯上认为对劳动的需求产生于资本和某种不同于劳动的东西，这种认识掩盖笼统谈论劳动供求问题的荒谬；但在此之前对这种思想的分析已充分表明了它的谬误。只要这样说问题就十分清楚，即工资绝不能长久地超过劳动的产品，因为除了劳动不断地创造的外，不存在工资能在任何时候支取的基金。

虽然产生职业间工资差异的所有条件可以认为是通过劳动供求而起作用的，但这些条件或者应该说这些条件的作用可以根据它们提高名义工资还是提高实际工资（为同等的劳动增加的平均报酬）而分作两类，虽然有时同一原因既提高名义又提高实际工资。某些职业的高工资很像亚当·斯密把它们比作奖券奖金的那种工资，一个人得到的巨大收入得有许多人的损失来抵偿。这种情况不但在斯密博士为阐明这个原则所提出的一些职业中是正确的，而且对商业职业中的监督工资也基本是正确的，这点从超过90%的商号最后倒闭就可以看得很清楚。只有在一定气候条件下才能进行否则就无法长期或无把握进行的那些职业的较高工资，也属于这一类型；由于工作艰苦、丧失信誉、有害健康等原因产生的工资差异，表示个人为工作牺牲程度的差异。由此增加的补偿，只会维护同等劳力得到同等报酬的标准。所有这些差异事实上都由种种条件加以均衡，这些条件（用亚当·斯密的话来说）“补偿某些职业的微薄收入并抵消另外一些职业的巨大收入”，但在这些表面差别之外，还有各种职业间工资的真正差别，它由所需要的工作质量或多或少的稀缺引起的——较强的能力和技能（不管是天生的还是后来学会的）要求平均较高的工资。这种天生或学会的工作质量基本上和体力劳动的力量与速度的差别一样，正如体力劳动中，工作干得较多的人工资较高，其标准是依据只做平均工作量的人取得的工资。同样，需要特殊能力和技巧的职业的工资，必然高于付给普通能力和技巧的一般工资。

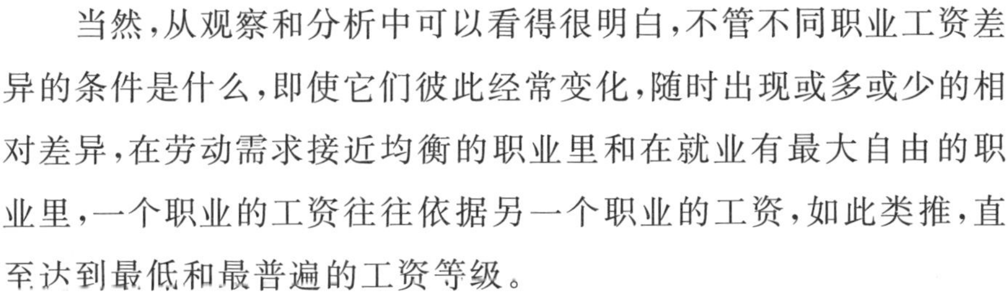

当然，从观察和分析中可以看得很明白，不管不同职业工资差异的条件是什么，即使它们彼此经常变化，随时出现或多或少的相对差异，在劳动需求接近均衡的职业里和在就业有最大自由的职业里，一个职业的工资往往依据另一个职业的工资，如此类推，直至达到最低和最普遍的工资等级。

因为虽然可能存在困难或大或小的障碍，任何特定职业可以得到的劳动数量，不是固定不变的。所有技工都能做一般劳动者的工作，许多劳动者不难成为技工；所有店主都能做店员的工作，许多店员不难成为店主；许多农民在刺激下会变成猎人或矿工、渔夫或水手，而许多猎人、矿工、渔夫和水手都懂得耕种方法，必要时可以去耕种土地。每种职业中，有些人做这个职业又兼做别的职业，或有时做这种职业有时又做那种职业，不断进入劳动队伍的年轻人总是被拉向诱因最强、阻力最小的方向。更有甚者，工资的所有等级以觉察不到的程度彼此融合，没有界限清楚的鸿沟加以分开。报酬最低的技工的工资一般比简单劳动者的工资还高，但总有一些技工的收入，总体上没有某些劳动者多；收入最高的律师得到比收入最高的办事员更多的工资，但收入最高的办事员的工资比某些律师高，事实上收入最低的办事员的工资比收入最低的律师多。这样，在每一种职业的边缘上，对有些人来说，这个职业和那个职业之间的诱惑力相差无几，稍有变化就足以使他们从一个职业转向另一个职业。因此，对某种劳动需求的增减(除临时性外)不会使那种职业的工资高出或低于与其他职业工资的相对水平，这种相对水平决定于上文提到的一些条件，如职业的惬意程度和期限的久暂等。即使像过去有过的那样，对这种相互作用强加人造障碍，如限制性的法律、行会规定、建立等级制度等，但它们只能干扰不能阻止这种平衡。它们只起堤坝的作用，只能把河水拦得高出正常水平，但不能阻止河水泛滥。

因此，在决定相对水平的条件变化时，虽然工资可能时时改变相互关系，但是所有等级的工资最终决定于最低和最普遍等级的工资，这是很明显的，最低和最普遍等级工资升降时，一般工资比率也随之升降。

最早和最基本的职业，即其他所有职业建立在它们之上的职业，显然就是直接从自然界获取财富的职业；由此，那些职业中的工资规律一定是工资的一般规律。由于那些职业的工资显然由劳动在自然生产能力最低点能够生产的产品决定；因而，工资一般决定于耕种边际，说得更确切一点，决定于不付地租劳动可以自由运用的自然生产能力的最高点。

这个规律如此明显，以致常常不加细辨便以为理解了。人们常说像加利福尼亚和内华达，那些地方劳动便宜可以大大地促进那里的发展，好像劳动能够开采贫乏但分布很广的矿藏，说这种话的人看到低工资和低生产点之间的关系，可是他们把因果颠倒了。不是低工资将促使开采低品位的矿石，而是生产扩展到较低点将减少工资。要是工资可以专横地加以压低，就像过去用法令试图做到的那样，只要有富矿可以开采，绝不会开采较贫的矿。但是，要是生产边际可以专横地加以压低，假如优越自然机会掌握在那些不愿现在加以使用而愿等待其将来增值的人手里，就有这种可能，那时工资必然下降。

论证是完整的。这样得出的工资规律就是我们先前作为地租规律系定理得到的规律，它与利息规律完美地协调，它就是：

> 工资决定于生产边际，或决定于劳动不需支付地租有机会从事的自然生产能力最高点而得到的产品。

这个规律符合并能解释所有的事实，不理解它，这些事实便彼此孤立而且相互矛盾。它表明：

在土地不付费用，劳动没有资本帮助的地方，全部产品作为工资归劳动。

在土地不付费用，劳动有资本帮助的地方，工资就是全部产品减去诱导积储劳动成为资本的必需部分。

在土地私有，出现地租的地方，工资由劳动不需支付地租能从事的最高自然机会中获得的产品决定。

在自然机会全部被垄断的地方，在劳动者的竞争中，工资可以被迫降到劳动者同意再生产的最低点。

但是工资的必然最低点（斯密和李嘉图名之为“自然工资”，而穆勒假定它为调节工资，它随工人阶级同意再生产的生活标准的高低而变化）包括在上边叙述过的工资规律里，生产边际不能低于作为工资给予劳动并足够保证维持劳动的这一点。

像李嘉图的地租规律一样（工资规律是它的系定理），工资规律本身也有自己的证据，只要略加指出便可自明。因为它不过是主要真理（经济学推理基础）的运用，主要真理就是人企求以最少努力来满足他们的欲望。普通人从全面考虑不愿以比为自己工作赚得更少的条件为雇主工作；同样，他不愿以比为雇主工作赚得更少的情况下为自己工作，因此，劳动从此种自然机会中（劳动不需付费）获得的报酬必定确定劳动在任何地方得到的工资。即，地租线是衡量工资线的必然尺度。事实上，公认的地租规律必须先接受这个工资规律才能得到承认，虽然在许多情况下这点看来是无意识的。一块特定质量的土地生产超过在使用的最低生产能力土地的产品的多余部分作为地租，这点之所以很明显是由于人们理解这个事实，即质量较好的土地所有人能够获得在他土地上工作的劳动力，因为他支付劳动运用在质量较差土地上能够生产的产品。

那些不愿研究政治经济学的人也认识这个工资规律的较简单形式，正像那些从未想到万有引力的人早就认识重物坠向地面的事实。不是哲学家也能看到，如果在任何地方自然机会任何人均

可使用，劳动者就能够为自己取得比现在付给的最低工资高得多的工资，一般工资率将上升；最无知、愚笨的早期加利福尼亚金沙采掘者都知道，如果金沙掘尽或被垄断，工资必定下降。不需要细琐的理论分析也能解释为什么在土地尚未被垄断的新建国家里工资相对于产量有这样高的水平，原因显而易见。一个人能够为自己生产较多收入、能够得到第二块160英亩土地、能够为自己建立一个农庄的时候，他不会愿意为他人工作。只有在土地受垄断，劳动难以使用这些自然机会时，劳动者不得不相互竞争以求被雇佣，土地种植者才有可能雇佣帮工为他工作，同时他能得到雇工生产的产品和他付给他们产品之间的差额。

亚当·斯密看到土地尚向移居者开放的地方工资较高的原因，虽然他未能意识到这个事实的重要和关系。在论述“新殖民地兴旺的原因”中（《国富论》第4册，第7章），他说：

> “每个殖民者所得的土地，都多于他所能耕作的土地。他无须支付地租，大都不纳税。……所以，他极想从各地搜集劳动者，并以最优厚的工资作报酬。但此等优厚的工资，加上土地的丰饶低廉，不久就使那些劳动者要离开他，自作地主，以优厚的工资报酬其他劳动者，正如他们离开他们的主人一样，这些其他劳动者不久也离开他们。”

这章有许多词句，它们像《劳动的工资》那章开头的一句话一样，表明亚当·斯密不懂真正财富分配规律的原因在于他不理睬比较原始的社会形态，只在复杂社会现象中寻找主要原理，寻找中他受先入为主的资本职能理论的蒙蔽。我认为，他含混地接受了在他去世二年后由马尔萨斯系统阐明的学说。阅读从斯密时期以后力图建立和解释政治经济学的经济学家的著作，可以看到他们一而再再而三地在工资规律上犯错误，没有一次认识到它。而且，“如果它是一条狗，它一定要咬他们！”的确，我们总有这么一种印象：他们中某些人实际上看到了这个工资规律，但由于他们害怕它导致的实际结论，宁愿忽视它并把它掩盖起来，不愿用它作为解决一些问题的钥匙，没有这把钥匙这些问题便令人困惑难解。一个被时代舍弃和践踏的伟大真理对现秩序不是恭维和护卫，而是指责和攻击。

在结束本章之前，重复上文说过的话，请读者再次注意，也许有好处。我使用工资一词不是指它的数量意义，而是指它的比例意义。当我说地租上升工资下降，不是意指劳动者作为工资取得的财富数量必然减少，而是指工资占整个产品的比例必然减少。数量不变甚至增加时比例也可能缩小。如果耕种边际从我们假定25的生产点下降到20，过去交付地租的所有土地的地租便根据这个差额增加，作为工资付给劳动者的全部产品中的比例即以相同程度减少；与此同时，如果技术进步或由于人口增加而形成的种种经济大大增加劳动的生产能力，那么在20的生产点上同等的劳力将生产与以前25生产点时一般多的财富，劳动者得到的工资数量和以前一般多，因之工资的相对下降从劳动者必需品或舒适品的减少方面看不到，只能从土地价值的增加，收取地租阶级更多的收入和更奢侈的费用中看到。

第七章　这些规律的相互关系和协调

我们已经达到的关于支配财富分配种种规律的结论，改变了现在所教授的政治经济学中一大部分最重要的内容，推翻了一些它精心建立的理论，在一些最重要问题上提出了新的见解。但在这样做的时候，没有使用尚有争论的论据，没有提出一个以前人们不承认的基本原则。

我们用以取代现在教授的利息和工资规律的利息规律和工资规律，是从唯一成为政治经济学主要根据的重要规律中演绎出来的结论——绝对令人信服的规律，它不能从人的思想中分开犹如引力不能从物质中分开一般，没有它就不可能预见或估算人的任何最微小或最重大的行动。这个最基本的规律——人类企求以最少的力量来满足他们的欲望——从它与生产要素之一的关系来看，它成为地租规律；从它与另一个要素的关系来看，它成为利息规律；从它与第三个要素的关系来看，它成为工资规律。从李嘉图时代起，地租规律得到每一个著名经济学家的赞同，它像是一个几何定理，只要理解它就不得不同意它；利息规律和工资规律如我已经说过，人们是推理地接受它们的，是地租规律的必然后果。事实上称它们为后果只是相对而言，如同承认地租规律一样，也必须承认它们。承认地租规律的根据是什么？显然根据这个事实，自由竞争的结果将阻止劳动和资本的报酬在任何地方超过在使用的最下等土地的产品。看到这点，我们知道土地所有人能够要求全部产品中超出在使用的最下等土地上运用相同劳力和资本所能收获数量的部分作为地租。

我们现在理解的分配规律间的协调和相互关系，与当前政治经济学中出现的这些规律间的不协调，形成惊人的对照。我们把它们分列如下：

当前政治经济学说法	**正确的说法**
地租决定于耕种边际，后者下降地租上升，后者上升地租下降。	地租决定于耕种边际，后者下降地租上升，后者上升地租下降。
工资决定于劳动者人数和用于雇佣劳动者的资本量之间的比率。	工资决定于耕种边际，后者下降工资下降，后者上升工资上升。
利息决定于资本供给与需求的平衡；或者，在说到利润时涉及工资（或劳动费用），工资下降利润上升，工资上升利润下降。	利息（它与工资的比率由资本的净增值力决定）决定于耕种边际，后者下降利息下降，后者上升利息上升。

在当前政治经济学中，分配规律间没有一个共同中心，没有相互的关系；它们不是一个整体的相互关联部分，而是不同质量的质量。我们提出的说法中，它们产生于同一基点，相互支持和补充，并形成一个完全整体的相互关联部分。

第八章　这样解释的这个问题的静态学

我们已经得到简单、清楚和一贯的财富分配理论，它符合重要原则和现有事实，当人们理解它时，将称它为不喻自明的道理。

在提出这个理论之前，我就认为有必要决定性地指出当前一些理论的缺陷；因为不论思想上还是行动上，大多数人都跟随他们的领导人走；而不仅有著名人士支持，且在一般人意见和偏见中扎根的工资理论，除非能证明它站不住脚，否则它会阻止人们去考虑任何其他理论，正如地球中心说，阻止人们考虑地球以自己轴心在环绕太阳旋转，直到清楚表明，依照地球固定不动的理论无法解释天体的明显运动时，才使人们考虑其他理论。

的确，目前的政治经济学和哥白尼学说得到承认前的天文学有惊人相似之处。当前政治经济学力图解释目前正迫使文明世界重视的社会现象，就好像当时有学问的天文学家以符合权威教条和不学无术者浅薄的印象与偏见的方式创立周期与本轮的玄妙学说解释天象。正如表明这种周期与本轮的理论不能解释天象的多番观察为考虑取代它的更简单的理论廓清道路，同样，认清当前理论不足以解释社会现象，也为考虑另一种理论廓清道路，这个理论给予政治经济学的简单和协调的特性正如哥白尼理论给予天文学的一般。

但这种相似到这里为止。那个“固定和不动的地球”竟会以难以想象的速度在空间旋转运动，这和处于各种状态和地位的人的最初理解有点格格不入；可是我要说清楚的真理是自然地看得见的，它在每个人的孩童时期已被认识，只是被复杂的文明状况、自私利益的偏见和学者所采取的错误方向弄糊涂了。为了认识这个真理，我们只有回到最重要的原则并注意简单的感性认识。由于地租的增加使得工资不能随着生产能力的增加而增加，没有任何事情比这点更清楚的了。

三件东西联合起来进行生产——劳动、资本和土地。

由三方分掉产品——劳动者、资本家和地主。

如果产量增加，劳动者所得未增，资本家所得未增，推论必然是地主得到全部增加量。

事实与这个推论相符。物质进步继续时，如果到处工资和利息都未增加，那么物质进步的不变伴随物和标志就是地租的增加——土地价值的升高。

地租的增加说明为什么工资和利息没有增加。给予土地所有人的理由就是拒绝给予劳动者和资本家的理由。工资和利息在新建国家比在历史较久的国家较高，这点并不如著名经济学家所说，是自然给予劳动和资本的运用以较大的报酬，而是因为前者土地较廉，因而地租只占报酬的较小部分，劳动和资本的所得份额能够保有自然给予报酬的较大部分。可以决定划分给工资和利息的不是全部产品，而是从它那里取走地租以后的净产品。因此，工资和利息的多寡在任何地方主要不是取决于劳动的生产能力，而取决于土地的价值。凡土地价值相对较低的地方，工资和利率相对较高；凡土地价值相对较高的地方，工资和利率相对较低。

如果生产尚在最初的简单阶段，那时候全部劳动直接运用在土地上，全部工资用土地的产品支付。当地主取得较大部分时，劳动者必须忍受取得较小部分，这样的事实不会看不出来。

但在文明社会的复杂生产中，很大一部分价值由交换产生，很大数量劳动使用在离开土地后的原料上，尽管它们可以蒙蔽不愿思考的人，但不会改变全部生产依旧是土地和劳动两种要素的结合，地租（地主所得的份额）的增加必然以牺牲工资（劳动者所得的份额）和利息（资本的份额）为代价。正如在较简单的产业组织里，土地所有人收获后作为地租得到的那部分作物减少了留给耕种者作为工资和利息的数量，同样建筑在租赁土地上的工业城市或商业城市所支付的土地租金减少了在那里从事财富生产和财富交换的劳动和资本可以作为工资和利息分得的份额。

总之，土地的价值完全依赖土地所有权占有劳动创造的财富的权力，土地价值的增加总是牺牲劳动的价值。因而生产能力增加而工资不增加是因为土地的价值增加。地租吞噬了全部增益，而贫困伴随着进步。

无须查问，事实会呈现在读者眼前。随着土地价值增加，就出现了财富与匮乏的明显对比，这是到处可见的一般情况。土地价值最高的地方，文明展现出最大的奢华与最可怜的贫困同时并存，这是普遍的事实。要见到处于最卑贱、最无助和最无望环境中的人们，你切莫往无边无涯的大草原和森林中新辟空地上的原木小屋去找寻，那里只有赤手空拳的人正开始与大自然斗争，土地不值分文；你必须去大城市里寻找，那里占有一小块土地就是一大笔财产。

第四编

物质进步对财富分配的影响

第一章　尚需探索的这个问题的动态学

认定地租是物质进步赐予的而劳动得不到的增加生产量的受主，看清劳动与资本之间不存在（如一般相信的）利益冲突。事实上冲突存在于以劳动与资本为一方和土地所有权为另一方之间，这样我们得出一个有重要实际意义的结论。可现在不需花时间谈论它，因为我们还没有完全解决开始时提出的问题。说工资一直低是因为地租提高就像说汽船开动是因为它的轮翼转动。进一步的问题是，什么引起地租提高？生产能力进步时是什么力量或有什么必要把越来越大部分的产品分配给地租？

李嘉图指出地租增加的唯一原因是人口增加，人口增加需要更多的食物供应必然会扩大土地耕种，使人们耕种贫瘠的土地或者说耕种同一土地的较低的生产点；在当代其他作家的著作中，注意力完全指向生产从优质土地扩展到劣质土地，认定这是地租增加的原因，以至凯里先生（后继者还有佩里教授及其他人）认为：因为他否定农业的发展从较好土地趋向最坏土地，这样就推翻了李

嘉图的地租学说。[①]

虽然人口不断增加的压力迫使人们求助于生产的次级点将增加地租，也确实在增加地租，这点毫无疑问是正确的，但我不认为从这个原理引申的推论全部是有效的，它也不是物质进步继续时地租增加的全部原因。显然还有别的原因刺激地租上升，但是这些原因看来被目前流行的关于资本职能和工资来源的错误观念全部或部分所掩蔽。为了了解这些原因是什么以及它们如何起作用，让我们探明物质进步对财富分配的影响。

形成或有助于物质进步的有三种变化：(1)人口的增加；(2)生产和交换技术的改良；(3)知识、教育、政府、警察、人的生活方式和道德的进步有助于增加生产财富的能力。一般理解的物质进步由上述三个要素或三个进步方面组成。在这三方面，尽管程度不同，先进国家在过去一段时间里已经取得进展。从物质力量或经济方面考虑，知识的增进、政府的改善等等与技术改良有同等的作用，因而在讨论中没有必要把它们分开考虑。这样的智力与道德进步对我们的问题产生什么影响，可以在此后讨论。目前我们讨论的是物质进步，智力与道德这些东西对物质进步的作用只是它们有

① 关于这个问题，值得花时间说一下：(1)美国新建各州农业的发展，以及原来各州不曾耕种土地的性质表明，一般的事实是，耕种的趋势是从质量较好的土地到质量最坏的土地。(2)不管生产的趋势从绝对较好土地到绝对最坏土地还是刚好相反(许多情况表明，这里所指的较好或最坏仅仅是就我们的知识而言，未来的进步可能发现地球上现在认为最贫瘠的地方有足以补偿的种种好处)，从自然和人的思想说必然总是从认为较好的现有条件的土地趋向认为最坏的现有条件的土地。(3)李嘉图的地租规律不是依据耕种扩展的方向，而是依据这样一个前提，即一定质量的土地能生产若干产品，质量较好的土地将生产较多的产品。

助财富生产能力的增加，在我们了解技术改进的影响时，也能够了解它们的影响。

为了确定物质进步对财富分配的影响，让我们先撇开技术改进，考虑人口增加的影响，然后撇开人口增加，考虑技术改进的影响。

第二章　人口增加对财富分配的影响

当前一些专论中解释和说明人口增加促使地租上升的方式，是人口对食物需求的增加迫使人们在较低等的土地上或在较低等的生产点上去生产。这样，在给定人口时，如果耕种边际是30，那么凡生产能力超过30的所有土地都要支付地租。假使人口翻了一番，要求增加食物供应，不扩大耕种得不到增加供应，这将引起以前不交地租的土地交付地租。这时如果耕种边际为20，那时凡生产能力在20到30之间的所有土地都将交租并具有价值，生产能力超过30的所有土地将多交纳地租，并具有增加的价值。

马尔萨斯学说就是在这一点上，从目前对地租理论的阐述中得到支持，上文我列举联合起来使这个学说在当前思想界具有无可争辩支配地位的一些原因中谈到这一点。根据马尔萨斯学说，人口对食物的压力随着人口增加变得日渐沉重，虽然每增添一张新嘴同时也带来两只手，但引用约翰·斯图尔特·穆勒的话，新的双手供应新嘴变得越来越困难。根据李嘉图的地租学说，地租产生于在使用土地的生产能力的差异。李嘉图及追随他的经济学家解释说，经验表明，与人口增加相伴随的地租增加，是由于除非使用更大费用人类无力获得更多的食物，这样迫使人类的耕种边际趋向越来越低的生产点，从而相应地增加地租。这样，正如我上文解释过的，人口理论与地租理论生来就是调和、交融的，地租规律只是马尔萨斯提出的更加一般的人口规律的特殊应用，随着人口增加出现的地租增加只是前者不可抗拒的作用的表现。我只是偶尔提到这一点，因为它阻止我们看到把地租学说当作支持一个它实际并不支持的理论的错误认识。马尔萨斯学说的错误已经表明，能阻止长期怀疑反复出现的累积的反证，还会进一步表明：归因于人口对食物压力的种种现象，在目前环境里，即使人口保持稳定，一样会出现。

我现在提到的错误认识——为了正确理解人口增加对财富分配的影响有必要加以澄清的误解——就是当前关于地租与人口关系这个主题的所有推理中明言或暗示的假设：即求助于生产较低点产出的产品与花费的劳动相比是比较少的；虽然情况并非永远如此，但在有关农业改进问题上得到清楚的承认。用穆勒的话说，这种情况被认为是"部分放松限制人口增加的束缚"。但在没有技术进步的地方情况便不相同，求助于生产较低点显然是人口增加引起需求增加的结果。因为，只有增加的人口本身，没有任何技术进步，即暗示劳动生产能力的增加。在其他条件相等时，100 个人生产的产品比一个人用 100 倍时间生产的产品多得多；1000 人生产的产品比 100 人用 10 倍时间生产的产品多得多；所以人口每次增加带来的一双手，会增加不止一双手的劳动生产能力。因而，随着不断增加的人口，虽有可能求助于较低的自然生产能力，但非但不会有与劳动力相比较的平均财富生产的缩小，而且不会有生产能力最低点的缩小。如果人口增加一倍，生产能力只有 20 的土地

使用同等量劳动可以生产以前生产能力为 30 的土地生产的产品。务必记住(但常常遗忘)土地或劳动的生产能力不是以任何一件东西衡量的,而是以所有希望得到的东西衡量的。一个移民及其家庭可以在离最近居住地 100 英里外的土地上生产多少玉米,那么也可以在聚居地区中心生产同等量的玉米。但在聚居地区,他们用在劣等土地上的同等量劳动可以使他们过上同样好的生活,或者耕种同样质量的土地交付高额地租后过上同样好的生活。因为在大量人口中间,他们的劳动将变得更有效率,高效率也许不表现在玉米生产上,而表现在一般的财富生产中——在获得他们劳动真正目标的商品和服务中。

即使劳动生产能力在最低点上有所缩小的地方,也就是说,财富需求的增加迫使生产降到自然生产能力较低点,增加的人口引起的劳动能力的增加不足以抵补的地方,也不会出现总产量与总劳动量相比的下降。

让我们假设土地质量递减。最好的土地当然最早拓殖,随着人口增加,人们将在次一级的土地上生产,就这样一级一级往下推移。但在人口增加同时,出现各种更多、更大的经济组织,提高了劳动效率;使一级一级较次质量的土地陆续被拓殖的原因,同时也将使同样质量的劳动从每一级土地上生产的财富量增加。人口增加的作用还不止于此,它将使已在耕种的所有优质土地增加生产财富的能力。如果数量与质量的关系是这样:即不断增加的人口给予劳动效率的增加比它迫使人们求助于生产能力较低的土地更快,尽管耕种边际下降地租上升,但最小劳动报酬还将增加。就是说,工资从比例上说下降,从数量上说上升。平均财富产量增加。

如果关系是这样：即不断增加的劳动效率正好补偿开始使用的土地的递减生产能力，增加人口的后果将是降低耕种边际，提高地租，不会减少工资的数量和增加平均产量。现在如果我们假设人口继续增加，在使用的最低质量土地与次低质量土地之间的差距变得如此之大，以致增加的人口（使最低质量土地开始耕种）所增加的劳动能力不能抵偿递减生产能力，那么劳动的最低报酬将减少，随着地租上升工资将不仅在比例上而且在数量上下降。但是，除非土地质量的下降比我们正常想象的或者比（我想）曾经有过的远为突然和剧烈，平均生产量仍将增加，因为增加的人口为所有劳力带来增加的效率，质量上等土地上的增益抵偿最后进入耕种的那种质量土地上减少的产量还有余。总财富生产量与总劳动使用量相比较还要增加，虽然财富生产量的分配将更加不平等。

因此，人口增加的作用将把生产扩展到较低的自然等级，将增加地租减低工资比例，也许会（也许不会）减少工资的数量；同时人口增加很少会（也许绝不会）减少与总劳动使用量相比较的总财富生产量，恰恰相反，它将增加，常常是大量增加总财富生产量。

虽然人口增加导致耕种边际降低，使地租增加，但把这看作是使地租上升的唯一方式那就错了。不断增加的人口常常增加地租而不降低耕种边际，尽管像麦卡洛克那样的作家断言，在有无限规模同样好土地的地方不会产生地租；不断增加的人口常常增加地租而与土地的自然质量无关，因为与人口增加同时增加的合作和交换能力，相等于增加土地能力，不，我想我不必隐喻地直说，相当于增加了土地的能力。

我的意思不仅是说，与增加的人口同来的增加的力量，犹如生产方法或生产工具的改进，使同样劳动产生增加的效果，相当于土地自然能力的增加；而且是说，它使劳动产生使用于土地上的更大力量，这种力量不是一般地附着在劳动上，而是附着在使用于特定土地上的劳动上；这种力量就像土壤的质量、气候、矿藏或自然位置一样天生就存在于土地中，并与土地的所有权一起转移。

耕种方法的改进，使用相同的费用，使同一土地一年有两次收成；或者工具和机器的改进使劳动效果成倍增加；不论哪种改进，在一块特定土地上对产品所起的效果显然相当于土地的肥力增加一倍。不过这方面也有区别，耕种方法或工具的改进可以应用在任何一块土地上；肥力的改进只能在特定的施肥的土地上利用。由人口增加引起的劳动生产能力的增加在很大程度上只能在特定的土地上利用，而且程度相差极大地在特定土地上利用。

让我们想象，这里是一片广阔无垠的大平原，四周是同样的草、花、树和小河，旅行者对这种单调景色厌烦。第一个移民的大车来到，他不知道在哪里落脚——每英亩土地看来与另外任何一英亩土地一般好。不管是树木、水源、肥沃程度或位置，绝对没有差异，他在四周同样丰腴的土地之间感到为难。他为找寻一块较好的土地疲乏极了，他在某个地方停了下来，开始为自己建一个家。土地从未耕种过十分富饶，供食用的小动物甚多，河流因充斥最好鲑鱼而闪闪发光。大自然美极了。要是他在人烟聚集地区，他有了使他致富的东西；可是他还是很穷。不必说他精神上的饥渴会使他欢迎最卑贱的生客，他在孤独引起的物质不利条件下劳动。在做需要几个人的力量才能干好的工作时，他除了自己家庭外得不到临时帮助。虽然他有牛群，他不能常吃到新鲜牛肉，因为要得到一份牛排他必须杀死一条阉牛。他不得不自己当铁匠、制车工、木匠、补鞋匠——总之,是“所有行业的打杂工而不是一个行业的大师傅”。他的孩子不能上学,因为他得聘请一位教师支付工资。自己不能生产的东西必须大量购买保存在手头,否则就没有用的,因为他不能经常离开工作长途跋涉去往文明的边缘。不得不远程购物时,为了得到一小瓶药或换一支钻头得花费好几天他自己和马匹的劳动。在这种环境里,虽然大自然富饶多产,人是贫困的。对他来说,有足够食物吃是容易的,但除此之外,他的劳动只能以最粗陋的方式满足最简单的需要。

很快来了另一个移民。虽然无边无际的平原上每一个地区与任何别的地区一般好,在找寻定居地时就没有一点窘迫。虽则土地处处一样,有一个地方对他来说显然好于任何别处,那就是已经有一个拓居者的地方,在那儿他可以有一个邻人。他就在第一个移民的边上住下,后者的条件立刻有了巨大改善,对他来说过去许多不可能做的事情现在有可能了,因为两个人可以彼此帮助,做一个人从来不可能做的事情。

又一个移民来到,受同样吸引力的指导,定居在已经有两个人的地方。又一个,再一个,直到第一个拓居者的周围有 20 个邻居。现在,劳动有了在孤独状态中不能达到的效率。如果有重活要干,移民们相互帮助,一天之内一起完成一个人需要做几年的工作。在一个人杀阉牛时,别人都来取一份,当他们杀牛时归还,这样他们全年有鲜肉吃。他们合起来请一个教师,每一家的孩子就读,只要付第一个拓居者如果请老师要付费用的一小部分。派人去最近的市镇也比较容易了,因为有人一直去赶市集。这样赶远路也不大需要了，因为一个铁匠和一个制车匠很快开起店铺，移民们只要付出原来要支付劳动的一小部分，就能叫人修理工具。一家商店开张了，他缺少什么就能买到；不久建立邮局，他与世界其他地方可以正常通信。然后来了一个鞋匠、一个木匠、一个马具匠、一个医师；不久建造起一个小教堂。在孤独状况下不可能满足的欲望现在变得可能了。为满足社交和智力需要的活动开展起来——这是人类超过动物的那一部分。同情的力量、友好的感情、比较和对照的竞赛打开一个更宽广更充实和更加多样的生活。欣喜时有他人一起欢愉；忧伤时不止一个人难过。碾米聚会、削苹果会、缝被褥会纷纷出现。虽然跳舞厅的四壁没有粉刷，乐队只有一把提琴，虽然魔术师的曲调尚在演奏，丘比特和跳舞者一起跳舞。婚礼上有旁人称颂和逗乐；停尸间有守灵人陪伴；在尚未填土的墓穴旁，人的同情心支持失去亲人的悲悼者。偶尔来了一位迷路的讲演者，向大家透露一点科学、文学、艺术世界的微光；在选举时期，来了树桩演说家，公民们有了尊严和权力的意识，因为在约翰·多伊和理查德·罗为争取他的支持与选票的竞争中，国家大事似乎要在他面前解决。几个月前就成为人们话题的马戏班也来了，向一直只在大平原生活的孩子展示幻想的世界——神话中的王子和公主、穿盔甲的十字军和缠头巾的摩尔人、灰姑娘的神秘马车以及幼儿园口头故事中的巨人；像蜷伏在丹尼尔[①]面前的或者像圆形罗马比赛场中撕碎上帝圣徒躯体的那种狮子；令人想起沙漠的鸵鸟；

① 圣经中人物，丹尼尔为希伯来预言家。——译者

在邪恶的兄弟们把约瑟①从井中提起并把他卖为奴隶时站在边上的那样的骆驼;像与汉尼拔一起越过阿尔卑斯山的或者像试试马加比佩剑是否锋利的大象;以及激动人的心房令人永志不忘的如同升起忽必烈汗灿烂圆穹的光辉音乐。

如果现在走到第一个移民面前,对他说:"你种了这么多的果树,你有这么长的栅栏,这样的一口井、一栋谷仓和一幢房屋——总之,你用你的劳动为这个农场增加这么多的价值。你的土地本身原来没有这么好。你一直种植庄稼,慢慢地土地将需要肥料。如果你愿意把这个农场卖给我,我愿意付给你为土地上一切建筑和全部改进措施所花费的价值,然后你带着家属到这个移民点以外的地方去。"他一定会对你的要求嗤之以鼻。他的土地出产的小麦和马铃薯不比以前多,但它的确生产出远远超过全部生活必需品和舒适品的价值。在土地上的劳动不会生产更多的收获,我们假设,不会带来更有价值的收获,但它会带来远远超过全部人们为之工作的其他东西。其他移民的到来——人口的增加——增加了使用在土地上的劳动的生产能力,这种增加的生产能力使土地比尚无移民地方的平均自然质量的土地远为优越。如果除了远离人烟的就像我们第一位移民初次来到时那样的土地外,没有多余土地可供耕种,这里土地的价值或地租将按所增加的整个生产能力计算。可是,如我们所假设的,如果同等质量的土地不断扩展,足够增加的人口开拓,新的移民没有必要像第一位移民那样深入荒原。新来者可以在其他移民的外边定居下来,并将得到与别人差

① 约瑟为犹太人12列祖之一。——译者

不多的有利条件。我们第一位移民土地的价值或地租决定于他处于人口中心的土地与边缘土地相比具有的优点。在前一种情况下，生产的边际如旧不变；在后一种情况下，生产边际将上升。

人口继续增加，随着它的增加，引起各种经济组织的增加，事实上经济组织的增加增添了土地的生产能力。第一位移民的土地在人口中心，商店、铁匠铺和制车工场都建立在这里或者在中心的边上，那儿很快耸立起一个村庄，村庄迅速发展成市镇，成为整个地区交易中心。这块土地与当初相比已没有那么大的农业生产能力，它现在开始发展一种更高级的生产能力。把劳动花费在种植玉米、小麦或马铃薯上，这块土地生产量不比最初时期多；但把劳动花费在别的生产部门（这需要与其他生产者差不多的劳动和资本），尤其是把劳动花费在生产的最后部分即分配上，土地将产生大得多的报酬。小麦种植者可再往远处找到土地，从这片新土地上他的劳动将生产同样多的小麦和差不多的财富；但是工匠、制造商、商店主、专业人员发觉他们的劳动只有用在此处（交易中心）才能比用在即使离开中心一点点远的地方产生大得多的价值；因为这些职业在这块土地上有更多的生产能力，土地所有人可以要求更多的地租，就像它具有更大的小麦生产能力一样。因而第一个移民能够出售几英亩土地供他人建造房屋，要价之高即令这块土地有几倍的肥力用以种植小麦也是拿不到的。用出售土地的收入，他为自己盖一幢漂亮的房屋，并装饰得十分美观。就是说，如果把这笔买卖的性质分解到底，就是想要使用这块土地的那些人为他建造并装饰房屋，条件是他让他们使用由于人口增加而给予这块土地的优越生产能力。

人口仍旧继续增加，给土地越来越大的效用，给土地所有人越来越多的财富。市镇发展为一座城市——一座圣路易、一座芝加哥或一座旧金山——还在继续发展。此地，生产以很大规模进行，使用最好的机器和最有利的设备；劳动分工达到最细密程度，成倍地增加效率，其速度令人惊异；交易的数量和速度如此惊人，交易中的摩擦和损失降到最低程度；这里是庞大社会有机体的心脏和大脑，社会有机体是由最初的移民定居点的胚芽发育长大的；这里已经形成人类世界巨大活动中心之一。无数道路通向这里，从这里发出时代潮流，传到周围的广大地区。如果你有物件出售，这里是市场；如果你要买什么，这里是最大和最上等的仓储。这里智力活动聚集于一个焦点，这里喷涌出由心灵与心灵撞击产生的刺激剂。这里有庞大的图书馆，有博学教授及著名专家。这里有博物馆、美术馆、大量研究机构以及所有珍贵的、有价值的和质量最佳的东西。这里有从全世界各地汇集来的伟大演员、演讲家和歌唱家。总之，这里是人类各种各样形式生活的中心。

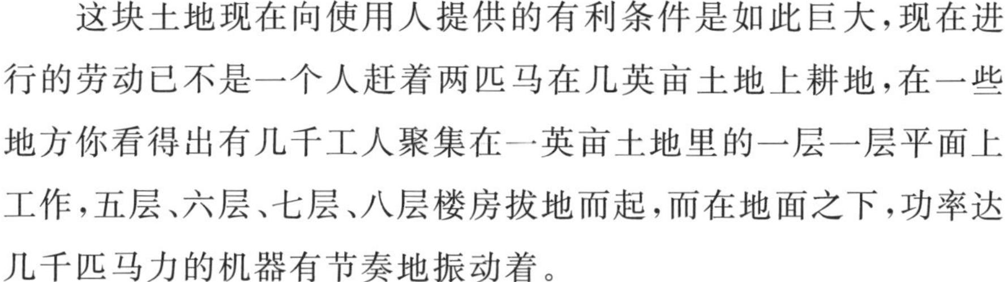

这块土地现在向使用人提供的有利条件是如此巨大，现在进行的劳动已不是一个人赶着两匹马在几英亩土地上耕地，在一些地方你看得出有几千工人聚集在一英亩土地里的一层一层平面上工作，五层、六层、七层、八层楼房拔地而起，而在地面之下，功率达几千匹马力的机器有节奏地振动着。

所有这些有利条件都附属于土地；就是在这块土地上而不是在别的什么地方才能利用这些好处，因为这里是人口中心——交易的焦点和最高形式的工业市场和工场。稠密人口加在这块土地上的生产能力等于它原来肥力的百倍和千倍。以这块土地增加的生产能力与在使用的生产力最低土地的生产能力之间的差距计算的地租也相应地增加。第一个移民或继承他土地权利的不论什么人现在成为百万富翁。像另一个里普·凡·温克尔(Rip Van Winkle)一样,他可以躺着睡觉而财富日进——不是因为他做了什么工作,而是由于人口的增加。有些地段每一英尺临街土地所有人征收的地租比一般技工赚得还多;有些地段出售土地所得的金币足够铺满地面。主要大街旁耸立高入云霄的大楼,用花岗石、大理石、钢铁和玻璃建造,装点成最华丽的格式,充满了各种方便的设施。可是这些建筑物还不如它们下面的土地值钱——同一块土地,毫无改变,在第一位移民来到时还一钱不值!

这就是人口增加强有力地促使地租增加的方式,在进步国家中,不论是谁只要环视四周,就能看到这一点。这个过程就在你眼皮底下进行。土地与土地之间生产能力日益增大的差距,促使地租不断上升,主要并非由于人口增加需要求助于较差的土地,而是由于增加的人口给予在使用土地更大的生产能力。地球上最昂贵、产生最高地租的土地不是有无比自然肥力的土地,而是人口增加赋予它无比效用的土地。

人口增加给予某些土地生产能力或效用的增加(其方式我已经提请大家注意),事实上仅仅是由于土地上人口扩大的缘故。变成人口中心的土地具有昂贵价值在于它的表层效用,至于表层下面是否是像费拉德尔菲亚那样肥沃的冲积土壤,还是像新奥尔良那样丰腴的河边低地,或者像圣彼得堡那样人工填起来的沼泽,还是像旧金山那样大部分地区的多沙荒地,对土地的价值毫无影响。

在土地价值似乎是由它的优异的自然质量引起的地方,如那儿有深水和良好泊位、丰富的煤铁矿藏或茂密的森林，仔细观察表明，这些优异质量由于人口增加才显示出来成为事实。今日宾夕法尼亚价值巨大的煤和铁，50 年前毫无价值。这种差别的有效原因是什么？只不过是人口的差别。怀俄明州和蒙大拿州的煤和铁矿藏，今天还没有价值，在今后 50 年中将价值千百万元，仅仅因为在此时间内人口将有极大增加。

世界是一艘供应充足的船，我们乘它遨游太空。如果舱面上的面包和牛肉看来不足，我们只要打开食品柜门就有新的供应，这种新的供应我们以前从未梦想到。在柜门打开时有权利说："这是我的！"的那些人，有支配和控制其他人为他服务的强大权利。

扼要概述一遍：不断增加的人口对财富分配的后果是增加地租以及减少产品中归资本和劳动的比例。其方式有二：第一，降低耕种边际；第二，显示出原来潜伏的土地特殊能力，和给予特定土地的特殊能力。

我倾向于这样想，后一种方式不大为政治经济学家所注意，其实具有更大的重要性。但关于这一点，在我们的讨论中，不是最重大的问题。

第三章　技术改进对财富分配的影响

上文我们撇开技术改进，看到人口增加对财富分配的影响。我们现在撇开人口增加，看一看生产技术改进对财富分配的影响。

我们已经看到，人口增加会提高地租，其方式不是减少劳动生产能力，而是增加劳动生产能力。如果现在能够证明（撇开人口增加），生产和交换方法改进的后果将增加地租，那么对马尔萨斯学说以及所有根据它和与它有关的理论的反驳就是决定性的和完整无缺的了。因为这样一来我们不求助于人口对生活资料需求增加的压力，就能说明物质进步降低工资和恶化处于社会底层的人民生活条件趋势的原因。

我想，只要略加思索便能明白这个道理。

生产技术中发明和改进的后果是节省劳动，就是说能用较少的劳动获得同样效果，或者使用同样的劳动能获得较大效果。

现在，在使用现有劳动能力便能满足全部物质欲望的社会状况中，又没有满足欲望的机会引起新欲望的可能性，在这种状态中，能节省劳动的技术改进的作用将仅仅是减少使用的劳动量。但是这样的社会状况只存在于人与动物相差无几的地方，我不相信能在任何地方找到。在称为文明的社会状况里，也就是我们在本书中加以研究的社会状况里，情况完全相反。人的需求不是固定的，它随着人口增加而增加。就个人而言，需求随着他得到所要求东西的能力上升而上升。人不是牛，牛吃饱时卧下反刍；人是贪得无厌的，他不断地要求更多。伊拉斯谟说，“我有钱时我要买几本希腊文的书，以后再买些衣服。”生产出来的财富量任何地方都跟不上对财富的欲望，欲望随着每一次的满足而上升。

如果情况是这样，节省劳动的技术改进的后果将增加财富生产。财富生产需要两个东西——劳动和土地。因此，节省劳动的技术改进的后果将扩大对土地的需求，在已经达到使用土地的质量限度的任何地方，人们将不得不耕种自然生产能力较低的土地，或在同一块土地上耕种较低的自然生产能力点。这样，节省劳动的技术改进的最初后果是增加劳动能力，其次的后果是扩大耕种，在由此降低耕种边际的地方，后果是增加地租。因而，在像英国那样土地全被占用的地方，和在像美国那样土地或者已被占用或者一有需要很快将被占用的地方，节省劳动的机器或技术改进的最终后果将会增加地租，不会增加工资或利息。

充分了解这一点很重要，因为它表明，当前一些理论归因于人口增加的后果，实际上是由于创造发明的进步造成的，否则便无法解释任何地方节省劳动的机器未能为劳动者带来利益的事实。

可是，要完全掌握这个道理，有必要把我不止一次提到的要点牢记在心——财富的可互换性。我再次提到这一点，是因为有些作家总是忘掉或忽视这一点，他们在谈到农业生产时好像它不同于一般生产，在谈到食物时好像它不包括在财富这个名词的范围之内。

我要求读者把我已作充分说明的这个道理牢记在心，即占有或生产任何形式的财富，实际上就是占有或生产可以用它交换来的任何别的形式的财富，以便使读者可以清楚地了解，不仅直接节省用在土地上的劳动的技术改进会增加地租，以任何方式节省劳动的所有技术改进都会增加地租。

任何个人的劳动只能运用于一种形式的财富生产这完全是劳动分工的结果。任何个人劳动的目的不是要求得到一种特定形式的财富，而是要求得到符合他欲望的各种形式的财富。由此可见，能节省用来生产一种东西的劳动的技术改进实际上增加了生产所有其他东西的能力。如果说一个人的一半劳动使他得到食物，另一半劳动使他得到衣服和住所，能使他生产食物能力增加的技术改进，同样增加他获得衣服和住所的能力。如果他对获得更多更好食物的欲望和获得更多更好衣服和住所的欲望相等，在一个劳动领域的技术改进完全相同于在其他劳动领域的技术改进。如果这个改进使他生产食物的劳动能力增加一倍，他将少用 1/3 的劳动来生产食物，多用 1/3 的劳动获得衣服和住所。如果这个改进使他获得衣服和住所的能力提高一倍，他将少用 1/3 的劳动来获得衣服和住所，多用 1/3 的劳动来生产食物。不论哪一种状况，结果都相同，他能以同等的劳动得到数量上或质量上多 1/3 他所希望的任何东西。

所以，在生产由劳动分工进行的地方，总生产中一种东西生产能力的增加，就是增加获得其他东西的能力，并将增加其他东西的产量，增加程度决定于节省的劳动在总劳动花费量中的比例以及人们消费欲望的相对强度。不能想象，在生产其他财富所需劳动节省时而不增加对任何形式财富的需求。选用柩车和棺材作为其需求不大可能增加的例子;但这点只是在数量上说是对的。增加的供应能力将导致需要比较贵重的柩车和棺材。没有人怀疑,人们有一种以费用浩大的葬仪对死者表示尊敬的强烈愿望。

对食物的需求也没有限度,并不如有些经济推理常常错误地假设的那样。有人常常谈到食物需求有固定的数量,但仅仅作为确定最小量来说食物有固定数量。小于某一数量不能使人维持生命,小于某一较大数量不能使人保持健康。但超过这个最小量,一个人能消耗的食物几乎可能无限增加。亚当·斯密说(李嘉图支持这种说法),就每个人来说,对食物的欲望受人胃狭小容量的限制;但很明显,这只是从一个人填饱肚子,解决饥饿的意义上说是正确的。人对食物的需求没有这种限制。路易十四、路易十五和路易十六的胃不可能容纳或消化比一个同样体格的法国农民更多的食物,但几标杆土地能供应组成农民食物需求的黑面包和蔬菜,要几十万英亩的土地才能供应国王的需求,除了他本人浪费掉最精美的食物外,还需要大量食物供应他的仆役、马匹和猎犬。在日常生活和普通事实中,在每个人都有的未能满足(虽然也许是潜在的)的欲望里,我们可以看到生产任何形式财富能力的每一次增加,必然引起对土地和土地直接产品需求的增加。吃粗粮住小屋的人,如果他的收入增加,势必使用更昂贵的食物,并搬入较宽敞的房子。如果他越来越富有,他将购买马匹、奴仆、花园和草地。他使用土地的需求与他的财富一同不断地增加。在我写此书的城市里,有一个到处可见十分典型的人,自己煮豆和煎咸肉,后来他发了财,购置了一座房屋,这座房屋有一个街区那么大,又购置了

两或三座乡村房屋，四周有宽广的空地，接着又办起一座巨大的赛马种马场、一座家畜饲养场，还拥有私人铁道等。现在供应此人需求的土地比起他以前贫穷时的需求来，肯定至少要多一千倍，可能要多几千倍。

使劳动生产更多财富的不论哪种改进或发明，将引起对土地和土地直接产品更大的需求，因而强迫耕种边际往下移，就像人口增加所引起的更大需求一样。既然是这样，每一种节省劳动的发明，不管它是蒸汽犁、电报、改良的炼矿石方法、完善的印刷机或缝纫机都有增加地租的趋势。

把这个道理说得简明一点：

> 各种形式的财富是用于土地的劳动的产品或者是土地的产品，既然财富的需求无法满足，劳动能力的任何增加将被用来取得更多的财富，因而增加对土地的需求。

为了说明节省劳动的机器和技术改进的这种作用，让我们假设有一个国家，它像文明世界的所有国家一样，那里土地由一部分人占有。再让我们假设那里有一个限制人口进一步增加的永久性屏障，不管是由于实施或严格执行希罗狄安法律，还是由于广泛流传安妮·贝赞特的小册子促成人们生活方式与道德准则的改变。假设那里的耕种边际或生产边际为 20。这样，土地或其他自然机会（经投入劳动和资本后）生产的报酬为 20，刚刚能产出寻常的工资率和利率而不产生任何地租；当所有土地使用同等劳动和资本产出超过 20 时，将生产的超出部分作为地租。人口保持不变，假设出现的发明和改进将使生产同样财富所需要的劳动和资本费用减少 1/10。现在可能出现两种结果，一种是 1/10 的劳动和资本退出生产，产量仍与以前相同；另一种是仍旧使用与以前等量的劳动和资本，而产量有相应的增加。但在所有文明国家的工业组织中，劳动和资本，尤其是劳动必然争取在任何条件下得到雇佣，在这种工业组织中，劳动者没有资格在改进后新的调整中要求公正的份额，生产需用劳动的减少，至少在开始时雇主不会让每个劳动者做较少的工作给同样的报酬，而是解雇一些劳动者，不给他们一点产品。现在，由于新的改进造成更大劳动效率，在自然生产能力点 18 上能够得到的产品和以前在 20 生产点上获得的产品同样大。这样由于不能满足的财富欲望以及劳动和资本为得到使用而进行的竞争，将保证生产边际扩大到(我们说)18，这将导致地租增加，增加额为 18 与 20 间的差额。同时，工资和利息在数量上与以前一样多，但对总产品的比例则下降了。此时财富产量增加，土地所有人将获得全部利益(短时期内可能达不到全部)，这一点将在下文加以说明。

假使发明和改进继续进步，劳动效率还将有更大提高，生产一定产品所需要的劳动和资本数量进一步缩小。由于同样原因，将利用这个新的提高生产能力的利益生产更多的财富；耕种边际将再次向下延伸，地租将增加，不仅在比例上而且在数量上都会增加，而工资和利息不会有任何提高。所以，随着发明和改进不断进步，将不断提高劳动效率，即使人口保持不变，生产边际也会越来越低，地租将不断增加。

我不是说生产边际的下降永远与生产能力增加同步，就像我不是说这个过程是一个界限清楚的阶段。在特定事例中，生产边际的下降是落后或超前于生产能力的增加，这决定于耕种被迫下降到下一个低点前对称为“生产能力区域”的东西的利用。例如，耕种边际为20，使用减少1/10的资本和劳动能够获得相同产品的技术改进不会把耕种边际降到18，只要具有生产能力19的“生产能力区域”足以使用从上等土地转移过来的全部劳动和资本。这个事例中，耕种边际将停留在19，地租增加的幅度为19与20的差额，工资和利息以18与19的差额增加。但是，在生产能力的同等增加下，20与18间的“生产能力区域”不足，不能使用全部转移过来的劳动和资本，在同等量劳动和资本争求使用的压力下，耕种边际必然被迫降低到18以下。在这种情况下，地租上升将超过产品的增加，工资和利息将比提高生产能力的改进出现之前更少。

每次改进释放出来的劳动将全部被逐出工作，到生产更多财富的场所去寻求雇佣，这点也不完全正确。每次新的技术改进给予社会某一部分满足欲望的更大能力，除了要求财富外也要求安适或服务。因而失去工作的劳动者有些将成为游手好闲者，有些则从生产性劳动行列转入非生产性劳动行列，如观察表明，这种非生产性行列的比例随着社会的进步而趋向日益扩大。

因为我现在提出了人们尚未考虑到的原因，这个原因促使耕种边际不断下降，地租逐步上升，甚至把地租提高到由实际耕种边际正常确定的比例以上，就不值得花时间去考虑耕种边际下降运动中和地租向上运动中出现的这些令人心烦的事情。我要说明的是，即使人口不增加，发明创新的进展一直促使把产品中的较大部分给予地主，把越来越小部分留给劳动和资本。

由于我们不能为发明创新的进展指定界限，我们也就不能为总产品中地租的增加指定界限。因为，如果节省劳动的发明继续进步，直到达到完善境地，财富生产中对劳动的需要完全消失，大地产生任何东西唾手而得，耕种边际延伸到零。工资不存在了，利息不存在了，地租将占有全部产品，因为地主不用劳动便能从大自然取得全部财富。由于不需要使用劳动和资本，劳动和资本都没有可能强行获得生产的财富的任何份额。那时，不管人口如何稀少，只要除地主外还有人继续存在，那些人一定得听任地主的摆布或支配，他们得以生存下去，不是供地主娱乐，就是成为受地主救济的贫民。

达到节省劳动发明的绝对完善这一点，如果不是不可能，似乎也是非常遥远的事情；但是，发明的长征正以日益强劲的势头趋向这一点。在人口逐渐稀少的不列颠农业地区，小农庄正转变为大农场；在加利福尼亚和达科塔浩瀚的机器耕作的小麦地上，人们骑马穿过麦浪，许多英里不见人烟，这些现象暗示着整个文明世界正加紧趋向这个最后目标。蒸汽犁和收割机正在建立现代世界的大庄园，其规模与古代意大利靠从对外战争中输入大量奴隶所建立的大庄园相等。许多穷人被挤出故土不停流浪——如古罗马农民被迫加入大城市中的无产阶级，或者为面包在军团当兵出卖血肉——似乎那些节省劳动的机器本身就是祸根，所以听到许些人在谈论工作，语气中好像使人筋疲力尽的劳动本身是人们渴望的事情。

上文我曾说到的发明和改进，当然是指普及的发明和改进。不需说，如果发明或改进只供少数人使用，这些人从它那里取得特殊利益，那么这种发明或改进的作用只局限在特殊利益范围之内，不会影响总财富分配。有关专利法律给予的有限垄断，或给予铁路和电报线路同样性质垄断权利等也属于这一类。虽然这样获得的特殊利润一般被误认为资本的利润，实际上如上章业已解释过的那样，它是垄断的报酬，是从一项技术改进的利益中吸取的，对总的分配没有重大影响。例如，一条铁路的利益是分散的，降低运费的技术改进所得的利益是独占的，它的运费可以降到使投资资本取得普通利息的水平，也可以保持高水平以便产生不寻常的利润，甚至可以弥补铁路建设者和管理者的盗窃。正如众所周知的，地租或土地价值随着费用降低而升高。

如上文已经说到，促使地租提高的各种改进中，不但包括直接增加生产能力的改进，也包括间接增加生产能力的改进，如政治、人民生活方式和道德的改进。所有这些作用都被视作物质力量，能够增加生产能力，像生产技术的改进一样；这些改进产生的利益最终都被地主独占。这方面的一个值得重视的例子，可以从英国废除贸易保护中发现。自由贸易大大地增加了大不列颠的财富，但并未减少贫困，只是增加了地租。如果我们伟大美国城市的腐败政府被改造成廉洁和节俭的模范，其后果只能是增加土地的价值，不会提高工资和利息。

第四章　由物质进步引起的人类期望的作用

我们已经看到，不断增加的人口会促使地租提高，在一个进步的社会中凡能增加劳动生产力的所有原因，也会提高地租，而不会提高工资或利息。增加的财富产量最终以增加地租的方式落入地主手中；随着技术不断改进，虽然有些利益可能归于个人而不是归于地主（地主占有增加产品的绝大部分），然而所有这种改进丝毫不会增加劳动和资本的报酬。

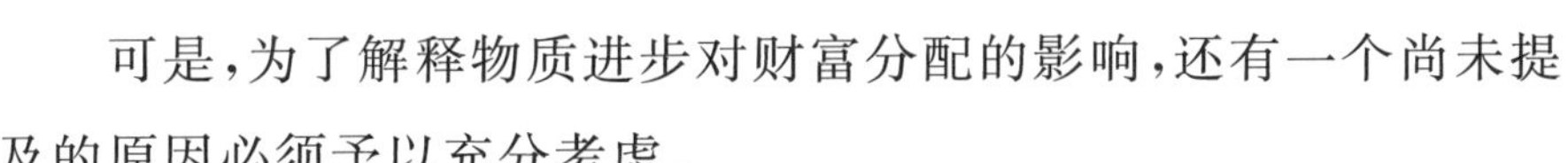

可是，为了解释物质进步对财富分配的影响，还有一个尚未提及的原因必须予以充分考虑。

这个原因就是人们对今后土地价值的提高有充满信心的期望。在所有进步国家中，这种期望产生于地租的稳步提高，这种期望导致投机或购买土地以待日后高价。

在解释地租理论时，我们曾假定，现在人们也普遍假定，耕种的实际边际总是与可以称为耕种的必要边际相符合——就是说，只有较大生产点的自然机会已被全部利用，生产点下移成为必要时，耕种才延伸到较小生产点。

这也许是停滞的或进步十分缓慢的社会的状况，而在进步迅速的社会里，地租迅速而不断的增加使人们相信它将继续上升，情况便不是这样。在后一种社会里，人们满怀信心认为地价将上涨，或多或少产生使地主联合的作用，他们让土地闲着等待高价，迫使耕种边际下降得比生产需要更低。

这个原因在所有进步社会中必然起一定程度的作用，虽然在英国那样的国家中，农业盛行租赁制度，这个原因在地价中比在农业耕种边际或实际地租中表现得更为明显。但在美国那样的社会里，土地使用人普遍愿意（如果办得到）成为土地的主人，那儿有大量土地可以买进，这个原因发挥强大的影响。

在美国人口稀疏的庞大地区表现出这种影响。从东部沿海找寻耕种边际的人，在那里可能得到不必付地租的土地，像要泅渡一条河去饮酒的人一样，他必然跋涉很远的距离，经过未完全开垦的农场，穿过宽广的处女地，才能到达不付地租的土地（即分给定居移民耕地或预先占有公地）。他和耕种边际一样，被迫走得比他需要走得更远，主要他想往这些从未使用的土地今后会增加价值。他定居下来后，尽可能取得比他能够使用的更多的土地，因为他相信土地很快将具有价值；在他之后到来的人再次被迫走得比生产需要得更远、把耕种边际伸延到更小生产点，因为他走到更加遥远的地点。

在每一个迅速发展的城市都可以看到同样情况。如果当地的上等土地总是在求助次等土地之前被全部使用，城市扩大时就不会留下空地，在华贵的大厦中间我们也不会发现可怜的简陋小屋。有些土地（有的价值极高）空闲着或者未加以充分利用，是因为土地所有人不能或不愿改良它们，宁愿留着它们，以待地价上涨，那时的收入比现在的售价更高。让土地空闲着或者不加以充分利用，后果是城市的边缘将被推到离中心极远的地方。

可是当我们来到发展中的城市的边界时——建筑物的实际边缘等于农业中的耕种边际——我们买不起可以按它的价格买下来耕种的土地，如果地租由当前需要决定，本来是买得起的；我们还将发现，离开城市相当远的土地也具有投机价值，原因是人们相信将来城市扩展时需要那些土地；要找到可以不根据城市地租买到的土地，我们必须走得十分遥远，在城市不可能扩展到的地方才能买到。

再举一个不同的、在任何地方都能找到的事例。在离旧金山不远的马林县有一条茂盛的红木林地带。自然，旧金山市场的木材供应在求助于远处的森林地之前，首先要使用这个林带的红木。可是这个林带未予采伐，从许多英里外购买的木材每天由附近的铁路运往旧金山，红木林的主人宁愿保留它，以待日后带来高价。这样，由于不使用这批木材，红木生产的边际被迫推到相当遥远的海岸山岭那里。有些蕴藏矿产的土地，在成为私人财产时经常不加以利用，而较贫乏的矿床反而被人开采，这是大家所知道的。在新建各州，经常见到被称为“有土地的穷汉”的人，这些人一直很穷，有时几乎陷入赤贫的程度，因为他们坚持让土地闲着，自己又无力使用，别人使用时，索取的价格高得使使用人无利可图。

现在再引证上章已经用过的事例：设耕种边际为 20，生产能力增加时，使用少 1/10 的劳动能得到同样的结果。由于上文所说的种种原因，现在生产边际必然被迫下降，如果降到 18，劳动和资本的报酬与以前生产边际在 20 时一样。边际会不会降到 18，或者更低，决定于我称为“生产能力区域”的这个因素，它介于 20 和

18之间。但如果人们坚信地租会进一步提高，使地主对20的土地索取地租3，对19的土地要求地租2，对18的土地要求地租1；若对方不同意条件，他便使土地闲着不让别人使用。这样，“生产能力区域”可能大大下降，以致耕种边际被迫下降到17，甚至更低。因此，作为劳动效率提高的结果，劳动者反而比前得到的更少，利息也成比例地减少，只有地租以超过生产能力增加的比率上升。

不管我们是否把这种现象称为生产边际的延伸，或称为地租线超出生产边际以外，土地投机对地租增加的影响是一件重要事实，进步国家财富分配的完整理论绝不可忽视这种情况。它是物质进步形成的力量，它不断促使地租增加，增加的比率较物质进步促进生产增长的比率更大；随着物质进步和生产能力继续发展，它不断促使工资降低，不但相对降低而且绝对降低。就是这个扩大的力量在新建国家发挥巨大作用，使这些国家(似乎在它们建立之前很久)染上旧国家的社会病；在新拓的土地上产生“流浪汉”，在半开拓的土地上产生贫民。

总之，进步社会里土地价值普遍而稳定的上升，必然产生另一种促使上升的趋势，这种趋势在任何普遍而连续的原因增加商品价格的时候，便能从商品的情况中看到。在南部邦联后期通货迅速贬值时期，人们不论买入何物，第二天都能以更高的价格卖出的事实，使物价上涨的速度甚至比通货贬值的速度更快。物质进步造成土地价值的稳步上升，同样进一步加快价格上涨的速度。我们看得到这第二个原因在作为新社会发展标志的土地投机狂热中全力发挥作用；虽然这些是不正常的和非永久的现象，但不可否认，这个原因以或大或小的强度在所有进步社会里稳步地发挥作用。

限制商品投机的原因，即上升的物价使供应增加的趋势，未能限制土地投机的增多，因为土地的数量固定，不是人力所能增减；但对土地价格还是有一种限制。那就是作为劳动和资本投入生产的条件，对土地需要降到最小程度。如果工资有可能不断减少一直达到零，地租就有可能继续增加直到它完全吞没产品。可是工资不能永远下降到劳动者同意工作和再生产的那一点以下，利息也不能降到它愿意投入生产的那一点以下，那里有一条限制地租投机性上涨的界线。因而工资和利息已接近最低线的国家就不能像远远高于最低线的国家那样，投机不能有同样规模促使地租上升。然而在所有进步国家里，存在一种地租的投机性提高超过界线的不断趋势，这种地方生产会停顿，我想这已为一再发生的工业周期性停滞所表明——关于这点我们将在下一编里作比较全面的讨论。

第五编

解决了的问题

第一章　反复阵发工业萧条的主要原因

我们的漫长探索结束了，现在可以列出探索的结果。

从工业萧条开始，说明它是出现这么多矛盾的和自我矛盾的理论的原因。

研究土地价值投机性上涨削减劳动和资本的所得和抑制生产的方式，使我必然作出结论：看来这就是每一个文明国家越来越易遭到的周期性工业萧条的主要原因。

我的意思不是说没有别的近似的原因。日益复杂和相互依赖的生产组织使每一次震动或停滞的影响范围不断扩大；表现在最需要时反而紧缩的通货的主要缺点，和出现在较简单商业信用中的通货量的巨大变化，在很大程度上使商业信用（较之任何形式通货）成为交换的媒介；表明为人造障碍的保护性关税，阻碍生产力的相互作用；以及其他类似原因无疑在造成和维持称为困难时期的环境中发生重要作用。但是，不论思考原则还是观察现象，很清楚，重要的起因还得在土地价值的投机性上涨中去找寻。

上一章中我已指出，土地价值的投机性上涨一定会把耕种或生产边际挤到正常界限以外，从而迫使劳动和资本接受更小的报酬，或者使生产停止（这是劳动和资本抵抗这个趋势的唯一办法）。现在，劳动和资本抗拒地租投机性上涨和工资、利息大幅度下降不但是自然产生的，而且是被迫在自我保护中采取这种办法的，因为存在报酬最低点，低于这一点，劳动便不能存在，资本便难以维持。因此，根据土地投机的事实，我们可以推断出作为这些反复出现的工业萧条特征的各种现象。

假使有一个进步社会，那儿人口不断增加，技术进步接连出现，土地必然不断增值。这种稳步增值自然使人们预期土地价值在今后同样上升，从而导致土地投机，土地价值因而异常之高，它吞噬了现有生产条件下习惯上给予劳动和资本的份额，因此生产开始停顿。并非必然（甚至也许）出现生产的绝对萎缩，而是在进步社会中出现相等于停滞社会生产绝对萎缩的现象——由于新增的劳动和资本找不到以通常的报酬率加以运用的机会，生产不能成比例地增长。

在某些部门的这种生产停顿，必然在产业结构的其他地方表现出来；需求的停滞必然抑制生产，而这种瘫痪状态通过工商业的交叉联系广泛传播，到处造成生产和交换的脱节。出现这些现象的原因，根据对其观察，有的认为是生产过剩，有的认为是消费过度。

这样到来的萧条时期要延续到：(1)地租的投机性上涨消失；(2)由于人口增长和技术改进使正常地租标准压倒并取代投机性的地租标准；(3)劳动和资本愿意为较少的报酬从事生产。这三个原因非常可能会联合起来产生新的平衡，在新的平衡上各种生产力量再次共同协作，于是出现工商业活跃的时期；在这个基础上地租将开始再次上升，又出现投机性上涨，生产再度受抑制，再来一次同样的循环。

在作为现代文明特色的精致而复杂的生产体系中，不存在清晰的和独立的工业社会，只有地理上或政治上分开的一些社会以不同方式和多变的手段混合和交织它们的工业组织，难以期望一开始探索原因，便能看到清楚和明确的后果，像在较简单的工业发展阶段和在一个完整而清晰的工业体系的社会中看到的那样；但是，工商业活跃与萧条交替所表现的现象，明确符合根据地租的投机性上涨所推断的道理。

推断的结果表明实际现象与原理完全符合。如果把推理过程倒过来，我们很容易把种种现象的探究归纳成为原理。

萧条季节往往紧跟着活跃和投机的季节，从各方面说，这二者之间的关系是相容的——萧条被看成是投机的反应，犹如早晨头痛是夜间放荡的反应。至于投机造成萧条的方式，有两个学派的意见，正像大西洋两岸学者试图说明目前工业萧条所表明的那样。

一个学派认为，投机造成萧条是因为它引起生产过剩，并指着堆满不能以有利价格出售的商品，举出关门的或开工不足的工厂，停止生产的矿井和停止航行的轮船，无谓地放在银行保险库里的现金和被解雇无事可做和陷于贫穷的工人为例。他们指出这些事实，说明生产超过消费需求。此外，他们还指出这样的事实：当战争时期政府作为巨大消费者进入市场时，马上出现市场繁荣，就像内战时期的美国和拿破仑战争时期的英国。

另一个学派认为，投机造成萧条是因为它导致过度消费，并举出装得满满的仓库、生锈的汽轮、关闭的工厂和失业的工人，作为有效需求中止的证明。他们说，这种情况显然是由于人们受虚假繁荣的迷惑而造成浪费，生活支出超过他们的财力，现在必须节省——就是消费较少的财富。此外，他们指出战争、建造没有利益的铁路、给破产政府的贷款等等消费巨额财富的行为是无谓的浪费。这种浪费虽然在当时感觉不到，就像挥霍者在挥霍时感觉不到他财产的枯竭一样，现在必须以减少消费来弥补。

这两种理论中的每一种显然只说出了事实真相的一个方面，而没有理解全部事实真相。作为对现象的解释，二者同样是荒谬的。

因为当广大群众需要比他们能获得的更多的财富时，当他们为了得到更多财富愿意付出财富的基础和原料——他们的劳动——时，怎么会有生产过剩呢？当生产机器闲置着，生产者被迫不情愿地失业，怎么会有过度消费呢？

当（出于消费更多财富的愿望）社会上既有能力又有愿望生产更多的财富时，工商业的瘫痪既不能归咎于生产过剩也不能归咎于过度消费。显然，麻烦产生于生产和消费不能彼此适应和满足。

这种无能为力的情况是如何产生的呢？它明显地（得到普遍同意）是投机的结果。但是哪方面的投机呢？

当然，投机的对象不是劳动产品，不是农产品、矿产品，也不是制造的商品。因为对这些东西投机的后果（在当前专论中谈得很多，我不需加以赘述），只会使供给与需求平衡，只不过起近似于机器飞轮的作用，稳定生产和消费的相互作用。

因此，如果说投机是工业萧条原因的话，那么，那种投机一定是非劳动生产物品的投机，这种物品必须施加劳动才能生产财富，这种物品有固定的数量；就是说，必定是对土地的投机。

土地投机引起工业萧条在美国表现得相当清楚。每次工业兴旺时期，土地价值稳步上升，终于引起投机，使土地价格腾飞。以后必然紧跟着生产的部分停顿以及它的相关物——有效需求的停顿（贸易呆滞）——一般还伴随着商业的破产；之后是一段相当长的停滞期，在此期间内再次缓慢地建立起平衡。这样的循环将不断出现。整个文明世界都能见到这种关系。工业的兴旺时期总是以土地价格的投机性上涨告终，接着是生产受到抑制的症状，新建国家一般首先出现需求的中止，这种国家土地价格上涨最大。

这就是萧条时期出现的主要原因，分析事实便能看得出来。

请大家记住这一点：所有贸易是商品与商品的交换，因而对某些商品需求的中止（商业萧条的症状），实际上就是其他一些商品供应的停止。商人发现销售量下降，制造商发现订单减少，而他们要出售或准备制造的东西必须是有广大销路的东西，这个情况表明，在交易过程中可以给予他们的其他东西的供应已经减少了。在谈话中，我们常说“买者没有钱”，或者说“钱变得少起来”，但这样谈论时我们忽略了金钱只是交换媒介的事实。想买货的人真正缺少的不是钱，而是他们能转变为钱的商品——真正变得稀缺的是某种产品。因此，消费者有效需求的减少是生产缩小的结果。

当一个工业城市的工厂关门工人失业时，店主便能很清楚地看到这一点。生产停顿剥夺了工人购买他们需要东西的能力，使店主在减少的需求面前，存货充斥卖不出去，迫使他解雇店员，否则就得减少他的需求。需求停顿（当然我说的是一般情况下的需求减少，不是指由于时尚变化引起的相对需求改变）使制造商存货积压，迫使他辞退工人，需求停顿必然以同样方式出现。某个地方（可能在世界的另一端）生产受到抑制，就会抑制别地的消费需求。匮乏未得到满足而需求减少，表示在某个地方的生产受到了抑制。

人们需要制造商制造和以前一样多的东西，正如工人需要店主必须出售的东西。但工人没有购买这些东西的钱。某个地方的生产受到抑制，某些东西供应的减少在对其他东西需求的停顿中表现出来，生产受抑制传遍整个工业和交换领域。工业金字塔的底层显然是土地。基本和主要的职业显然就是从自然界吸取财富的那些职业，它们为所有其他职业创造需求，因而如果我们从一个交换点追索到另一个交换点，从一个职业追索到另一个职业，表现为减少购买力的这种生产抑制，必然最终会在限制劳动在土地上运用的某种障碍上找到。很清楚，这个障碍就是地租或土地价值的投机性上涨，它实际上产生同地主排斥劳动与资本一样的结果。生产抑制从相互联系的工业基础开始，从一个交易点传播到另一个交易点，供应的停顿变为需求的衰减，直至（比如说）整部机器失去齿轮，到处出现劳动得不到使用，劳动者受匮乏之苦的情景。

此种大量愿意工作的人找不到工作的奇异而不自然的情景足以为能够系统思考的任何人提供真正原因。虽然习惯使我们见怪不怪，但为了满足本身需要而愿意劳动的人竟找不到工作的机会，确实是奇异而不自然的事情，因为劳动是创造财富的东西，希求以劳动交换食物、衣服或任何其他形式财富的人就像提出以金块换

金币或者以小麦换面粉的人一样。我们谈到劳动供给与劳动需求，显然这只是相对的术语。劳动供给到处一样——两只手总是带着一张嘴来到世上，21 个男孩对 20 个女孩；只要人们需要只有劳动才能够获得的东西，劳动的需求必然永远存在。我们谈到“缺乏工作”，但很明显，当匮乏继续存在时短少的不是工作；事实上，当人们受缺乏劳动生产的东西之苦的时候，劳动的供给不是太多，劳动的需求不是太少。真正的困难必然是供给不知怎么受到阻止，不能满足需求，某个地方存在障碍，阻止劳动生产劳动者需要的东西。

拿巨大失业群中任何一个人为例，虽然他从未听到过马尔萨斯学说，但在他看来今天世界上的人太多了。从他自己匮乏、他焦急妻子的需要和他不能很好满足饿得发抖的孩子的需要来看，有没有足够的劳动需求呢？只有天知道！他自己愿意工作的双手就是衣食供应的来源。如果把他留在一个孤岛上，使他失去文明社会合作、联合和机器给予人生产能力的全部有利条件，他的双手也能够使他的妻儿不挨饿不受冻。然而在生产能力发展到最高的地方，他们反而不能生活。这是为什么？不是因为在前一种情况下他得到大自然的物质和力量，而在后一种情况下得不到吗？

劳动被迫同自然隔绝，只有这点能够解释迫使愿意以劳动供应自己需要的人们遭受赋闲失业的现状，这不是事实吗？一批人被强制赋闲的近似原因可能是另一批人对前者生产特定物品需求的停顿，但是从这一部门到那一部门，从这个职业到那个职业追索原因，你将发现一个行业中的强制赋闲是由另一个行业中强制赋闲引起的，而在所有行业中造成惨淡光景的瘫痪，不能说起因于劳

动供给太大或劳动需求太小，它必然产生于这样的事实，即劳动供给不能通过生产满足需求和生产劳动对象的东西来满足劳动需求。

使劳动能生产这些东西所必需的是土地。当我们说到劳动创造财富时，我们是隐喻地说的。人创造不了任何物品。整个人类如果不停地劳动也创造不了在阳光柱中浮游的最小的微尘，不能增加这个旋转地球上的一个原子的分量，也不能减轻一个原子的分量。在财富生产中，劳动在自然力量的帮助下，不过是在原先存在的物质上工作，把它变成所希望的形式。因而，财富生产必须接触这些物质和这些力量——即接触土地。土地是所有财富的来源。劳动加工的矿石必须从矿藏中采出。它就是劳动赋予形式的物质。因此，当劳动不能满足它的需要时，我们可否有把握地推论，它只能是由于劳动难以接触土地而没有其他原因？

当所有行业出现我们称为就业不足的情形时，当到处劳动赋闲而欲望得不到满足时，是不是在工业结构基础里存在障碍，阻止劳动生产它所需要的财富呢？这个基础就是土地。妇女头饰制造工、光学仪器制造工、镀金工人和磨光工人不是首先来到新殖民地的人。矿工不会因为鞋匠、成衣匠、机器匠、印刷工人已在加利福尼亚或澳大利亚才到那里去的。而是那些行业的工人跟随矿工到来，正如他们跟随淘金者来到布莱克山，跟随采钻石者来到南非。不是有了店主才有农民，而是有了农民才有店主。不是城市建立后才开发乡村，而是乡村的发展促使城市产生。因此，在所有行业中人们愿意工作而又找不到机会做工时，困难必然产生在能够创造其他职业的那个职业中——必然因为劳动被排斥在土地之外。

在利兹或洛厄尔，在费拉德尔菲亚或曼彻斯特，在伦敦或纽约，要看到这一点也许需要懂得一些最重要的原理；但在工业发展尚未变得如此复杂，锁链两端的环节尚未分隔得如此遥远的地方，人们只要仔细端详明白的事实就看得到这一点。旧金山市的建立虽然还不到 30 年，无论在人口还是在商业重要性上，已进入世界大城市之列，在美国最大都市中仅次于纽约名列第二。虽然不足 30 年，但该市几年来失业人数越来越多。显然，由于人们在乡村找不到工作，才使城市有这么多失业者；在收获季节开始时，他们从城市大量外出，收获季节结束后，他们又大批返回城市。如果这些失业者能够从土地上生产财富，他们不但不会失业，而且还能招来城市的技工，使商店有顾客，商人有生意，使戏院有观众，使报纸有订户与广告，也就是能创造新英格兰和旧英格兰都能感觉得到的有效需求；当人们有钱购买商品时，世界任何地方都会运来供当地人口消费的商品。

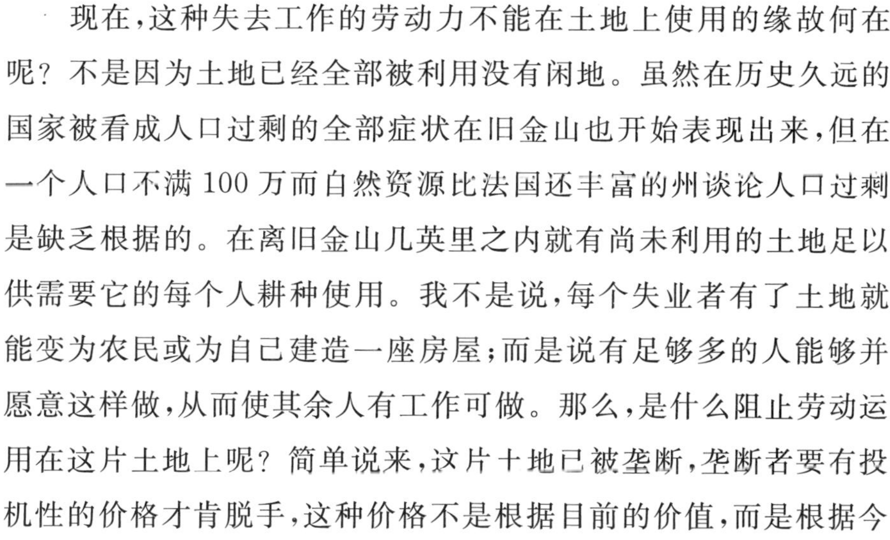

现在，这种失去工作的劳动力不能在土地上使用的缘故何在呢？不是因为土地已经全部被利用没有闲地。虽然在历史久远的国家被看成人口过剩的全部症状在旧金山也开始表现出来，但在一个人口不满 100 万而自然资源比法国还丰富的州谈论人口过剩是缺乏根据的。在离旧金山几英里之内就有尚未利用的土地足以供需要它的每个人耕种使用。我不是说，每个失业者有了土地就能变为农民或为自己建造一座房屋；而是说有足够多的人能够并愿意这样做，从而使其余人有工作可做。那么，是什么阻止劳动运用在这片土地上呢？简单说来，这片土地已被垄断，垄断者要有投机性的价格才肯脱手，这种价格不是根据目前的价值，而是根据今后由于人口增加而增值的价格。

正视事实的任何人在旧金山看到的事实，我深信在其他地方同样也能清楚地见到。

目前的工商业萧条的景象于1872年首次清楚地出现在美国，而后以不同程度遍布文明世界。它主要由于铁路体系不适当地扩充，许多事情看来与此有关。我完全意识到，在有实际需要之前建造铁路，可能使资本和劳动或多或少地脱离生产性运用，以致使社会更加贫困而不是更加富裕；当铁路狂热达到高峰时，我曾在一篇政治论文中向加利福尼亚人民指出这个问题；[①]但把如此普遍的工业停滞归咎于资本的浪费性运用，在我看来就像把不寻常的低潮水位归因于多汲取了几桶水。内战时期浪费的资本和劳动比建造几条不需要的铁路多得多，但并未产生这样的后果。的确，工商业萧条的一个突出特点是有极多的资本和劳动寻求使用——在这种情况下，说资本和劳动由于在建造铁路中被浪费而引起萧条似乎说不过去。

可是，在迅速建造铁路和工业萧条之间确实有一种联系。大凡懂得土地价值增加的意义和注意到建造铁路对土地投机影响的任何人都能容易地看到这种联系。在建造或设计建造铁路的任何地方，土地价格在投机影响下迅速上涨，增加了几十亿元的名义价值，要求资本和劳动立即或分期偿付，作为允许它们投入运用和生产财富的代价，不可避免的结果是抑制生产，而这种对生产的抑制蔓延为需求停顿，它转过来又抑制广大交换圈的最远边缘的生产，

① 题为《补贴问题和民主党》，1871年。

并以累积的力量在由商业联结文明世界的伟大工业国家的中心起不良作用。

这个原因的主要作用也许在任何地方都没有在加利福尼亚看得更清楚，因为它与外界比较隔绝的位置，形成一个特殊的、界限明确的社会。

在过去 10 年中，加利福尼亚有着北部诸州（事实上整个文明世界）同样的工业兴旺，几乎直到这 10 年的终了，当时由于战争和考虑对南部港口的封锁引起商业中断和工业混乱。这种兴旺不能归因于通货膨胀和联邦政府的挥霍性开支，而东部诸州在同一时期的工业兴旺则一般归因于此；因为尽管有发行合法货币的法律，太平洋沿岸地区坚持通行铸币，而北部联邦政府收取的税额比它的开支多得多。工业兴旺完全属于正常原因，因为，虽然淘金业已经衰落，但内华达的银矿正在开采中，小麦与羊毛开始在出口统计表上替代黄金，人口的增加以及生产与交易方法的改进不断增加劳动效率。

随着物质进步，作为它的后果，地价稳步上涨。这种上涨引起地价的投机性上涨，加上开始建筑铁路，使地价到处暴涨。如果说加利福尼亚人口在那条漫长的、昂贵的、常受热病侵袭的巴拿马地峡通道还是它与大西洋诸州主要交通线的时候已经稳定增长的话，可以想象，由于那条从纽约港到旧金山湾只需 7 天舒适旅行的铁路开通，而加州本身以火车取代驿车和运货马车的时候，人口当然有非常巨大的增加。预期会出现自然增加的地价上涨被提前预料到了。旧金山郊外的土地价格上涨百分之几百和几千，农地被抢购，放在手上等待高价，从四面八方似乎可能有人口移入。

可是预期的移民浪潮并未发生。劳动和资本付不起这么多的钱来投入土地并得到公平的利润。生产如果不是绝对地受到抑制，至少是相对地受到抑制。随着横跨大陆的铁路接近完成，不但没有工商业增加繁荣的景象，相反开始出现萧条的症状；在铁路完工时，紧跟一段兴旺季节，出现一段萧条时期，这个萧条时期迄今尚未完全过去，在这个时期内工资和利息逐渐下降。我所称的实际地租线或耕种边际就这样向投机性地租线接近（同时受技术不断改进和人口增加的促进，这样的增进仍然在继续，虽然比产业兴旺时本来可达到的速度要缓慢），在发展中社会里维护土地价格投机性上涨的顽固性是人所共知的。[①]

加利福尼亚发生的事情在任何一个美国进步地方都在发生。在任何建造或设计铁路的地方，土地都被事先垄断了，而土地改良的利益已预先在土地价格增加中体现出来。地租的投机性上涨超出正常的上涨，生产受到抑制，需求下降，劳动和资本被从与土地直接有关的部门挡回，大量聚集在土地价格不占重要因素的部门里。就这样，铁路的迅速扩张与随后发生的工商业萧条有关。

在美国发生的事情在整个进步世界也程度不同地明显发生。土地价值随着物质进步逐步上升的任何地方都会引起地价的投机性上涨。这个原因的冲力不但从美国的新开发部分辐射

① 在一个新建国家中怎样保持土地投机价格的巨大期望是令人吃惊的。通常能听到这样的话，“这里没有地产市场，你不能以任何价格出售土地，”然而，与此同时，如果你打算购买土地，除非你发觉出售人有急需非卖不可，否则你必须支付投机高潮时流行的价格。因为，土地所有人相信，土地价格最后必然上涨，他们尽可能地把土地保持在手里。

到较旧部分，从美国辐射到欧洲，而且任何地方这个基本原因都在发挥作用。因此，世界范围的物质进步招致世界范围工商业的萧条。

我在指出地租或地价的投机性上涨是工商业萧条的主要和基本原因时，看来忽略了一种情况。这种原因所起的作用虽然可能很迅速，但一定是逐步的——它像一种压力，不像一种打击。可是工业萧条似乎突然降临——开始时它具有急病突发性质，接下来奄奄昏迷好像精疲力竭的样子。在一切如常进行，工商业显得有生气有扩展的时候，突然出现一阵震动，犹如晴天霹雳一般——一家银行清理，一家大工厂或大商号倒闭，好像整个工业组织经受沉重打击，倒闭之风一阵接一阵，到处解雇工人，资本萎缩在无利可图的安全领域里。

让我来解释出现这种情况的原因。要做到解释清晰，必须考虑交易进行的方式，因为各种形式的产业就是通过交易联系起来成为一个相互关联、相互依存的组织。为了使空间与时间上相距很远的生产者之间能够进行交易，必须有大量商品存储在仓库里和保持在运输途中，如我业已指出那样，我认为这就是资本（供应工具和种子外）的重大职能。这些交易主要是（也许必须是）信用成交的，也就是说，由一方先预付货款，过一段时间后才收到偿还。

现在，继续探索原因。很清楚，作为一般规律，这些预付是由高度组织、发达的工业给予基础产业的。例如，非洲西海岸人用棕榈油和椰子交换漂亮的棉布和伯明翰的偶像，他们立即得到货款；英国商人则相反，他们必须花钱买货，经过相当长时期后卖货才能收到贷款。农民的作物一收获立刻能够出售变为现钱;大制造商必须保持庞大库存,把货物送往远处的代理商,一般需分期收到贷款。这样,由于预付和赊售一般都由我们称为第二产业的部门给予我们叫作基础产业的部门,因而从后者开始的生产抑制不会很快在前者表现出来。预付和信用制度事实上形成一种弹性联结,在联结绷断前它有相当的承受耐力,但当它绷断时是一下子断裂的。

把我的意思用另一种方式表达:吉萨(Gizeh)的大金字塔由一层层的巨石垒成,其底层当然支持了上面各层。如果我们能用某种方法逐渐缩小底层,金字塔的上面部分在一定时间内将保持原状。最后当地心吸力超过物质凝结力时,塔的上部不是逐步和规则地缩小,而是突然崩裂成巨大的石块。产业组织可以譬喻成这样的金字塔,在社会发展的一定阶段不同产业彼此间的比例如何,很难、也许不可能说清;但这种比例就像印刷工人的铅字盘,在不同铅字之间存在某种比例。每种形式的产业是由劳动分工形成的,各种产业从其他产业中产生,而所有产业最后都建筑在土地上;因为没有土地,劳动就像悬在空间的人那样毫无用处。为更逼真地说明一个进步国家的情况,设想一座层层堆垒的金字塔,其整体不断增高和扩大。假如最接近地面的那一层的扩大受到抑制,上面各层在一段时间内继续扩大,事实上在当时这样做扩大将加快,因为不能在地面这层使用的人力在上边各层找寻用武之地,直到最后出现绝对的失衡,金字塔朝各个方向突然崩坍。

一再突发的成为现代社会生活显著特色的产业萧条,其主要原因和一般过程,我想作这样解释是清楚和明白的。请读者记住,

就是这些现象的主要原因和一般过程是我们正力图探索或事实上有可能精确地加以探索的目标。政治经济学能够研究的和需要研究的只是总的趋向。派生的力量其形式如此多样,作用与反作用又层出不穷,以致这些现象的确切性质难以预测。我们知道,一棵树被砍断它将倒下,但是精确地倒向哪个方向,则决定于树干的倾斜方向、枝丫伸展方向、砍击冲力的方向以及风的方向与力量;甚至轻轻落在树枝上的一只鸟或从这个树枝跳到那个树枝上的受惊的松鼠,也会对树倒的方向产生一定影响。我们知道对人侮辱将在对方胸臆中引起忿恨感情,但是要说这种感情什么时候和以何种形式表示出来,则要综合此人的全部气质以及过去与现在的环境而定。

我以探索得到的充分原因来解释这些产生萧条的方式和以当前财富分配理论来解释它们的矛盾和自相矛盾的企图全然不同。地租或地价的投机性上涨无不成为每次产业萧条周期的先声,这种情况到处都很明显,它们之间彼此有着因果关系,凡观察土地和劳动间必然关系的人都能看清这一点。

目前的萧条正在继续,一种新的平衡正以上文指出的方式建立起来。这种平衡将造成另一次相对兴旺的时期,这点在美国已经可以看到。正常地租线和投机性地租线正合而为一,原因是:(1)投机性地价下降,大城市中地租下降和地产价减低十分明显。(2)劳动效率提高,这是因为人口增加和新发明的利用,有些发明可媲美蒸汽机的使用,看来达到了重要发明的边缘。(3)降低利息和工资的习惯标准,利息方面从谈判 4%利率的政府贷款中可以看出,工资方面到处显然可见,无须列举。当平衡重新建立时,呈现一个新的兴旺时期，它到达顶点时又将出现地价的投机性上涨，[①]但工资和利息将不会恢复它们失去的阵地。所有这些紊乱或波浪形运动逐渐迫使工资和利息趋向最低点。这些短暂而一再爆发的萧条，如在下一章介绍的那样，事实上只表明它是伴随物质进步而来的一般运动的加剧罢了。

① 这段文字写在一年以前。现在(1879 年 7 月)新的兴旺时期已经开始，正如我上边预料的那样；在纽约和芝加哥，地产价已经开始恢复。

第二章　财富不断增长中持续存在的贫困

一再发生的产业萧条周期只是那个重大问题的特殊表现，这个问题我想现在完全解决了；遍布文明世界的社会现象（使慈善家吃惊，使政治家困惑，在最进步民族未来的上空布满重重疑云，对我们天真地称为进步的现实和最终目标提出种种疑问）现在得到解释。

> 尽管生产能力提高，工资不断地趋向只能勉强生活的最低点的理由是：与生产能力提高同时，地租趋向更大的提高，因而产生迫使工资下降的不断趋势。

从任何方面说，文明进步的直接趋势是增加人们的劳动能力，来满足人的欲望——根除贫困，消灭匮乏和人们对匮乏的恐惧。进步包含的全部事物，进步社会追求的全部条件，它们直接和自然的目的在于改善它们影响之内的所有人的物质（因而也包含才智和道德）条件。人口的增加、交易的增加与扩大、科学的发现、发明的进步、教育的普及、政治的改善以及风俗习惯的改良，都可以视作物质力量，对增加劳动的生产能力（不是某种劳动，而是全部劳动）都有直接的影响；影响所及不仅是某些产业部门，而是所有产业部门；因为社会财富生产的法则是“我为人人，人人为我”。

但劳动不能得到文明进步带来的利益，因为这些利益被截走了。由于土地对劳动是必需的，它已属于私人所有，劳动生产能力的每一增加只是增加了地租——劳动为了得到运用其能力的机会必须支付的代价；这样，文明进步取得的全部有利条件均归于土地所有人，而工资得不到增加。工资不能增加；因为劳动成果越大，劳动为得到创造财富机会必须支付的代价也越大。因此劳动者在生产能力进步中取得的利益不比古巴奴隶在糖价提高中得到的更多。正如糖价提高诱使奴隶主人加重奴隶的劳动，使奴隶劳动的条件更坏。同样，自由劳动者的条件可能由于他生产能力的增加，绝对地和相对地变得更坏。因为，由于地租不断上涨，引起对土地的投机，投机把将来土地改进的后果提前实现，使地租进一步提高，因而趋向发生地租正常提高地方未发生的情况，把工资迫降到奴隶的地步——使劳动者维持勉强生活的地步。

劳动就这样被剥夺生产能力增加的全部好处，劳动受到进步文明的影响，没有得到与文明同存的好处，只有实实在在的坏处；这样的影响使自由劳动者陷于无助的和卑贱的奴隶境地。

随着文明进步，使生产能力获得增加的所有技术改进促使劳动进一步分工，而劳动者整体效率的提高以牺牲各个劳动者的独立性为代价。在供给最普遍需求而又经常变化的生产过程中，个别劳动者具有的知识和技巧只是全过程中最最小的一部分。野蛮部落的劳动总产量极小，但每一个部落人有独立生活的能力。他能建造自己的住所，能伐木凿成自己的独木舟，制自己的衣服，造自己的武器、罗网、工具和装饰品。他具有这个部落所掌握的全部自然知识——知道哪种植物可以食用，哪里可以找到它们；知道野兽、鸟类、鱼和昆虫的习性和出没之处；能利用太阳或星星的位置、花朵朝向或树上的苔藓来辨明方向；总之，有能力满足他自己的需要。他离群独居仍能生活下去；这样具有的独立能力使他在与他所属社会的关系上成为自由契约的一员。

与这个野蛮人相比，处于文明社会最底层的劳动者，他的一生只生产一种东西，而且常常只生产一种东西的最最微小的一部分。这种东西只是形成社会财富的无数种东西中的一种，用以满足人们的需求。他不但不能制造他本人工作所需的工具，而且常常使用不属于他，也没有希望属于他的工具进行工作。他被迫做比野蛮人更严密和时间更长的工作，劳动所得不比野蛮人更多——仅仅是生活的必需品——他失去野蛮人的独立性。他不但不能用自己的能力直接满足自己的需要，而且(如果没有其他许多人的同时劳动)不能用自己的能力间接满足自己的需要。他只不过是巨大生产与消费链中的一环，不可能从那里脱身；除非一起活动，他一个人不可能活动。他在社会中的地位越坏，他越是依赖社会，越是没有能力为自己做任何事情。他为满足需要而施展劳动的能力已全然不受自己控制，而是由他人的行动加以剥夺或恢复，还受一般原因的剥夺或恢复，他对这些一般原因无可奈何，就像他对太阳系的运行毫无能力施加影响。这种可憎恶的苦难被看成是一种恩惠，人们为此思考、谈论、吵闹和立法，好像单调的体力劳动本身是善行不是恶行，是目的不是手段。在目前的环境里，人失去作为人的基本品质——改变和控制环境的力量。他成为一个奴隶、一部

机器、一件商品——从某些方面说,比动物更不如。

我不是野蛮状态的感情上的赞美者。我不是从卢梭、夏多布里昂或库珀那里获得天真的孩子般对自然的观念。我知道那种状态中物质和精神的贫乏,知道那种状态中人们眼界的低下和狭隘。我相信,文明不仅是人类的自然目标,而且是人类全部力量的解放、提高和精炼;我想,只有在不满现实的心境中,可能导致人们羡慕反刍的牛,而只有受到文明利益的人才会用悔恨的心情看待野蛮状态。然而我认为,凡愿意正视现实的任何人都会得出这样的结论,即在我们文明的中心存在广大的下层阶级,他们的地位是真正野蛮人不愿与之交换的。我反复考虑的意见是:让一个站在入世门槛上的人去选择,他愿意做一个澳大利亚黑种土人、一个火地岛土人、一个北极圈中的爱斯基摩人,还是愿意做一个像英国那样高度文明国家最下等阶级的一员,他一定会作出较好的选择,愿意有野蛮人的命运。因为那些下等阶级虽处身于财富中间,却衣食无着,遭受野蛮人那样的匮乏之苦,但没有野蛮人的个人自由;他们被迫过比野蛮人更狭隘更渺小的生活,却没有野蛮人发展质朴美德的机会;如果说他们的眼界比较开阔,只是让他们看到种种享受不到的幸福罢了。

我这个意见在某些人看来似乎夸张了,可是他们这样想是因为他们从不麻烦自己去了解那些阶级的真正生活条件,现代文明的巨轮以全部重量压在他们身上。正如德·托克维尔在致斯韦香夫人(Mme. Swetchine)一封信中所说,“我们很快就习惯于没有身受匮乏之苦的人们的想法,不幸的遭遇历时越久给予受苦人的苦难越大,对旁观者来说,同样的不幸事实,时间越长,它的苦难程

度变得越小。”这段话正确性的最好证据也许存在于这样的事实之中：在有赤贫阶级和犯罪的城市里，年轻的姑娘为面包替人缝补衣衫，冷得发抖；破衣赤足的儿童日夜流浪街头，而人们还定期地募集金钱，派遣教士向异教徒宣传福音！向异教徒那里派遣教士，如果不是令人忧伤，也是使人嗤笑的事情。邪神不再伸出他丑陋、肮脏的双臂；但在基督教徒的土地上，母亲为得到丧葬费而杀死自己的婴儿！在高度文明国家的官方文件里——卫生委员会报告和贫困劳动者情况调查报告——看得到的这种堕落的描写，我不相信会在记述野蛮人生活的可靠文献中出现。

我上文概述的简单理论（如果它能称为理论的话，实际上它仅仅是对最明显事实关系的认识）说明贫困与财富、低工资与高生产能力的关系，解释思想开明中存在堕落、政治自由中存在实际上奴隶制的根源。这个理论作为从一般和不可抗拒的规律中引出来的结果，它符合否则便令人困惑的种种事实，说明种种现象中间的次序和关系，这些现象不如此解释便显得矛盾和无所适从。这个理论解释了为什么新建社会里工资和利息比历史久远的社会中的较高，虽然前者的平均和总财富产量较少。这个理论解释了为什么增加劳动与资本生产能力的技术改进不能提高二者的报酬。它解释了普遍称为劳动和资本间冲突的东西，同时证明二者的利益是真正一致的。它完全驳斥了保护主义谬论，同时说明为什么自由贸易不能永远使工人阶级获益。它解释了为什么物质丰盈时匮乏加剧，而财富积累越来越大。它不求助于“生产过剩”或“过度消费”的谬论，解释产业周期性一再发生萧条的原因。它解释了大量可以做工的生产者被迫休闲、浪费了进步社会生产力的原因，驳斥可做的工作太少或要做工的人太多的荒谬假设。它解释了由于使用机器常常带给劳动阶级不良后果的原因，而不否认使用机器得到的有利条件。它解释了在稠密人口中出现罪恶与不幸的原因，不把它归咎于“至善至美”法律的缺陷，而这种缺陷是由于人们在制定法律时的短见与自私造成的。

这些解释符合所有事实。

看一看今日世界。在差别最大的许多国家里——政治、产业、关税、货币的条件分歧巨大——你都将发现工人阶级的困苦；在丰盈财富之间发现困苦与贫穷的任何地方，你将发现土地被独占；土地不是全体人民的共有财产，它是个人的私有财产；因为土地由劳动使用，劳动收入的大部分被剥夺。综观今日世界，把不同国家彼此比较，你将看到，不是资本的盈缺或劳动的生产能力决定工资的高低；它决定于土地的独占者以地租名义对劳动收入征取赋贡的程度。在新建国家，总财富量不大，但土地便宜，劳动阶级的生活往往比在土地昂贵的历史长久国家为好，这不是最无知的人都知道的事实吗？在地价相对低的任何地方，你不是发现工资相对高吗？在地价高的任何地方，你不是发现工资较低吗？随着地价上涨，贫困加深，贫民出现。在地价低廉的新殖民地，你见不到乞丐，生活条件的差异轻微。在大城市，地价以英尺计算，价格昂贵，你会发现那里存在贫穷和奢侈两个极端。这种社会等级的两极之间生活条件的悬殊，经常可以用地价来衡量。纽约的土地比旧金山昂贵；在纽约，旧金山人看到的贫穷与不幸将使他惊得发呆。伦敦的地价比纽约更贵；在伦敦，贫穷和悲惨的状况比纽约更加严重。

以同一国家的不同时期作比较，也明显看到同样的关系。根

据多次调查得出的结果，哈勒姆说，他深信英国体力劳动的工资在中世纪比现在还多。不管事实是否如此，工资即使不比中世纪少的话，也不会多得多。劳动效率的巨大增加估计在农业中达到700%或800%，在许多工业部门增加比例几乎无法计算，增加的收入都加到地租中去了。英国农业土地地租，据罗杰斯教授说，以金钱计算是500年前的120倍，以小麦计算是500年前的14倍；而建筑用地和矿区土地地租，上涨程度还要大得多。据福西特教授估计，现在英国土地的资本化租金价值达到4 500 000 000英镑或21 870 000 000美元——就是说，几千英国人掌握了其余人劳动的留置权(lien)，这么多劳动的资本化价值以1860年美国南部黑奴的平均价格计算，比全英人口都是奴隶的价值多两倍还有余。

在比利时和佛兰德，在法国和德国，过去30年内农业土地地租和售价增加一倍。[①] 总之，增加的生产能力到处都增加到土地价值上；从没有增加到劳动价值上；虽然实际工资在某些地方可能上升一点，但上升显然是由于其他原因。多数地方——在工资有可能下降的地方——工资下降，因为存在一个工资的最低点，低于这点劳动者便不能保持其原有数量。任何地方，工资占产品的比例都下降。

14世纪时黑死病如何带来工资的大幅度提高和地主如何以法令作调整工资的努力，人们是看得很清楚的。当时人口剧烈下降而不是增加，无疑减少劳动的有效能力；但是争取耕种土地的竞争减缓，大量减少地租；工资提高得这么多，导致制定强制性的惩

① 《土地租赁制度》，科布登俱乐部出版。

罚法令迫使工资下降。土地的独占产生相反的效果，这在亨利八世统治下的英国有明显的表现，在圈地运动中和国王的吹拍者及寄生虫瓜分教会土地中，许多人就这样有能力建立起贵族家庭。地价投机性上涨产生同样的后果。马尔萨斯在《政治经济学原理》中提到这个事实，但没有把它与土地租赁联系起来；据他说，在亨利七世统治时，购买半蒲式耳小麦的代价只比普通劳动力一天的收入略多一点，但到伊丽莎白统治后期，半蒲式耳小麦的代价等于普通劳动者三天的收入。我不大相信工资的下降像上边所说的那么大；可是工资的普遍下降和劳动阶级的生活困难，从“壮健流浪者”的呻吟和为镇压他们而制定的法令中，能清楚地看到。土地被迅速垄断和投机性地租线超出正常地租线，这些情况产生流浪者和贫民；同样的原因产生同样的后果，这些情况近来在美国也已看得很明白了。

“往日每年20镑或40镑租金的土地，”休·拉蒂默说，“如今租金为50镑或100镑。我父亲是农夫，自己没有土地，他只有一个租来的农场，租金每年至多3镑或4镑。耕种的土地很多，他雇佣6个帮工。他放牧100头绵羊，我母亲挤30头奶牛的奶；他有才干，确曾亲自骑着马为国王找来一副马具，一时达到可领取国王工资的地步。我能记起，当他去布莱克希思围场时，我扣紧他坐骑的挽具的情景。他让我上学；他以每人5镑的陪嫁嫁出我的姐妹，因而他使她们养成虔诚和敬畏上帝的德性。他对邻居和睦，时常请他们来家做客，他对穷人时有施舍。所有这些都是他用同一个农场的收入支付的，而现在他一年必须支付16镑租金，甚至更多，以致他没有能力为他的公爵、为他自己和孩子做任何事情，也没有能力给穷人喝一杯酒。”

托马斯·莫尔爵士在提到地租上涨把小农赶出农庄的情况时说，“这些可怜的人，男人、女人、丈夫、孤儿、寡妇、带幼孩的双亲、家长，他们人数很多财产极少，所有这些人就这样背井离乡，不知道往哪里去。”

因此，从拉蒂默和莫尔的素质——从牛津火刑柱火焰中高呼“里德利少爷，显示男子汉气概吧！”中表现的坚毅精神和从富贵不能淫、威武不能屈的力量与温馨的混合品质里——逐渐形成盗贼和寄生虫，形成使英国玫瑰花最内部花瓣枯萎和它的根部生蛀虫的大量罪恶与贫困。

但就像援引历史例证来说明万有引力一样，这个原理不但明显而且颠扑不破。地租必然降低工资，就像减数越大余数越小一般清楚。地租确实降低工资，任何人不论在什么地方，只要环视周围就能明白。

1849 年加利福尼亚和 1852 年澳大利亚工资突然大幅度上升的原因并不神秘。在劳动不需付租金的未被占有的土地上发现金沙矿使旧金山餐馆厨师的工资提高到每月 500 元，并使轮船雇不到船员和水手而停在港口生锈，直到船主同意支付在世界其他任何地方都难以置信的高报酬。如果这些金矿出现在私有的土地上，或者产金沙的土地很快被独占，这样地租就会上涨，猛烈腾飞的不是工资，而是地价。康斯托克矿脉比那些金矿更富，但是它很快被私人独占了，只是慑于强大的矿工协会组织和矿主害怕协会可能对金矿进行破坏，才使在地下 2 000 英尺深处受煎熬的矿工得到 4 元的日工资，在地下矿工呼吸的空气必须从地面压下去。

康斯托克矿生产的财富增加在地租上。这些金矿的出售价上涨到几亿元。它生产个人财产，估计每月的收入如果不是以百万计，至少也是以十万计。加利福尼亚的工资从早期高峰下降到接近东部各州的水平，而且仍在下降，其原因也不神秘。如我业已指出的，那里的劳动生产能力没有下降反而上升；但原来付给劳动的部分现在付给地租。随着金沙采尽，劳动得求助于更深的矿层或转向农业土地，但这些土地允许垄断，矿工现在踯躅在旧金山街头，愿意做不论报酬多少的工作，因为现在自然机会对劳动不再是可以免费使用的了。

这个道理不言自明。向能连贯地思考问题的任何人提出这样一个问题：

“假设从英吉利海峡或日耳曼海底部上升了一块无人的土地，土地上的不论多少普通劳动力都能够每天挣 10 个先令，土地保持不被占有，任何人可以免费使用，就像一度是很大一部分美国土地上的公地一般。这种情况对英国工资将起什么影响？”

他会立刻回答你，整个英国的一般工资必然很快增加到每天 10 先令。

在回答另一个问题，即这种情况“对地租起什么影响”时，他将沉思一会儿，而后说地租必然下降；如果他考虑到下一步会怎样，他将告诉你，在发生这些事情时，不会有很大一部分劳动转到新的劳动机会，工业的形式和经营方向不会有很大变化；只是那些目前生产的产品（归劳动和归地主加在一起）少于劳动能在新自然机会中得到的报酬的那种生产将被放弃。工资的大幅度上升以减少地租为代价。

现在找同一个人或另外一个人——不懂理论只知怎么赚钱的头脑僵硬的商人，对他说："有一个小村庄，10 年内它将变成大城市；10 年内铁路将取代驿车，电灯将取代蜡烛；将有大量的技术改进极大地增加劳动有效能力。在 10 年内，利息会有提高吗？"

他会告诉你，"不会！"

"普通劳动力的工资会提高吗？对于一个只有用劳动谋取独立生活的人来说，他的生活是否更容易一些？"

他会告诉你，"不，普通劳动者的工资不会有什么提高；恰恰相反，一切可能性告诉我们，工资将下降，单纯的劳动者谋求独立生活不会更容易，将有可能更加艰难。"

"那么，什么将提高呢？"

"地租、地价。去弄一块自己的土地，持有它。"

在这种情况下，只要你听从他的忠告，你就不必做其他事情，你可以坐着抽你的烟斗；可以像那不勒斯的流浪汉和墨西哥的麻风病患者那样随处躺下来过日子；可以坐上气球升空或者钻到地洞里去；不干任何工作，不为社会财富增添一分一厘，10 年之内你将发财！你可以在新建城市里据有一所华丽的大厦；但在城市公共建筑物中间将有一所济贫院。

在漫长的探索中，我们获得这个简单的真理：由于在财富生产中土地是运用劳动的必要之物，占有进行劳动所必需的土地就占有使劳动仅够维持之外的全部劳动果实。我们就像在敌人的国土上前进，每一步必须保证安全，每一个阵地必须设防牢固，每一条小路必须探索明白；因为这个简单的真理运用于政治和社会问题时，不为广大群众所了解，部分由于它十分简单，主要由于流传甚广的谬论以及错误的思想习惯使他们看不到解释这个压迫和威胁文明世界的万恶之源的真正原因。在这些精心炮制的谬论和错误理论背后，有一种活跃的强劲的力量，这种力量在不论政治形式如何的任何国家里制定法律和形成思想，它是巨大的和支配一切的金钱势力所形成的力量。

但这个真理是如此简单、清楚，以致只要全面了解它便会永远承认它。有一些图画虽然看了一遍又一遍，只看到一些线条或旋涡形的混乱组合——一幅风景、树木或那种东西——直到你注意到这些图案竟可以组成一张人脸或一个人物。这种勾画笔触的关系一旦认清便永远明白。这个道理在研究我们的主题时也一样。在认识这个真理之后，所有社会现象之间的关系就秩序井然了，连最有歧义的现象看起来也像是从一个最重要的原理中引导出来的事实。文化不平等发展的原因不在于资本和劳动的关系，也不在于人口对食物的压力。财富分配不平等主要是土地所有权不平等。土地所有权是最后决定社会、政治以及与之相应的人民知识和道德水平的最重要基本事实，这是千真万确的，因为土地是人生息的场所，是满足人全部需要的仓库，是为了满足人全部欲望他的劳动必须加以运用的对象；因为不使用土地或它的产品，甚至得不到海洋的产品，享受不到太阳的光，不能利用任何自然的力量。我们出生在土地上，依靠它生活，死后又归于土地。土地的产物真像是青草的叶片或田野上的花朵。把人身上属于土地的东西全部剥掉，留下的只是他的游魂。物质进步不能减少对土地的依赖，只能增加人从土地上生产财富的能力；因此，当土地被垄断时，即使物质有无限的进步，也不会增加工资或改善仅具有劳动力的人们的

生活条件。它只能增加地价和土地占有的力量。无论何时何地，在所有民族中，占有土地是贵族政治的基础、巨大产业的根本和力量的源泉。正如几百年前婆罗门的文人雅士所说：

> “任何时候土地属于谁，土地的果实也属于谁。白色的华盖和骄傲得发狂的大象是拥有土地带来的花朵。”

第六编

纠正的方法

第一章　当前所倡导的纠正方法的不当

在探究财富日增而贫困日深的根源中，我们已经发现了纠正的方法；但在谈到那个主题前，要先评论一下当前依恃的或倡导的纠正方法。我们的结论所指出的纠正方法既激烈又简单——一方面它激烈得如此彻底，只要人们对稍稍温和一点的办法的效力有一丝信心，便不愿公正地去考虑它；另一方面它又如此简单，除非所有比较复杂办法的效力都已一一被衡量，人们往往忽视它的真正效力和丰富内涵。

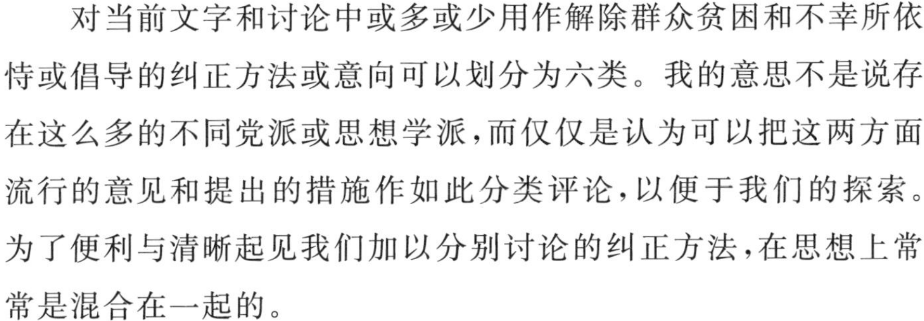

对当前文字和讨论中或多或少用作解除群众贫困和不幸所依恃或倡导的纠正方法或意向可以划分为六类。我的意思不是说存在这么多的不同党派或思想学派，而仅仅是认为可以把这两方面流行的意见和提出的措施作如此分类评论，以便于我们的探索。为了便利与清晰起见我们加以分别讨论的纠正方法，在思想上常常是混合在一起的。

许多人仍旧持有令人安慰的信心，即物质进步最终将消灭贫困，还有许多人把预防性地限制人口增加看作最为有效的手段，这些看法的谬误已经被充分揭露。让我们现在考虑可以寄望的六种办法：

Ⅰ. 大大节省政府开支。

Ⅱ. 工人阶级得到较好教育，改进他们的勤俭习惯。

Ⅲ. 工人联合起来，争取提高工资。

Ⅳ. 劳动与资本的合作。

Ⅴ. 政府的指导和干预。

Ⅵ. 土地更普遍的分配。

在这六个标题范围中，我想除了我将提出的简单而意义深远的方法以外，我们可以说基本上遍述了所有解除社会贫困的希望与主张了。

Ⅰ. 大大节省政府开支

没有多少年以前，美国人相信——欧洲自由主义者也有同样信念——旧世界被压迫群众的贫困是由贵族和君主政体造成的。随着美国在共和政体下出现和流行与欧洲同样性质（如果说程度上有所不同）的社会贫困，这种信念很快消失。可是人们依旧把社会贫困主要归咎于现有政府施加的巨大负担——巨额债务、海陆军建制、作为君主政体和共和政体统治者共同特点，特别是大城市政府特点的奢侈与铺张。在美国，除这些外还必须加上保护性关税的掠夺，在这个税制下，每征收一元钱，国库才收入 25 分，而出于消费者口袋的钱可能达到 4 或 5 元。这样看来，在从人民那里取得巨大金额与下层阶级贫困之间存在明显的联系。以这种表面看法为根据，人们又自然地提出，只要减少这种无益的巨大负担，就能使最贫苦人民比较容易生活。可是，只要以在此之前已探明的经济学原理来研究这个问题，便可知道这种见解不符合事实。从一个社会的总产量中以税收名义取走数量的减少完全等于纯生产能力的增加。事实上它起到增加劳动生产能力和增加人口密度及改进技术一样的作用。但由于其中一项带来的好处必然以增加地租的形式归于地主，其他几项的好处也必然归于地主。

英国劳动与资本的产品现在支持着巨大的债务负担、国教教会、费用浩大的王室、大量的领干薪者以及庞大的陆军和海军。假使债务取消了，教会被解散，王室失去特权令其自食其力，领干薪者被裁掉，解散陆军，遣散海军官兵并卖掉军舰，就有可能使赋税大幅度减少。社会净产品将有巨大增加，这些产品可在生产各方进行分配。但产品的增加量只相当于技术改进在长时期里一直在增加的数量，还没有最近 20 或 30 年中发明蒸汽和机器所增加的那么多。眼见技术改进所增加的产品并未减轻贫困，只能增加地租，因此由负担减轻所增加的产品其结果必然也相同。英国地主必将攫取全部利益。我不否认，如果所有这些办法能一下子实行，而在激烈行动中不出现破坏和付出代价，社会最低级层的条件可能有暂时的改善；但这样的改革要突然而和平地实行显然是不可能的。即使有这种可能，根据我们现在在美国见到的情况来看，任何暂时性的改善最终也将被增加的地价吞掉。

所以在美国如果我们打算把政府开支减少到最低点，并以税收收入支付开支，所得到的利益肯定不会比铁路已经带来的利益更大。这样一来，在全体人民手中将有更多财富，正像铁路增加了

全体人民的财富，但财富分配仍受同一无情规律的支配。以劳动为生的那些人的生活条件最终不会得到改善。

这样的一种朦胧意识遍及——或者毋宁说它开始普及——到群众之间，形成日益逼近的包围北美共和国的一个严重的政治难题。那些一无所有只有劳力的人，尤其是城市无产者——一个日益庞大的阶级——并不关心政府的挥霍乱用，在许多情况下倾向于把它看成好事——“提供就业机会”或“增加货币流通”。特威德掠夺纽约就像游击队首领勒索被他攻占的城市，实际上他只是掌握所有城市政府的新型匪帮的一个典型，但他无疑受到大部分选民的欢迎，虽然他的盗窃行为臭名昭著，被他掠夺的东西化为硕大的钻石和他个人奢华的费用用以向人们夸耀。他在被控诉后，却胜利地被选为参议员；即使当他再次被逮捕时，他在从法院去监狱路上还常常受到人们的欢呼。他盗窃公帑千百万元，但是无产者感觉不到他在盗走他们的财富。而政治经济学的论断和他们的感觉一样。

让我把意思表达得更清楚一点。我并不是说政府的节约不受欢迎；我只是指出：只要土地受垄断，政府开支的减少不可能对消灭贫困和增加工资有直接影响。

虽然我说的肯定正确，但即使单为最低阶层的利益，也应不遗余力地削减政府无益的开支。政府机构越是繁复和挥霍无度，它就越是一个脱离人民的权力机构，它就越不会把真正的公众政策问题提交人民决定。看一下我们美国的选举吧——它的结果怎么样呢？最重大的问题紧压在我们头上，但在政治中牵涉到这么大数量的金钱和个人利益，以致不会去考虑最重要的政治问题。美国的普通选民都有偏见和党派意识以及某种共同观念，对基本政治问题漠不关心，就像拉街车的马与这个行业的利润多寡毫不相干一样。如果不是这样，年代久远的陋习不可能延续至今而且还有许多新的增加，能使政府精简和节约的任何措施趋向于使政府受人民的控制，并把真正重要的问题放在人们面前。可是减少政府开支的任何措施本身都不能医治或减轻由财富分配不平等带来的弊端。

Ⅱ. 普及教育和推进勤俭的习俗

在较富裕阶级中一向有、现在还是有传布很广的想法，就是广大群众的贫困和苦难是因为他们缺乏勤勉、节俭和智力。这种想法安慰他们的责任感，满足他们的优越感，这种想法也许在美国这样的国家更为普遍，因为那里所有人在政治上是平等的，因为社会建立不久，阶级分化的情况与历史久远国家阶级划分中的长久和尖锐的情况相比较，主要表现在个人的差别而较少表现在家族的差别上。对那些自认为是靠勤俭进入较优裕环境，靠杰出的智力使他们能抓住每一个机会的人[①]来说，他们认为那些依然贫困的人之所以如此，完全是由于他们缺乏同样的品德。

但是懂得前几章中找出的财富分配规律的任何人，都能看

① 不必提那些人缺乏良心，这一点永远是造成一位百万富翁的必要条件，没有它，他可能依旧是个穷汉。

出这个观念的错误。其谬误之处犹如断言每一个竞争者均能在比赛中获胜。每个人有可能获胜是对的;要每个人都获胜是不可能的。

因为,一旦土地有了价值,我们便看得到,工资不决定于实际收益或劳动产品,而决定于产品被地租取走后留给劳动的还有多少;当所有土地都被垄断时(像除了最新建立的社会以外的任何地方),地租必然驱使工资下降,到达最低收入阶级刚刚能够生活和抚养下一代的那一点,工资被迫由被称为衣食标准的尺度固定在最低程度上——也就是说,由某些必需品和舒适品来决定。工人阶级根据习惯提出这些要求,并在这个程度上工人阶级同意保持他们的人数。事实就是如此,勤勉、技能、节约和智力只有当它们优于一般水平时才能有利于个人——正如在一场赛跑中,只有速度超过其对手时,它才有利于赛跑者。倘若一个人比一般人工作努力或有较好的技术或智力,他将取得较多的工资;但是,如果社会上勤勉、技能或智力的平均水平提高,程度增强的求职竞争将使工资停留在原来的比率上,他必须工作得更加努力,才能得到超过一般人的收入。

任何人,如果他像富兰克林博士早年充当学徒和短工决定奉行素食主义时那样生活,可以从工资中积蓄一些钱;许多贫穷家庭有可能过得较为舒适,如果他们接受教导专吃便宜的食物,只吃富兰克林限制他的雇主凯默胃口时的那种食物,[①]因为凯默希望成

① 富兰克林以其无从模仿的口气提到,凯默最后如何丧失决心,订了一客烤猪,并邀请二位女友与他一起进膳,可是客人来到之前侍者送上烤猪,凯默抗拒不了引诱,独自把它吃了。——译者

为一个新宗教的先知，得先取得压倒对手的地位，必须接受限制食欲的条件；但是，如果工人阶级普遍以这样的方式生活，工资最终将成比例地下降，无论谁希望履行节约使自己的生活超过所有人，或者希望通过宣传节约来消灭贫困，他将不得不想出维持生活的一些更俭省的方法。在现有条件下，如果美国技工愿意降低生活达到中国人的水准，他们最终将不得不接受中国的工资标准；或者说，如果英国劳动者愿意吃孟加拉人的米饭、穿和他们一样的粗布衣服，英国的劳动力很快将与孟加拉的劳动力一样接受极低的工资。爱尔兰引种马铃薯，原期望缩小贫苦阶级的工资收入与生活费用之间的差距，改善他们的生活条件，可随后产生的结果却是地租上升和工资下降，而由于马铃薯枯萎病的发生，饥荒在人群中蔓延，那些人的生活水平原已如此之低，再进一步降低就是挨饿了。

因此，如果一个人比一般人工作更长时间，他将得到较多工资；但这种方式不能增加所有人的工资。在某些工作时间长的职业里，工资不比工作时间较短的职业高，这是大家知道的；一般的情况恰恰相反，因为工作时间越长，劳动者越是变得伶仃无助——更没有时间去环视世界，发展工作以外的其他能力，改换职业和利用机会的能力就越少。虽然个别工人，得到他妻孥的帮助可以增加收入。但众所周知，习惯上由工人的妻孥辅助本人工作的职业，那工人整个家庭得到的工资通常不会超过习惯上由工人一个人工作的职业家长独自赚到的工资数。钟表行业中瑞士的家庭劳动与美国机械比赛谁更价廉。纽约制波希米亚雪茄的工人，一家男女老少在租赁房屋里劳动，他们制雪茄的工资比旧金山中国人所挣的还少。

这些普通的事实大家都知道。它们得到标准的政治经济学著作的完全承认，但在这些著作里，用的是马尔萨斯的理论，即人口趋向于增加到食物界限来解释这些事实。而真正的原因——如我业已充分表明的——在于地租上升促使工资下降。

至于教育的效果，这点值得花时间特地说几句，因为有一种流行的意见把教育看作是具有魔法的东西。事实上，教育只是教育，它只能使人们更有效地运用他们的天生能力，有一些事情是我们所称的教育做不到的。我记得一个年轻女孩，在学校里地质学和天文学学得很好，当她发现她母亲后院的地面竟是地球的表面时大为惊讶；如果你与大学毕业生谈话，将发现他们的许多知识很像是那个女孩的知识。他们的思想很少比从未进过大学的人更加深刻，有时还不如他们。

牧师布利斯戴尔博士在澳大利亚住了多年，熟悉当地土人的习俗。有一次，他列举一些例子说明土人在使用武器、预言风向和气候变化以及捕捉最易受惊的鸟类的惊人技能后，告诉我说："我认为把这些黑种人看作无知是严重的错误。他们的知识与我们的不同，但就他们的知识来说，他们通常受过较好的教育。他们的孩子一到摇晃着学走路的年龄，就受到怎样打小飞镖及使用其他武器以及怎样观察和判断的教导；当他们到必须照料自己的年龄时，已完全能够独立；事实上就他们知识的性质而言，我应称他们为受过良好教养的绅士；反观我们的许多青年人，他们具有最好的条件，但他们成人时，没有能力为自己或他人做任何事情，远不如澳洲土人。"

且不谈这些，作为或应是教育目的的知识，除非它能引导群众发现并消灭财富分配不公平的根源，它对于工资的作用，只能是增加劳动的有效能力罢了，这点是显然可见的。它的效用与提高技能或勤勉程度一样。它能使个人工资增加，仅仅因为它使此人较他人有优越之处。当读书、写字还是难得的本领时，一个书记能博得他人尊敬和取得较多工资，可是现在读书、写字几乎成为普遍的条件，就算不上什么优越性了。在中国人中间，读书、写字的能力似乎极端普遍，但中国人的工资低得不能再低。普及知识除非能够促使人们不满让生产者生活艰苦而非生产者过奢侈生活的现状，它不可能普遍提高工资，或改进处于最低层阶级的生活条件。这些阶级的人，如一位南方参议员所称的，是社会的“泥土基地”，他们必然留在土地上，不管地上的上层建筑搭得多高。劳动有效能力无论如何增加，只要地租吞噬全部增益，就不能使工资普遍增加。这点不仅仅是根据原理演绎而得，它是被经验证明的事实。知识的增长和发明的进步一次又一次增加劳动的有效能力，但没有增加工资。在英国穷人超过 100 万。在美国，救济院日益增多而工资不断下降。

的确，更多的勤勉与技能、较好的谨慎和较高的才智一般说来能使工人阶级有较好的物质条件；但各种事实关系表明，这是结果而不是原因。在工人阶级的物质条件有改进的任何地方，工人的个人品质便随着有进步，凡工人的物质条件下降的任何地方，结果是工人们品质的恶化；但从来没有一个地方，工人阶级物质条件的改善是由于做苦工勉强生活的那个阶级提高了勤勉、技能、谨慎或才智程度的结果，虽然一旦得到这些品质（或者毋宁说这些品质的伴随物——生活标准的改善），工人阶级就有了坚强的、在许多情

况下是充分的抵御物质条件下降的抵抗力。

事实是，使人超过动物的这些品质，只是比人与动物共有的那些品质较高一级的品质，只有在人的动物性需要得到满足时，他的智力和道德特性才能发展。强迫一个人为动物性的需要去做苦工，他将失去勤奋的诱因（即学习技能的动力），他只会去做强迫他做的事情。使他的状况坏到不能更坏的地步，同时他不论做什么都没有改善境况的希望，这样他就将只顾今天不问明天了。剥夺他的闲暇——意思不是指没有工作，而是指迫使他做不合宜的工作不能休息——你即使让孩子读完公费小学，让大人天天读报，也不能使之聪明起来。

确实，改善一个人或一个阶级的物质条件不会立刻看出其精神和道德状态的改进。增加的工资可能一拿到就被白白浪费掉，但最终将带来较大的勤奋、技能、知识和节约。试比较一下不同国家或同一国家里不同的阶级，比较一下不同时期的同一民族或同一民族经过移民生活条件有了变化后的情况，就可以看出毫无例外的结果，即物质条件改善后会出现我们所说的个人品德；物质条件退步后，这些品德又不见了。贫困是布尼安梦中见到的“绝望的深渊”，许多著作研究这个问题永远得不出结果。要使人民勤奋、谨慎、灵巧和聪明，首先要使他们免于匮乏。正如你要奴隶表现出自由人的美德，你必须首先让他得到自由。

Ⅲ. 工人联合起来

如上文的探索表明的，根据分配规律，工人的联合能提高工资，这样的提高不如人们有时所说，它影响其他工人的收入，也不如一般所相信的，它影响资本的收入，实际上它最终影响地租的数额。有人说，工人联合不可能使工资普遍提高，他们认为由联合而获得的局部工资提高必然降低其他人的工资或资本的利润；这些想法都出于工资取自资本的错误观念。这些观念的谬误不但被我们找出的分配规律所证明，而且被迄今的经验所证明。特殊行业中由于工人联合使工资提高的例子很多，从未表现它产生了降低其他行业工资或减少利润率的后果。特殊部门的工资增加除了可能影响雇主的固定资本或当前债务外，工资增加或减少对雇主的损害或利益，只是和其他雇主比较而言才是正确的。首先成功地削减雇工工资或首先被迫增加雇工工资的雇主，就他与他的竞争者而言，他在一个时候内得到较大的好处或蒙受不利的条件，但当增减工资的运动遍及他的竞争者时，上述的好处和不利条件就不再存在。不过，工资的变动影响他手头的合同和存货，因为它使生产的相对成本发生变动。对他来说，这点真正有关他的利益或损失。但这种利益或损失纯粹是相对的，从整个社会考虑，它是不存在的。如果工资的变动使相对需求也出现变动，它可能使投入在机器、建筑物或其他资产中的资本的利润增加或减少。但在这种情况下，很快便会达到新的平衡；因为，尤其是在经济进步国家，固定资本只是比流动资本流动性较少罢了。倘若某种形式的资本太少，资本便会向那种形式的资本流动，很快达到需要的数量；如果某种形式的资本太多，上述的流动便会停止，很快恢复原来的平衡。

虽然在任何特定行业中，工资率的变动可能诱发劳动相对需

求的变化，但这种现象不会产生总需求的变动。例如，我们假设一个国家的特定制造业中的工人联合起来使工资增加，同时在另一个国家的同类制造业中的雇主联合起来削减工资。如果变动的程度相当大，那么第一个国家里对那种制造品的需求或部分需求将以从第二个国家进口来满足。但显然，这种特定商品进口的增加必然使其他商品进口相应减少，或出口相应增加。因为一个国家只有用其劳动和资本的产品才能在交换中获得另一个国家劳动和资本的产品。那种认为降低工资能够增加一个国家的贸易，或认为提高工资将缩小一个国家贸易的想法，就像认为增加进口货的关税能够增进一个国家的繁荣，或消除对贸易的限制将减少一个国家的繁荣一样，是没有根据的。如果某个国家全部工资提高一倍，那个国家还将继续以同样的比例进口和出口同样商品；因为交易不决定于生产的绝对成本，而决定于生产的相对成本。要是某个国家只有几个生产部门的工资增加一倍，而其他部门没有增加或者增加不一般多，进口各种商品的比例将因之变动，但进出口的比例不会变动。

虽然大多数反对工人联合增加工资的意见没有根据，虽然某一部门工人联合增加了工资不会降低其他部门的工资，不会减少资本的利润，也不会损害国家的繁荣，可是劳动者有效联合的道路仍十分艰难，从联合得到的好处极端有限，在联合过程中却有根深蒂固的不利条件。

在一个特定行业或一些行业里，提高工资是所有工人在做和试图做的事情，这显然是一件困难不断增加的事业。因为任何特定行业的工资超出与其他行业工资相比的正常水平越高，促使它下降的趋势越强。譬如，印刷工人工会通过成功的罢工或威胁着要罢工而提高的排字工的工资，较其他工资正常水平超出 10%，便立刻会影响相对的供给与需求。一方面出现减少排字工资的趋势；另一方面较高的工资导致排字工人数的增加，这是最强大的联合无法完全阻挡的。倘若排字工工资增加 20%，这样的趋向更加强烈；倘若增加 50%，同样的趋势越发强烈。因此，即使像英国这样的国家——那里行业界限及工人跨行业的难度比像美国这样的国家严格而困难——实际上工会（即使相互支援）能够使用的提高工资的办法相对的少，而且这种有限的办法还只限于它们各自的行业范围，不能对无组织的处于更底层的劳动者有所帮助，那些人的条件最需要援助，并将最终决定有组织工人的生活条件。能使工资长期提高到一定程度的唯一办法是工人的总联合，即工人国际所欲建立的那种组织，这种组织应包括所有各类的劳动者。但这样的联合可能被人们看作是实际上办不到的事情，因为联合的困难在高工资和最小行业里已是够大的了，而产业越原始困难越大。

在持久的斗争中——这是联合组织争取规定最低工资额借以增加工资的唯一方法——一定不能忘记谁是相互对抗的真正双方。真正的双方不是劳动与资本。真正对手一方是劳动者，另一方是土地所有人。如果对抗发生在劳动与资本之间，双方的对抗条件要平等得多。因为支撑资本的力量比劳动的力量大得不多。资本在不使用时不但得不到任何东西，而且产生浪费，因为几乎所有形式的资本只有不断再生产才能维持。可是土地不像劳动者那样会挨饿，也不像资本那样会浪费掉，土地所有人可以等待。他们可能一时感到不便也是实情，但对他们不便的事情，对资本就是损坏，对劳动者就是饥饿。

英国某些地区的农业劳动者现正力图联合起来，使他们可怜的低工资有所提高。如果资本确实获得劳动者劳动的产量与劳动者小量工资之间的巨大差额的话，劳动者只需有效联合便能成功；因为直接雇佣他们的农场主不能没有劳动力，差不多相等于劳动者不能没有工资一般。可是农场主如果不降低地租便所得不多；因之真正的斗争是在土地所有人和劳动者之间进行的。假设劳动者的联合组织得十分完善，它吸收所有的农业劳动者，并能阻止所有可能被引诱来取代他们工作的人。劳动者除非得到较高工资，否则他们拒绝做工；农场主只有使地租大幅度下降才能提高工资；除非劳动者拒绝生产来支持农场主的要求，农场主就没有办法支持自己的要求。假使农业由此造成僵局，土地所有人损失的只是地租，而他的土地因休耕而增肥；但劳动者将受冻馁。如果英国各种劳动者联合在一个宏大的联盟中以求工资的普遍增加，真正的对抗将仍是在同样条件下同样的双方来进行。因为除非地租下降工资才能增加；在普遍的僵局中，地主仍能生活，而各类劳动者不外迁势必成为饿殍。英国的地主依靠土地所有权成为英国的主人。所谓"无论何时，土地属于谁，土地的果实也属于谁"可称千真万确。白色的华盖与骄傲得发狂的大象与英国的土地一同赐给地主，除非收回这种赐予，普通老百姓永远不能恢复他们的权力。在英国确实存在的情况，世界上也普遍存在。

可以这样说，事实上绝不会发生这样的生产僵局。这是肯定的，但这样的肯定只是因为不可能出现造成这种僵局的完全的联

合。而且土地的固定和有定数的性质使得地主远比劳动者和资本家容易和有效地进行联合。地主的联合多么容易和有效，在历史上有许多例证。使用土地的绝对必要性和所有进步国家中土地必然增值的肯定性，使地主即使没有任何正式的组织，也能产生与劳动者或资本家的最坚强联合相等的全部效力。一个劳动者失去受雇佣的机会，他立刻急于得到工作，不问条件如何；但当投机浪潮过后地价明显地高于实际价值时，凡生活在进步国家的任何人都知道，地主用多么顽固的态度坚持高地价。

以持久方式争取增加工资的计划中，除了这些实际困难外，还存在工人必须顾及的一些固有的不利条件。我说话不抱偏见，因为我还是工会的名誉会员，虽然我有我的职业，但我一直忠实地支持工会。但请注意：一个工会能够单独执行的方法必然是破坏性的；这个工会的组织一定是专制的。一个工会坚持其要求的唯一办法是罢工，这是一种破坏性的斗争，就像旧金山早年有个叫“钱王”的怪人，他向嘲笑他吝啬的人挑战，一起走向码头，轮流向海湾里抛掷价值 20 元的金币，直到一个人认输为止。一场罢工中的持久斗争的确有如人们常常比喻的战争；像所有战争一样，它使财富减少。罢工斗争的组织也一定像战争组织一样，必然是专制的。即使是一个赞成自由的人，一旦进入军队，他必定放弃个人自由，成为战争机器的一部分。组织罢工的工人，其情况也必定如此。因此，这些联合必然破坏工人企求通过联合获得的东西——财富与自由。

古代印度有一种强制负债人偿还正当债务的方式，亨利·梅因爵士在爱尔兰的布里恩法律中发现类似方式的痕迹。印度方式

叫作“坐索”，就是债权人坐在债务人家门口讨债，他进行绝食，直到索还债款。

劳动联合的方式与此类似。罢工中，工会“坐索”。但不像在古印度，它们没有支持它们的迷信力量。

Ⅳ. 使用合作的办法

很久以来，宣扬合作是解除工人阶级痛苦的主要手段成为时尚。不幸的是，合作的功效不足以纠正社会弊端，因为如我们业已了解的，这些弊端并非由劳动与资本的冲突引起；即令合作普及，它也不能提高工资或解除贫困。这是很容易看出的。

合作有两种，即供给合作与生产合作。供给合作即使能摆脱中介人的剥削，也只能减少交易成本。它只是一种节省劳动和消灭风险的办法，它对分配的作用只能起到与技术改进和发明同样的作用，而技术的改良在现代能惊人地使交易的成本低廉，使交易大大便利，但最终起到的是提高地租的作用。生产合作只是回复到目前仍在捕鲸业中流行的工资形式——即“分红”的形式。它以比例工资代替固定工资，这种替代形式在几乎所有行业里偶尔都能见到；如果让工人来管理，资本家只拿净产品中他的那部分，这只是自罗马帝国以来欧洲很大一部分农业中盛行的制度——分益佃农制。生产合作的全部好处是，它使工人更加积极和勤奋，换言之，它提高劳动效率，因而它的作用与蒸汽机、轧棉机、收割机相同。总之，促使物质进步的所有事物，只能产生同样的结果——提高地租。

当代经济和准经济文献如此重视合作，把它作为提高工资和减轻贫困的手段，就是人们在研究社会问题时忽视首要原理的明证。合作不可能具有这样的作用，这是很明白的。

撇开目前条件下围绕供给或生产合作的所有困难，假设合作制度迅速发展，取代了目前的制度，即合作商店以最小的费用连接生产者与消费者，合作工场、工厂、农庄和矿山消灭了支付固定工资的资本家并大大地提高劳动效率——第二步将是什么？这些机构有可能以较少的劳动生产相同数量的财富，结果是作为所有财富来源的土地的主人能对使用他们的土地要求更多的财富。这不是理论上说说的事情；它有经验和现有事实为证。经过改进的生产方法和经过改良的机器具有合作想要做到的相同效用，即减少把商品送到消费者手中的费用和提高劳动效率，在这些方面历史长久国家比新殖民地占有优势。但过去的事实表明，生产与交换的方法以及机器的改善，并无改善最低阶级生活条件的效果，在以最少成本交易和用最好机器生产的地方，工资比他处更低，贫困比他处更深。所有利益全加到地租上去了。

但可否假设生产者与地主之间的合作呢？那完全等于支付实物地租，加利福尼亚和南方一些州的许多土地实行这种制度，那里的地主得到收获量的一部分。这种办法除了计算方法外，与英国流行的固定货币地租没有什么不同。如果你愿意，可以称它为合作，但合作的条件仍由决定地租的规律决定，只要土地被独占，生产能力的增加必然给予地主取得产品较大份额的权力。

许多人相信合作是解决“劳动问题”的途径，是由于这样的事实：在人们对它细加观察的地方，有不少事例表明它对加入合作者的条件有可以察觉的改善。但这些完全是孤立的事实。正如勤奋、节约或技巧可以改善个人在某些方面的生活条件，但当上述种种品质变成人人都具有的时候，这种功用便不复存在；所以，一种可以得到较多商品的特殊优点或某些劳动力具有的特殊效率，它们可能得到较高的收入，但一旦这些优点变得十分普遍以致影响分配的一般关系时，这种特殊的高收入便不复存在。事实是，合作除了有可能影响教育效果外，它不能产生竞争所不能产生的效果。正如“大减价”商店对物价与消费合作社有同样的作用，生产竞争与合作生产一样，都能导致同样的人力调整和收益分配。不断增加的生产能力不会增加劳动的报酬，这不是因为竞争，而是因为竞争是单方面的。没有土地就没有生产，土地被垄断，生产者为使用土地而竞争，这样迫使工资减到最低点，而生产能力增加的好处以高地租和增加地价的方式全部给予地主。消灭土地垄断，竞争的存在便会完成合作所企求的目的——给予每个人应得的公平的一份。消灭土地垄断，产业必然成为平等人的合作。

Ⅴ. 政府的指导和干预

本书所计划的篇幅不允许我详细检验人们提出的由政府对产业和积累进行管理来减轻和消除贫困(这种管理的最彻底形式称作社会主义)的种种办法，实际上也没有对这些办法进行详细检验的必要，因为上边所说的缺点同样出现在这些办法里。这些办法用政府指导取代个人活动，试图以限制的办法来取得比自由的办法能更容易取得的东西。至于说它有社会主义性质一节，我将在下文加以评论；但是无论何种管理和限制，其本身都是坏的，只要有任何其他能达到同一目的的方式，不应加以采用，这点是很清楚的。例如，以一种最简单最温和的那类办法——累进所得税——来说，它要达到的目的是好的，旨在减少或防止财富的大量集中；但这个办法得雇佣大量具有调查权的官员；贿赂的诱惑、伪誓、伪证和各种各样逃税手段引起社会上思想的堕落，使舞弊者得益，使诚实者纳税；最后，这种税固然施展了它的作用，但同时降低了个人积累财富的积极性，而这种积极性是促使产业进步的强大力量。如果政府制订精密的方案规定每一件事情，并为每个人确定活动范围，我们的社会状况将类似古代秘鲁的社会，或者类似耶稣会（颂赞它永久的光荣）建立的、长期在巴拉圭维持的那种社会。

我不愿说这样的状况比我们看来正在趋向的社会状况要差，因为在古秘鲁虽然生产条件极差，没有铁器也没有家畜，可那里不存在匮乏这样的事情，人民唱着歌去工作。但没有必要讨论这件事。接近这种形式的社会主义，现代社会是无法成功地尝试的。证明有能力达到这种状况的唯一力量——坚强而明确的宗教信念——正在日益薄弱以至于消失。我们已经历过部落时代的社会主义，不能恢复老样子，否则就是倒退，倒退包含着混乱也许还包含着野蛮状态。业已明白证明，在实行这种企图中我们的政府将垮台。此时职务和收入不但不会合理相称，而且我们将实行古罗马分配西西里谷物那样的制度，阴谋家将很快变成皇帝。

社会主义的理想是光辉而高尚的，我深信它有可能实现；但这样的社会状态不能制造出来，它必须自然成长。社会是个有机体，不是一架机器。只有它各个部分都存在才能够使它存在；只有它各部分自由而自然的发展才能使它的整体和谐。使社会更新所必要的全部条件包含在有时被称为虚无主义者的那些俄国爱国志士的格言里:“土地与自由!”

Ⅵ. 较普遍的土地分配

有一种传播迅速的思想,认为土地的占用情况在某种程度上与最进步国家中出现的社会贫困有关;这种思想在人们提出的希望更普遍分配土地财产的建议中表现得更加明白——在英国,人们主张土地的自由买卖、佃户的权利、子女间平均继承地产;在美国,人们主张限制个人占有土地的规模。在英国还有人建议,国家应全部收购地主的土地;在美国有人主张政府应对新地区开垦公地的移民给予资金补助。我们现在先谈前一种建议;后一种建议由于它性质不同,列入政府措施范畴,在最后一节再谈。至于动用国帑和信贷会导致滥用公款和道德败坏,这点无须再加争辩。

英国作家称之为“土地自由买卖”的这个办法——取消对土地转让的征税和限制——如何能够促使农业土地所有权分散,我看不出来,虽然这个办法在某种程度上可能对城市土地起到那种效果。取消对土地买卖的限制只是允许土地所有权更快地具有它愿意有的形式。现在,英国的趋势是土地集中,尽管转让费用较大造成买卖困难,可是那里的土地所有权过去和现在都在不断地集中,这种趋势是普遍的现象,在美国也看到同样的集中过程。我毫不犹豫地说到美国的这种现象,虽则在有时援引的统计表显示出不同的趋势。在美国那样的国家里,人口调查表上显示人均拥有的田产数在缩小，而我为何说土地所有权在真正集中，其道理显而易见。由于土地不断投入使用，随着人口增长，土地由低级使用趋向高级（或更紧张）使用，于是地产规模趋向缩小。一个小牧场可成为一个大农场，一个小农场可成为一个大的果园、葡萄园、苗圃或菜园，小块土地不能办果园，可是在城市里却是一笔巨大的财产。这样，人口增加使土地趋向高级或紧张使用，往往自然而然地缩小地产的规模，这种过程在新建国家里十分瞩目；可是与此同时出现土地所有权集中的趋势，这种趋势虽然在平均地产统计表上看不到，但却同样看得清楚。在城市里拥有平均一英亩的地产比在新建移民市镇里拥有平均 640 英亩的地产是更大的土地所有权集中。我提到这一点是为了表明从这种统计表得出的推论的错误，在美国经常用它来夸耀地说明土地垄断是一种能自己治疗的弊端。事实正好相反，地主在整个人口中的比例不断下降这是很明显的。

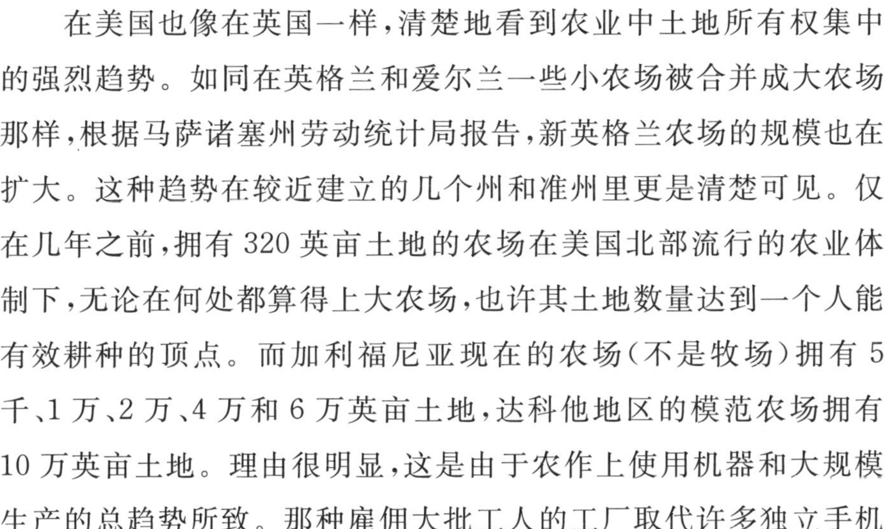

在美国也像在英国一样，清楚地看到农业中土地所有权集中的强烈趋势。如同在英格兰和爱尔兰一些小农场被合并成大农场那样，根据马萨诸塞州劳动统计局报告，新英格兰农场的规模也在扩大。这种趋势在较近建立的几个州和准州里更是清楚可见。仅在几年之前，拥有 320 英亩土地的农场在美国北部流行的农业体制下，无论在何处都算得上大农场，也许其土地数量达到一个人能有效耕种的顶点。而加利福尼亚现在的农场（不是牧场）拥有 5 千、1 万、2 万、4 万和 6 万英亩土地，达科他地区的模范农场拥有 10 万英亩土地。理由很明显，这是由于农作上使用机器和大规模生产的总趋势所致。那种雇佣大批工人的工厂取代许多独立手机织工的同一趋势，在农业中也开始了。

这种趋势的存在表明了两件事：第一，任何旨在促使土地分散的办法是行不通的；第二，任何试图强制土地分散的办法将妨碍生产。如果大块土地耕作比小块土地耕作成本降低，那么限制土地占用的数量将降低财富的总产量，如果强行限制的话，将缩小劳动和资本的总生产效率。

因此，以这样的限制来达到财富较公平分配的努力很容易减少可以分配的财富总量。这个办法就像猴子为两只猫分乳酪，它轮流把较大的一块乳酪咬一口，以使它们完全平等。

不仅这种反对意见以其提出措施的有效而颇具分量，能驳倒其他限制土地所有权的建议。还有一种进一步的最重要的反对意见，认为限制达不到它所企求的唯一有价值的目标——产品的公正分配。因为这种限制不能降低地租，所以不能增加工资。它只能使富有阶级更加富有，不能改善最底层阶级的生活条件。

如果把“北爱尔兰佃农权利”扩大到整个英国，即把地主的地产割一部分给佃农，劳动者的生活条件决无丝毫改善。如果禁止地主向佃农提租，只要佃农付给固定地租，不准地主驱逐佃农，真正的生产者不会有什么利益。经济学上的地租仍将增加，并将不断减少分给劳动和资本的产品份额。唯一不同的就是，分到地主地产的佃户，他们本身将变为地主，并从地租增加中得益。

如果改变遗嘱和继承的规定或以累进税制限制个人占有土地的数量，原来英国几千个地主将增加到200万或300万人，这些人将成为得益者。但其余人毫无所得。他们和以往一样，和土地的利益无关。如果在全体人民中平分土地（显然不可能），给每人均等的一份，由法律予以保障，禁止任何人占有的土地超过固定数额，这样将阻止土地集中的趋势，可人口增加之后又会怎样呢？

土地细分后将出现如何情况可以从法国和比利时的一些地区看到，那些地区盛行小块土地耕作。这样的土地细分从整体上看来要好得多，它使国家的基础较英国稳固，这点无可怀疑。可是土地细分不能提高工资或改善只有劳力那个阶级的生活条件，这点同样清楚。这些法国和比利时农民过着严格的节俭生活，其程度是说英语的人民闻所未闻的。如果说在英吉利海峡的彼方不存在明显的最底层阶级的贫困和不幸的惊人现象，我想一定不仅是由于那里农民生活节俭，而且是因为长期的土地细分使物质进步不那么迅速。

那里人口没有以同样速度增加（相反，人口接近停滞），生产方式的改进也没有这样巨大。M. 德·拉弗勒耶是完全赞成小农庄的作家，因而他的意见要比英国观察家更有分量，因为后者被认为可能对他们自己国家的农业制度怀有偏见，可他在论《比利时和荷兰的土地制度》（科布登俱乐部出版）一文中说，在这种土地细分制度下，劳动者的生活条件比在英国更坏；佃农（甚至在土地分得最细的地方也流行佃农制）被英国前所未闻的残酷的高地租剥削，残酷的程度甚至爱尔兰也没听说过；选举权完全不足以提高他们的社会地位，反而是他们受屈辱和羞耻的根源，因为他们被迫遵照地主的意旨投票，而不是根据自己的意愿和信仰。

因之，土地细分没有能力纠正土地垄断的弊端，它对提高工资或改善最底层阶级生活条件无能为力，反将阻止采取或宣传比较彻底的办法，反将加强现存的不公正制度，因为它使许多人对维持现行制度感兴趣。M. 德·拉弗勒耶在我上文援引的论文的结论中，竭力主张土地细分是保证英国大地主避免更激进手段的最可靠办法。他说，虽然在土地分得很细的地区，劳动者的生活条件在欧洲属于最坏之列，那里的佃农被地主剥削得比爱尔兰佃农更惨，但是“仇恨社会制度的情绪，”M. 德·拉弗勒耶继续说，“并不明显。”因为：

> “佃农虽然受不断上升的地租折磨，他生活在与他一般的佃农之中，像他那样的农民也有佃户，他使用佃农就像大地主使用其佃农一样。他的父亲，他的兄弟，也许他本人拥有一英亩土地，他把这一英亩地以尽可能高的地租出租。在酒店里，当地农民夸耀他们出租土地得到高地租，就像夸耀他们把猪或土豆卖了好价钱。以尽可能高的地租出租土地，在他看来是理所当然的事情，他做梦也没有想到与作为一个阶级的地主为难，或与私人占有土地为难。他的内心似乎不会想到作威作福的地主阶级（嗜血的暴君）本身不做工作依赖贫穷佃农养肥的这种念头；因为拼命索取最苛刻交易条件的那些人不是大地主，而是他自己的伙伴。因此，把一些小块地产分配给农民形成一种大地产主的防御工事和保护措施。毫不夸张地说，农民地产可以称为避雷器，它防止了社会危机，否则这样的危机可能导致激烈的大灾难。
>
> 少数家族集中大量土地是一种向平等立法的挑衅。在许多方面令人羡慕的英国形势，在我看来，今后在这方面充满危机。”

在我看来，由于 M. 德·拉弗勒耶指出的同一理由，英国形势似乎充满希望。

让我们放弃用限制土地所有权的方法来摆脱土地垄断弊端的全部企图。平均分配土地没有可能，而任何非平均分配土地的办法只能是一种缓和办法而不是一种治疗办法，采取缓和办法将阻止采取治疗办法。任何值得重视的纠正办法无不顺应社会发展的自然方向，就是说随着时代的潮流前进。说集中是发展的方向，这不可能有错——人民集中在大城市，手艺集中在大工厂，运输集中于铁路和轮船沿线，农作集中在大农场。最不足道的商业正以相同方式集中——日常事务可由公司承办，毛毯包可由公司代为运送。时代潮流全奔向集中。要成功地抗拒这个趋势，除非我们要人们从生活中摒除蒸汽和抛弃电力。

第二章　真正的纠正方法

我们探究出成为现代文明祸根和威胁的财富分配不公的根源在于土地私人占有制度。我们已经理解，只要这个制度继续存在，生产能力的增加永远不可能有益于群众，而是恰恰相反，必然使群众的生活条件进一步恶化。我们业已检验了人们倚恃或建议的解救贫困和更合理分配财富的所有纠正办法，它们都没有提到消灭土地私人占有，发现它们全都没有实效或不合实际。

只有一种方法可以消除弊端，那就是去掉它的根源。财产增加而贫困加深，生产能力增长而工资被迫下降，原因就在于全部财富的来源和全部劳动的场所——土地被垄断。要消灭贫困，要使工资达到正当要求应有的数额，即劳动者的全部收益，我们必须以土地公有制取代土地私有制。此外没有任何办法去除弊端的根源——没有其他任何办法可寄托一丝希望。

这是纠正现代文明中显然存在的不公正和不平等财富分配及由此产生的全部弊端的办法。

我们必须使土地成为公有财产。

我们是根据每一步都得到证明和有把握的探究与检查才得出这个结论的。在推究它的环节中，没有一环缺少也没有一环理由不足。演绎和归纳都使我们达到同一真理——土地所有权的不平等必然造成财富分配的不平等。从事物的本质来看，土地所有权的不平等与承认土地为私人财产密不可分，结论必然是：纠正财富分配不公的唯一办法是实行土地公有。

但是，这个真理在目前社会状况中将引起最严重的对抗，为实现它，必须一寸一寸地战斗前进。必然要遇到某些人的反对，那些人即使不得不承认这个真理，也要宣称它无法实际施行。

为了使那些人信服，我们要把先前的推理作新的严格检验。就像我们用减法来检验加法的正误，用除法来检验乘法的正误，我们就以检验这个纠正办法是否充分允当来证明对这个弊端原因所作的结论是否正确。

宇宙的规律是和谐的。如果我们得出的纠正办法是正确的，它必然符合正义；必然切实可行；必然与社会发展相一致，必然与其他改革相协调。

我要表明的就是这些。我要回答所有能够提出来的实际反对意见，并表明这个简单的办法不但易于实行，而且是一个纠正所有弊端的充分允当的办法，这些弊端随着现代文明的进步，从越来越严重的财富分配不公中产生。它将以平等取代不平等，以富裕取代匮乏，以正义取代不义，以健全的社会取代衰落的社会，并将为文明更辉煌和更高尚的前进开辟道路。

我这样说是表示：宇宙的规律不排除人类心中的自然愿望；社会进步可以是（如果进步要继续下去的话）和必须是趋向平等

而不是趋向不平等；经济和谐证明了斯多葛派皇帝见到的真理——

> “我们生来就要合作——就像双足，像双手，像两个眼睛，像上下两排牙齿。”

第七编

这种纠正方法的公正

第一章　土地私有的不公正

当提出消灭土地私有制时，出现的第一个问题是公正问题。公正的情感虽然常常被习俗、迷信和自私所歪曲，形成十分不正常的外表，可是，它还是人心目中根本的东西。当不论何种争执激起人们热情时，双方的意见当然激烈，但人们最要知道的问题，不是“这个意见明智吗？”而是“这个意见对不对？”

公众辩论采取伦理形式的趋势是有缘故的。它出于人的思想规律；它也许基于我们所掌握的对最深刻真理的含糊的本能认识。只有明智的才是公正的，只有持久的才是正确的。在个人行动和个人生活的狭小范围里，这个道理可能模糊不清，但在国家生活的广阔领域内，它处处突出。

我承认这个论断并接受这个检验。如果我们在探究是什么使得低工资和贫困成为物质进步的伴随物的原因时，得出正确的结论，这个结论经得起从政治经济学的术语翻译为伦理学的术语，在前者中是社会弊端的根源，在后者中是道德上的错误。如果它做不到这一点，它便要被否定。如果它能够做到这一点，它便被最后决定性地证实了。如果土地私有是公正的，那么我提出的纠正办法是一个虚假的办法；相反，如果土地私有是不公正的，那么这个纠正办法是正确的。

什么是财产的正当基础？能使一个人公正地指着一件东西说“这是我的”，其条件是什么？根据什么承认他对此物有完完全全的权利呢？主要地，它不就是一个人有使用自己能力和享受自己劳动果实的权利吗？这个个人权利不就是产生于个人器官的并由它证明是正当的自然事实吗？自然事实是每双特定的手服从一个特定的大脑，并与一个特定的胃有关；自然事实是每个人是一个明确、清楚、独立的整体——单凭这个事实，能证明个人所有制是正当的吗？因为一个人属于他自己，所以当他的劳动变成具体物体时也属于他。

由于这个理由——一个人制造或生产的东西属于他自己而不属于世界上任何人——他可以享用它，毁灭它，使用它，或者用以交换或赠送。任何其他人没有理由宣称对它有权利，他对他生产之物的完全权利绝不会误认为是属于其他任何人的。因此，凡由人力生产的任何物品，生产者有充足的无可争辩的独自占有与享受的权利，完全符合公正的原则。所有权是从最初的生产者那里传递下来的，最初生产者从自然法则里得到它。我写字的那支钢笔确实是我的，无人可以正当地把它拿走，因为制造这支笔的生产者的权利已经传递给我。它已属于我，因为文具商把笔的所有权转让给我，文具商从进口商那里得到它，进口商从制造商那里得到全部权利，制造商以同样的购买方法从掘矿者那里获得制笔原料的权利，并把它制成笔。因此，我对这支笔的完全所有权出自那些使用他们自己才能的个人的自然权利。

看来，这不但是产生所有独占所有权思想的最早根源——独占所有权思想受怀疑时，人们心里就回想到传递关系的自然倾向以及从社会关系发展的方式，看来这是很明显的；而且它必然是唯一的来源。凡不是来自生产者权利也不是根据此人传递给他的自然权利的任何物品，不可能要求具有此种物品的正当权利。除此之外不可能有其他的正当权利，因为(1)不存在能获得任何其他所有权的别的自然权利，(2)因为承认任何其他所有权就与这个道理相悖，并破坏这个道理。

首先，一个人除了他自己的自然权利之外，还有什么别的权利能产生对任何物品独占的权利呢？一个人除了发挥他自己才能之外，还有什么别的自然赋予的能力呢？他怎能用任何其他方式对其他人或物施加行动或影响呢？假使指挥神经麻痹了，人的身躯便和木石一样对外界施展不了影响或能力。那么占有和控制物品的权利能从别的什么地方获得？如果它不是源于人的本身，它能来自何方？除了人力造成的物品，大自然不承认人的所有权和控制权。人没有别的办法发掘她的宝藏，指挥她的能量，利用或控制她的力量。大自然对人类一视同仁毫不歧视，做到绝对的公平。她不知道主人和奴隶、国王和臣民、圣者和罪人的区别。所有人在她前面处于平等地位，有平等的权利。她不承认劳动所得权利外的其他权利要求，她承认权利时不管要求者是谁。海盗船扬帆时，风灌满它的帆，就像风灌满和平商船或教会船只的帆一般；一个国王和一个平民掉在海里，除非游泳，两人都不能把头露出水面；园林主人打鸟不会比偷猎者打鸟打得更快更多；鱼儿上钩完全不顾鱼钩属于上主日学校的好儿童还是逃学的坏儿童；只要耕好地撒上种子，谷物就会生长；只有使用劳动，矿石才能从矿穴里开采出来；阳光和雨同样照射和降落在好人和坏人的地里。大自然的法

则是造物主的法令。法令上载明,除了劳动的权利,不承认任何权利;上面还清楚明了地载明,所有人都有使用和享受自然的平等权利;人们对她施加他们的力,并收取和占有她的报酬。由此可见,自然只给予劳动的报酬,生产中唯有施展劳动才有独占的权利。

其次,这种根据劳动获得的所有权排除了任何其他所有权的可能性。如果说一个人只有对他劳动的产品有正当的所有权,那么任何人不能对不是他劳动产品的任何东西或者别人劳动生产的(未将所有权转让给他)任何东西有正当的所有权。如果说生产给予生产者独占和享受产品的权利,那么可以有理由说,不是劳动生产的任何东西不能独占和享受,而承认土地为私人财产是一种错误。因为没有自由使用大自然提供的种种机会的权利便不能享受劳动产品的权利,而允许把这些机会当作财产权就是否定劳动产品的财产权。当非生产者可以要求生产者创造的财富的一部分作为地租给他时,生产者对自己劳动果实的权利被否定了。

这样的说法二者必居其一:肯定一个人能合理地宣称对他自己生产的体现为物质产品的东西有独占所有权,那就否定了任何人能要求对土地的独占所有权。肯定土地财产的正当,就是肯定了在自然中没有根据的,并与以人的器官及物质世界法则为基础的权利要求相对立的那种权利要求。

阻止人们了解土地私有制非正义性的事情,莫过于把有所有权的所有东西统统包括在财产一个范畴内的习惯。或者,如果有任何区别的话,就是依照法律制定者含糊从事的特性,把区分线划在个人财产和地产或者动产和不动产之间。真正和自然的区分线应该划在劳动产品和大自然无偿贡献的物品之间；或者采用政治经济学的词汇，划在财富和土地之间。

这两类东西在本质上和关系上大不相同。把它们一并称为财产，就使人们在考虑财产的正义与不义、正当与不正当时陷入思想混乱。

一座房屋和房屋下面的土地同样是财产，是有所有权的物品，立法者把它们同样列为房地产。但在性质和关系上它们完全不同。前者由人的劳动建造，在政治经济学上属于财富一类。后者是大自然的一部分，在政治经济学上属于土地一类。

第一类东西的基本特性是它体现劳动，由人力造成，它们存在或不存在，增加或减少，决定于人。第二类东西的基本特性是它们不体现劳动，其存在与人力无关与人无关；它们是人类存在的场所或环境，是供给人类需要的仓库，是人类劳动施加与利用的原料和力量。

一旦了解这种区别，人们就知道自然的正义只属于第一类财产，不属于另一类财产；认定个人劳动产品财产的正当便暗示个人土地财产的错误；承认前者就使全体人民面临平等的条件，保证每个人能得到他劳动应得的报酬；承认后者就是否定所有人有平等的权利，允许不劳动者取走劳动者的自然报酬。

为土地私有制不论说些什么，在正义的天平上显然无法为它辩护。

所有人都有使用土地的平等权利的道理，就像他们有呼吸空气的平等权利一样清楚，后者是人们存在的事实所宣告的权利。因为我们不能这样假设：有些人有活在世上的权利而其他人没有。

如果说我们全都得到造物主的平等恩准来到世间，我们都有平等权利享受他的恩赐——有平等权利使用大自然如此公平提供的全部东西。[①] 这是一种自然和不容剥夺的权利，它是每个人出世时就被赋予的权利，这种权利当此人在世时只有其他人的同等权利可以加以限制。在自然界中，土地不是由费用造成的东西，因之世界上没有任何权力可以正当地让任何人有土地的独占所有权。即使现在活着的所有人打算联合一起放弃他们的平等权利，他们也不能送掉他们后人的权利。难道我们只做一天的佃户吗？难道是我们创造了地球？我们可以决定我们后人的权利，让他们一代也租地过活吗？万能的主为人类创造了地球，也为地球创造了人类，他以载在万物的最高原则上的命令，规定把地球遗留给人类子孙万代。这道命令任何人的行动不能阻挡，任何指示不能改变。不管地契怎么多，不管占有土地多么长久，大自然的公正不承

① 我在说土地私有制在最后分析中能证明它是正当的只有那种认为有些人生来就比其他人有较好权利的理论时，我只是指现有制度辩护士本人觉察到的感情。什么使马尔萨斯在统治阶级中广受欢迎——什么使他那本不合逻辑的书被人们当作新的启示接受，什么导致一些君主为他颁发奖章，并导致英国最吝啬的富人提出送给他生活费用，其原因是他提供一个似乎有理的理由，以证明有些人比其他人有较好的生存权利的假设。这个假设对于证明土地私人所有是必要的，马尔萨斯在宣言中清楚地说，人口的趋向是不断地把人送到世上。对于这些人，大自然拒绝提供食物，因之他们"对生活必需品的现有库存的任何份额没有丝毫的权利"，自然称他们为应予驱逐的无照营业者，"毫不犹豫地强制服从她的命令"，他们的命运永远是"饥饿与瘟疫、战争与犯罪、死亡和对婴儿生命的漠视，卖淫和梅毒。"今天马尔萨斯的这个理论成为支持土地私有所依靠的最后保护物。除此之外，土地私有再没有逻辑上的防护手段。

认一个人占有和享受分外土地的权利，这不是自然儿子的平等权利。虽然他领有威斯敏斯特公爵地产的所有权世世代代被人们承认，但今天出生于伦敦的最穷人家的孩子有与他的长子一样多的权利。[①] 虽然纽约州的上等人承认阿斯特家的土地所有权，但在该州最破陋的出租屋子里呱呱坠地的最瘦小的婴儿，一出世时就得到与百万豪富平等的权利。否定这个权利就是抢劫了他。

我们上边的结论，本身具有不可抗拒的力量，就这样被最高和最后的检验证实了。把政治经济学中的词汇改写成伦理学中的词汇，也表明土地私有制是随着物质不断进步而日益显著的罪恶之源。

生活在物质富裕中而备受匮乏之苦的人民大众，表面上享受政治自由，实际上只得到奴隶的工资；对他们来说，节约劳动的发明不能减轻他们的苦役，看来反而剥夺了他们的权利，他们本能地感觉到“有些事情不对头”，而他们是对的。

广泛存在的社会邪恶，在进步的文明中到处压迫人，这些邪恶产生于主要的弊端——人人赖以为生的土地被占用，成为少数人独占的财产。从这个根本性的不公正派生出种种不义的行

① 这个平等使用和享受土地的自然而不可剥夺的权利是如此明显，以致它得到任何地方人们(压力或习惯尚未使他们的首要感觉迟钝)的承认。试举一例：新西兰白人殖民者发觉他们未能从毛利人那里得到后者认为是土地完全所有权的东西。因为，虽然整个部落可以同意出售土地，他们仍要求白人，每一个婴儿出生时要另外付一笔钱。理由是他们只出卖他们自己的权利，不能出卖未出世后代的权利。政府不得不让步，为解决问题在购买土地时拨出一笔部落年金，凡新出世的每个婴儿可以得到一份钱。

为，它们扭曲和危害现代社会的发展，使财富生产者陷于贫困，纵容非生产者豪华奢侈，它们在贫民租住的小屋后面建起高楼大厦，在教堂后面造起妓院，并强迫我们在开办新学校的同时去建造监狱。

那些现在困惑世界的现象并不新奇也不费解。物质进步本身并非坏事；并非大自然不抚养她召到世上的儿童；并非造物主在自然法则上留下不公正的污点，在人们内心激起反感，说物质进步带来如此难吃的苦果。眼前，在我们的最高文明中，人们因匮乏而昏厥和死亡，这不是因为大自然的吝啬，而是因为人的不义。邪恶与不幸、贫困和匮乏并不是人口增加和工业发展的合理结果；它们之所以随着人口增加和工业发展而出现，是因为土地被当作私有财产，它们是破坏公正的最高法则的直接和必然的结果，是由于大自然供给所有人的土地被少数人独占。

承认土地的个人所有就是否定其他个人的自然权利。这个错误必然表现为财富的不平等分配。因为没有土地，劳动便无法生产，否认使用土地的平等权利，也必然否认劳动对自己产品的权利。如果一个人能支配别人必须在其上劳动的土地，他就能占有别人的劳动产品，作为允许他们劳动的代价。人应该在施展他劳力之后才能享受成果的自然根本法则就这样被破坏了。有人不生产而收入，有人生产却没有收入。有人不公正地发财，有人被掠夺。对这个根本错误，我们追根到财富的不公正分配，就是它把现代社会分裂为极富和极贫两种人。就是地租的不断增加——劳动为使用土地被迫支付的代价——夺走许多人正当获得的财富，使这些财富堆积到少数不劳而获者的手里。

那些由于这种不公正而受苦的人们，为什么犹豫不决，不立刻起来把它扫除干净？那些地主是什么人，为何允许他们在他们未播种的地方收获？

现在就想一想，我们允许土地独占权从约翰·多伊手里郑重地转移到理查德·罗手里是多么荒谬，竟给予他对所有其他人的绝对统治权！在加利福尼亚，我们土地的所有权可以追溯到墨西哥的最高政府，墨西哥取自西班牙国王，西班牙国王取自教皇，当教皇大笔一挥，便把尚待西班牙人或葡萄牙人发现的土地划了出去——或者你可以说这些土地是征服得来的。在东部诸州，土地来自与印第安人签订的条约和英国国王的赠赐；在路易斯安那，土地来自法国政府；在佛罗里达，土地来自西班牙政府；而在英国，土地来自诺曼征服者。无论何地，土地都不是得自施予的权利，而是得自强迫的力量。如果土地所有权借强力得到，当用强力废除这种所有权时，谁也不会抱怨。无论何时，在人民有权选择取消那些所有权时，没有人能以公正名义加以反对。只要有人拥有、把持或赐予独占地球表面一部分的权力，何时何地才能出现有权利的人呢？

人生产的任何物品的独占所有权是很清楚的，不管这件物品经过多少人的手，在传递线的开端总有某人用他的劳动得到它或生产它，对它有世上其余人没有的清楚权利，它可以用出售或赠送的形式正当地从一个人那里交给另一个人。可是在转让或赠送线路的终端能看出或假设对物质世界自然物的任何部分有同样的所有权吗？我们只能看到这种自然物原始所有权的改良，但是改良者只是对改良部分有所有权，不是对土地本身有所有权。如果我清理一座森林，抽干一块沼泽，或填平一块泥淖，我正当地要求的权利仅是我付出劳力的价值。这些价值没有给我土地本身的所有权，没有给我由于社会发展使土地增值中得到比其他社会成员更多的权利。

但有人会说：土地的改良部分到一定时候就变得与土地本身无法区分了！很好，那么土地改良的所有权与土地的所有权混淆起来；个人权利消失在共同权利之间。这是大权利吞噬了小权利，不是小权利吞噬了大权利。不是人造自然，而是自然造人，就是大自然的怀抱是人和他的工作必然再返回的场所。

可是还有人会说：由于每个人都有利用和享受自然的权利，必须允许在使用土地的人有使用它的独占权利，以便他得到他劳动的全部利益。但是不难判断个人权利应在哪里终止，共有权利应在哪里开始。价值提供了精细而真确的检验标准。有了价值的帮助，不管人口如何稠密，在确定和保证每个人的恰当权利和所有人的平等权利时便不会有困难。如我们知道，土地的价值是垄断价格。决定土地价值的不是土地的绝对能力而是它的相对能力。不管土地的内在质量如何，凡不比现有可以使用的其他土地较好的土地就没有价值。土地的价值经常以它和现有最好可以使用的土地的价值作比较而定。这样，土地价值以正确而明显的形式表明个人占有土地中的社会权利；地租则表明个人应付给社会的恰当金额，使之达到与社会其他所有成员同等的权利。因此，如果我们让先前占有土地的人一直使用土地，同时没收地租充社会公益之用，这样我们把改良土地所必要的土地固定使用权与完全承认人人有使用土地的平等权利两者协调起来了。

至于从土地的先占演绎为土地完全和独占的个人所有权，如果这样说，那是为土地私有制辩护的最荒谬的理由。难道先占就能对无数代人在自然秩序中彼此嬗递的地球表面的一部分有独占的和永远的所有权！难道嬗递中的最后一代人有比我们较多的权利使用这个世界吗？或者，一百年前那些人有这种权利吗？或者说一千年前那些人有这样的权利吗？筑堤人、穴居人、与柱牙象和三趾马的同代人，或者更早的人，他们在我们视为地质时代的难以计算的长远年代里彼此相继的土地，我们可以在这短短的年代里拿它出租吗？

宴会中第一个来到的人有权利把所有坐椅折叠起来，宣布除非与他讲好条件，任何其他客人不得分享食物吗？第一个在剧院门口拿出门票进门的人，因为他第一个到达就有权关上大门，让剧团为他一个人表演吗？第一个进入火车车厢的旅客有权把行李乱放在所有座位上，迫使后到的旅客站着吗？

这些例子完全类似。我们来到我们离去，宴会上的宾客继续满座；有余座供来者的娱乐场随时有观众和表演者来到：从这站到那站的旅客，在空中旋转的吊座上的游客——我们乘坐和占据的权利不是独立的；我们的权利到处都受其他人平等权利的制约。就像一个火车车厢中的旅客，他可以任意把行李散放在许多座位上，直到别的旅客进来；同样一个殖民者可以任意取用土地，直到有别人需要它——这个事实表明土地得到价值——那时他的权利必然受他人平等权利的削减，先期占用并不赋予他抗阻别人这些平等权利的权利。如果不是这样，那么利用先期占用，一个人能够得到和任意转让的不仅仅是160英亩或640英亩的独占权利。而是可以占有整个市镇、整个国家或一个大陆的土地。

将承认个人的土地权利引申到极点，便可达到这样荒谬的地步——任何人如能够把任何国家土地集中为他个人所有，他便能把其余全体居民从那里赶跑；如果他能把整个地球表面的土地集中为他个人所有，那么地球上所有众多人口中只有他一个人有生活的权利。

这个假设的想法在较小规模上已成为真正事实。不列颠的领地领主得到赐予的土地使他有了“白色华盖和骄傲得发狂的大象”，他们曾一次次把当地人从广大地区赶走，使他们流浪他乡变成乞丐或成为饿殍，而这些人的祖先从古老时代以来一直生活在这块土地上。在新建的加利福尼亚州的未开垦的土地上，可以见到一些房屋上的黑烟囱，房屋中的移民已被无视自然权利的法律的力量赶出，而原来可以移民的大片土地荒芜着，因为承认独占土地所有权使它置于一个人的权利之下，禁止别人使用它。占有不列颠群岛表面的一小撮地主如果做英国法律给予他们充分权利去做的事情（许多地主已经在较小规模上做了），他们就可以把几百万不列颠居民从生长的岛上赶走。这样规模的放逐——几十万人可任意把三千万人驱逐出他们的乡土——虽然更为惊人，但与现在展示的场面相比较并不更悖于自然权利，现在许多不列颠人为了求得允许生活和使用这片土地的权利，被迫向少数人支付巨额金钱，这片土地他们疼爱地称呼为他们自己的国家，这片土地有使他们热爱的如此亲切和如此光荣的回忆，对这片土地他们负有义务，如果必要，他们将为之洒热血献出生命。

我只提不列颠群岛的情况，因为那里土地所有权更为集中，那

里提供更惊人的例证，说明土地私人所有必然引起的后果。“任何时候土地属于谁，土地的果实也属于谁，”这个真理随着人口日益稠密以及发明和改进增加生产能力变得越来越明显；可是这是到处存在的事实，在我们几个新建州里和在不列颠群岛或印度河两岸同样存在。

第二章　劳动者受奴役是土地私有的最终结果

如果说奴隶制是非正义的，那么土地私有制也是非正义的。

如果听任事态自然发展，对土地的占有将引起对人的占有，占有程度将根据使用土地的需要（真正的或人为的）来决定。这只是根据地租规律出现的另一种形式。

当需要是绝对的时，即不使用土地将挨饿时，对土地的占有包括对人的占有也变成绝对的。

将 100 个人安置在与外界隔绝的一个岛屿上，不管你使其中一人成为其余 99 人的绝对主人，或者你使他成为岛上土地的绝对主人，对于他和对于其他人的后果都没有什么不同。

在前一种情况下和在后一种情况下一模一样，其中一人将是其余 99 人的绝对主人；他的权力决定着其余人的生命，因为他拒绝他们住在岛上，就会迫使他们投入大海。

在较大规模上和通过较复杂的关系，同样的原因必然以同样的方式起作用，从而达到同样的结果——如人口压力加重，迫使劳动者只能生活在属于他人独占财产的土地上，最后结果显然是他们成为土地主人的奴隶。试举一个国内土地由许多地主瓜分，而不是由一个人独占的国家为例，在国内的现代生产中，资本家已从劳动者那里分离出来，工业和交换有了许许多多分支部门，并从农业中分离出来。土地所有人和劳动者之间的关系（虽然不很直接与明显），随着人口增加和技术的改良，将使前者成为绝对统治者，后者处于凄惨无助的境地，其情况与上边假设岛屿上的情况毫无二致。地租将上升，工资将下降。在总产品中，地主将取得不断增加的份额，而劳动者得到不断缩小的份额。由于要换种一处地租便宜的土地非常困难或不可能，劳动者不管生产什么，他们只能过勉强温饱的生活；而他们中间的竞争（在土地被垄断的地方）将迫使他们陷于实际上是奴隶的境地，虽然他们具有自由的权利和标识，但这些不过是对他们的嘲弄罢了。

尽管本世纪生产能力有巨大的增长，并且还在继续增长之中，但在较低和较广层次的产业中劳动工资到处趋向奴隶般的工资，仅够维持劳动者的工作条件，这个事实没有什么可奇怪的。对一个人赖以为生的土地的占有，实际上就是对此人的占有。允许有些个人独占地使用和享受土地，等于迫使另外一些人陷于奴隶境地，像正式罚他们作奴隶一样的完全和实在。

在形式比较简单的社会里，生产主要是在土地上直接应用劳动，奴隶劳动是一些人对人们必须赖以为生的土地有独占权的必然结果，这在奴隶制和农奴制中看得很明白。

奴隶制源于战争中擒获的战俘，虽然这种制度在地球上的每一部分均一定程度地存在过，但与起源于土地独占的奴隶劳动形式相比较，其地域较小影响较微。从来没有数量极大的人民沦为同种人的奴隶，也没有通过征服使这样大量的人沦为奴隶。在达到某种发展程度的社会中，我们见到众人普遍受少数人支配的状况都是土地成为私人财产的结果。就是因为对土地的占有，到处出现对赖土地为生者的占有。关于这种奴隶劳动，埃及年代久远的金字塔和巨大的纪念碑还可作证，关于这种制度，也许我们在圣经的饥荒故事里能见到模糊的传说，在故事里法老趁饥荒买入人民的全部土地。在历史的黎明时期，希腊征服者把半岛上原来的居民沦为农奴，迫使他们耕种土地缴付地租，依靠的就是这种奴隶劳动。由于大地产的发展，使古代意大利的人口变质，从一个吃苦耐劳的农民家系（他们坚强的品德令全世界倾倒）变为畏缩的农奴种族；由于土地被首领占为绝对财产，逐渐使自由和平等的高卢、条顿和匈奴战士的子孙变为掠夺者和恶棍；使斯克拉伏尼克乡村公社的独立市民沦为俄国的农夫和波兰的农奴；使中国、日本以及欧洲形成封建制度，使波利尼西亚的大酋长成为他们同胞的绝对主人。雅利安的牧人和战士（比较语言学告诉我们，原是印-日耳曼种族的平民，移到印度低地）怎么会变成一味恳求和畏缩的印度人，我上文援引的梵文诗给我们一个暗示，印度王公的白色华盖和骄傲得发狂的大象是授予土地的结果。如果我们能读懂被湮没在尤卡坦和危地马拉巨大废墟坟墓中的记载，它们立刻会告诉我们当时统治阶级的骄傲和人民群众遭受的无报酬的苦役，我们极有可能了解到，由于土地成为少数人的财产，因而广大人民被迫从事奴隶劳动。这将又是一个证明，表明占有土地的人是以土地为生者的主人这个放之四海而皆准的事实。

劳动与土地之间的必然关系使土地占有者具有支配那些只有使用土地否则无以为生者的绝对权力，这解释了舍此便无法解释的道理——为什么完全违背自由与平等自然观念的制度、习俗与思想能成长和长期存在。

对人力生产的物品正当和自然地为个人所有的思想扩展到土地上时，以后的事情仅仅是自然演化的事情。最强有力和最狡猾者很容易获得这种财产的巨大份额，这种财产不是由生产获得而是借占有获得。在成为土地主人时，他们也成为他们同胞的必然主人。土地私有制是贵族政治的基础。不是先当贵族而后占有土地，而是占有土地才成为贵族。中世纪欧洲贵族的庞大特权来自他们是土地主人的地位。土地私有制的简单原则一方面产生主人，另一方面产生奴隶，前者握有全部权力，后者一无所有。主人对土地的权利得到承认和维持，赖土地为生的那些人只能按照他的条件生产和生活。当时的习俗与环境使那些条件包括提供劳务和劳役以及以产品或现金交纳地租，而迫使那些人服从的最根本之点便是土地的私有。凡存在土地私有的地方都存在这种权力，凡使用土地的竞争紧张得足以使地主提出他自己条件的地方，地主就要使用这种权力。今天的英国地主，法律承认他的土地独占权，他基本上拥有他封建贵族先人的全部权力。他可以要求佃农以劳务或劳役交租，他可以强迫佃农穿他规定的衣服，信仰特定的宗教，送他们孩子上特定的学校，遇有纠纷提请他裁决，当他对他们说话时他们得跪下，得穿着他的号衣随他巡视邻近地方，或把妇女的贞操贡献给他，为了不被赶出他的土地，他们被迫忍受这些条件。总之，他可以要求佃户仍旧愿意留在他土地上的任何条件。只要法律不限制他的所有权，法律就不能阻止他这么做，因为屈从这些条件被视为一种自由契约或自愿行为方式。英国地主确实以他们所乐意的、合于时代的方式实施这些权力。他们摆脱了为保

卫国家提供人力的义务，他们不再需要他们的佃农服兵役，他们掌握的财产和权力现在以别的方式来表示，不用过去那种身边一长串侍役的摆饰，他们不再关心个人的服务。可是他们仍习惯性地控制佃户的选举，并用许多可鄙的方法指导他们投票。“可尊敬的上帝使者”主教普伦基特老爷把不少爱尔兰佃农逐出他的农庄，因为他们不同意把孩子送进新教的主日学校；内姆西斯在她为利特里姆伯爵射出刺客的子弹之前等待了很久，甚至更龌龊的罪恶也应归咎于伯爵；在贪婪的冷酷促使下，一间间的农舍被推倒，一个个家庭被赶到大路上。允许这种行为发生的原则就是在原始时代和简单社会状况中使广大平民成为奴隶，并在贵族与农民之间造成宽阔鸿沟的同样原则。在农民被迫沦为农奴的地方，就是因为禁止他离开他出生的田庄，就这样人为地产生了我们上边假设的那种岛屿的条件。在居民稀疏的地方，必然会产生绝对的奴隶劳动，但在土地全被占用的地方，竞争可能产生本质上完全相同的条件。在受高地租剥削的爱尔兰农民与俄国农奴之间，农奴比农民有许多较好的条件，至少农奴不会饿死。

此刻，我想我已经完全证明，任何时代使劳动群众生活日益贫困和陷入奴役苦境的同一原因今天仍在文明世界上起作用。人身自由——行动自由——在任何地方都得到承认，政治上和法律上的不平等在美国已完全绝迹，在最落后的文明国家中残存的也很少。但是不平等的主要原因依然存在，并表现为财富分配的不平等。奴隶劳动的实质就是劳动者的产品除留下仅够他维持动物般生活外，全被拿走。在目前条件下，即使是自由劳动的工资总是趋向仅够生活的最低点。不论生产能力有多大增加，地租不断提高，吞噬增加的产品，甚至超过增加量。

这样，任何文明国家中群众生活条件成为或正在成为表面自由而实际是奴隶劳动的生活条件。也许在各种奴隶劳动中，它是最残酷无情的奴隶劳动。因为劳动者被抢走劳动的产品，被迫为最低生活受苦受累；而监工们，他们不再是人，摆出一副穷凶极恶的样子。那些监督他劳动和发给他工资的人，他们本身也常常受人驱使，他们把劳动者和他们劳动的最后受益人之间的联系切断，而他们的个性也丧失了。现在，不存在主人对奴隶的直接责任感，不存在对广大群众施展软化影响的责任感；看来好像不是一个人驱使别人不间断地和报酬绝少地做苦活，而是“供求关系不可避免的规律”——无人对它有特别责任——在起作用。罗马监察官加图的名言即使在残酷无情和普遍蓄奴时代也受人憎恶，它的意思是，从一个奴隶身上榨取尽可能多的劳动后，应当将奴隶逐出，让他去死。这成为普遍的规律；现在甚至见不到主人为了自私利益去照顾奴隶生活的情形。劳动成为商品，劳动者成为机器。不再有主人与奴隶，不再有占有者和附庸，只有买主与卖主。市场的讨价还价取代了其他思想感情。

南方奴隶主看到最进步的文明国家里贫穷的自由劳动者的生活条件时，他们很容易相信神圣奴隶制度的正确，这是毫不足奇的。南方的耕作奴隶作为一个阶级吃得较好，住得较好，穿得较好；他们比英国农业劳动者较少担忧而较多娱乐和生活享受，这点不可能怀疑；甚至在北方城市里游历的南方奴隶主可能看到和听到在他们劳动组织下不可能发生的事情。在奴隶制时代的南方诸州里，主人如果强迫他的黑奴像自由国家里大批自由白种男女那样，被迫工作和生活，那么他将声名狼藉；如果舆论不能限制他，他自己的希望奴隶能健康有力的私利也将限制他。可是在伦敦、纽约和波士顿，那里有许多人为解放奴隶已经或愿意再次出钱和流血；那里如有人公开虐待动物将受到拘捕或处罚，可那里甚至在冬天也可以看到光着脚穿破衣的孩子在街头奔跑；在龌龊的顶楼和吵闹的地下室里，妇女们为工资终生劳动，而工资不足以使她们得到足够的温暖和营养。在南方奴隶主眼中，消灭奴隶制度的要求看来像是伪善的漂亮话，这有什奇怪呢？

现在奴隶制业已消灭，南方农场主发觉他们并无损失。他们对自由人必须赖以为生的土地握有所有权，使他们实际上和以前一样可以支配劳动，同时他们解除了有时费用昂贵的对奴隶的责任。黑奴选择外迁，现在看来一场巨大迁移正将开始，但人口在增加，土地日益昂贵，农场主将获得他们劳动者收益中的较大比例份额，比在奴隶制度下他们得到的更多，而劳动者得到比以前更少的份额。在奴隶制度下，奴隶至少能得到保持他们身体健康的待遇，但在像英国那样的国家里，有很大数量的劳动者得不到这个生活条件。①

在主人与奴隶间存在个人关系的任何地方，会产生一种使奴隶制度稍稍温和的影响，阻止主人对奴隶行使全部权力。这种影响也显露在作为欧洲发展早期特征的较原始的农奴制形式中，并得到宗教力量的帮助。如在奴隶制度中那样，也许还得到主人较

---

① 一位反奴隶制的宣传家(J. A. 科林斯上校)访问英国时，在苏格兰工业城市向众多听众发表演讲。当他说到有几个南方州的奴隶规则规定供养一个奴隶的最低口粮时，像在美国常常发生的那样，他被听众包围起来，他很快发觉，对许多听众来说，这一点会使反奴隶制的情绪缓和。

开明但是自私利益的帮助，而且形成习惯，普遍规定地主可以从农奴或农民身上榨取的限度。因之，没有生活资料人们为得到生存资料而进行的彼此间竞争，任何地方都适可而止，不会使用剥夺或凌削对方全部力量的方法。希腊的奴隶、意大利的分成佃农、俄国和波兰的农奴、封建欧洲的农民向地主缴纳固定的产品或劳动，地主一般不强索超过这一限度的东西。像这样悄悄进入并缓和土地私有制榨取力量的影响，在英国田庄中依然可见，那里的地主及其家庭像美国南方农场主习惯于照顾黑奴那样，认为为病弱者送医药问寒暖以及照顾他们佃户生活是自己的责任；可是在现代生产的更复杂过程中，这种影响在更精细和较不明显的奴隶劳动形式里消失了。现代生产过程以许多中间环节把劳动被人使用的个人与使用劳动的个人分隔得十分遥远，并使两个阶级成员间的关系变得不是直接和特殊，而是间接和一般。在现代社会里，竞争能迫使劳动者付出他能给予的最大代价，竞争有多么可怕的力量，在财富和工业中心的最底层阶级的生活条件中可以看出。最底层阶级的这种生活条件还未扩展到更普遍的程度，应归功于这个大陆上尚有大量肥沃的土地，这些土地不但可供美国历史较久一些州日益增多的人口移居，而且大大减轻欧洲的人口压力。欧洲的一个国家——爱尔兰——的移民如此之多，实际上减少了那里的人口。但这个减轻压力的通道不可能永远存在。它在迅速关闭，当它全部关闭时，人口压力必然越来越沉重。

所以，《罗摩衍那》中聪明的乌鸦，那只“住在宇宙每一部分，并通晓开天辟地以来所有事情”的乌鸦布香达宣称：虽然轻视尘世的利益是到达最高福境的必由之路，但最剧烈的痛楚是由极端贫穷

引起的，这话颇有见地。进步文明中广大群众蒙受的贫困不是贤人所追求的和哲人所称赞的免除心神不宁与诱惑的故事；它是使人堕落和野蛮的奴隶制度，它摧残人高尚的本性，麻痹人美好的感情，并以它的痛楚迫使人做出牲畜不为的事情。处于这种无助、无望的贫困中，男子汉的气概被粉碎了，妇女的贞娴被破坏了，甚至夺走儿童的天真和欢乐；就是在这种情况下，工人阶级被加在他们身上的像无法抗拒和毫无怜悯的机器一般的力量所驱使。波士顿硬领制造商付给受雇佣女工两分钱一个小时，可能出于同情她们的不幸生活条件，可是他也像她们一样，受竞争规律的支配，不能支付更多工资，否则便无法进行他的业务，因为交易不受感情的左右。所以，从所有的中间等级，直到那些以土地地租形式无代价地收入劳动增益的人看来，似乎是那无情的供求规律（它像风与潮汛一样，没有人能与之争辩），把下等阶级推向匮乏的奴隶境地。

可实际上，造成奴隶状态的原因，永远是一些人垄断了大自然为所有人设计的东西。

只要我们承认土地私有制度，我们所夸耀的自由必然包含奴隶状态。在消灭土地私有之前，《独立宣言》和《解放法案》都不起作用。只要有一个人能够对其他人必须赖以为生的土地宣称有独占所有权，奴隶状态将一直存在，并随着物质不断进步，还必将扩大和加深！

在本书以前各章中，我们一步步探明这个过程，它就是今天文明世界中的实际情况。土地的私有制是石磨的下半部。物质进步是石磨的上半部。在它们之间，工人阶级被日益加重的压力研磨着。

第三章　地主的补偿要求

颠扑不破的真理是，对土地的独占所有权是非正义的，土地私有制是一个无耻的、巨大的、赤裸裸的错误，与奴隶制的错误毫无不同。

文明社会大多数人没有认识到这一点，仅仅是因为大多数人未加思索。对他们来说，除非经常指出错误的东西，他们总以为凡是存在的都是正确的。一般地说，他们往往对第一个指出错误的人，加以指摘和反对。

任何研究政治经济学的人，甚至研究目前政治经济学课程的人，或思考财富的生产与分配的人，不可能看不出土地财产与人力生产财产的本质不同，前者没有理由说它在理论上是正义的。

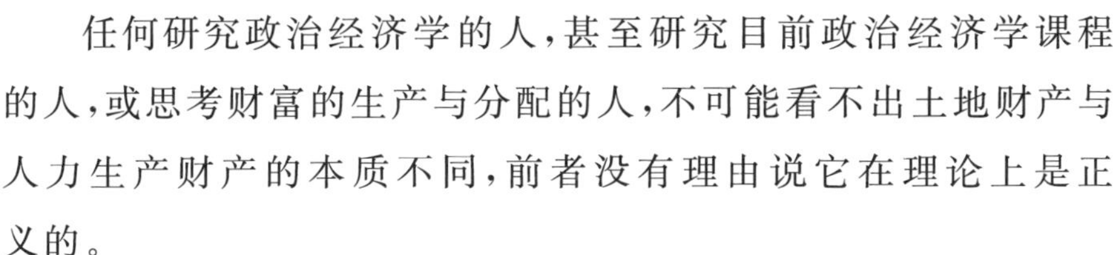

每一种标准的政治经济学著作或明言或暗示都承认这一点，但一般只是含糊地承认或轻轻掠过。它们总是把读者的注意力从这个真理引开，就像蓄奴社会中教授道德哲学讲师总把听者的注意力引开，不去思考人的自然权利，并不加评论地接受土地私有制为既成事实，或者假定它是适当地使用土地和文明现状所必要的。

我们所作的检验结论性地证明，不能以适当使用土地为理由来说明土地私有的正当，相反，它是贫困、不幸、堕落以及社会弊病和政治软弱（在进步文明中表现得如此可怕）的主要原因。因此，不论从方便上还是从正义上，都要求我们消灭它。

既然方便或正义要求我们消灭这个不比一项市政条例有更广泛基础或更充分理由的制度，那么，有什么理由还要迟疑呢？

看来引起迟疑，甚至引起那些清楚地知道土地从正义上讲应是公共财产的人们迟疑的理由，在于认为既然长久以来允许土地私有，我们在消灭它时，将伤害那些已经把土地私有的永久性作为他们计算基础的人；既然以前已允许占有土地作为正当财产，现在重新把它变成公有财产，我们将伤害那些用他们无疑是正当的财产去购买土地的人。因此，有人认为，如果我们消灭土地私有制，正义要求我们应完全补偿现在持有土地的人，就像英国政府在禁止购买和出售军衔时，认为应赔偿那些已买进和持有军衔并相信可以再次出售的那些人，或者像英政府在废除英属西印度群岛的奴隶制时，付给奴隶主人1亿元作为补偿。

赫伯特·斯宾塞甚至在他的《社会静态学》中清楚表示，废除土地独占的所有权支持他提出的这个思想（虽然在我看来二者并无一致之处），他宣称公正地估价和清偿现在土地持有人的权利，是“有一天社会必须解决的最复杂问题之一”，他认为那些土地持有人“不是他们本人就是他们的祖先曾经用诚实获得财富的相等价值，买入他们的地产”。

这种思想提出这样的主张（它在不列颠找到拥有者）：政府应按市场价买进国内土地的个人所有权。这种思想导致约翰·斯图尔特·穆勒（虽然清楚地看到土地私有的基本非正义性质）

提倡不完全恢复土地的公有，而只要求把今后土地自然增长的价值收归公有。他的计划是，把王国内全部土地的市场价格进行公平而均匀的估价，此后凡不是由于土地改良而增加的价值，一律归公。

且不说这样麻烦的计划所包含的实际困难：政府将因工作扩大而要求增加人员以及因之发生的腐化与贪污；这个计划内在的和本质上的缺点在于不可能以任何妥协办法，把错误和正确之间的尖锐区别抹平。要保持地主的利益必须要按同样比例不顾一般人的利益和权利，如果地主要保持特权，普通人将一无所获。购买个人土地所有权，只是给予地主另一种形式的权利，其性质与分量与土地现在给予他们的相同；这种形式的权利使他们从劳动和资本收入中取得的部分相等于他们目前从地租中取得的数量。他们非正义的利益得到维持，无地者非正义的苦难将依然如故。当然，当地租上升使地主在目前制度下愿意接受的金额大于目前土地收购价的利息时，一般人从中得利。但这只是今后的利益，而与此同时，为目前地主利益而加在劳动和资本上的负担不但没有减轻，反而将大大加重。因为目前的土地市场价格包含预期今后增价的因素，因此以市场价收购土地并为收购资金支付利息，使生产者不但要支付实际地租，而且要支付全部投机性地租。换句话说，土地将以低于寻常利率计算的价格购买（因为预期土地价格上涨总是使土地市场价大大高于产生同样利润的其他东西的价格），而收购款的利息按寻常利率支付。这样，必须付给地主的不仅仅是土地现在能为他们产生的全部，而且大大高于此数。实际上，这种做法就是国家从地主那里永久租借土地，支付多于地主现在收入的预付

地租。那时，政府成为为地主收集地租的代理人，必须付给他们的，不但是他们原来的收入，而且还大大超过。

穆勒先生提出的确定全部土地的当前市场价，此后增值归公的把今后“地价自然增加”收归国有的计划，虽然不会加剧目前财富分配的非正义性，但也不会纠正它。实行他的计划，进一步地租的投机性上涨将停止。今后，一般人将从地租增加数与在固定目前地价时估计的数字之间的差额中得到好处。当然，在估计时，和现在价格一样，预期价格也是一个因素。但这样做，今后永远使一个阶级占有超过其他阶级的巨大利益。对这个计划所能说的是，它可能比没有这个计划好一点。

这样无效率和不实际的计划，在目前还没有准备考虑任何更有效的建议的情况下可以谈论谈论。讨论这样的计划是一个信号，表明真理之楔的尖端已经打开了正确的门径。人们口头上的正义，当第一次开始向历时久远的错误提出抗议时，显得畏缩和无力；我们说英语民族仍旧戴着撒克逊奴隶的围脖，并受教育敬重地主的“既得权利”，他们内心对它怀着像古埃及人尊敬鳄鱼一般的迷信崇拜思想。但时机成熟了，不以为然的思想产生并成长，虽然开始时不令人瞩目。先前，当国王戴上帽子时，法国的第三等级把头遮住不敢仰视，曾几何时，圣路易一个儿子的头从断头架上滚了下来。美国的反奴隶运动，开始时谈论补偿奴隶主，但当400万奴隶得到解放时，奴隶主人没有得到补偿，他们也没有吵吵嚷嚷要求补偿。到任何像英国或美国这样国家的人民充分理解土地个人所有制的非正义和种种不利，并导致他们要求土地国有化时，他们将充分理解并运用比收购更直接和容易的方法实行国有化。他们将不再为赔偿地主而烦恼。

关心地主的理由也是不正确的。像约翰·斯图尔特·穆勒这样的人非常重视对地主的补偿,主张只没收今后增加的地租,只能说明他默认当前那些宣扬工资取自资本和人口增加不断压迫食物的理论。这些理论使他看不到土地私有的全部后果。他只知道"地主的权利要求完全服从于国家的总政策"和"当土地私有与公众利益有冲突时,它是非正义的"。[①] 但他落入马尔萨斯理论的陷阱,以致在我上文援引的一段话中明白声称:他认为四周的匮乏与苦难的原因在于"大自然的吝啬,而不是人的不公正,"因而在他看来,土地国有似乎是小事一桩,不能根除贫困和消灭匮乏,这些目的只有人们学会压制自然本能才能达到。像他这样伟大而纯洁的人——他心胸温暖思想高尚——尚看不到经济规律的真正协调,也不理解这个重大的根本性错误如何产生匮乏和不幸以及邪恶和羞耻,否则他就绝不会写出这样的语句:"爱尔兰的土地,任何国家的土地属于那个国家的人民。称为地主的那些个人在道德上和正义上没有权利要求除了地租或补偿可售价值以外的任何东西。"

这真是没有价值的赘言!如果任何国家的上地属于那个国家的人民,那么称为地主的个人在道德上和正义上有什么权利取得地租?如果土地属于人民,以道德和正义名义说,为什么人民应该向土地所有人支付土地可售价值呢?

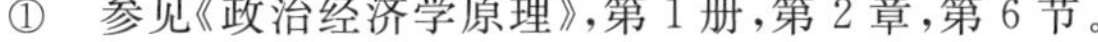

① 参见《政治经济学原理》,第1册,第2章,第6节。

赫伯特·斯宾塞说：[①]“如果我们必须对付那伙原先抢劫人类世袭财产的人的话，我们可以直截了当解决这件事情。”那么为什么不阻止这样的事情呢？因为这宗抢劫案不同于抢劫一匹马或一笔钱，一下子便能解决。这是一桩新近的并还在继续进行的抢劫，它每天每小时都在发生。地租收取的不是取自过去的产品，它取自现在的产品。它是不断和继续向劳动征收的通行税。每敲打一下铁锤，每挥舞一下铁镐，梭子的每一次穿梭，蒸汽机的每一个冲程都要向它交税。它向在地表下深处冒生命危险的人和向悬挂在白色大浪中令人昏眩的高桅上的人的收入征税；它向资本家的正当收入和发明家坚韧努力的果实索取贡赋；它使小孩不能游戏不能上学，迫使他们在骨骼未硬肌肉未坚之前去工作；它夺走寒战者的温暖、饥饿者的食物、病人的医药、焦虑者的平静。它使人们失去美德，增添野蛮和相互怨恨。它使八口十口之家挤在一间肮脏的房间里；它使成群农村男女孩子像一群猪仔；它使大小酒店坐满在家中满腔烦恼的人；它使本来可以成为有为男子的少年进入监狱和教养所；它使本来会知道做母亲纯洁欢乐的少女充满妓院；它撒布贪婪与邪恶的欲望充满整个社会，就像寒冬把狼群赶到人的

① 《社会静态学》第142页。〔此书在新版(1897年)中声明，此书和所有其他关于赫伯特·斯宾塞的《社会静态学》的书，都是根据纽约D. 阿普尔顿股份公司经他同意从1864年到1892年出版的那书的版本。那时，书名社会静态学被放弃，取代的新版本改名《社会静态学，节略和修订本》。此后《社会静态学》初版所说的否定土地私有的全部内容完全删除。当然，这里提到的话也不见了。斯宾塞先生也受到主张英国单一税者持久诘问的压力，他们坚持查问他在《社会静态学》第一版提出的问题，迫使他出版一册题为《赫伯特·斯宾塞论土地问题》篇幅很小的书，此书中重印了《社会静态学》第9章的内容，连同印在《正义》(1891年)中他认为有效地回答他自己的话；这本书也由D. 阿普尔顿股份公司重印，我想它是称为哲学家的人对自己所作的最可笑的回答。〕

住所；它抹黑人们灵魂中的信仰，通过公正和慈悲的造物主的倒影，取来作为掩盖困苦、黑暗和残酷命运的帷幕！

它不仅是过去时代的掠夺，也是现在时候的掠夺，它剥夺现在来到世上的婴孩的出生权！为什么我们还对制止这样的制度意存犹豫？因为我昨天、前天和大前天被抢劫，就有理由让自己今天和明天还要被抢劫吗？我能得出一点点理由说强盗有抢劫我的既得权利吗？

如果土地属于人民，为什么继续允许地主取走地租，或者对他们失去地租予以赔偿？想一想地租是什么吧。它不是由土地自动产生的；它不是因为地主做了什么事情理有应得。它代表全社会创造的价值。如果你愿意，让地主在没有社会其他人情况下得到土地能给他们的全部东西吧！但是由全社会创造的地租必须属于全社会。

用确定人与人权利的习惯法准则来审判地主案件。人们告诉我们习惯法是完美的理智结晶，地主肯定不能抱怨它的决定，因为它是地主制定并为地主服务的。现在地主以钱购买的土地被判给别人时，习惯法答应无辜地主什么条件呢？丝毫没有。他诚实地购入土地并不给予他任何权利。习惯法并不关心对无辜购地者的“复杂的赔偿问题”。习惯法并没有像约翰·斯图尔特·穆勒那样说：“土地属于A，因此认为自己是土地所有人的B除了地租或对它可售价值的赔偿外没有任何权利。”因为那样说就像是一个逃亡奴隶案件的判决，在这个案件中据说法庭判定从法律上说是北方对，但把黑奴判归南方。习惯法只是说：“土地属干A，让行政司法官把土地划给A！”它不给这个有非正义所有权的无辜购地者任何

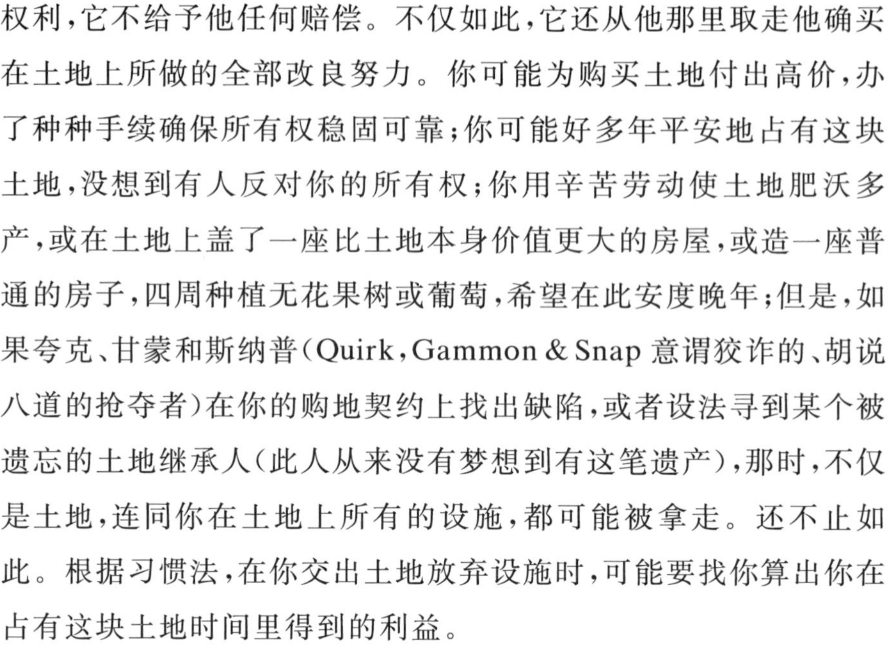

权利，它不给予他任何赔偿。不仅如此，它还从他那里取走他确买在土地上所做的全部改良努力。你可能为购买土地付出高价，办了种种手续确保所有权稳固可靠；你可能好多年平安地占有这块土地，没想到有人反对你的所有权；你用辛苦劳动使土地肥沃多产，或在土地上盖了一座比土地本身价值更大的房屋，或造一座普通的房子，四周种植无花果树或葡萄，希望在此安度晚年；但是，如果夸克、甘蒙和斯纳普（Quirk，Gammon & Snap 意谓狡诈的、胡说八道的抢夺者）在你的购地契约上找出缺陷，或者设法寻到某个被遗忘的土地继承人（此人从来没有梦想到有这笔遗产），那时，不仅是土地，连同你在土地上所有的设施，都可能被拿走。还不止如此。根据习惯法，在你交出土地放弃设施时，可能要找你算出你在占有这块土地时间里得到的利益。

现在，我们如果在“人民对地主”这桩诉讼案中运用同一的正义准则（这个准则由地主订入法律，英国和美国法庭每天用它判断人与人之间的纠纷），我们不但不会因土地国有向地主支付赔偿，而且将没收土地上的全部改良设施以及他们其他的东西。

但是，我并不建议，也不认为任何其他人将建议做这一切。只要人民收回土地所有权就够了。让地主保留他们在土地上的改良设施和个人财产的所有权。

这个正义的手段没有压制性，也不伤害任何阶级。目前不平等的财富分配以及由之产生的苦难、堕落和浪费将一扫而光。即使是地主，在社会总收益中也有他们的一份。甚至大地主的收益也将是确实可靠的，小地主的收益将是大量的。因为在欢迎正义中，人们迎来爱的侍女。和平与丰饶随她而来，不是给几个人带来而是给所有人带来美好的礼物。

这些道理多么真实，我们后面将会看到。

本章中我谈到正义和方便，好像正义是一件事，方便是另一件事，这样做只是因为提出反对意见的人他们这样议论。正义之中包含了最高和最真实的方便。

第四章　对土地私有制的历史研究

阻止人们了解土地私有制本质上的非正义，和妨碍人们公正地研究任何废除这个制度的建议的最重大阻力，是人们的心理习惯，它认为凡是长期存在的任何事物都是自然和必然的。

长期以来我们习惯于把土地看作私人财产，我们的法律、风俗和习惯完全承认这一点，以致大多数人从未对之提出疑问，而以为土地私有是使用土地所必需的。他们不能想象，或者至少从来没有想到，没有土地私有社会是否可能存在。在他们看来，耕种和改良土地的第一步是要使它有一个特定的所有人，他们看待一个人的土地是完全和公正地属他所有，就像他的房屋、牛羊、货物或家具，他可以出售、出租、赠与或遗传。"财产神圣"被不停和有效地宣传，特别被那些"古代野蛮的保护人"（伏尔泰形容某些律师的话）所大吹大擂，以致大部分人把土地私有制视为文明的基础，如果有人提出土地公有，他们乍一看之下，认为它不是从来没有的和绝不可能的荒诞奇想，就是想把社会从它基础上推翻，使之回到野蛮状态。

如果说土地一直被视为私有财产是事实，也不证明继续这样认为是正义的和必要的；正如普遍存在奴隶制度时，它也曾被有把握地肯定，但这并不证明把人当作财产是正义和必要的。

不久前君主制几乎是普遍现象，不但国王而且大部分百姓都真正相信，没有国王，任何国家也不能存在下去。可是，且不说美国、法国现在没有国王过得很好；英国女王和印度女皇管理她的领土就像船头的木雕神像引导船的航线，而欧洲其他国王——比喻地说——仿佛坐在烈性炸药桶上。

大约100多年前，著名的《类比学》作者巴特勒主教宣称："没有国教的文明政府宪法是荒诞的不切实际的计划，是没有先例的。"就没有先例来说他是对的。当时存在的政府没有一个没有某种国教，那时以前也举不出一个没有国教的政府；可是在美国，我们以一个世纪的实践证明，有可能存在一个没有国教的文明政府。

虽然在当时他的说法可能是正确的，但土地在任何地方一直被视为私人财产并不证明应该永远把它当作私人财产。相反，土地的公共所有权到处都是首先被承认的，而土地私有制除了是掠夺的结果外没有地方自然发展。人类的基本和持久的概念是所有人对土地有平等的权利，认为土地私有对社会是必要的意见仅是眼光局限于身旁的无知的结果，这个近代才产生的思想同王权神授的思想一样，是人造的和没有根据的。

旅行家在观察，眼光敏锐的历史学家在研究，他们在近期内做了大量工作，整理了一些被人遗忘的古籍，如亨利·梅因爵士、埃米勒·德拉夫勒耶、波恩的纳塞教授等人研究社会制度的发展证明，凡形成人类社会的地方，都承认人使用土地的共有权利，从来没有一个地方自由地采取无限制的个人占有土地制度。从历史上说和从伦理上说一样，土地私人占有是掠夺行为。它不论在何地都不是由契约产生；它不论在何地都不是出于正义和方便的概念；

任何地方它皆产生于战争和征服，产生于狡黠者自私地利用迷信和法律。

凡是能够探明早期社会历史的地方，不论是亚洲、欧洲、非洲、美洲或者波利尼西尼，由于土地和人类生活的重要关系，都被视为共有财产，所有人对它的权利都是平等的。就是说，社会的全体成员——我们应该说——全体公民都有使用和享受这个社会土地的平等权利。这样承认土地的共有权利并不排除人们对劳动成果的特殊和独占权利的完全承认，也不否认农业发展所要求的独占使用土地的必要性，以保证花在耕地上的劳动能独占并享受劳动果实。土地在耕作单位——不管家庭、家庭联合组织或个人——间划分，只以达到这个目的所必需为限，牧场和森林地留为公有。为保证农业土地的平等，有的定期重新分配，如条顿民族；有的禁止转让，如摩西的法律所规定。

这种或多或少保持未变的原始调整方式至今依然存在。在印度、俄罗斯和迄今仍受土耳其统治的波兰、匈牙利乡村社会，在瑞士的山地诸州，在非洲北部的卡比尔人和南部的卡菲尔人中间，在爪哇的当地人和新西兰的土著人中间，都存在这种方式。就是说，在外来势力尚未改变原始社会组织形式的地方，看得见这样的土地关系。直到近期还在许多地方存在的情况已为许多独立学者和观察家证实，据我所知，有两本书对此有全面精辟的综述。一本是科布登俱乐部授权下出版的《各国土地所有权制度》，另一本是埃米勒·德拉夫勒耶的《原始财产》，我把它们推荐给希望了解事实详情的读者。

德拉夫勒耶在一次遍及全球的调查后说："在所有原始社会

里，土地是部落的共有财产，在全体家庭中定期分配，使所有成员可以按大自然的规定，用他们的劳动生活。每人的生活享受就这样与他们的体力和智力成正比；无论如何，没有人缺乏生活资料，并防止一代一代可能增加的不平等。”

如果德拉夫勒耶这个结论是对的，他的正确无可怀疑，有人会提出，那么，土地沦为私有怎么会变得如此普遍？

促使土地独占使用和使不平等所有权思想取代最初的平等所有权思想的原因，我认为在任何地方都可以肯定地查明。原因到处一样，它导致否定个人平等权利，并形成特权阶级。

简要说来，这些原因有：(1)战争状态之后发生的权力集中于酋长和军事集团领导人之手，这些权力使他们能够独占公有土地；(2)征服的结果使被征服者沦为农奴，征服者把他们的土地瓜分，酋长们占得大部分；(3)僧侣阶级特殊化和势力以及专业制法执法阶级的特殊化和势力，把公有土地变成独占财产，[①]以满足那些人的利益——不平等一旦产生，根据吸引规律就一直趋向扩大。

就是这个土地平等权利思想和土地由私人垄断的趋势间的斗争引起希腊和罗马的内部冲突；就是对这个趋势的限制——在希腊以利库尔戈斯和梭伦的制度为代表，在罗马以李锡尼法(Licinian Law)和随后的土地分配为代表——给予两国当时的强大和光辉；但这个趋势的最后胜利，使两国都被毁灭。大地产毁灭希腊，

① 制法执法者的影响在欧洲(包括大陆和不列颠诸岛)十分显著，他们在消灭全部古代土地所有权残余，并代之以罗马法——土地私人独占所有的思想方面起了令人瞩目的作用。

就像以后“大庄园毁灭意大利”，[①]它不顾伟大立法者和政治家的警告，土地最后落入少数人手掌，于是人口下降，艺术凋零，知识分子谙不做声，获得古典文学最辉煌成就的民族成为人们取笑和谴责的对象。

土地绝对个人所有的思想(现代文明从罗马继承而来的思想)在那里达到历史时期的全面发展。当世界的女主人初露面时，每个公民有他小小的住宅周围的土地，这是不容剥夺的；公田——“属公共所有的庄稼地”——可共同使用，当然有规则或习惯确保平等，就像条顿人的村社公地和瑞士人的公地。这种公地通过征服不断扩大，就是从征服土地那里贵族们成功地分割他们的大产业。这些大庄园利用它们的力量并吞小庄园，尽管有法律的短暂限制和土地的一再重分，它们最后压垮所有小地主，把那些人的小小产业并入大庄园，成为它们巨大财富的一部分，同时被并吞者本人被迫沦为奴隶，变成付地租的农奴，否则便被驱逐到新近征服的外国省份，那里军团老兵可以分配到一份土地，或者流入大都市，扩大那里一无所有只有出售选票的无产阶级队伍。

恺撒政体很快变为东方式的放肆的专制政体，这是不可避免的政治后果。帝国虽然还拥有极大领域，实际上只是一个空壳，只是由土地分配给殖民士兵的边境上较健康的生活和较长期保存的原始土地使用方式而勉强维护着。可是吞噬意大利力量的大庄园制逐渐向外蔓延，把西西里、非洲、西班牙和高卢的土地分割切成由奴隶或佃农耕种的大庄园。由个人的独立性产生的坚强美德消

① 大庄园毁灭意大利。——普利尼语

失了，不顾地力的耕种方式使土质贫瘠，野兽出没，人迹稀少，直到最后野蛮人以在平等中培养起来的力量长驱直入；罗马灭亡，一度显赫一时的文明除废墟外什么都没有留下。

这样出现的令人惊异的事情，它在罗马鼎盛时代看来是不可能的，就像今天我们看待科曼契人或印第安人将征服美国，或者拉普兰人将蹂躏欧洲的念头一样不可能。根本的原因竟会在土地所有权中找到。一方面，否认土地公有权利产生腐化；另一方面，平等权利涌现力量。

德拉夫勒耶在《原始财产》第116页中说，"自由及其带来的共同财产不分份额的所有权（宗族中每一个家庭的家长对公地有平等的所有权）在日耳曼村落里是最重要的权利。这个绝对平等的制度使个人具有惊人的优良品质，这就是人数不多的野蛮人使自己成为罗马帝国主人的原因，尽管帝国有高效的行政机构、完整的中央集权制度以及一直为后世借鉴的罗马法。"

另一方面，那个伟大帝国的精神耗竭了。"罗马灭亡，"西利教授说，"原因是培养人才的失败。"基佐教授在关于《欧洲文明史》的讲稿中，尤其在他论《法国文明史》的讲稿中，生动地描写罗马帝国消亡后欧洲的混乱状况。如他所说，这样的混乱掏空帝国内部一切东西，从真空中慢慢孕育出近代社会的结构。这变化的场面不是几行文字能说清楚的，但满可以这样说，在罗马化社会中注入粗鲁的但是有生气的生命的结果是罗马结构和日耳曼社会解体——二者俱是土地公有思想和实际上出现在（后来被土耳其人蹂躏的）东部帝国那些省份的土地独占所有权思想的混合物和掺和物。如此容易被采用和如此广泛传布的封建制度就是这种混合的结果；

在封建制度下层并和它同时存在的有一种以耕种者共有权为基础的较原始的组织，它到处植根和复活，在全欧洲留下它的踪迹。这种平等分配耕地和共同使用未开垦土地一同存在于古代意大利和撒克逊英国的原始组织，能在俄国的专制主义和农奴制度下保存自己，在穆斯林压迫下的塞尔维亚保存自己，在印度，它经历一次次征服浪潮和一个世纪接着一个世纪的压迫，虽被扫除，却未彻底消灭。

封建制度并非欧洲特有，但看来它是一个定居地区被一个民族征服的自然结果，这个民族中平等观念和个性还很强烈，他们至少在理论上清楚承认土地属于整个社会，不属于个人。在强权象征公理时代的粗糙产物——封建制度尚不承认个人对土地有不受限制的独占权利（因为公理这个概念不可能从人心中抹去，甚至在强盗组织里也存在一定程度的公理）。一个采邑本质上是一种信托，享受之上附有义务。理论上代表全体人民集体权力和权利的君主，从封建观点看来是土地唯一绝对所有人。虽然土地赐予个人占有，但在占有土地中包含责任，即土地收入享有者负有偿还全社会一定财富的责任，其数字略等于他作为公共权利代表得到的利益。

在封建制度里，王室土地支付现在列入民政费用的国事开支；教会土地支付公众礼拜和布道的费用，支付照顾病人和穷人的费用，以及支付一大批被认为是和在很大程度上确实是为公众利益献身的人的生活费用；当兵获得的土地所有权乃是为了捍卫国家而得到的。那些军人农户在国家需要的时候，以及当国王长子被封为骑士、国王女儿出嫁，或者国王本人在战争中被俘的时候，有

义务组成仪仗队伍或正式编成军团奔赴疆场，这是约略而不充分地(但仍是毫无疑问地)承认土地不是个人财产而是公有财产的事实，显然为全体人民所理解。

当时也不允许个人占有土地遗给子孙。虽然遗留产业的原则很快取代选择的原则，在权力集中的地方必然出现这种趋势。但封建法律要求一个采邑有其代表，他必须有能力履行职责并可以收受地产上产生的利益，此人的所作所为不应听凭个人随心所欲，而是事先严格规定。因而由他行使对佃户子女和财产的监督权，并处理采邑中的普通事务。长子继承权及其旁支的限定继承权在开始时并不像它们以后那么荒谬。

封建制度的基础是个人土地绝对所有权，这是野蛮人很容易从被他们征服的熟悉封建制度的人们中间得来的思想；但进一步发展，封建制度中产生较高的权力，这个制度的发展过程使分散的较小的封建领地隶属于较高的领地，后者就是一个较大社会或国家。封建制度的单位是地主，地主凭他们对土地的所有权成为自己土地的绝对主人，他们履行保护的职责。关于这个情况 M. 泰恩在他的《古代社会制度》一书的第一章里有过生动的描写，虽然也许感情色彩太强烈了一点。封建制度就是把这些单位组成国家，使分散的土地领主的权力和权利服从由封建主(或国王)代表的集体社会的权力和权利。

因而封建制度的上升和发展时期是土地公有权思想的胜利，使绝对占有权改变为有条件租赁制，并对有收取地租权利的人施加特殊义务作为条件。与此同时，土地所有权的力量受到来自下面的保护，土地耕种人自愿的租佃关系普遍由习惯固定下来，地主能从农民那里索取的地租成为固定和可靠的了。

在封建制度中，保留或者说产生或多或少需付封建租税的耕种者社会，他们耕种公有土地；虽然地主在有力量的地方与时候，要求尽可能多的地租，但在相当一部分土地上，公有权利的思想很强，习惯力量使它们保留为公地。在封建时代，公地面积在大多数欧洲国家中必定占非常大的比例。在法国，贵族对土地的滥占虽然偶尔遭到国王命令的限制和取缔，但在大革命以前依旧继续发生，在大革命和第一帝国时期曾有过土地的大规模分配和出售。法国的公地和公社土地，据 M. 德拉夫勒耶估计，共有 400 万公顷或 9 884 400 英亩。封建时代英国公地的规模可以从下列事实推想而知：虽然在亨利七世统治时期开始了土地贵族的圈地运动，据说根据 1710 年到 1843 年通过的法案，至少圈入了 7 660 413 英亩的公地，其中有 60 万英亩是 1845 年以后圈入的；据估计，英国还保留 200 万英亩公地，虽然大部分是没有什么价值的土地。

除了这些公地以外，法国在大革命以前，西班牙部分地区直到今日，还存在一种具有法律效力的习惯。根据这种习惯，耕种的土地在收获完毕之后变成公有，可用作放牧场地或走路的过道，直到耕作时间再次到来；在某些地方有一种习惯，在土地所有人将其荒芜的土地上，任何人有在那里安全播种和收获的权利。如果此人愿意为第一次的庄稼施肥，他就有权利播种和收获第二次庄稼，土地所有人不得阻止。

不仅在瑞士的公地、迪特马什的公地、塞尔维亚和俄罗斯的乡村社会，不仅在英国大地长长的山脊上（现在都成了个人的独占财产），考古学家仍旧能够找出古代用于三年一次轮种作物的巨大地块，这些地块原来平均分配给每一个村民；仔细的学者近年来从古老的文字记载中不仅找到文献证据，而且近代文明由之发展的那些制度同样证明人们对使用土地共有权利的承认，不但普遍而且有长久的历史。

我们法律体系中留存的残余，虽然失去它的意义，但仍和依然存在的古代英国公地的遗迹一样说明这一点。国家对土地支配权的理论也存在于穆罕默德的教律里，它从理论上使君主成为土地唯一绝对所有人，这个理论只是出于承认君主是人民集体权利的代表；长子继承权和旁支的限定继承权在英国依然存在，100 年前存在于几个美国州，它们只是过去对土地是公共财产的理解而派生的扭曲形式。法律习语中不动产和动产的那种区别就是最早区分被视为公共财产的物品与其性质一直被认为是个人特有的财产物品的残迹。土地转让时要求人们特别仔细并举行郑重仪式就是当时所有权转让时要求普遍同意和举行郑重仪式的遗迹，虽然现在不再有任何意义和用处，当时人们看待这种所有权不是属于任何一个成员，而是属于一个家族或部落的每一个成员。

自从封建时期以来，现代文明发展的总趋势就是把这些自然而基本的土地集体所有思想颠倒过来。看来自相矛盾的是，从封建束缚中挣脱出来的自由竟伴随着把土地看作那样的所有制形式，这个形式包含工人阶级受奴役，这点目前正开始为全世界强烈感到，工人阶级所受到的铁镣铐的压力不是仅仅扩大政治权利或个人自由就能减轻的，而这种奴役状态，政治经济学家错误地归因于自然规律，工人们错误地认为是资本的压迫。

事实很清楚，今天的大不列颠，从整体上看，人民对他们故土土地的权利被承认的程度大大不如封建时代。占有土地的人口比例比以前小得多,而他们的所有权比以前更加绝对。过去一度如此普遍并对下层阶级的独立和维持起主要作用的公地,被个人占为私有和被圈走,只留下小量无价值的公地的残余;用于公益事业实际上是公地的巨大教会地产,现在已从托管的土地转变为个人土地,使拥有者致富;军人农民的应得权益被取消了;维持军事机器和支付由于战争积累巨额债务的利息的费用,以对生活必需品和舒适品征收赋税的形式加在全体人民头上。国王土地的大部分已属私人所有,为了支持王室和与王室通婚的贵族的生活,英国工人饮啤酒抽烟斗时不得不多花一些钱。英格兰的自耕农——在克雷西战役、普瓦捷战役和阿让库尔战役大获全胜的坚强人种——像柱牙象一样绝灭了。当时苏格兰的民族成员对其居住的山地土地的权利,和他们氏族长的土地一样,不容争辩,现在他们被驱逐出故乡,他们的土地被让给氏族长的子孙,用作牧羊场或鹿苑;爱尔兰人对部落土地的所有权变为听从地主意旨的租佃制度。3 万人有权把全体居民从 5/6 的不列颠诸岛上赶走,绝大部分英国人对出生的土地除了可以在街上行走和在道路上跋涉外,无丝毫权利。一位古罗马人民护民官的话对他们非常适用:“罗马的人们,”提比略·格拉古说“你们被称为世界的主人,但你们对于它的土地没有一平方英尺的权利!野兽有它们的窝巢,可意大利的士兵只有水和空气!”

其结果在英国也许比在其他任何地方更加显著,可是这个趋势到处可见,在英国这个趋势比较强烈,是由于环境不同,那里的环境使它发展得更快。

在英国，随着个人自由思想的扩展土地私有思想也跟着扩展的理由在于：在文明的进步中，与土地所有制有关的至高无上的观念淡薄了，或者消失了，或者比较模糊了，人们的注意力离开了这种暗中为害的土地占有形式，地主就容易以占有其他财产的同一理由占有土地。

国家权力（不论是君主形式还是议会政治形式）的发展，剥夺大庄园主的个人权力和重要性，剥夺了他们对人民的司法权和管理权，因而遏制了过度滥用权力，就像罗马帝国的发展遏制了奴隶制度惊人的残酷行为。封建大庄园的瓦解，在由现代大规模生产趋势引起的集中趋势被人们强烈感觉到以前，大大增加地主的人数；人口稀疏时地主限制劳动者离开他们的庄园，取消这种限制，使人们不去注意土地私有制所包含的本质上的非正义性；当从罗马法中吸收的法律思想逐渐普及时（罗马法是近代法理学的根源和宝库），土地财产和其他财产问题的自然区别很容易湮没。因此，随着个人自由的扩展，个人的土地所有权也扩展了。

此外，能够清楚地感觉到土地私有制非正义性的阶级的反抗打破不了土地贵族的政权。这样的反抗一再发生，但一次次被可怕的残酷手段镇压下去。打破土地贵族权力的是工匠和商人阶级的成长，而他们的工资与地租之间没有同样明显的关系。这些阶级在封闭的行会和协会体系里发展，如我上文在讨论商业联合和垄断中已经解释的那样，这种行会和协会使这些阶级能够保护自己，不受工资一般规律的影响；这种行会和协会在当时远较现在容易维持，当时不像现在那样，现在交通运输的改良和基础教育的普及以及新闻的迅速传播，促使人口流动加速。这些阶级过去不知道，现在也不知道，土地的占有权是最终决定工业、社会和政治生活条件的根本大事。因此，这个趋势终于把土地私人所有思想与人力生产物品的私人所有思想合二为一，甚至把发生的退步现象当作进步现象来欢呼。1789 年法国的立宪会议，当它取消什一税和征收普通税以供养教士时，认为它扫除了专制王朝的遗毒。当时西耶斯神父告诉代表们，他们只是免除地主的税，这税原是地主占有土地的一个条件，而把这种税加在国家劳动者身上；但他发觉没有人站在他一边，因而他的发言毫无结果。西耶斯神父是个教士，人们认为他的发言旨在保护教会利益，实际上他在保卫人的权利。施行那种税，法国人民可能保有巨额的国家收入，这笔钱里，没有一个生丁取自劳动的工资或资本的收益。

长期国会通过废除英国军人土地所有权，在查理二世登基后得到批准，这个法案虽然等于让封建地主滥用国家的收入，他们因之能摆脱被人们认为占有国家的公共财产的恶名，并以对全体消费者征税的办法，把负担强加在全体人民头上，可是在所有法典里，一直把这个法案的通过和执行视作自由精神的胜利。可是从此使英国产生巨额负债和沉重的赋税。要是把这些封建应得权益的形式简单地修改为一个较好的适合改变了时代的办法，英国随后参与的战争绝不至于引起产生一镑的负债，英国的劳动和资本不必为维持军事设施缴一文钱的税。所有负担均可从地租中支付，地租是从那时开始地主私自占用的收入，等于土地私有权向劳动和资本征收的税。英国地主获得他们土地的条件是，要求他们

（即使在诺曼时代人口稀少时）提供应征上战场6万装备完善的骑兵，[1]另一个条件是缴纳各种费用，其数字占地租相当大的一部分。把地主应出的军务费和各种应付款的金钱价值定为地租价值的一半，也许是较低的估计。如果地主牢守这个协议，同时除按同样条件外不准圈地的话，今天国家从全国土地自然增长中得到的收入将比联合王国的全部国家收入多许多百万镑。今天英国也许已经享有绝对的自由贸易，不再需要关税、货物税、执照税或所得税，不但足够目前的全部国家开支，而且还有大量盈余，可以用作导致全体人民舒适与幸福的任何事业。

回顾以往历史，凡引导我们得到启示的地方，我们就可以看出，在所有人最初的直觉中，他们全都承认土地公有制，而土地私有制出自暴力的攫夺和欺骗。

正如德斯塔尔夫人所说："自由是古代的事情。"如果我们翻阅最古老的文字记载，会常常发觉正义具有命令的力量。

① 安德鲁·比塞特在《国家的力量》（伦敦，1859年）中的话。在这本有启发性的书中，他要求英国人民注意地主逃避向国家支付地租的这种手段，驳斥布莱克斯通所说的骑士服役只有40天和他们只有在必要时才服役的事实。

第五章　美国的土地财产

在文明的较早阶段，我们知道到处都把土地看作公共财产。从渺茫的过去直到我们的时代，我们还可以看到人的自然观念仍和过去一样，当处身于教育和习惯影响很薄弱的地方，人们本能地承认人对自然的赐予有平等的权利。

加利福尼亚金矿的发现，把许多人一起带到一个新地方，他们过去习惯于把土地看作个人的正当财产，也许在他们中间，一千个人中没有一个曾想到在土地财产和其他财产之间划一条界线。但这些人接触到土地，只要做简单的淘洗工作，就能从那里的土地上得到黄金，这在盎格鲁-撒克逊民族历史上还是第一次。

如果吸引他们来工作的那批土地是特别肥美的农地、牧场或森林地；如果它的地理位置适合于进行贸易或者它能提供丰富水力资源，从而产生特殊的价值；如果它蕴藏着丰富的煤、铁或铅矿层，它早就被纳入利用矿藏的土地系统，大块大块地成为个人的私有财产，就像旧金山印第安人居住区的土地一样（的确是全州最有价值的土地，按过去西班牙法律，拨出那里的土地作为该城未来居民安家之用），未经值得一提的抗议，便成为私人财产。但这件事情的新奇打破了人们的习惯想法，并使人们回想到最初的原则；经普遍同意，宣布这批含金矿的土地应保留为公共财产，在这片土地上，任何人不准占有超过他能合理使用的土地，占有时间不得超过他继续利用的限度。这个自然正义的观念得到联邦政府和法院的默许，在淘金业仍属重要的时候，没有人企图否定这种恢复原始思想的行动。土地所有权保留在政府手中，没有一个个人能够获得超过临时占用以外的权利。淘金者在一个地区有固定的、一个人能够占用的土地数量，他必须作出一定的工作量以表示他在利用土地。如果他达不到一定量的工作，任何人可以占用这片土地。因而，不允许任何人抢先占有或封锁自然资源。劳动被承认是财富的创造者，给予这样的劳动一块免费的土地，并保证劳动有报酬。在大多数国家流行的社会环境里，这样的安排难以保证权利的完全平等，但在旧金山当时当地的条件下——人口稀少，土地未开发，这个职业成败未卜的性质——使这个办法保证了基本的公正。一个人可能找到一处非常丰富的矿层，另一个人可能几个月或几年找不到矿层，但是所有人都有平等的机会。不允许任何人占着造物主的恩赐而不工作。那里采矿章程的基本精神就是防止先占和垄断。墨西哥的采矿法也根据同样原则；澳大利亚、英属哥伦比亚和南非的钻石矿也采取相同的原则，因为这个原则符合自然的正义观念。

随着加利福尼亚金矿业的衰落，由于通过允许矿产土地专利的法律，人们积习已深的私有财产观念终于盛行起来。唯一的后果是封锁了自然机会——使矿地所有人有权力说，不准任何其他人使用他本人不想使用的土地。于是在许多情况下矿地就这样闲置着，其目的就像有价值的建筑土地和农业土地被闲置一样——等候高价。矿地这样闲置时，表明标志其他土地占有条件同一私有制原则推广到矿地上，对土地的改良毫无作用，并使开采和建设矿业的最大费用——有时高达数百万元——是购买土地使用权的费用。

如果第一批到北美的英国移民遇到的环境使他们注意到土地所有制问题的严重后果，毫无疑问他们愿意恢复最初原则，正像他们在决定政府组织时恢复最初原则一样；他们会舍弃个人土地所有制，正像他们舍弃贵族政治和君主政体一样。但在他们离开的那个国家里，当时这个制度尚未完全发展，它的后果也没有完全被感觉到，同时这个新到的地方是一个欢迎移民的大陆，有无比巨大的土地，这个事实阻止了土地私有产生是否公正的问题。因为在这个新地方，只要不允许任何人用排挤别人的手段占有土地，就足以保证平等了。开始时把土地作为私人绝对财产似乎没有什么害处。有大量土地供有意耕种者占用，而个人土地所有制在发展后期必然产生奴隶制度，在当时还未觉察到。

在弗吉尼亚和以南，那里的殖民带有贵族政治性质，占据大量土地的大庄园采取黑奴劳动的方式作为自然的补充。可是新英格兰的最早移民像 12 个世纪以前他们的祖先划分不列颠土地一样划分土地，给每一个家长一份镇上的宅地和一份种子地，以外都是自由耕种的公地。鉴于英国国王使用诏书许可办法，造成许多大庄园主，移民们清楚地看到企图垄断土地的不义，因此给予土地所有人的土地不多；但是土地的大量存在使他们没有注意到，个人土地所有制即使当时范围不大，到土地变得稀少时必然会产生垄断，所以就出现这样的情况：现代世界的伟大共和国，在它的事业刚开始时，采取了毁灭古代共和国的制度；一个公开赞扬所有人对其生活、自由和追求幸福有不可剥夺权利的民族，不假思索地接受否定任何人对土地有平等的、不可剥夺权利的原则，这一否定最后必然否定所有人对生活和自由有平等的权利；一个以流血战争消灭奴隶制度的民族却允许更广泛和更危险形式的奴隶制度生根。

这个大陆看来如此广袤，可以容纳的人口如此之多，以致深深沾上土地私有思想的习惯，而认识不到它本质上的非正义性。不仅空旷无主土地的这种背景使人们感觉不到土地私有的后果，甚至在殖民较久的部分也允许一个人占有较之他能使用的更多的土地，这样他可以迫使以后需要土地的人们为使用它的权利而付给他代价，当那些人本身也如法炮制出租土地时，看来就不那样非正义了。更有甚者，这种占有土地得来的、实际上是向劳动产品抽取的报酬看来像是（并被宣布是）提供给劳动者的奖金。在全部新建州中，甚至在历史较长的州的相当大地区，我们的土地贵族政治还只在它的第一代。那些从土地增值中得到好处的人大多是一些一文不名开始生活的人。他们的巨额财产（许多人高达几百万），在他们和其他许多人看来是正义的现存社会制度对谨慎、预见、勤奋和节约给予奖励的最好证据；而事实是，这些财产只是垄断土地的收入，必然是牺牲劳动的利益而获得的。但这样发财的人原先是劳动者的事实掩盖了这个道理，而那种与每一个彩票持有者为想象中巨额奖金而喜悦的同样心理，甚至使穷人不会抱怨使许多穷人发财的社会制度。

总之，美国人看不到土地私有的本质上非正义性，因为他们还没有感觉到它的全部影响。公有领域——范围浩大的土地还要作私人财产，而一张张精神焕发的脸常常朝向广袤的公地，这些公地

存在的事实，表明自第一批移民开始在大西洋海岸拓殖的日子开始，已经确定我们国家的性质和形成我们国民思想的特色。我们已经摆脱了贵族政治并消灭了长子继承权；我们已经选出从校长直到总统的官员；我们的法律以人民的名义而不是以王公的名义行施；我们的国家不宣扬宗教，我们的法官不戴假发——有了这些成就并不能说我们已经避免了种种弊端，7 月 4 日演说家过去一直把这些弊端作为衰败的旧世界专制主义的特征。作为我们民族特性的聪明智慧、普遍开朗的心胸、积极创造性、适应和同化的能力、自由和独立的精神、无穷的精力和希望，都不是原因而是结果，它们来自不加樊篱的土地。这种公有的土地是一种潜移默化的力量，它使不健壮和无远志的欧洲农民变为有充分自信心的西方农场主；它甚至使拥挤城市中的居民具有自由意识，它甚至成为那些从未想依靠它的人的希望源泉。这个民族的孩子，当他在欧洲步入成年时，发现宴会上所有最好的座位都挂着"有人"的牌子，为了宴会桌上掉下的面包屑，他必须与他的同胞争夺，他没有千分之一的机会强行或偷偷得到一个座位。而在美国，不管他的条件如何，总意识到在他的后面有公有土地；对这个事实的认知(不论主动或被动)，渗透我们整个国民生活，使生活中充满宽大与独立、适应性与抱负。使我们为美国特性而骄傲的一切，使我们的环境和制度优于旧世界国家的环境和制度的一切，其根源我们可以追溯到美国土地便宜这个事实，因为有新辟的土地可以提供给移民。

但我们的前进已经到达太平洋。不能再向西进，不断增加的人口只能向南北扩展，挤满先前经过的地方。在北边，人口已经充满雷德河谷，挤入萨斯喀彻温河谷和华盛顿准州去预先占有公地；

在南边，人口布满西得克萨斯，占据新墨西哥河和亚利桑那河河谷的可耕地。

共和国进入一个新的时代，这是一个土地垄断将加速产生影响的时代。此时，曾是非常有力量的这个伟大事实已经今不如昔。公有土地几乎消失，再有几年将失去它现在正迅速减缩的影响。我的意思不是说即将不存在公有土地，未来的一段长时间内土地部的登记册上将保留几百万英亩公地。但必须记住的是，大陆上最好的农地已被占完，留下来的是最贫瘠的土地。还必须记住，留下来的公地包括巨大的山区、不毛的荒原和只能放牧的高原。此外，必须记住，在报告中作为可以移居土地提到的数字，其中有许多是未经测量的土地，这些土地已经拨给各种要求使用的人，一旦测量完毕土地入册就作为拨出土地减去。在土地部的登记册上加利福尼亚是全国土地最多的州，几乎包括 1 亿英亩公地，大致上占全部公地的 1/12。可是有很大一部分公地是准备用于建铁路的土地和我上边所说的已经拨出去的土地；许多是不能灌溉也不能耕种的土地和高原；许多还被管理河流的水利单位所垄断，事实上很难为外来移民指定州内的任何部分，供他建立一个农场使他定居下来供养家庭，因此人们为长期申请移居土地而厌倦，最后只能购买土地或者以分成方式租入土地。其实加利福尼亚并不真正缺少土地，因为这个州本身就是一个大国，它总有一天要维持和法国同样多的人口，但是占用抢在移民的前面，并设法刚刚比他早一步。

大约在 12 年到 15 年之前，俄亥俄州已故的本·韦德在美国参院的一篇演讲中说，到本世纪末，美国每一英亩普通农地将值

50美元。已经清楚的是，如果他的话有错的话，错误在于把时间说得太远了。在本世纪尚存的21年里，如果我们的人口保持自政府建立以来的速度继续增加(内战的10年除外)，将比我们目前的人口增加大约4 500万，增加数比1870年美国人口调查的总人口还多700万，接近目前大不列颠人口的一倍半。以美国的力量支持这个人口甚至再多几亿人口也不会成问题，经过适当的社会调节，还能使他们过得更好；但从这样的人口增加趋势来看，未拨出的公有土地将变得怎么样呢？实际上这些公地将很快化为乌有。这些土地要全部使用上，要经过很长时间；但现在的情况将继续下去，在人们能使用它们之前，这些土地在很短时间内将都会有主人。

但是使全体人民的土地成为某些人独占财产的不利影响不待公地最后被占有就会显露出来。这些恶果不需将来考虑，目前就可以见到。它们随着我们的发展而发展，现在仍在扩大。

我们耕种新垦的土地，开掘新建矿井，建设新的城市；我们赶跑印第安人，杀光野牛；我们在大地上铺上铁路，在空间交织电报网；我们积累知识，利用种种发明；我们创办学校，资助大学；但这些并不使人民群众生活比较容易，相反，生活变得更艰难。富裕阶级变得更加富裕，但贫穷阶级变得更加依赖社会。雇工与雇主之间的鸿沟越来越宽；社会中的悬殊差别更显著；随之而来的是出现豪华马车和赤足儿童满街跑。我们越来越习惯谈论工人阶级和有产阶级；乞丐变得如此普遍，以致过去认为拒绝把食物给予求食者是比拦路抢劫好不了多少的犯罪行为的地方，现在施舍的门也上了闩，叭喇狗不再锁上；取缔流浪汉的法律通过时，令人想起亨利八世的法律。

我们自称为世界上最进步的民族。但进步的目标是什么？难道上述恶果是进步路旁的果实吗？

这些恶果是土地私有的结果。这个制度的后果必然会产生越来越大的影响。不是劳动者人数增加得比资本更快；不是人口压迫食物；不是机器使得"工作机会稀少"；不是劳动与资本之间存在真正的对抗——而完全是由于土地变得更加昂贵；由于劳动获得使用自然机会（劳动进行生产的唯一对象）的条件越来越苛刻。公共土地正在缩减。土地财产正在集中。对借以为生的土地没有合法权利者的比例逐步变得越来越大。

纽约《世界报》说："像爱尔兰那样的不在当地的地主已成为新英格兰大农业地区的特色，出租农场的名义价值年年增加，索取的地租年年提高，承租人的地位逐步降低。"《民族》杂志也提到同一地区，它说："增加的土地名义价值，提高的地租，越来越少的由地主自己经营的农场；减少的产品；降低的工资；知识水平更低的民众；越来越多的妇女从事辛劳的户外劳动（衰落文明的最肯定标志）和耕作方法的逐步恶化——这些是大量累积的证据所描述的环境，是不容置疑的。"

在几个新建州里也可见到同样趋势，那里大规模的种植令人回想起毁灭古意大利的大庄园。在加利福尼亚，很大一部分农地是一年一年租赁的，地租为收获物的 1/4 到 1/2 不等。

美国可以感觉到的艰难时势，更低的工资和加重的贫困，只不过是我们已经探索到的自然规律的结果——这规律犹如万有引力那样的绝对和不容置疑。当我们面对诸多君主和强国，发表人有不可剥夺的权利宣言的时候，我们还没有建立这个共和国；除非我们实际上实现那个宣言，保证在我们中间出生的最贫穷的孩子对他出生的土地有平等权利，我绝不能说建立了共和国！我们在批准宪法第14条修正案时，还没有消灭奴隶制；要消灭奴隶制必须消灭土地私有！除非恢复最初的原则，除非承认平等的自然观念，除非承认所有人对土地的平均权利，否则我们的自由制度是有名无实的；我们的免费教育是徒劳的；我们的发明和创造只能增加压迫人民大众的力量！

第八编

纠正方法的应用

第一章　土地私有做不到对土地的最佳使用

有一种由于混淆非本质属性与本质属性而产生的幻想。这个幻想被法律制定者竭力扩大，政治经济学家一般予以默认而不是努力加以揭露。那就是土地私有对于合适地使用土地是必需的，恢复土地公有将毁灭文明并使我们回复到野蛮状态。

这个幻想很像是查尔斯·拉姆所说的很早流行于中国人中间的那个念头，中国人在烧掉一座茅舍偶然发现烤猪肉香味后，就认为要烤炙猪肉必须烧掉一座茅舍。虽然在拉姆动人的论述里需要有一个圣人出来教导人民：他们可以不烧茅屋烤炙猪肉；但圣人不一定能看出，改良土地需要的不是土地的绝对所有权，而是有保证改良的种种办法。这点对于愿意四处看看的人是很显然的。为了引导他改良土地并不需要给他土地的绝对独占权，就像为了烹饪一只猪不需要烧掉一所房屋一般；为保证土地改良而使土地成为私人财产是草率的、浪费的和无把握的办法，就像为了烤一只猪而烧掉一座房子是草率的、浪费的和无把握的办法一样。我们没有理由坚持前一个办法，就像拉姆笔下的中国人没有理由坚持后一个办法。在圣人发明炙烤铁架（据拉姆说这种铁架早于炙叉和炉灶）之前，烧掉一座房子之前，没有人知道或听到烤猪这回事。但在我们中间没有比土地被不是土地所有人改良的事情更为普通。大不列颠大部分土地由佃农耕种，伦敦大部分建筑物造在租入的土地上。即使在美国，到处流行同样的办法，只是程度不同罢了。使用与所有分离是平常的事情。

如果地租由州或市征收，所有土地还能和现在地租由私人征收一样好地耕种和改良吗？如果不承认土地私人所有，所有土地都归公有，占有人和使用人把地租交给州，土地的使用和改良能像现在一般好和一般可靠吗？只能有一个回答：当然能够。那么把土地恢复公有财产，绝不会打乱土地的适当使用和改良。

使用土地所必需的不是它的私有制，而是保证有种种改良办法。为了引导他耕种或改良土地，没有必要对他说："这块土地是你的。"只要对他说，"这块土地上由你的劳动和资本生产的东西将是你的。"保证一个人可以收获，他就愿意播种；保证他可以拥有他要建造的房屋，他就愿意造屋。这些都是劳动的自然报酬。这是因为收获的缘故，这个人播种；这是由于想有房屋的缘故，那个人造屋；土地的所有权与土地改良毫无关系。

由于获得此种保证之故，封建时期开始时，许多小地主把土地所有权交给军事首领，得到的是在采邑内使用土地的权利，他们光着头跪在领主的面前，把双手放在他的双手之间，发誓以生命、四肢和尘世间的荣誉为他服务。放弃土地所有权以保证享用土地的同样事例在土耳其也能看到，那里寺庙土地有特殊的免税免役规定，因之那里的土地所有人把土地以微不足道的代价卖给清真寺，出卖时达成谅解，即此人可以作为佃户以固定地租耕种这块土地。

并非如阿瑟·扬所说，财产的魔力使佛兰芒的沙地变成高产的沃土。做到这点的是保证劳动使用土地的魔力。完全可以不用土地私有的办法办到这点，正如烤猪必需的热能够用不烧掉房屋的别种办法得到。仅仅由于爱尔兰地主保证20年中他对耕种土地不收地租，就使得爱尔兰农民把荒山变成花园；地主仅仅保证在若干年内不增加土地的租金，像伦敦和纽约这样的大城市就在租赁地上耸立起最豪华的大厦。只要我们给予土地改良者这样的保证，我们可以顺利地消灭土地私有制。

完全承认土地的公有权利必定不会干扰个人对土地改良成果和土地产品拥有权利的完全承认。两个人可以共有一条船而不必把它锯作两段。一条铁路的所有权可能划分为几十万股，但火车行驶的按计划性和准确性就像铁路为一个人所有一样。在伦敦，已经出现股份公司控制和经营地产。完全承认土地的公有权利，把地租拨作公共福利之用，任何事情还会和现在一样进行。在旧金山中心地段有一块土地，法律承认它为该市人民公有。这块土地既没有分割为无数小块，也没有变成闲置的荒地。在它上面建造起的个人私有的漂亮房屋，十分安全地矗立在那里。这块公地与四周土地唯一不同的是，它的地租拨作免费学校的基金，而别块土地的地租进入私人腰包。是什么阻止全国土地像这块土地一样由全国人民掌握呢？

要在美国领土的任何部分选择一个普遍认为存在必须把土地变为私人财产条件的地方，莫过于购买阿拉斯加时从俄国得到的阿留申群岛中的圣彼得和圣保罗两个小岛。这两个岛屿是毛海豹

的繁殖地，这种动物十分胆怯和谨慎，最小的惊吓就会使它放弃习惯栖息的场所永不回来。为防止完全毁灭这个渔业（没有它这两个岛对人毫无用处），不但要避免捕杀母海豹和幼仔，而且必须避免像放枪和狗吠这样的声音。捕杀海豹的人不能心急鲁莽行动，要静悄悄地在排列在岩石海滩上的海豹中间走动，一直到这种胆怯动物（在陆上十分笨拙，但在水中十分优雅）没有畏惧的表示，只是懒洋洋地摇摇摆摆地行走，这时把那些捕杀后不会影响今后繁殖的海豹小心地分开来，缓缓地赶到海岛中央大群海豹看不见、听不到的地方，用木棒把它们杀死。把这样的渔场向不论哪个愿意去猎海豹的人开放——不顾今后尽量捕杀，在一个时间里会给任何人带来利益——只需几个捕猎季节便会彻底毁灭这个渔场，就像他处同样渔场已经被毁灭那样。因此没有必要使这些岛屿成为私人财产。虽然根据说服力小得多的理由，美国幅员巨大的公地只要有人愿要，很快便成为私地。这两个岛屿以每年 317 500 美元租金出租，[①]这个代价也许比阿拉斯加购买时它们可能出售的价钱少不了很多。这两个岛已经为国库增加 250 万美元，它们未曾减少价值，仍然是美国人民的公有财产，因为在阿拉斯加皮毛公司的谨慎经营下，海豹没有减少反而增多。

就为恰当利用土地必须承认土地私有而言，事实正好相反。承认土地私有妨害土地的恰当利用。如果土地成为公有财产，在需要使用或改良土地时，立刻就得到使用和改良。如果土地是私

① 阿拉斯加皮毛公司租入的固定租金是每年 55 000 美元，连同每张皮毛支付 2.62 美元，以 10 万张计算（这是捕杀的限额），合计 262 500 美元，加起来总租金为 317 500美元。

人财产，就得允许个人所有者阻止其他人使用或改良他本人不能或不愿使用或改良的土地。当所有权发生纠纷时，最有价值的土地几年闲置着得不到改良；英国许多地方的土地停止改良，因为地产是继承的，使改良者得不到安全保障；大片土地，如果它们是公共财产的话，本可建造房屋或种上庄稼，现在为满足土地主人的随心所欲而被闲置着。在美国人口最为稠密的部分，有足够的土地维持比现今多2倍或3倍的人口，现在空闲着未加利用。因为地主留着等待更高价格，外来移民被迫走过这片未加使用的土地，去往他们劳动发挥少得多生产能力的地方找寻安家落户的场所。每一个城市都能见到有价值的土地由于同一理由而被闲置着。如果说土地的最佳利用是判断标准，那么土地私有应受谴责，犹如从所有其他方面考虑都要谴责它一样，为保证土地恰当使用，土地私有是浪费的、不可靠的方法，就像为烤猪烧掉房屋一般。

第二章 怎样坚持和保证平等的土地权利

工人阶级中到处存在的匮乏和困苦，工业萧条的反复突发，雇佣机会的稀少，资本的呆滞，工资趋向饥饿点，这些现象随着物质进步愈演愈烈，其原因我们已经探索到，在于所有人生活于其上和借以为生的土地成为某些人的独占财产。

我们已经知道，对上面的现象没有可能的纠正办法，除非消灭它的根源；我们已经知道，土地私有不符合正义，它否定自然权利，应当受到谴责——它颠倒自然规律，随着社会发展必然把群众推入最艰难、最低贱的奴隶境地。

我们已经掂量过每一种反对意见，懂得不论根据平等还是方便，没有任何东西能阻挡我们用充公地租的方式实行土地公有。

但还有方法问题未解决。我们将怎样实行土地公有呢？

我们应满足正义的法则，应满足全部经济需要，一下子取消所有土地的私有权，宣布所有土地为公共财产，以最高投标者的出价出租合适的地块，但同时必须郑重地保护私人对土地改良物的权利。

因此，在较复杂的社会状况中，我们应该像简单社会以平均分配土地保证权利平等那样保证同样的权利平等，把土地给予能获得最大收获的人使用，我们应该保证土地出产最大的产量。

这样一个计划，而不是荒唐的、不切实际的奇谈怪论，得到赫伯特·斯宾塞那样杰出思想家的赞同（不同的是，他提出对土地的现在持有者给予赔偿，但可以肯定地说，如果他对此加以仔细思索，将重新考虑这个漫不经心的让步），斯宾塞在其《社会静态学》第9章第8节中谈到这个问题时说：

> “这样的一种理论与文明的最高状况相符合，可以不影响商品社会而实现，不会引起对现存秩序的十分严重的革命。要求的变化只不过是地主的变化。分散的土地所有制将合并为公众集体有份的所有制。土地不再为个人拥有，它将为巨大的法人团体——社会——所有。农民不再向地主个人租赁土地，他将向国家租赁土地。农民不再向约翰爵士大人的代理人交付地租，他将向社会的一个机构或代表交纳地租。收租管事不再是私人账房而是国家官员，土地租赁成为占有土地的唯一方式。这样安排的状况将与道德准则完全融洽。在这种状况中所有人是平等的地主，所有人都同样自由地成为佃农……因而很清楚，在这样的制度下，土地可以在完全符合平等自由的规律下围篱、占有和耕种。”

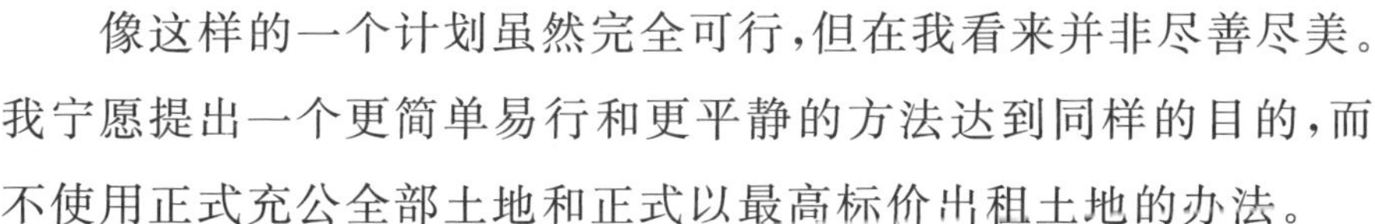

像这样的一个计划虽然完全可行，但在我看来并非尽善尽美。我宁愿提出一个更简单易行和更平静的方法达到同样的目的，而不使用正式充公全部土地和正式以最高标价出租土地的办法。

如果斯宾塞的主张使人们的思想习惯产生不必要的震惊，我提出的另一个办法将能够避免。

如果他的主张将使政府机构不必要地扩大，我的办法也能够避免。

政治家行事的准则——专制王朝成功的创立者懂得依据这个准则行事——要求用人们习惯的方式贯彻巨大的变革，愿意解放人民的我们也应该注意同样的道理。这样做是符合自然的方法。当自然要达到较高目的时，它先使用一种较低的形式，然后使之逐步提高。社会进化也应遵循同样规律。我们就采用这个办法吧。先有了目前的成就，我们可由此走得更快更远。违背这个规律，事情很难推动，进步也就更慢。

我提议的不是收购私有土地，也不是充公私有土地。前者是不公正的；后者是不必要的。让现在拥有土地的人，倘若他们愿意，仍旧保有他们喜欢称作“他们的土地”的土地。让他们继续称“他们的土地”。让他们购入和出售或者赠送和遗传土地。如果我们取得了核仁，可以让他们据有外壳。没有必要充公土地；只有必要充公地租。

把地租收作公用，没有必要由国家麻烦地出租土地，以致由此造成徇私、勾结和舞弊的机会。没有必要因此建立新的机构。机构是现成存在的。我们要做的不是扩充它而是裁减它和简化它。把地租的百分之几留给地主，这个数字也许要比由国家机构收取地租所花的费用和损失少得多，利用现有国家机构，我们可以不动声色地收取地租为国家使用，以维护土地的公有权。

我们已经以税收方式征收少许地租。我们只需要在征税方式中作某些改变，把地租全部征收就行了。

因此，我作为简单而最有效的纠正办法而提出的建议将提高工资，增加资本收入，消灭穷人，清除贫困，给愿工作者众多的就业机会，为人的能力提供自由发展的天地，减少犯罪，提高道德、情操和知识，纯洁政府，和把文明推向更高的境地——它就是**把地租化作国家的税收**。

用这个方法，国家不必自称地主也不必承担一点新的职能，就成为全国唯一的地主。在形式上，土地所有人一点不变。不需剥夺一个土地所有人，也不需对任何人拥有土地的数字施加限制。因为国家用税收取得地租，土地（不管它用什么名义，不管它大小如何）成为真正的公有财产，社会上每个成员将分享拥有土地的好处。

由于我们取消其他各种税收，所以地租（或地价税）必然需要增加，我们可以用如下语句使我的建议更加明白——

取消除地价税外的全部税收。

如我们业已懂得，土地在社会开始阶段是没有价值的，随着社会由于人口增加和技术进步而发展，地价越来越高。在每个文明国家里（甚至最新建立的国家），从整体上说，土地价值足够负担政府的全部费用。在比较进步的国家里，地价远远超过政府开支。因此，仅仅把全部税收放在地价上还不够。在地租超过政府目前收入的地方，有必要相应增加征税的数量，并随着社会进步和地租上升而继续增加。这个办法是如此的自然和方便，以致在建议中可以考虑（至少应当理解）把全部税收放在地价上。这是第一步，在第一步中必须作恰如其分的斗争。一旦逮到和杀死野兔时，接着把它烹调是自然而然的事情。当土地的公有权得到普遍赞扬，以致可以取消除落在地租上的税收以外的全部税收时，不会存在向各个土地所有者收取的国家岁入超过必要数量的危险。

我的经验告诉我（几年来我已经努力把这个建议让大家知道），凡由地价负担全部税收的思想找到足以导致人们加以考虑的立足点的地方，这个思想无不受到重视，但在得到这个计划最大利益的阶级中，很少有人在一开始，甚至在一段长时间之内懂得它的全部意义和力量。很难使工人摆脱资本与劳动间存在真正对抗的观念，很难使小农场主和分到开垦地的业主摆脱那种把全部税收放在地价上将会使他们负担过多赋税的观念；很难使这两个阶级摆脱认为免除对资本的税收将使富者更富贫者更贫的念头。这些观念产生于混乱的思想。但在无知与偏见的后面，有一种强大的势力到现在还控制着文学、教育和舆论。严重的错误往往十分顽固，而在任何文明国家内使群众沦于贫困和匮乏的严重错误，不经过激烈斗争是不会消失的。

我认为读了本书的读者不可能怀有我所说的这些念头，因为任何受人们重视的讨论必须说得具体而不是抽象。我请读者跟我再向前探究，我们可以用公认的税收原则来检验我所提出的纠正办法。在这样做的时候，可以看到许多附带的含义，否则这些含义有可能被忽略。

第三章　用税收原则检验这个建议

筹集国家岁入的最好税收显然是最密切符合如下条件的税收：

1. 尽可能减轻生产负担——以便最少地限制总基金的增加，总基金来自税收，用以维持社会。

2. 它容易征收并且征收的费用很少，尽可能直接落在最后纳税人头上——以便除了给予政府的金额外，尽可能少地取之于民。

3. 税收要明确，不能含糊——以便使官吏方面没有专断的决定和贪污腐败的机会，并使纳税人方面没有破坏法律和逃税的诱惑。

4. 税收必须平等——以便使任何公民与别人相比没有便宜可占，也没有亏吃。

让我们考虑哪种形式的税收最符合这些条件。不论哪一种税，凡符合上述条件的税显然就是能筹集国家岁入的最好方式。

一、税收对生产的影响

所有税收显然一定产生于土地和劳动的产品，因为除了人力与自然原料和自然力的结合之外，没有其他的财富来源。但征收同等数量税收所采取的不同方式对财富生产的影响大不相同。减少生产者报酬的税收必然减少对生产的刺激；限制生产活动或限制三个生产要素中任何一个要素使用的税收必然妨碍生产。因此减少劳动者收入或资本家利润的税收就会使前者减少勤勉和聪明，使后者减少积储和投资。落在生产过程中的税收等于为创造财富设置人为障碍。落在正在施展的劳动上的税收，落在正用作资本的财富上的税收，和落在正在耕种中的土地上的税收将明显妨碍生产，妨碍程度远比向不管在工作还是在玩耍的劳动者征收同等金额税收，或向不管用在生产上还是用在非生产上的财富征收同等金额税收，或向不管在耕种还是荒芜着的土地征收同等金额的税收更加强烈。

事实上，税收方式和税收金额同等重要。轻轻的负担，放置得不好会累坏一匹马，要是放置得合适，它原可以驮重得多的货物。同样，征收税收的方式如果不好，会使人们贫穷，破坏他们生产财富的能力，如果换一种较好的征收方式，他们能轻松地承担。穆罕默德·阿里征收枣椰树税，致令埃及农民砍掉他们的树；但向土地征收两倍的税不会产生这样的后果。荷兰阿尔瓦公爵向所有出售的货物征收10%的税，如果长期实施这个税制，几乎会使全部交易停顿，此时国家收入就将大大减少。

我们不必向外国找寻例子。向生产过程征税使美国财富生产大幅度下降。这种税使工业放弃较强的生产能力形式，采用较弱的生产能力形式，导致我们杰出的造船业(与国外贸易关系密切)几乎破产，许多生产和交换部门严重受损。

这种对生产的抑制或多或少成为现代政府筹集收入的大部分税收的特征。所有向制造厂商征收的税，所有向商业征收的税，所有向资本和向技术改造征收的税都属于这种税收。它们所起的作用与穆罕默德·阿里向枣椰树征税的作用相同，虽然其后果不可能被同样看得清楚。

所有这些税收具有降低财富生产的影响，因而在有可能以不抑制生产的税收方式筹集收入时，绝不可依靠这些税收方式。随着社会发展和财富积累，这样的可能性出现了。落在铺张行为上的税收，只是将本来浪费在向人夸耀的、毫无实效行为的金钱收入国库；向富人的遗赠和遗产征收的税也许会起到限制人们积聚钱财愿望的小小影响，当这种积聚钱财欲望左右一个人的思想时，将变为盲目的热情。但不干扰生产地向国家提供收入的主要税收是向垄断权征收的税收；因为垄断利润本身就是向生产征收的税，向它征税等于把生产在任何情况下必须支付的金钱转入国库。

我们当中有各种不同的垄断权。例如，由专利法和版权法规定的短时期的垄断权。对这两种垄断权征税是极端不公正和不明智的，因为它们只不过是对无形产品中劳动权利的承认，给予创造发明和著作的报酬罢了。[1] 还有本书第三编第四章提到的负有法律义务的垄断权，它产生于具有垄断性企业里的资本聚集。但这种垄断很难(如果不说不可能)用普通法律向其课税，所以税收只能完全落在不会变成生产或交换负担的那种垄断的报酬上，好在这些垄断应当被消灭。这些垄断中的大部分产生于立法上的懈怠或疏忽。例如，旧金山商人为直接从纽约走巴拿马地峡这条路到旧金山的货物被迫支付的运费，比从纽约运到利物浦或南安普敦再从那儿运到旧金山的运费还多，其最终理由可以从"保护性"法律中找到，这个法律使建造美国汽轮非常昂贵，这个法律禁止外国汽轮装载在美国港口之间往来的货物。内华达居民从东部运来货物，他们被迫支付的运费之高，与他们的货物先运往旧金山然后再

① 由于我的把专利法赋予的独占权利和版权法赋予的独占权利混为一谈，承认它们为无形产品中劳动的权利的习惯，导致我犯了错误。以后这个错误在1888年6月23日《七月旗帜》那一期上予以承认和更正。这两种权利不是一回事，有本质上的不同。版权不是对一件事实、一个思想或两者兼具之物的独占使用权。根据财产自然法则，所有的人都可自由使用它，它只是花在一件东西本身上的劳动。它不阻止任何人为自己制造相同的作品去使用这些事实、知识、规律或三者兼具的东西，但只阻止他人使用这本特定书或其他产品的完全相同的形式——花在著作上或其他作品上的具体劳动。因此，每人有享受他自己努力生产的产品的自然和伦理上权利，但没有干预任何其他人做同样事情的同样权利。

另一方面，专利权禁止任何人做相同的事情，通常在一段时间里，还干预别人属于所有权范围的同等自由。所以版权符合道德法则，它赋予为写一本特殊的书或绘一幅特殊的画而花无形劳动的人有反对别人抄袭或复制的权力。专利权无视这种自然权利。它禁止其他人做已经做过的事情。每个人有道德上的权利去想我所想，去悟我所悟，或去做我所做——不管他是否从我这里得到启发或者完全独立于我。发明并不给予所有权，因为不论何种发明必然在以前已经有所发现。如果一个人制造一辆手推车、写一本书或画一幅画，他没有权利要求别人不制造同样东西。这样对别人制造的禁止，虽然有利于刺激发明与创造的目的，从长期来看，实际上这种做法起了限制发明的作用。

运回来的运费相当，其理由是当局阻止出租马车车夫勒索的办法，没有施行到铁路公司身上。大致上可以说，很大一部分具有垄断性质的企业是行使政府职能的企业，应该由政府接办。政府为什么应该分发电报与它应该分送信件理由相同；铁路应当属于国家的理由与公路应该属于国家相同。

但所有其他垄断与土地垄断相比，其范围微不足道。土地的价值完完全全是一种垄断，无论从哪方面说都适合征税。就是说，虽然铁路或电报线路的价值、煤气或专利机器的价格也表示了垄断价格，但它还表示劳动和资本的使用；而土地的价值（或者经济学上的地租），如我们已知，完全不是劳动或资本这种要素制造的，表示的仅仅是占用土地得来的好处。在地价上征收的税，除非税额超过地租或每年增加的土地价值，对生产不会有最小程度的抑制，这种税不像对商品或交易或资本或任何生产工具或生产过程征收的税，它们不是落在生产上。土地价值不表示生产的报酬，与表示生产报酬的作物、牲畜、房屋或任何称为个人财产和改进的东西不同。它表示垄断的交换价值。它在任何情况下都不是占有土地者个人创造的；而是由社会发展创造的。因此社会可以把它全部拿过来，而无论如何不会降低改良土地的刺激，或对财富生产有丝毫的影响。税收可以加在地价上，直到全部地租由国家取走，不会丝毫降低和减少劳动工资或资本利润；不会增加一种商品的价格，也无论如何不会增加生产困难。

更进一步，地价税不但不会像大部分别的税那样抑制生产，而且由于它消灭投机性地租而增加生产。投机性地租怎样抑制生产不但可以从优等土地闲置不用这点看出，而且还可以从工业萧条

的阵发上看出，工业阵发性萧条起源于地价的投机性上涨，它波及整个文明世界，到处使工业瘫痪，导致比一次战争更大的浪费和苦难。地租归国家使用的税制将能阻止这一切；如果向土地征税的数量接近地租价值，任何人都没有力量不使用土地而占据土地，因而，不在使用的土地将向愿意使用的人开放。新拓居的人群将更稠密，随之使用同等数量的劳动和资本能够生产更多的财富。占着土地不使用的人（尤其在这个国家里），他们浪费众多的生产能力，此时不得不放弃土地。

使用税收把地租归国家使用，通过对分配的作用，还以更重要的方式刺激财富生产。但关于这点可以暂时不提。就生产而言，地价税是可以征收的最好的税已足够明显。向制造业征税，后果是抑制制造；向技术改良征税，后果是减少改良；向商业征税，后果是阻止交易；向资本征税，后果是赶跑资本。但以税收取走全部土地价值，唯一后果将是促进工业发展，向资本开放新的机会，和增加财富生产。

二、这种税征收容易并且费用很小

某些执照税和印花税几乎能够自行交纳，但收入数字微不足道。除这两种税外，在全部税收中，也许地价税在征收上最容易和便宜。因为土地不能隐藏或搬走；它的价值能够容易地确定，一旦估定了价值，除了需要一个收税员征税外，不再需要别的。

在所有财政制度中，国家收入的某些部分是从土地税那里取得的。征收土地税的机构现成存在，完全可以用它像过去征收一部分那样征收全部，征收现在来自其他税收的国库收入的费用，由于用地价税取代全部其他税，就可以完全省掉。这样节省下来的费用有多么巨大，根据现在从事征收这些税收的大批官员可以推断出来。

这样的节省将大大地减少人民所交税收价值和实收税收价值之间的差距，但以地价税取代全部其他税将以更加重要的方式减少这种差距。

地价税不会使物价上涨，它直接由纳税人缴纳；而向不确定数量的物品征收的所有税收都会增加物价，这些税的负担在货物交易过程中由出售者转嫁给购买者，物价在交易中就增加了。如果我们向借出的钱征税（如有人常常提出的），借出人会把这笔税转嫁给借入人，借入人得付税，否则就借不到。如果借入人把借款用在生意上，他必然会从顾客那里取回这笔税款，否则他的生意便无利可图。如果我们向建筑物征税，这笔税最后会落在建筑物的使用者身上，因为除非提高建筑物租金，足以包括正常利润和税金，否则没有人再造屋出租。如果我们向制造品或进口货征税，制造商和进口商将以提高货价将税收负担转嫁给批发商，批发商转嫁给零售商，零售商转嫁给顾客。现在，最终负担税收的顾客不但得付税金，而且还得付税金的利润给商品经手的每一个人，因为商人支付税金的资本和支付货物的资本同样要有利润。马尼拉雪茄，旧金山进口商的成本每千支 70 美元，其中 14 美元是雪茄到埠货价，56 美元是海关进口税。购进这批雪茄的商人出售时，必然不是以雪茄实际货价 14 美元计算利润，而是以雪茄货价加上关税后的 70 美元计算利润。这样，加在货价上的全部税收，通过一再转

手越来越大，最终落在顾客身上。这样，顾客付出的钱比政府收到的税要多得多。税收增加生产成本，从而提高物价、抑制供应。但土地不是人生产的东西，向地租征税不会抑制供应。所以，虽然地租税迫使地主缴纳较多的税款，但它使地主不能从别人使用他们的土地中得到更多的产品，这种税绝不会降低土地的供应。相反，地租税迫使那些占有土地意在投机的人，以他们能够得到的价格出卖或出租土地，地价税会促使地主间出售或出租土地的竞争，从而降低地价。

所以，不论从哪方面说，地价税是征收费用最省的税，它能征集巨额的国家收入，使政府能得到在全部收入中占最大比例的净收入。

三、这种税的可靠性

税收中可靠性是一个重要因素，正如征税依靠税收人员的勤勉和忠实以及纳税人的爱国心和诚实，有必要正视这种税是否会提供机会使前者能专横和贪污，使后者能逃避和欺骗。

征收大部分国库收入所使用的方法，就在这个点上（如果不说别的理由）受到责备。在美国，在威士忌和烟草税上发生的严重的贪污与欺骗是众所周知的；海关经常低估税额，所得税申报不真实的可笑，以及绝对不可能公正估价个人财产，这都是臭名昭著的事实。这些税收引起的物质损失——税收方法的不可靠使人民多纳的而政府未能收到的钱——十分巨大。在英国实行保护关税制的时代，当时海岸线上排布大量人员防止走私，另外又有一大批人专门设法躲开这些缉私人员，显然供养这两批人的东西必须来自劳动和资本的产品；走私者的费用和利润以及海关官员的薪金和贿赂金，形成国家收取税金以外的加在产业身上的税金。因而，所有给估价人员的礼品，所有给海关官员的贿赂，所有花在选举徇私官吏或用在通过免税法案或决议的钱，所有为逃避关税带入货物的昂贵办法和为逃避进口税制造货物的昂贵办法，所有给予告密者的奖金和给予侦探、暗探的费用，所有为法律诉讼和惩罚不仅付给政府而且付给告发者的费用，它们的数目非常之大，这些税收全取自社会财富总基金而不增加国家收入。

但是，这只是代价的最小部分。缺乏可靠因素的税收可怕地使道德败坏。我们的国库收入法律，可以恰当地被称为“推动国家官吏腐败，压制诚实，鼓励欺骗，给伪证罪和伪证从罪以奖励金，使法律观念脱离正义观念的法律。”这就是这些税收的真实性质，但它们被称赞，它们获得成功。海关的誓言是笑柄；我们的估征员正式宣誓估定所有财产的完全、真正的现金价值，但习惯上从不这么做；以个人和商业上的荣誉感到自豪的人，贿赂官员在申报中弄虚作假；道德败坏的场面经常出现在同一法庭上，这个法庭今天审问杀人犯，明天审问出售未贴印花票火柴的小贩！

这些税收方式是如此不可靠和使人败坏道德，以致由戴维·A. 韦尔斯、埃德温·道奇和乔治·W. 凯勒组成的纽约委员会调查该州税收问题后，建议取消除地产税以外目前征收的大部分税收，代之以向每个人征收的、以他占据房屋的租金价值为标准进行估计的专断性质的税。

其实没有必要依赖任何专断性估计的税。地价税是税收中最少专断性的税，它具有最高程度的可靠因素。它根据土地本身不能移动和遮盖的特性所赋予的确切性来估价和征收。从土地征收的税最为准确、最少遗漏，虽然现在对土地的估价常常不均匀，但对个人财产的估价更加大大不均匀，对土地估价的这种不均匀主要发生在对土地连同地上设施的估价上和出于道德败坏的原因，这种道德堕落的原因我在前面业已指出，它影响了整个税收计划。如果把全部税都放在地价上，不计土地上的改良设施，这个税收计划便十分简单和清楚了，这样便能把公众的注意力导向这个办法，使税额估价可以达到同样的可靠，以致一个地产代理人便能决定土地出卖人从一块土地上能够得到的价格。

四、这种税的平等性

亚当·斯密的准则是，“每个国家的人民应当按照他们各自能力的大小，也就是说按照他们在国家保护下各自享受的收入，尽可能地为支持政府作出贡献。”他接着说，只落在地租上、只落在工资上，或只落在利息上的税必然是不平等的。一般人的共同想法符合斯密的主张，也是我们向每样东西征税的制度想实行而实行不了的目的——每个人应该按财产比例或按收入比例纳税。

但是，撇开按每个人财产征税办法所包含的不能克服的实际困难不提，这个办法显然也不能达到公正的目的。

例如，有两个拥有同等财产或同等收入的人，一个人家里人口众多，另一个人除自己外不需抚养别人。对于这两个人，间接税是很不公平的，一个人必须负担加在他的大家庭所消费的大量食物、衣服等上边的税，而另一个人只需支付他本人所消费的必需品的税。假如直接征税，那么每人交纳同样的税金。可还是不公正。一个人的收入要支持 6 个、8 个或 10 个人，另一个人的收入只供一个人使用。除非服膺马尔萨斯学说，使大家把抚养新公民视作对国家的损害，否则这里存在很大的不公正。

但有人可能这样说，这是不能克服的困难；是大自然本身把人无助地带到人世，把抚养他们的责任交给父母双亲，为此提供子女的爱这种甜蜜而巨大的报酬作为补偿。很好，那么让我们转而谈谈自然，谈谈自然规律中正义的命令。

自然给劳动以报酬；只单单给劳动。就是在伊甸园里，一个人不出力也会饿死。现在有两个同样收入的人，一个人的收入来自他劳动的使用，另一个人的收入来自地租。要他们同样负担国家的费用，公平的吗？显然不是。一个人的收入代表他创造的财富，并把它加进国家的总财富中；另一个人的收入只代表他取自总储存的财富，他没出一点力。一个人享受他收入的权利以自然的正当理由为基础，自然把财富报答劳动；另一个人享受他收入的权利仅仅是虚构的权利，是社会法规的创造物，是不为自然所知道和承认的。有人告诉当父亲的，他必须以劳动所得抚养孩子，他必定默认，因为这是自然的命令；但只要还有一个便士属于从垄断自然机会取得的收入，此人便可以公正地要求不能从他用劳动获得的收入中取走一个便士，因为自然机会是大自然公平地给予所有人的，是他的孩子生下来就有的权利，他们也有平等的一份。

亚当·斯密把收入说成是“在国家保护下才得以享受的，”这就是一般坚持向所有各类财产平等征税的理由，因为收入是平等

地受国家保护的。这个思想的基础显然是有国家才有可能享受财产，也就是社会创造和维护了一种价值，它有公正的理由要使用这种价值者支付社会的费用。社会真正创造的价值究竟是什么呢？只有土地价值。这个价值只有社会形成后才出现，和其他价值不同，它随着社会发展而增长，只有社会存在它才存在。最大的社会如果再次零落分散，现在很值钱的土地将分文不值。每次随着人口增加，土地价值逐步上升；每次随着人口减少，它的价值也下降。再也没有其他事情像这件事那么真实，只有像土地私有在本质上是一种垄断那种事情才可与之相提并论。

因此，地价税在所有税中最为公正和平等。它只落在从社会得到一种特殊和巨大利益的那些人头上，并根据他们所得利益的大小按比例征收。地价税由社会征收，供社会使用，它原是社会的创造物。这是将公共财产供公共使用。当全部地租被征为税收以供社会需要时，那时才实现自然规定的平等。任何公民不得有超过别的公民的利益，除非是用他的勤奋、技能和知识得到的；每个人将得到他公平地挣来的东西。那时，只有到那时，劳动得到它的全部报酬，资本也得到它的自然利润。

第四章　赞同和反对

自地租的性质和规律确定后，我们得出地价税（或地租税）是筹集国家收入最佳办法这个结论的理由，已经获得全体杰出经济学家公开发表的或心照不宣的赞同。

李嘉图说（第10章），“向地租征税将全部落在地主头上，不可能转嫁给任何消费者阶级，”因为它“不会改变在耕种的最差土地上收获的产品与每一不同质量土地上收获的产品之间的差别……地租税不会妨碍耕种新土地，因为这种土地不付地租，所以不征税。”

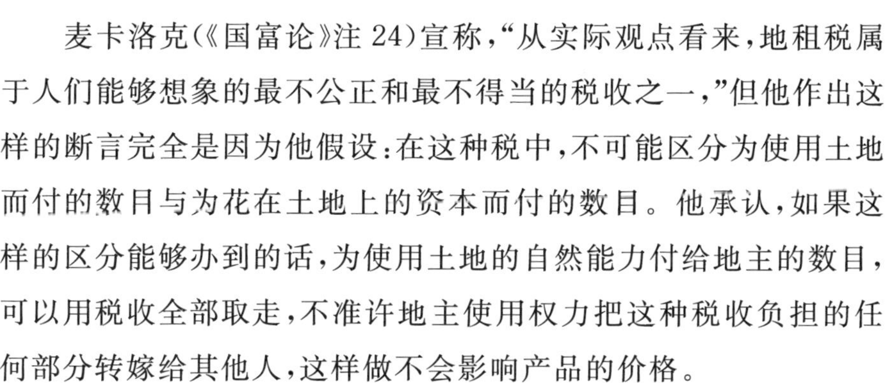

麦卡洛克（《国富论》注24）宣称，“从实际观点看来，地租税属于人们能够想象的最不公正和最不得当的税收之一，”但他作出这样的断言完全是因为他假设：在这种税中，不可能区分为使用土地而付的数目与为花在土地上的资本而付的数目。他承认，如果这样的区分能够办到的话，为使用土地的自然能力付给地主的数目，可以用税收全部取走，不准许地主使用权力把这种税收负担的任何部分转嫁给其他人，这样做不会影响产品的价格。

约翰·斯图尔特·穆勒不但同意以上全部意见，而且明白地宣称一项特殊地租税的方便和正义，并责问地主有什么权利不做任何工作，不冒任何风险，又没有厉行节约，得到由于总的社会进步而产生的财富呢？虽然穆勒明白地反对干涉地主对目前土地价值的权利，但他建议，根据自然权利，把地价今后增加部分收归社会所有。

福西特夫人在《政治经济学入门》这本简要介绍她丈夫著作的小书里说："土地税不管数目大小，带有地主付给国家的地租的性质。在印度很大一部分地区里，土地归政府所有，因而土地税就是直接付给政府的地租。这种土地占有制度的完美，很容易觉察到。"

事实上，根据方便和正义的理由，地租应是特别重要的征税对象，这点包括在公认的地租理论里，在所有接受李嘉图地租规律的经济学家的著作中都能找到这种思想的胚胎。这些理论没有像我那样深入追索从而得到必然的结论，显然是由于无意危及或触犯土地私有权所牵涉的巨大利益，也由于受支配经济思想的关于工资和贫困原因的虚假理论的影响。

但有一派经济学家清楚地看到人的自然直觉在未受习惯影响时能清晰感觉到的道理，即公共财产——土地——的收入应当拨给公共使用。上世纪以魁奈和杜阁为首的法国经济学家曾提出我所提出的建议，即取消除地价税以外的全部税收。由于我是通过英国作家的介绍才间接了解魁奈及其门徒的理论，我很难肯定他主张的农业是唯一的生产性产业等特殊理论究竟是他理解上的错误，还仅仅是术语上的独特性。但有一点可以肯定，从他的理论最终提出的建议来看，他看到了土地和劳动的根本关系，这种关系在他之后不再为人们注意所及，表明他达到事实上的真理，显然可能是通过有缺陷的推理过程达到的。重农学派用以解释地主手中保留“净产品”的理由，与把水泵的吸力解释为自然憎恶真空同等荒谬，但他们在实际上承认地租对社会经济的实际关系，至于用地租税代替所有阻碍和扭曲劳动使用的其他税收给予产业和贸易完全自由的好处，他们了解的和我看到的一样清楚。关于法国革命最令人惋惜的事情之一，就是正当经济学家在思想界中获得力量，显然打算影响财政立法的时候，革命压倒了他们的思想。

我对魁奈或他的思想一无所知，我达到与他同样的结论是通过我自己的道路，这条道路的正确性是不容争辩的，并有不能为公认的政治经济学怀疑的根据为基础。

在杰出政治经济学著作中能见到的对地租税（或地价税）的唯一反对意见，就是在承认它的优点后，认为由于区分的困难，可能在征收地租时，把别的东西也征了税。例如，麦卡洛克宣称，对地租的征税是不得当和不正义的，因为从土地的自然与固有能力得到的报酬很难清楚地与土地改良中得到的报酬区分开，从而妨碍土地的改良。麦考利在某处说到，如果承认万有引力对巨大的金钱利益不利，反对引力的议论便永远不会停止。这段话千真万确，以上的反对意见便是证明。即使承认不可能分开土地价值与改良价值，难道我们继续会向改良物征一些税，就断定是我们必然会继续向全部改良物征税的理由吗？如果向和土地价值紧密结合的劳动与资本的价值征税会妨碍生产，那么，不仅向这些价值征税，而且向所有能清楚分辨的劳动与资本创造的价值征税不是会更严重地妨碍生产吗？

事实上土地价值一直很容易与改良物的价值分清楚。在像美国这样的国家里，有许多从未改良的有价值的土地；而在美国的许

多地方，土地价值和改良物价值习惯上由估价人分别估价，虽然随后合称为房地产。在从不能记忆时候起土地上就有改良物的地方，单要知道土地的价值也不难，因为土地经常归一个人所有，而建筑物归另一个人所有，遇到火灾时，改良物被毁，土地则保留清楚而确定的价值。在世界上最古老的国家里，如果要做到的就是把不很久以前造起来的清楚可辨的改良物从土地价值中分开，不存在任何困难，只要把它们拆毁就行了。这显然就是那里的法律和政策所要求做的一切。任何方法都不能做到绝对精确，试图把人类所做的一切与自然最早提供的东西相分离是荒谬而不切实际的。古罗马人排干沼泽削平丘陵，形成不列颠诸岛很大一部分有利的自然条件，好像这些工作是地震或冰川造成的。事实是，经过一定时间以后，此种永久性改良的价值被认为已经转为土地的价值，应相应地征税，这个事实对这样的改良不会有阻碍作用，因为这样的工作在长期土地租赁中经常出现。事实上每一代人为自己建造和改良某种设施，并不为遥远的将来。进一步的事实是，每一代人都是继承人，继承的不但是土地的自然能力，还有以往历代人所做工作留下来的一切。

可是还有另一种不同的反对意见。有人说，在政治权力扩散的地方，税收不仅应该落在一个阶级（如地主）的头上，而且应该落在所有阶级的头上；这样才能使行使政权的所有人在经济管理中感到有适当的利益，这才是最想望的。有人会说，纳税和代议制分离是不安全的。

不过，把政治权力与国民负担有意结合起来不管怎样合乎理想，目前的社会制度肯定不能保证它实现。间接税主要是向那些希望少付或不付税的人征收的。在美国，那个不但对税收不感兴趣而且对良好政府漠不关心的阶级迅速扩大。在我们的大城市中，选举在很大程度上不决定于对公共利益的考虑，而是决定于那种类似决定罗马选举的势力，当时罗马的民众除了面包和马戏外什么都不感兴趣。

以单一的地价税取代名目繁多的税收的后果，几乎不会减少自觉纳税人的数目，因为掌握在投机者手中的土地分散后，土地所有者的人数大大增加。它将使财富分配趋向平等，使最贫穷者脱离悲惨困苦的境地，公众对这些人的处境是漠视的；与此同时它将减少那些过分庞大的财富，原是这种财富使拥有者具有政治上的重要性。政治上具有危险性的阶级是非常富有和非常贫困的阶级。并不是一个人自觉交纳的税使他与国家休戚相关，使他关心国家与政府的是使他自觉地感觉到他是社会不可分的一部分，社会的繁荣就是他的繁荣，社会的耻辱就是他的耻辱。让公民感到这一点；让他的周围充满从舒适家庭发出的并围绕舒适家庭的那种感化人的气氛吧，这样社会可以依靠他，可以依靠他的躯体和生命。人们不能因为缴了税就不去爱国地投票或不去为国打仗。引导群众达到舒适和独立物质条件的不论什么事情都能最好地培养公众精神，能使统治力量最终较为明智和正直。

但有人可能会问：既然地价税是十分有利的筹集国家收入的方式，为何所有政府宁愿依靠众多的别种税呢？

回答很清楚：地价税是唯一有重要意义的税，它是不能分散的。它落在土地所有人头上，没有办法把负担转嫁给别的任何人。因此，一个巨大的有力量的阶级对压制这种税收有浓厚的兴趣，用向其他物品征税的办法替代它，作为筹集国家收入的办法；正如200年前英国地主成功地建立落在消费者头上的货物税，以代替封建土地占有条件下落在地主头上的贡赋。

因而，存在一种确实有力的反对地价税的势力，它对于现代政府主要依赖的其他税，没有特别的反对意见。政治家运用其足智多谋，设计出榨尽劳动工资和资本利润的税收计划，就像吸血蝙蝠吸尽受害者维持生命的鲜血，几乎所有这些税最终都是由难以确定的人——消费者——缴付的；而纳税的方式不会使他注意到他在纳税——他每次付得很少，而方式又十分阴险使他注意不到，使他不愿麻烦地作有效的抗议。那些直接把钱付给税收官的人，不但没有兴趣反对这些很容易转嫁到他人头上的税，而且对征收和维持这些税饶有兴趣，因为这会促使物价上升，对他们有利。

美国人民现在负担的众多税几乎全部不是着眼于筹集国家收入，而是照顾私人利益；简化税制的巨大障碍就是这些私人利益，代表这些私人利益的人麇集在国会休息室，每当一项减税的议案提出时，这些人就注意这个新办法会不会减少他们的利益。美国加强保护性关税的措施就是由这些有权势者策划的，而非由于接受荒谬的保护主义理论所致。内战引起国家庞大收入的需要是这些特殊利益集团的黄金机会，此时几乎每一种东西都要纳税，与其说这样做大大增加国家收入，不如说使特定阶级能够从税收和中饱税金中分享好处。自内战以来，这些得利集团形成减税的巨大障碍；可以发现，那些人民负担最轻的税比人民负担最重的税容易取消。因此，即使是一般被人民接受的政府，曾发誓为最大多数人谋最大利益的政府，在最重要的职能上一直为少数人谋划受到怀疑的利益，以致使多数人遭受巨大的损害。

执照税一般受到纳税者的欢迎，因为它使其他人不能进入他们的行业；制造品税常常受到大制造商的感激，其理由与上述相同，这点可以从酿酒商反对威士忌减税中看出；进口税不但给予某些生产者以特殊利益，而且为手中握有大批存货的进口商和批发商增加利益；因此，有能力组织起来一致行动的特殊利益集团都欢迎征收所有这些税，而对于地价税，那些强大而敏感的利益集团坚决而激烈地予以反对。

可是，一旦群众清楚地理解我正努力阐明的真理，就容易看到，强大得足以实行这个真理的政治力量有可能联合起来。

第九编

纠正方法的作用

第一章　对财富生产的作用

我们听说大米拉波把魁奈提出用单一地租税取代所有其他税的建议看作一大发明，其作用相等于文字的创造或使用货币代替物物交易。

这个说法在愿意仔细考虑这件事的任何人看来，是他洞察力而不是他任性夸大的证据。以向地价征收的单一税取代现在作为国家收入的种类繁多税收，其有利条件随着人们对它考虑越多，显得越发重要。它是使小村庄转变为大城市的秘诀。随着现在压迫工业、阻碍交易的负担的消失，财富生产将以目前梦想不到的速度继续发展。财富生产的加速反过来导致地价的上升——这是社会可以拨作为公众谋福利的盈余。去除征集国家收入中贪污和舞弊行为造成的困难，去除使立法成为特殊利益集团工具的弊端，社会便愿意承担日益复杂的生活要它承担的职责，而在目前制度下存在的政治腐败的前景，导致善于思考的人在这个职责前畏缩害怕。

考虑一下这个纯正办法对财富生产的作用吧。

取消目前直接、间接妨碍每一个交易环节和压制每一种产业形式的税制，就像从有力的弹簧上边去掉巨大的重量。充满了新的精力，生产将具有新的生命力，贸易将获得遥远渠道顶端都能感觉到的刺激。目前的税收方法对交易的影响犹如人造的沙漠和山岭；在这种税制下，货物通过海关的费用超过货物环绕世界的费用。这种税制向人的精力、勤奋、技术和节约征税，就像向这些品质罚款。如果我工作努力，建造一座漂亮的房屋，而你满足于居住在简陋的小屋里，税收员每年前来，要我缴纳比你多的税，也就是叫我为我的精力和勤奋交罚金。如果我储蓄你浪费，我被罚款而你免罚；如果一个人造了一条汽船，你迫使他为他的轻率行动付钱，好像他做了一件损害国家的事情；一条铁路完成通车，税收人员来到，好像铁路是公害；一家工厂建设起来，我们每年向它征收一笔它本来可以得到的相当可观利润的税金。我们说我们缺少资本，如果有人积储了一些资本，把他交给我们，我们为此要他付税，好像我们给了他什么特权似的。我们要在荒地上种庄稼的人付税来惩罚他；我们惩罚造机器的人和排干沼泽的人。这些税收对生产的压力有多么沉重，只有试图通过对细节的审查来考察我们税制的那些人才能了解，因为如我上边业已提到，税收的最沉重的部分是落在增加商品价格上的税。显然，这些税在它们的本质上类似埃及法老向枣椰树征的税。如果这种税不导致砍倒枣椰树，至少会阻止枣椰树的种植。

取消这些税就是使生产性产业摆脱整个税收的巨大重压。女裁缝的缝针和庞大机器，马车和火车头，渔舟和汽轮，农夫的犁和商人的存货，同样全部免税。什么都可以自由地制造、储存、购买或出售，不付税收的罚金，不受税收员的打搅。对于生产者不再像现在那样说，“你向总财富加进得越多，你要纳的税也越多！”国家将对生产者说，“你愿意多么勤奋、节俭、进取，就那么干吧，你将有你的全部报酬！你不会因为在过去长一根草的地方种了两根草而向你罚款；也不会因为增加总财富而交税。”

社会因为拒绝宰这只产金蛋的鹅，不给踩出谷物的公牛戴上口套，让勤奋、节约和灵巧得到全部公平的自然报酬，它就得不到利益吗？社会也有它的自然报酬。社会的法则是我为人人，人人为我。任何人做好事不可能他一人受益，反之他做坏事同样祸及他人。任何生产性企业除了给予经营者利润外，它对他人也产生间接的好处。如果一个人种一棵果树，他得到的利益是收获季节他收摘果实，但对整个社会也有益，水果供应的增加使主人以外的人也有好处；在它枝头筑巢的鸟到处飞翔；它增加的降雨量不是落在他一块土地上；甚至从远处眺望它的任何人的眼睛，从它那里得到葱翠美感。其他万物也是如此。建筑房屋、工厂、汽轮或铁路，除了得到直接利益的人以外，其他人也得到好处。自然讥笑吝啬鬼。吝啬鬼像是埋藏坚壳果不再把它们掘出来的松鼠。啊！坚果发芽破土而出，成长为果树。裹着精细的布，浸在昂贵的香料里，木乃伊埋葬了，几千年以后，贝督因人用它的棺材烧火煮饭，它产生蒸汽，旅行者闻到这种气味，一边上路一边打盹，或者木乃伊被送到遥远的地方以满足其他民族的好奇心。蜜蜂把蜜填满有孔洞的树，边上出现熊或人。

社会最好让各个生产者得到促使他用劲生产的一切；最好让劳动者得到他劳动的全部报酬，让资本家得到他资本的全部利润。劳动和资本生产得越多，每个人都可以分享的共同财富增加得越大。土地的价值或地租就是以确切而具体形式表示的共同利益。在让劳动和资本得到全部报酬的同时，还有国家可以使用的基金。随着生产活动的增加，基金也相应增大。

把税收负担从生产和交换那里转移到地价或地租上，不仅给予财富生产以新的刺激；还将开辟新的机会。因为在这个制度下，不想使用土地的人不会关心占有土地，目前到处不在使用的土地，将向愿意耕种或改良它的人开放。

土地售价将下降；土地投机将遭到致命打击；土地垄断将不再有利可图。目前移民们因高价使用不上的成百万英亩土地将被现在的主人放弃，或者以极低的价格卖给拓居的移民。这种情形不仅在边远地如此，在居民稠密的地区也是如此。旧金山100英里之内因此将有大量空地足以支持（即使以目前方式耕作的）大批农业人口，人数相等于现在分布在从俄勒冈边境到墨西哥边界线长达800英里地带的人口。这种情形还将同等程度地出现在大部分西部各州，东部一些历史长的州里出现的同样情形，在程度上还要大，因为即使在纽约和宾夕法尼亚，人口与土地容纳能力相比还是稀疏的。甚至在人口稠密的英格兰，这个政策将使几十万英亩土地供耕种之用，这些土地现在被私人占有，用作花园、鹿苑和射击场。

因为这个把所有税收落在地价上的简单计划实际上是将土地拍卖给愿向国家交付最高地租的任何人，对土地的需求决定地价，因此，如果征收的税十分接近吞噬那个价值，凡愿占有土地而不使用的人就得支付十分接近愿意使用土地的任何人认为值得租用的金额。

必须记住，这种情况不限于农业用地，而是包括所有土地。和农地一样，矿产地将向使用者开放；而在城市中心，没有人愿意使土地闲着不作最有利可图的使用；在郊区，可以保证对土地的需求超过当时能够使用的土地。任何地方，土地具有价值，税收不再像现在那样是对改良的罚款，而将迫使使用者加以改良。不论谁办起一个果园，或播种一块耕地，或建造一所房屋，或建设一座工厂，不管这些多么值钱，他要交纳的税不会比他让土地闲着更多。农地垄断者被征收的税等于他空闲的土地上已有房屋、仓库或已种庄稼或已养牲畜一样。城市空地的主人如在他需要使用土地之前不让他人使用，他必须缴付的税款和他的邻居在其土地上建造漂亮房屋的花费一样多。在价值昂贵的土地上保留一排行将倒塌的棚屋的费用和在这块土地上建造一家华丽饭店或建造一排放满值钱货物的高大仓库的费用一样。

因此，在劳动生产能力最大的任何地方，在劳动能够施展之前必须先付额外费用的情况将不复存在。农民不必为耕种土地缴付出他收入的一半，或者要用好几年的劳动作抵押；城市住宅建造者为小小一块地皮花的钱不必和在地上建造的房屋一样多；要办一座工厂的公司不必把它一大部分资本花在购买地基上。每年付给国家的地价税替代了现在向厂房设备、机器和存货征收的全部税收。

想一想这种变化对劳动市场的影响吧。竞争不再像现在那样是单方面的了。劳动者不再为受雇而彼此竞争，并在竞争中使工资降到仅能勉强生活的地步，雇主到处为雇佣劳动而竞争，工资将上升到劳动得到公正报酬的水平。因为劳动市场上将出现竞争者雇佣劳动的最大竞争，除非劳动本身的需求得到满足，竞争者的需要不可能满足。劳动的雇佣者不仅要与其他雇主竞相出高价，而且，因为人人感觉到贸易旺盛和利润增加的刺激，劳动者有能力利用地价税消灭垄断后对他们自由开放的自然机会，使自己成为雇主，因之劳动雇佣者必须与这个倾向进行竞争。

由于自然机会向劳动开放，由于资本和设备免税和交易不再受到限制，愿意劳动的人们不能把他们的劳动转化为他们匮乏的东西的情景不可能再存在了；使产业瘫痪的一再阵发的萧条将绝迹；生产的每一个轮子都开动起来；需求与供给、供给与需求同步前进；各方面的贸易增加，每个人手头的财富多起来。

第二章　对分配和由此对生产的作用

虽然所有公共负担转加给地价税的各种好处是那样的大，但在我们考虑这种税收对财富分配的影响之前，我们还不能对此作出充分的评价。

找出在全体文明国家内出现的财富分配的不平等和随着物质不断进步不平等程度越来越大的原因，我们发现事实上问题在于：在文明进展中，现在掌握在私人手里的土地所有权，使土地所有者具有越来越大的权力去占有劳动与资本生产的财富。

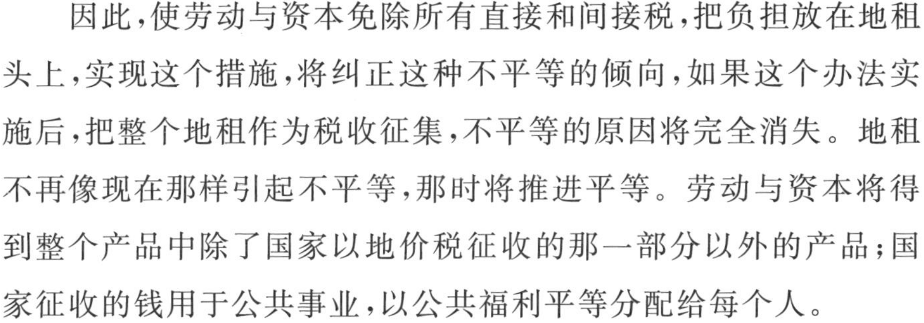

因此，使劳动与资本免除所有直接和间接税，把负担放在地租头上，实现这个措施，将纠正这种不平等的倾向，如果这个办法实施后，把整个地租作为税收征集，不平等的原因将完全消失。地租不再像现在那样引起不平等，那时将推进平等。劳动与资本将得到整个产品中除了国家以地价税征收的那一部分以外的产品；国家征收的钱用于公共事业，以公共福利平等分配给每个人。

也就是说，每个社会生产的财富将分作两部分。一部分在个别生产者中以工资和利息分配，其份额根据生产中每个人所做的工作；另一部分给予整个社会，用公共福利形式分配给所有成员。在这一部分中每个人均有平等一份——不论体弱、体强、小孩、衰弱的老人、残废者、跛子、盲人以及精力旺盛者。第一部分代表个人在生产中努力的成果，第二部分代表整个社会用以帮助个人的增加的力量。

由于物质进步势必使地租增加，这样，如果社会征收的地租用于公共事业，现在随着物质进步趋向产生不平等的这个原因，到那时将产生越来越大的平等。为了彻底懂得这个作用，让我们重温前边得出的几个原理。

我们已经知道，任何地方工资和利息必然由地租线或耕种边际决定——也就是说，由不付地租的土地上劳动与资本能够获得的报酬决定；总劳动与总资本使用在生产中能得到的总财富量就是它们生产的财富量（我们考虑到税收时应该说净财富量）减去地租取走的数字。

我们已经知道，随着物质进步像现在这样向前发展，有双重趋势使地租上升。二者都使生产的财富中归于地租的比例增加，归于工资和利息的比例减少。第一个趋势或称自然趋势，它是由社会发展的规律产生的，这个趋势使地租在数量上增加，而工资和利息的数量不减，甚至它们的数量也增加。另一个趋势产生于土地非自然地占为私人所有，它使地租数量增加，使工资和利息数量减少。

现在，看来很清楚，用税收取走地租用作公共福利，实际上取消土地私有，这样做将消灭工资和利息绝对下降的趋势，因为这个办法消灭了土地投机性的垄断，而投机使地租上涨。这个办法将大大增加工资和利息，因为它放开现在被垄断的自然机会，降低土地的价格。这样劳动与资本不仅获得现在由税收从它们那里取走的东西，而且还从由于投机性土地价值下降导致的地租确实降低中得到好处。一个新的平衡将建立起来，那时一般工资率和利息率将比现在高得多。

这种新建立的平衡进一步推动生产能力，这方面的趋势将大大加速，造成地租进一步提高，不过此时地租升高不会牺牲工资和利息，而得自生产中新的增长；由于地租由社会取去用作公共事业，将使每一个社会成员的利益自然增加。因此，随着物质进步继续发展，群众的生活条件将不断改善。不仅一个阶级变得富有，而且所有阶级变得富有；不仅一个阶级有更多的必需品、舒适品和较高雅的生活，而且所有阶级的生活都有同样的改善。因为，来自人口增多，来自每一项生产技术的新发明，来自每一项节省劳动方法的创造，来自每一次交易范围的扩大带来的生产能力的增加，没有人能够垄断。那一部分利益不直接归于劳动与资本的报酬，它将归于国家——即归于整个社会。有了稠密人口的物质和精神的全部巨大优势，必然带来自由与平等，这些现在只能在新拓殖和人口稀少的地区见到。

其次，想一想财富分配的平等化怎样在生产上起作用，并到处阻止浪费，到处增加生产能力。

如果有可能用数字表示由于社会调节不当而产生的金钱损失，它使有些人口众多的阶级陷于贫困和罪恶，这个估计数字将令人震惊。英国由官方抚养的贫民超过 100 万人；单是纽约市用于救济贫民的金额一年逾 700 万美元。但政府用于这方面的数字，慈善团体所用的数字，和个人施舍所花的数字，加起来不过是账目中第一笔最小的数字。劳动潜在收入就这样浪费了，由此而产生的不顾一切、不顾将来的怠惰习惯的代价，在贫穷阶级中惊人的死亡统计数字，尤其是婴孩的死亡率，仅此两项暗示有多少金钱损失；随着贫穷加深而增加的豪华酒店或低级小酒铺所表明的浪费；由贫困和堕落培养出来的社会蠹虫——盗贼、娼妓、乞丐和游民——所造成的破坏；保护社会免受这些人损害的费用；所有这一切都是目前不公正、不平等的财富分配从总基金取走总数的细目，这笔总数在目前生产收入条件下本来是可供社会享受的。我们不想列举所有的账目。财富分配不平等产生的无知和罪恶、盲目和堕落还表现为政府的低能和腐败；而国家收入的浪费以及无知和腐败地滥用政府权力与职能所造成的更大浪费是它们合乎逻辑的后果。

把地租拨作公共福利所产生的提高工资和开辟新的职业收入的作用，不仅将阻止这些浪费和使社会免遭这些巨大损失；而且将增加新的劳动能力。工资最高的地方劳动生产能力最大，这是颠扑不破的真理，全世界不论何处，低工资的劳动就是低效率的劳动。

实行不同工资标准的英国农业地区的劳动效率之间明显存在的事实；布拉西从由他雇佣的高工资英国非熟练工人所做工作和大陆上低工资工人所做工作中所看到的事实；在美国明显的奴隶劳动和自由劳动之间存在的事实；人们看到在印度或中国要做任何事情都需要大量技工或仆役的事实都是普遍真实的。保持习惯上正常的劳动工资，劳动效率永远提不高，因为高工资意味工人自尊心、智力、希望和精力的增加。人不是机器，机器做的功就这么多不会再多；人不是别的动物，动物的能力能达到一定程度不会再多。不是肌肉而是精神才是在生产上发生巨大作用的力量。人躯体中的体力是一种最弱的力量，而人的智力——人本性的不可抵抗的能量发挥时，物质才成为听凭人的意志摆布的东西。增加群众的舒适、闲暇和独立将增加他们的智力；将使人的大脑帮助他的手；将使人测量微生物和探索星星轨道的才能运用到生产中的普通工作上。

经过社会调节，给予财富生产者公正的份额供他们享用，谁能说生产财富的劳动能力不会提高到无限的高度！按现在的办法，收入几乎是难以预测的，但只要工资提高，生产方法和机器的革新和利用将以更快的速度更顺利地前进。俄国南部的小麦至今仍用大镰刀收割，用连枷脱粒，完全是因为那里的工资如此之低。美国人的创造发明，美国人设法使用节省劳动的方法和机械的才能是美国国内实行较高工资的结果。如果生产者的报酬低到与埃及农民或中国的苦力相等，我们将用手汲水和用人的肩膀扛物。劳动与资本的报酬的提高将进一步促进创造和加快采用改进了的生产方法；这些好事将确实出现，它们具有毫不掺假的好处。节省劳动的机器对工人阶级的损害作用从表面上看来常常像是真的，尽管有种种辩论，但许多人仍认为机器是祸殃而不是福音，这种意见将消失。每一种为人类服务的新动力都将改善所有人的生活条件。由生活条件普遍改善而产生的普遍提高的智力和思想活动将引起能力的新发展，其程度是我们尚不能梦想的。

但我不否认也不希望看不到这个事实，即在阻止浪费和增加劳动效率的同时，根据我提出的简单税收计划所导致的财富分配的平等化必然会减少人们追求财富的紧张程度。在我看来，在没

有人害怕贫困，也没有人渴望巨大财富的社会条件下，至少没有人愿像现在人们所做的那样，不厌其烦地努力追求财富和为财富使尽全力。因为可以肯定地说，人都知道人生几何，为了积储用不了的财富而像牛马一样干活，其本身就是不自然和荒谬的；在消除了匮乏恐惧的社会中，广大群众已经不再以妒忌钦慕的心理去看待拥有巨大家财的人，谁要是愿干苦活去获得超过他想要使用的金钱，人们对此人的看法就像我们现在看待头上顶着半打帽子或在毒日头下穿上大衣走来走去的人。当每个人肯定能够得到足够花费的报酬时，没有人愿意使自己成为一匹驮重物的马。

虽然这种生产刺激性没有了，我们没有它就不行吗？在社会发展的早期不论它有多大作用，现在不需要它了。威胁我们文明的危险不是来自生产动机的薄弱。如果不使用确当的纠正办法，文明必将死亡的原因是不平等的分配！

单从生产观点看问题，这种刺激的消失也不是纯粹的损失。因为，富人追求财富的贪婪大大地减少社会总生产量，这是现代社会一个最突出的事实。一旦这种不惜任何代价追求财富的疯狂欲望减少，现在用来谋取少量财富的精神活动将改而致力于高尚得多的目的。

第三章　对个人和阶级的作用

当最初提出把所有税收落在土地价值上就此没收地租的时候，所有地主可能大为惊恐，很可能有人求助于小农场主和小宅地所有人的害怕心理，告诉他们这个建议要抢走他们辛苦挣得的财产。但稍加思索就可明白，这个建议应该得到所有那些人的支持，只要他们作为土地所有人的利益不大大超过作为劳动者或资本家或二者兼有的利益。进一步的考虑将表明，虽然大地主可能要蒙受相对的损失，但即使大地主也有绝对的利益。因为，生产的增加是如此之大，以致劳动和资本获益数将大大超过私人土地所有权的损失，在这些收益中，以及在由一个更健康社会秩序带来的更大收益中，整个社会包括地主本人都将分享。

在上一章，我全面地谈到现在的地主应该得到什么的问题，说明他们没有权利要求赔偿。可还有另一个可以打消赔偿观念的理由：地主不会受到真正的损害。

当然，我提出的改革明显将大大有利于靠工资生活的所有人，不管用体力还是脑力，如劳动者、工人、技工、职员、各类专业人员。同样明显的是，这个改革还将有利于部分依靠工资部分依靠资本所得的所有人——雇佣各种工人和雇工的店主、商人和工厂主——从小贩或马车夫到铁路或汽轮的所有者；同样明显的还有，它将增加从资本收益或从土地以外投资中取得收入的那些人的所得，也许除了投资于政府公债或其他附有固定利率证券的人，公债和那种证券的出售价也许会由于一般利率上升而贬值，虽然来自公债和那种证券的绝对收入将保持不变。

现在看一看宅地所有人的情况——得到一所房屋连同宅边土地的技工、店主或专业人员，他们生活在那里，他满意地期望那里是他死后他的家人不会被赶走的地方。他不会受到损害；相反他将有所得益。地价将下降——从理论上说将全部消失。但他对土地的使用权不会消失。土地将和以往一样由他使用。由于所有土地的价值将以同样比率降低或消失，他持有和以前一样永远拥有这块土地的同等安全感。就是说，他损失的仅仅像是一个人买了一双靴子，靴子的价格后来下降他所受的损失。靴子还是同样可以使用，而他下次要买一双靴子时价钱就低了。所以，对于宅地主人来说，他的土地同样有用，要是他以后再买一块更大的宅地，如果他有孩子，在孩子长大时为他们自己买宅地，即使在地价下降这点上，他也将是得益者。如果再考虑到其他事情，在当前他也是大得益者。虽然他要缴纳较多的地价税，但他的房屋和设备，家具和个人财产，以及全家人所吃所喝所穿就不要再付税了，同时由于工资增加，他不会失业和贸易繁荣，他的收入将大大增加。唯一可能遭受的损失是，如果他要出卖土地而不想另买一块，不过这个损失与较大获益相比是很小的。

对于农民也是同样。我这里所说的农民不是指从来不扶犁把的农民，那些人像战前南方富有的种植园主那样，种植几千英亩土地，享有大量收入；我指的是形成美国巨大阶级的做工农民。那些人有不多的土地，他们有自己的孩子帮助一起耕种，也许还有几个雇佣的帮手，这种人在欧洲叫自耕农。在一无所有的劳动者阶级以上的所有阶级中，单一地价税对他们最为有利，这句话在他们听来有点矛盾，但到了解这个建议的全部意义时，他们就会明白。他们普遍感到生活没有达到他们艰苦工作应当得到的那么好。虽然他们可能没有能力找出其原因。事实是，现在向他们征收的税特别沉重。他们的所有设施都要纳税，包括房屋、谷仓、篱笆、作物、牲畜等。他们的个人财产不能像集中在城市更值钱的动产那样容易隐蔽或低估价值。不但个人财产和一切设施要纳税（未使用土地的地主不要付这些税），而且土地经过改良，因而纳的税一般要比保留不用意图投机的土地更高。更有甚者，向各类商品征的税，尤其像保护性关税那种旨在提高商品价格的税，十足沉重地落在农民身上。因为在像美国那样的国家里，出口农产品，农民得不到保护。不论谁受益，农民必定受损。几年前，纽约自由贸易同盟印刷的大张单面印刷品，登载各种必需商品的图样，注有应付关税的金额，文字内容大概是这样："农民早上起来，穿上征税 40%的马裤和征税 30%的靴子，用征税 200%的火柴点上灯，"如此等等，税收整天跟着他，一生跟着他，直到杀死他，他的棺木用征税 45%的绳子吊进墓穴。这只是对税收最终落在农民身上的生动描写。农民从单一地价税取代所有这些税中将得到巨大利益，因为地价税的最大负担不是落在地价较低的农业地区，而是落在地价高昂的市镇和城市；而向动产和设施征的税，农村和城市负担同样沉重。在人口稀疏地区，农民几乎没有什么税要付。因为向地价征收的税对未经改良的土地和已经改良的土地同样重。一英亩经过改良

和耕种的农地连同地上的建筑、篱笆、果园、庄稼和牲畜，交纳的税和质量一样的未使用的土地相同。结果是土地的投机性价值下降，耕种和经过改良的农地在它四周乡村满布居民之前不需缴纳赋税。事实上，最初时他们可能疑虑不解，单一地价税的作用将解除艰辛做工的农民所有的赋税负担。

但对做工农民的巨大利益只有在考虑到人口分布的作用时才能看出。消灭土地投机性价格将使人口从过分稠密地方迁移到人口过分稀少的地方；人们不再被迫去远方寻找土地，可以在邻近的农业地区安家落户，那时农村中有花园环绕的住宅将替代出租房屋。这样城市居民可以得到更多的乡村新鲜空气和阳光，乡村居民可以得到更多的城市经济和社交生活。应用机器必然使田野连成一片，这点是无可怀疑的，农村人口分布呈现原始的形式，全都聚居在村庄里，现在普通农民的生活是不必要地沉闷忧郁。农民不但要起早落晚地工作，而且由于人口稀少使他与一切方便的设施、娱乐、教育机构、社交和知识机会无缘，因为这些条件只有在人与人密切交往的地方才能出现。如果他和他周围的人们占有的土地不超过要使用的范围，这些方面的条件就会好得多，他劳动的生产能力也会大得多。[①] 当他的孩子长大时，他们不会激动地去寻求城市的刺激，也不会被迫往远方为自己寻找耕地。他们的生活

① 除了由于人口较好分布带来的劳动生产能力巨大增加以外，还有土地生产能力的同等增加。城市中集中大量人口，由广大和人口稀疏地区耗尽地力的耕种出产来供养，产生实实在在的把肥沃的自然力抛入大海的结果。这个浪费有多么巨大，可以从对我们城市污物所作的计算中看出，而它的实际后果可以从大面积地区农业生产能力的萎缩中看清楚。在美国很大的一部分地方，我们正在逐步耗竭土地的生产能力。

资料掌握在他们自己手中，而且就在本地。

总之，做工的农民既是劳动者又是资本家，而且还是地主，但他的生活依靠劳动和资本，损失是有名无实的，而利益却是真实和巨大的。

这个道理适用于所有地主，只是程度不同。许多地主是这种或那种劳动者。很难找一个不是劳动者也不是资本家的地主。一般规律是：地主越大资本家也越大。一般认为三种人物融为一体是非常正确的。这样，把全部税收落在土地价值上，虽然将大大减少这些人的巨大财产，但绝不会使富人一文不名。威斯敏斯特公爵拥有伦敦土地中相当大的一部分，也许是世界上最富有的地主。用税收取走他的全部地租将大大减少他的巨大收入，但仍将留给他房屋和全部房屋收入，无疑还有其他各种形式的动产。他仍有可能拥有他能享受的一切，而且是在一个好得多的社会环境中享受这些东西。

纽约的阿斯特家族仍旧会同样十分富有。因此我想，自始至终可以看出，这个纠正办法不会使一个穷人比以前更贫，它使富人财产减少但不受真正伤害，它减小大财主的财富，但不会使任何人穷困。

财富不但大幅度增加，而且能平等地分配。我的意思不是说每人都有同等数量的财富。那不是平等分配的含义，因为不同的人有不同的能力和不同的愿望。我的意思是说，财富分配要根据每个人的勤奋、技术、知识或精干，以及他对共同财富储存所作贡献的程度。产生自己不劳动，从劳动者手中取得财富，把它集中在自己手里的原因将成过去。此后继续存在的不平等将是自然的不平等，而不是违背自然规律的人为不平等。不生产者不再生活在奢侈中，而生产者不再只得到动物那样维持生命的必需品。

土地垄断一经取缔，不必再害怕巨大财产了。因为到那时，任何个人的财产必然是正确所称的财富，它是劳动的产物，它不断地趋向消散，因为我想象，产生国债的制度废除后国债也不存在。对巨大财产的恐惧可以消除，因为当任何人获得他公正挣得的收入时，任何人不能得到比他公正地挣得的更多的收入。有多少人能公正地挣到100万美元呢？

第四章　将在社会组织和社会生活中引起的变革

我们论述的仅仅是一般原则。有一些具体的事情——如地方政府和中央政府之间收入的划分引起的问题——将随着这些原则的运用而出现，但这里没有必要讨论这些问题。原则问题解决后，具体事务容易调整。

由重新调整社会基础造成的或成为可能的所有变化，不详尽阐述读者可能不会发现，现在让我提请读者注意某些主要特点。

在这些特点中容易见到的是简单，由于简单有可能在政府机构中实行。征集税收，防止或惩罚逃税，检查和复核从许多不同来源收来的税款，这些事务现在占政府事务的3/4，也许占7/8，其余事务如维持社会秩序，保持军队和司法行政。简单税制因此可省却巨大和复杂的政府机构网。

同样可以减轻司法行政上的紧张程度。法院的许多民事官司是由于土地所有权纠纷引起的。当实际上承认国家是土地唯一所有人时，全体土地占用者实际上成为付租金的佃户。匮乏消灭后出现的道德进步，将同样减少法院的其他民事官司。采用边沁合乎常识的建议，即取消关于讨债的所有法律和厉行私人契约，能促使诉讼减少。工资提高，使所有人都有过轻松和舒适生活的机会，将立即减少并很快消灭社会上的盗贼、骗子和其他犯罪阶级，他们原是由于财富分配不平等产生的。刑法的执行连同执行工具警察、侦探、监狱和教养所，也像民法的执行一样，不再使社会花这么大的精力和关注。我们不但可以裁掉许多法官、法警、书记官和看守，而且可以省掉大量律师，现在律师是由生产者开支供养的；现在浪费在法律上的钩心斗角的才能可以用在更高尚的事业中。

政府的立法、司法和行政职能就这样大大简化。我无法想象，作为历史上封建土地制转变为私人土地制的产物——公债和常备军——在恢复国家土地是该国人民公有权利的最初观念后尚能长期存在下去。前者可由既不减少劳动工资又不限制生产的税收清偿，后者由于群众知识和独立性的发展，也许再加上创造发明的力量（它正在彻底改变军事技术），必将很快消失。

社会就这样接近杰斐逊的民主政治理想，接近赫伯特·斯宾塞的希望之乡，接近消灭政府。但是说消灭政府只是消灭作为指挥和镇压力量的政府。与此同时，政府有可能实现社会主义的理想。政府目前职能的简化和取消就使它承担目前我们急于要求它承担的某些其他职能可为可能。政府可以承担用电报或邮件传送信息的任务；承担建设和管理铁路的工作，承担建筑和维修一般道路的责任。随着目前职责的大大简化和减少，像这样的新职责当可毫无危险或不会过分紧张地承担起来，政府的工作将在公众的监督下，而现在公众的注意力被弄得无所适从。因为物质进步继续加速度前进，因此地租将不断地增加，地价税将提供巨大的和日益增多的收入盈余。这种来自公共财产的收入能应用于公共福利，就像斯巴达的收入一样。我们可能不需要建造公共餐厅，没有这个必要;但我们可以建造公共浴室、博物馆、图书馆、公园、演说厅、音乐厅和舞厅、戏院、大学、技术学校、室内靶场、游乐园、体育馆等。热、光和动力以及水可以用公费通过街道传送过来;道路两旁可以种果树;给发明与创造以奖励,支持科学研究;可以用许许多多方式把国家收入用于奖励为公众福利进行的努力。我们应当达到社会主义者的理想,但不是通过政府的强迫实行。政府将改变它的性质,成为巨大合作社会的管理者。它将变为为公共利益管理公共财产的机构。

这个想法看来不现实吗?想一想一种能保证劳动有完全报酬,能消灭匮乏与匮乏引起的恐惧,能把目前微不足道的自由发展为自然和谐的变化将引起社会生活的种种巨大的变化吧!

在考虑社会组织发展的可能性时,我们很容易假设"贪婪"是人类最强烈的动机;假设人类害怕惩罚是确保人类诚实所必要的,而这个观念又是政府体系的唯一基础,也就是说人的自私利益永远比共同利益强大有力。再也没有别的观念比上述想法离真理更远的了。

从哪里冒出这种想望个人私利的贪欲?为满足这个欲望人们把任何纯洁和高尚的东西踩在脚下,为了它人们牺牲全部生活的高尚品德;它使礼貌化为空洞的做作,使爱国心化为欺诈,使宗教化为伪善,把许多文明的交往变成尔虞我诈的战争,武器就是狡猾和诡谲。

它是因匮乏而产生的吗?卡莱尔在一篇文章中说,贫困是近代英国人最害怕的地狱。他是对的。贫困是文明社会底下大门洞开的无情地狱。它是十足的地狱。《吠陀经》里所说聪明的乌鸦布香达告诉持鹰的护法神维什努，贫困是最难忍受的痛苦，的确再真实不过的了。因为贫困不仅是一无所有，它还意味着羞耻和堕落；它就像用烧得通红的烙铁灼焦我们道德与精神本性的最敏感部分，它否定我们最强烈的内心冲动和最甜蜜的感情，它刺伤我们最重要的神经。你爱你的妻子和孩子，瞧着他们陷入受匮乏煎熬的境地（在高度文明的社会里有许许多多人生活在这种境地），不是比看着他们死去还难受吗？最强烈的动物感情是紧紧抓牢生命活下去，但在文明社会中每天都发生因惧怕贫困而服毒和用手枪自杀的事情；有一个人自杀也许就有 100 个人想要自杀，但由于本能的畏缩，或由于宗教的顾虑，或由于家庭的牵累而没有走到这一步。

很自然，人们尽其所能逃离这个贫困的地狱。人们自我保存和自我满足的动力混合着比较高尚的感情，爱的希望和恐惧的情绪相互交织进行斗争。许多人在使母亲、妻子和孩子摆脱匮乏或匮乏恐惧的努力中，做了不光彩的事情，不诚实的事情，贪婪、攫取和不义的事情。

从这种事态中产生了一种普遍的意识，它在攫取和保持利益的斗争中是一个激励的力量，称得上是推动人们行动的最强烈原动力之一。受别人欢喜的愿望，促使我们去赢得同胞尊敬、称许或同情的感情是本能的和普遍的。这种感情有时变形为极反常的现象，但仍能到处看到。这种感情在野蛮人中和在最文明社会有高度教养的人中一般十分强烈；这种感情在儿童知识初开时就产生，坚持到最后一息。它使人们克服对安逸的喜爱，克服对痛苦的感觉，克服对死亡的恐惧。它指导人们最微细和最重要的行动。

刚刚开始走路和说话的小孩，在他小小的狡猾花招博得大人注意和笑声时，他便努力作新的花招；临死的大人物把他的长袍都裹在身上，这样死去便成国王；中国母亲用残酷的足枷缠小女儿的双脚，欧洲妇女牺牲自己的舒适和家庭的舒适用同样方式教女儿学会礼仪时尚；波利尼西亚人身上美丽的花纹可使见者称赞，当他的皮肉被鲨鱼牙齿刺破时，他忍受着一动不动；北美印第安人被拴在木桩上一声不吭忍受最残忍的鞭挞，这样他被认为勇士受尊敬和赞美，他还要嘲笑鞭挞者让他施加更残忍的酷刑。就是人的这种习性导致极微的希望；就是它擦亮面无血色学者的油灯；就是它驱使人们去追求、去尽力、去苦干、去死。就是它筑起金字塔和焚毁以弗所的穹顶。

人们赞美他们希望的东西。安全的海港对被风暴折磨的人是多么美好；食物对于饥饿者，杯水对于焦渴者，温暖对于寒栗者，休息对于疲倦者，权力对于弱者，知识对于灵魂中出现知识渴望的人都是同样美好的东西。因此匮乏的刺痛和对匮乏的恐惧使人们羡慕财富超越一切之上，成为有钱人就是成为受尊敬、受称赞和有势力的人。弄钱，如果你能够就诚实地弄钱，但无论如何要弄到钱！这是社会每日每时向它的成员耳边殷殷叮嘱的教训。人天生赞美美德和真理，但是匮乏的痛苦和对匮乏的恐惧使他们更热切地赞美富人和向财运亨通者表示敬仰。做人诚实正直是好的，人们都称赞他，但是用欺骗和不义手段获得100万美元的人得到更多的尊敬、赞美和势力，比拒绝行使欺骗和不义手段的人得到(即使不是出自内心的)更多的钦佩的目光和颂赞的言辞。诚实者可能在将来得到报答；他可能知道，他将名垂青史，给予他的是白袍和战胜诱惑的胜利者的棕榈枝；而另一个人在眼前就有报酬。他的名字写在“重要公民”的名单上；他得到男人的奉承和女人的阿谀；他坐在教堂最好的座位上，得到善于言辞的教士的特别问候，那位教士以基督的名义宣讲富人戴夫斯的福音，把骆驼和针眼的比喻贬低为毫无意义的东方辞藻。他可能是艺术资助人，文人学士的梅塞纳斯；[①]他可能因经常与聪明人谈话而获益，可能因经常与文人雅士接触而变得文雅。他的施舍可以供养穷人，可以帮助奋图上进的人，为荒凉之处带来阳光；在他死后，他的名字和声誉为高尚的公共机构所纪念。他不是伪装的有角有尾的撒旦用以引诱幼稚人们的阴险怪物，而是光明的天使。他允诺的东西不仅仅是物质世界之物，而包括精神和道德的原则和力量。他不但要求动物欲望的满足，而且要求满足激动内心的渴望，因为他不是动物。

以不幸的“拿粪耙的人”为例，他们在每一个社会都能见到，他们普普通通就像布尼安在他想象中见到的同一类型。这些人在积储的财富足以满足任何欲望以后，继续工作、盘算、努力争取在财富上再加财富。就是那种“想有某种成就”的愿望，不，在许多情况下，是想做高尚和慷慨行为的愿望，促使他们进行挣钱的事业。但在他的每种需要都得到满足之后是什么驱使他们聚财，是什么促使他们仍旧以不满足和如饥似渴般聚财，推动他们的不仅仅是无法摆脱的习惯力量，而是占有财富给予他们的微妙满足——权力和势力的感觉，受人重视和尊敬的感觉，以及财富不仅使他们摆脱匮乏，而且使他们在他们生活的社会里成为名人的感觉。就是这

① 罗马皇帝奥古斯都的顾问，著名的古代文学赞助人。——译者

种感觉使富人很不情愿花掉金钱，十分迫切积储更多金钱。

要抑制对我们天性最强烈冲动具有如此吸引力的诱惑，法律的禁止和宗教观念没有什么作用；奇怪的不是人们会如此追求私利，而是人们追求私利并不十分剧烈。在目前环境下，人们没有更贪心、更不诚实、更自私，证明人的本性的善良和人的道德品质有涓涓不断源泉的滋润。我们每个人都有母亲，我们中大多数人有孩子，因此不管社会现状多么坏，忠实、纯洁和无私的美德绝对不可能从世界上消失。

凡有力量为恶的东西也可使之有力量为善。我提出的改革将消灭使原来本身为善的动力转变为恶的条件，将使现在瓦解社会的力量改变为团结和净化社会的力量。

让劳动得到自由运用的土地和全部收益；把社会发展创造的价值用于整个社会的福利，匮乏和对匮乏的恐惧将不复存在。生产的力量源泉得到解放，财富的大量增加将使最贫困者生活得充分舒适。人们不必为找寻职业忧愁，就像他们不必为找寻呼吸的空气而担忧；他们不必担心没有物质必需品就像百合花不愁没有生长的土地。科学的进步，发明的进展，知识的普及，将把它们产生的好处带给所有人。

随着匮乏和对匮乏的恐惧的消失，对财富的赞美就会消退，人们企求别人尊敬和欢迎的方式改变了，不再借助于获得和炫耀财富。在这种情况下，现在只为谋私利的技术、忠诚、关心和正直这些美德可用于管理公共事务和支配共有基金。铁路和煤气工程可以由公家经营，不但比现在那样由合股公司经营更加节省和高效，而且可能比个人经营更加节省和高效。引起全体希腊人最大努力的奥林匹克竞技大会的奖品不过是一个野橄榄枝叶圈成的花环；为了一根缎带，人们一再作出金钱买不到的功绩。

把人行为的主要动机说成自私利益的哲学是近视的。它见不到世上到处存在的事实，它不能正确地看到现在，不能正确地弄懂过去。如果你要使人们行动，你将求助于什么？不是用金钱买得，而是诉诸他们的爱国心；不是迎合自私心，而是诉诸他们的同情心。自身利益可能是一种物理力量，它强有力，这是真的，能产生巨大和广泛的结果。但它在人的本性中可能像一种化学力量；它融化、熔合，势不可当；对于它似乎任何事都办得到。“为了活命，他愿意交出他所有的东西”——那是自身利益。但为了忠于更高尚的事业，人甚至愿献出生命。

以英雄和圣贤丰富每一民族历史的不是自私。在世界历史的每一页上突然迸发出高贵行为光辉的或流出仁慈生命光华的不是自私。使高塔马背叛他的帝王家庭，或使奥尔良姑娘从祭坛举起剑的不是自私；把 300 名敌军阻止在温泉关的行为，或把成束的长矛刺入温克尔赖德的胸膛的行为，戴镣铐的味增爵·德·保罗走上奴隶船的甲板的行为，或在印度饥荒时期人们携带幼小挨饿的孩子蹒跚地奔往救济所，在他们的怀中还抱着饿得更瘦弱的幼儿的行为，这些都不是自私。这种行为是宗教信念、爱国心、同情心、博爱的热情或敬爱上帝之心，你愿意叫它什么就叫它什么；可见还有一种克服和驱除自私的力量；它是道德世界的电力，是比其他力量更强的力量。凡有人烟的地方它就表现出力量，今天和以前任何时候一样，它充满整个世界。见不到和感觉不到它的人是堪怜的。向四周瞧！在普通的男人和女人中间，在日常生活的关怀与争执之间，在喧哗街道震耳欲聋的闹声中，在隐藏着匮乏的肮脏场所，到处是由它闪烁的火焰发出的颤动的光照亮黑暗。没有见到它的人就像闭着眼睛走路。认真看它的人，正如普卢塔克所说他可以看到，“灵魂之中有仁慈的本原，生来就像会看、会想、会记忆一样地去爱人。”

这种所有力量中最最重要的力量，现在被浪费掉或者呈现被颠倒的形式。只要我们愿意，我们可以用它建设社会，加强社会和使社会更加高尚，就像我们现在利用自然科学的力量一样，而后一种力量过去曾被视为破坏力量。我们需要做的事情仅仅是给予它自由发挥力量的机会。产生不平等的错误，在丰富中使人们经受匮乏或害怕匮乏折磨的错误，在物质上阻碍人的发展，在精神上使人堕落，在道德上使人变态的错误，就是阻止社会协调发展的错误。因为“神赐予的所有东西都充满天意。我们生来就要合作——像双脚，像双手，像上下眼睑，像上下两排牙齿。”

有些人的头脑里从来没有这种思想，从来不曾想到比现在社会更好的社会状况。这些人认为，那种消灭贪婪，监狱中没有犯人，个人利益服从共同利益，没有人掠夺或压迫他的邻人的社会状况只是不切实际的梦想者的幻梦，这些讲究实际、头脑冷静的人们对这些梦想者从内心产生轻蔑，他们为承认既成事实而感到骄傲。可是这批人——虽然有些写书，有些在大学里任教，有些在宗教界任职——不用头脑思想。

如果他们习惯于在伦敦和巴黎贫民区的小餐馆里吃饭，那里的刀叉都用链条拴在餐桌上，他们一定认为把进餐的刀叉带走是人的自然而根深蒂固的性格。

与有教养的男人和女人一起吃饭，不会有争食物的事情发生，不会有人试图比别人多吃点，不会有人试图把食物全塞到肚里或带走。相反，每个人在自己进食之前急于帮助邻座进食；把最好的食物让别人吃，而不是自己挑好的吃；倘若有人表示一点点意向，不顾别人先满足自己的胃口，或者表现出一味贪吃或小偷行径，迅速而严重的社会轻视和排斥的惩罚表明，这种行为受到社会公意的严厉谴责。

这一切是如此寻常，不会引起任何异议，看来这是事物的自然状态。但人们不应贪食和他们不应贪财是同样自然的道理。他们不知道每个人都能得到公平的、同等的和足够的食物，他们才贪食；当他们知道这个分配办法时，他们就不再贪食了。在目前的社会情况下，人们贪财是因为财富分配的条件十分不公平，不但每个人没有把握得到足够的一份，而且许多人肯定要受匮乏之苦。就因为目前社会秩序被“魔鬼掌握着最后的决定权”，以致引起争夺财富的竞争，争夺中什么正义、慈悲、宗教和感情全被踩在脚下；争夺中人们忘记自己的灵魂，为了取得死后带不走的东西争斗到死亡的边缘。但财富的平等分配将使所有人免除匮乏的恐惧，那时，就像贪吃在上等社会早已绝迹一样，贪财的行为也会消失。

在加利福尼亚早期旅客拥挤的航班汽轮上，乘统舱和乘房舱的人举止明显不同，证实这种人本性的原理。供应统舱和房舱的食物同样充足，但统舱没有保证有效供膳的规则，在那里进餐变成一场争夺。在房舱里情形相反，那里每个人都有指定座位，每个人不必担心食物不够，那里就没有在统舱里见到的那种争夺和浪费。二者区别的原因不在人的性格，而在于这样的事实：房舱旅客转移到统舱将会参与贪食的竞争，而统舱的旅客转移到房舱立刻会变得一本正经、彬彬有礼。如果目前不公正的财富分配由公正的分配办法来取代，社会上一般也会出现同样的情形。

想一想存在于有教养和上等社会的这个事实，在这个社会里，粗鲁的感情得到抑制，不是被强力或法律抑制，而是受公认的标准和互相愉悦相处的愿望所抑制。如果这种态度能够在社会的一个部分实行，就有可能在整个社会奉行。在某些社会里，人人得备有武器，得时时准备用强硬手段保护人身和财产。要是我们能够经过那个社会进步到现在这样的社会，我们就可以更向前进步。

但有人可能会说，消灭匮乏和对匮乏的恐惧，将破坏使人努力的刺激；人们将变成懒汉，这样普遍舒适和满足的幸福生活将使社会不再进步。这是以往奴隶主的老调，他们说只有鞭打才能赶人去劳动。没有任何论点比这个更荒唐的了。

消灭的是匮乏，但欲望仍然存在。人是从不满足的动物。他现在仅仅开始去探索，而宇宙就横陈在他的面前。他迈的每一步都为他打开新的远景，为他引出新的欲望。人是建设性的动物；他建造，改进，创造，总的来说，他做的事情越多，他想做的事情也就越多。人不是一般的动物。由大自然产生的智慧不管是什么，人就是由与之相类似的东西制造的。由震动的机器推动在海上行驶的汽轮，在性质上和在海面下游泳的鲸鱼一样都是创造物，虽然在程度上不同。望远镜和显微镜是什么，它们不过是人为自己制造以增加眼力的东西；色泽优雅的柔软织物，妇女们用来打扮自己，它们不等于自然给予鸟类的羽毛吗？人必须做些什么事情，或者想象在做某种事情，是因为在人的体内跳动着创造的脉搏；老在阳光下懒洋洋躺着的人,不是自然的而是不正常的人。

当一个孩子能使用肌肉时,他立刻开始做泥土饼或为玩偶做衣服,他的玩耍只是模仿长辈的工作;他之所以要破坏东西是由于希望做某种事情,由于要得到亲自完成某种事情的满足。世界上没有为了快乐去追求快乐的事情。娱乐活动之所以使人快乐,只是因为这些活动就是学习或做某种事情,或者促使人去学习或做某种事情。当这些活动不再对我们的好奇心或建设能力有吸引力时,就不再使人快乐。告诉读者故事的结局会减少他的兴趣;只是因为在赌博中包含运气和技术,才使赌博者夜以继日地打纸牌。凡尔赛宫穷奢极欲的铺张居然有可能在人世出现,就是因为国王认为他统治着一个王国,而群臣迎合上意以求加官晋爵和新的终身恩俸。过着所谓时髦和快活生活的人,脑子里总有其他目的,否则便会无聊得要死;他们坚持过这种生活,只因为他们想象正在得到地位,结交朋友,或改进他们孩子上进的机会。把一个人关起来,不给他工作,他必然会死亡或发疯。

使人厌恶的不是劳动本身;使用劳力并非必然是被诅咒的事情。没有产品的劳动——见不到结果的使用劳力才是令人厌恶和可诅咒的。天天做苦工,只得到生活必需品,当然很艰苦;它就像迫使一个人在漏船上抽水,否则便会淹死,或者迫使一个人踏踏车,否则便会被碾死那种地狱般的惩罚。可是,解脱这种非做不可的工作,人们只会工作得更加努力和更好,因为那时他们根据自己爱好工作,会觉得真正是为自己或为他人工作。洪堡是不是虚度一生?当富兰克林从印刷所带着足够生活的钱退休时他觉得无事可做?赫伯特·斯宾塞是个懒懒散散的人?米开朗琪罗是为吃饭穿衣才画画的吗?

事实是,改良人类环境的工作,扩大知识和增加力量以及丰富文学和提高思想的工作,并非是为了谋生。这不是在主人皮鞭驱赶下或被动物般需要逼迫下的奴隶的工作,这是人的工作,是人为了自己的缘故而做的工作,并非为此可以得到更多的吃、喝、穿或向人炫耀。在消灭了匮乏的社会状况下,这种性质的工作将大量增加。

我喜欢这样想,以我提出的方式没收地租的结果,将使劳动组织在大量使用资本的任何地方采取合作的形式,因为财富的较平等分布将使一个人既是劳动者又是资本家。但是情况是否如此并不重要。此时那种正常性的辛苦劳动不再存在。工资很高,机会甚多,这样就不会迫使任何人限制和抑制他的高天赋,而在每一个业余爱好中大脑将帮助双手。即使是较笨重的工作也将变得轻松,近代生产中过细分工的趋势也不会使工人感到单调乏味并使工人的能力萎缩;可用缩短工时,变更工种和变换脑力劳动和体力劳动的工作岗位来调剂。这样,结果不但使现在浪费的生产力得到利用,使现在不能充分应用的知识可以全部利用,而且由于劳动的灵活机动所产生的精神活动,必然出现我们现在意想不到的生产方法的进步。

因为社会现体制造成的巨大浪费中最大的浪费是精神力量的浪费。潜在的未发挥的力量和文明发展同时发挥的精神力量相比,真是微乎其微!与广大人民群众的人数相比,思想家、发明家、创新家、组织者的人数何其稀少!其实,这样的人出世的不少。但社会条件只允许极少数人得到发展。世人中间才能和爱好各不相同，正如每个人的体貌有无限差异，在一百万人中间找不到面貌完全一模一样的。但我总是这样想，观察也好，思考也好，自然赋予人的能力的差异没有面貌或体力的差异那么大。看一看大人物的生活，就可明白他们的成功并非必然，很容易无声无臭终其一生。如果恺撒出生于无产阶级家庭；如果拿破仑早几年出世；如果哥伦布不去航海而从事教会工作；如果莎士比亚跟补鞋匠或扫烟囱工人当学徒；如果艾萨克·牛顿爵士受命运安排被指定接受农业劳动者的教育和苦活；如果亚当·斯密博士出生在采煤工家庭或者赫伯特·斯宾塞被迫去工厂当工人，他们的才能有什么效用呢？有人会说，如果是这样将出现另一个恺撒、拿破仑、哥伦布、莎士比亚、牛顿、斯密和斯宾塞。这话有道理，这表明人的本性多么有创造力。犹如工蜂在需要时可以转变为蜂王，那么一个普通人在环境有利于他发展时为什么不能成为英雄、领导人、发明家、导师、哲人或圣贤呢？播种者把种子播撒得如此广泛，促使种子发芽开花的萌发力如此强大。可是还应该看到，种子可能播撒在石头地上，还有鸟雀和莠草！一个人得到充分成长和发展，又有多少人发育不全和遭受摧残。

我们内心的意志是精神的最基本事实。但是我们之中，不论在学识和见解上，甚至在性格上，完全靠自己力量的佼佼者能有几人，影响我们塑造自己的外部力量又何其强大。聪明、有学问、思虑周详、性格坚强的人，如果他追忆内心世界的历史，谁能不像斯多葛派皇帝一样，感谢神赐福于他，这个或那个，这里或那里，神给予他良好的榜样，使他具有高尚的思想，为他创造幸福的机会。用双眼观察的人，在他达到生命的顶点时，谁能不与那个虔诚的英国人的思想起共鸣，当他被当作罪人送往绞刑架时说，“由于上帝的恩典，我去那儿。”与外部环境相比，遗传的作用极小。我们说，看重环境作用结果是几千年欧洲的进步，看重遗传作用结果是几千年中国的僵化；如果把一个婴孩放在中国内地，除了眼睛的凹凸和头发的色泽外，这个高加索人长大后和周围的人一样，说他们的话，想同样的思想，表现出同样的兴趣。将摇篮里的维尔·德维尔夫人换一个贫民窟里的女婴，一个百年伯爵世家包管给你一个高雅有教养的妇女。

消灭匮乏和对匮乏的恐惧，给予所有阶级闲暇、舒适和独立，给予他们体面而优越的生活，给予他们精神和道德发展的机会，就像泉水灌入干旱的荒漠，贫瘠的荒地覆盖青葱的草木，无法存在生命的不毛之地不久便遍布树荫与音乐般的鸟鸣声。现在被抑止了的才能、不被人所知的美德蓬勃崛起，使人的生活更富裕、更充实、更快乐和更高尚。那些到处格格不入无以存身的人，那些向财富攀登浪费精力的人，那些在工厂变成了机器的人或必须被拴在煤矿台阶上或木犁上的人，那些在污秽、罪恶和无知中成长的孩子将具有最高等级的力量和最杰出的才能。他们只需要机会便能发挥出极大力量。

想一想将机会给予所有人的社会状况的可能性吧。让想象描绘这张图画；它射出的色泽太辉煌，无法用言辞表达。想一想道德升华、智力活动和社会的生命力。想一想无数的作用与反作用把每一个社会的成员如何联结起来，而在目前的社会条件下，即使处身社会金字塔顶端的少数幸运儿如何由于塔基底下的匮乏、无知、堕落而必然遭受的麻烦（虽则他们不知道）。想一想这些然后说，我建议的改革是否对每一个人——甚至最大的地主——都有利呢？在我所说的社会状况下，他即使在今后没有遗产留给他的孩子，不是比在现今社会他留给孩子巨大财产更加安全可靠吗？在任何地方如果存在这样的社会，他放弃全部财产去买进入那个社会的权利，不是很便宜吗？

现在我已经找到社会衰弱和疾病的根源，已经提出了治疗办法。我已经遍述每一个要点，解释了每一个反对意见。但我们正在考虑的问题（它们很重要）转化为更加重大的问题——转化为人的心灵能够对付的最重大的问题。我想要求将本书阅读到这里的读者继续读下去，进入更高领域。但我要求他记住，在本书余下的有限不多的篇幅里，我难以全面论述出现的问题。我只能提出一些想法，它也许可以用作进一步思考的线索。

第十编

人类进步的规律

第一章　当前人类进步的理论——它的不足

如果我们已经作出的结论是正确的话，它们将在更大范围内得到接受。

因此，让我们从较高的观点再开始我们的探究，由此可以环视一个更宽广的领域。

人类进步的规律是什么？

关于这个问题，如果不是因为上边已经作了那些研究，我将难以决断在余下的短短的篇幅里是否应该加以评述，因为这个问题直接或间接牵涉人的心灵能够从事探讨的十分高深的问题。但这个问题是自然出现的。我们作出的结论是否与人类不断前进的重大规律相一致呢？

这个重大规律是什么？必须回答这个提问；因为当前哲学虽然清楚地承认这个规律的存在，但并未给予令人满意的解释，就像当前政治经济学对财富发展但同时牢牢存在匮乏，没有给予满意解释一样。

让我们尽可能抓住牢固的事实根据。人是否从一种动物逐渐发展而来，没有必要加以探究。我们所知道的人的问题和人的起源问题之间的关联不论如何密切，只有根据前者来考察后者才能明白真相。推理不能从未知推断已知。只有根据已知的事实，我们才能推论出已知以前的事情。

人起源无论如何，我们知道的就是这样的人，正如现在看到的那样。在比野蛮人存在的社会更低级的条件中没有人的记录或痕迹。人通过什么桥梁越过分隔人兽的宽阔鸿沟，迄今仍未发见任何迹象。在我们知道的最落后野蛮人和最高等的动物之间存在着不可调和的差异——不仅是程度上而且是本质上的差异。有些高等动物表现出人的特性、行动和感情；但不管处于人类发展的何等低级阶段上的人有一种任何动物没有的东西，可清楚地辨认但几乎无法确切地说明的某种东西，它就是给人以进步的力量，就是使人成为不断进步的动物。河狸筑坝，鸟儿筑窝，蜜蜂筑巢，但当河狸的坝、鸟儿的窝和蜜蜂的巢永久用老样子建造的时候，人类的房屋从以枝叶造的茅屋已进化为备有各种方便设备的宏伟大厦。狗在一定程度上能够连接原因与后果，可以学会一些把戏；但它的这种能力自从它成为不断进步的人的伴侣以后的久长岁月里没有丝毫增加，而在文明社会的狗比到处漫游的野蛮人的狗一点也没有更大才艺或更加聪明。我们不知道有任何动物会使用衣服，煮食物，制造工具或武器，饲养它要吃的其他动物，或有一种发音清晰的语言。可从来没有看到、听到不做这些事情的人，除非在寓言里。就是说，不论何地我们知道的人都表示出这种能力——用他为自己做的东西补充大自然为他做的东西；实际上，人的天赋体力是如此柔弱，世界上任何地方（也许除了太平洋上的几个小岛），人

如果不具备这种能力，他就不能生存。

人无论在何时何地都表现出这种能力，无论何时何地我们都知道他在利用这种能力。但能力使用在程度上区别很大。在粗糙的独木舟和汽船之间；在飞镖和连发步枪之间；在粗陋雕刻的木头偶像和希腊大理石雕刻艺术品之间；在野蛮人的知识和现代科学之间；在野蛮的印第安人和白人移民之间；在霍屯督妇女与上等社会的美女之间，存在着巨大差异。

运用这种能力的程度上的差异，不能归因于最初能力的差距——今天最优秀的民族在历史时期也曾是野蛮人，而我们可以看到同种的各民族之间存在极为巨大的差异。也不能把差异全部归因于物质环境的不同——学术和艺术的摇篮在许多事例中是在野蛮人原先居住的地方，没有几年时间庞大的城市就耸立在野蛮部落的狩猎场地上。所有这些差异显然与社会发展有关。也许除了最早时期外，人只有在与同胞生活在一起的条件下才有可能进步。所有这些在人的能力和条件之内的进步，我们概括地称之为文明。人在变得文明或在社会中学会合作时取得进步。

进步的规律是什么？我们可以用什么共同规则区分不同社会所达到的不同文明阶段呢？文明进步本质上指的是什么？解决了这些问题我们才得凭以指着不同的社会结构说，这个社会结构有利于文明进步，那个社会结构不利于文明进步；或者凭以解释一种社会制度或环境为什么在一个时候促进文明进步，而在另一个时候阻碍文明进步。

目前通行的想法是，文明进步是一种发展或进化，在这个过程中，人的能力和品质由于类似于解释物种起源的原因——适者生存以及人后天获得品质的遗传——所起的作用得到提高和改善。

说文明是一种进化，用赫伯特·斯宾塞的话说，就是从不明确的、无凝聚力的同质体到明确的、有凝聚力的异质体的进步——这话没有错；但这样说并不能解释或辨明推动或阻碍文明进步的原因。斯宾塞企图用物质与力量来解释世上一切现象的包罗万象的概论在多大程度上包括所有这些原因，又在多大程度上理解这些原因，我无法说；但作为科学的论述，这个进化哲学不是难以明确地问答这个问题，就是促使产生（应该说强化）一种不符合事实的意见。

这种对进步的庸俗解释，我认为十分类同于有钱人对不平等财富分配产生原因所持的观点。有钱人的理论是（如果有这么一种理论）：具有坚毅意志和能力的人肯定能得到大量金钱，而无知、懒惰和浪费造成富人和穷人的区别。同样，许多人一般把文明不同的原因解释为能力不同。文明的民族是优秀的民族，文明的进步和这种优秀才能相一致——正如在一般英国人的思想里，认为英国的胜利是由于英国人天生优于吃蛙肉的法国人；而新近在一般美国人的头脑里，民主政治、积极的创造发明、平均较好的生活是由于"美国民族的出色聪明"。

正如我们在本书开始时就驳斥过的那样，那种政治经济学理论与那些看到资本家支付工资和就业竞争降低工资的人的共同意见相一致；正如马尔萨斯的学说符合富人和穷人的现有偏见；同样，将进步解释为人种的逐渐改善符合那种把文明的不同归因为人种不同的庸俗见解。这种主张给予流行的见解以完整的和科学的外衣。自从达尔文以他的“物种起源”震惊世界以来，这个主张的广泛传播使人们不再强调征服，而重视同化。

现在，控制思想界的观念是：生存竞争以日趋紧张的程度，成比例地促使人作出新的努力和进行创造发明。这种进步和进步的能力由遗传决定，由最适合生存和繁殖的个人和最能改良的个人加以扩充，由最适合和最能改良的部落、民族或人种加以扩充。根据这个理论来解释人与兽之间的差异，不同进步程度人们之间的差异，尽管颇有信心和几乎普遍一致，但还是和不久前用“天命创造和神灵干预”的理论来解释一样。

这个理论的实际结果是一种抱希望的宿命论，这种论调在现代文献中比比皆是。[①] 在这种观点中，进步是由于缓慢地、稳步地、不瞻前顾后地提高人的处境的力量发挥作用的结果。在现代文明中使人越来越烦恼的战争、奴役、暴政、迷信、饥荒、瘟疫、匮乏和贫苦是一种推动的原因，它以消灭衰弱类型和扩大优秀类型的方式促使人类前进；遗传是使先进因素固定下来的力量，它把过去先进的因素变成再次进展的立脚点。个人是印压在过去长长一连串个人身上，并通过他们而永存的各种变化的结果，社会组织则从

① 在具有生动写作能力的作家温伍德·里德的《人类的苦难》中你也可以看到这个论调的半科学或通俗形式的表达。此书实际上是一部进步史，或者是论进步原因与方法的专题著作；不管对这位作家的哲学概括能力怎么评价，书中生动的描绘值得仔细阅读。此书主题与书名之间的关系在最后结论中可以看出：“我给予这部书一个奇特但又真实的书名——人类的苦难。在每一个世代中，人类备受苦难，使他们的孩子可能由于他们的苦恼而获益。我们自己的幸运建筑在过去进化的极度痛苦的基础上。因而我们应当为未来一代的利益而受苦是不公正的吗？”

组成它的个人那儿取得它的形式。因此，这个理论正如赫伯特·斯宾塞所说[①]“比目前激进主义想象的任何理论还要激进”，因为它寻找人的本性的变化；与此同时，它又“比目前保守主义想象的任何理论还要保守”，因为它认为，除了人的本性的那些缓慢变化外，任何变化都是无益的。哲学家可能告诫人们，这并不减少人们努力去改革弊端的责任，正如教授宿命论的神学家坚持人人都有为拯救而奋斗的责任；但如一般理解的那样，其结果是宿命主义的——“我们不论怎么做，神的石磨总是轧轧地转动，不管我们帮着推动它，还是用力阻挡它。”我提到这点只是想说明我对目前迅速传播和渗透普通人思想中那个主张的看法；并不是说在寻找真理中应该允许它的影响干扰人们的正确思想。但是我把这个主张看作是当前对文明的看法：即文明是各种力量以指明的方式活动的结果，这些力量缓慢地改变人的本性并改善和提高人的能力；文明人与野蛮人之间的区别就是长期人种教育的区别，这种教育永久地固定在人的精神结构里；这种改善往往以越来越强烈的程度趋向越来越高的文明。我们已经达到进步看来是一件很自然事情的程度，我们充满信心地期望未来人种的更大成就——有些人甚至认为，科学进步最终将使人不死，并使人体不但能旅游各行星，而且可到达恒星，最后并能为自己制造太阳和星系。[②]

但此刻人类没有飞升到星星上去，而对于处身于先进文明中的我们十分自然的这个进步理论却遇上四周冷酷无情的事实——

① 《社会学研究》的结论部分。

② 见温伍德《人类的苦难》。

固定不变的僵化文明。今日人类中大多数人没有进步的思想；今日人类中的大多数人看待今日文明，就像几个世代前我们的祖先一样，认为是十分完美的时代。野蛮人和文明人之间的差别，可以解释为前者发展得很不完善，他们的进步很不明显；但是依据人类进步是普遍的和继续不断的各种原因造成的结果的理论，我们如何说明已经进步到如今的文明为何又停顿下来呢？说我们的优越性是长期教育的结果，说我们是成人他们是孩子，这些话对野蛮人可以说，但对印度人和中国人不能说。当我们还是野蛮人的时候，印度人和中国人已经步入文明了。他们有大城市、高度组织和强有力的政府、文学、哲学、文雅的举止、相当的劳动分工、繁盛的商业和精美的艺术，那时我们的祖先还是到处漫游的野蛮人，住在茅屋和兽皮帐篷里，与美洲印第安人相比，一点也不先进。当我们从这种野蛮状态进入19世纪文明时，他们却停步不前。如果进步是不可避免的和永久的固定规律起作用的结果，是这种规律促使人类前进，我们对上述现象如何解释呢？

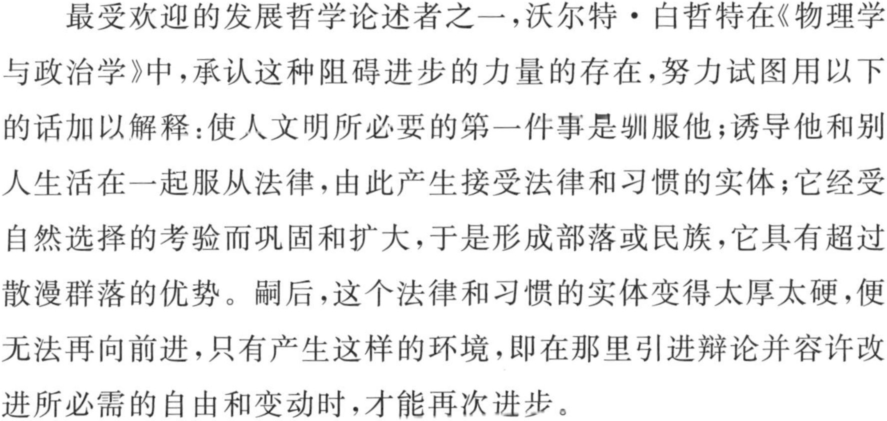

最受欢迎的发展哲学论述者之一，沃尔特·白哲特在《物理学与政治学》中，承认这种阻碍进步的力量的存在，努力试图用以下的话加以解释：使人文明所必要的第一件事是驯服他；诱导他和别人生活在一起服从法律，由此产生接受法律和习惯的实体；它经受自然选择的考验而巩固和扩大，于是形成部落或民族，它具有超过散漫群落的优势。嗣后，这个法律和习惯的实体变得太厚太硬，便无法再向前进，只有产生这样的环境，即在那里引进辩论并容许改进所必需的自由和变动时，才能再次进步。

白哲特先生带着几分疑虑（如他自己所说）提出的这个解释，

我想它损害了普遍承认的理论。但不值得花时间谈论那个理论，因为它显然不能解释许多事实。

白哲特先生所说的变硬趋势出现在十分早的发展时期，而说明它的例子几乎全都取自野蛮或半野蛮生活。可是，这些被滞留的文明在它们停顿前已经走了很长道路。肯定有一段时间这些文明若与野蛮状态比较要先进得多，而且还具有灵活性、自由性和进步性。这些被滞留的文明停顿时，其程度不论从哪方面都几乎不次于(在许多方面优于)16 世纪的欧洲文明，无论如何不次于或优于 15 世纪的欧洲文明。在停顿前那里必然有辩论、对新事物的欢呼和各种各样的精神活动。它们拥有建筑师，利用种种创造和改进，把建筑艺术推进到极高的境界；它们拥有造船师，以同样方式利用一个又一个的发明，最后造出像亨利八世时那样优良的船只；它们的发明家只在我们最重要发明的边缘才停顿下来，有几个发明家我们至今仍能向之学习；它们有建设巨大灌溉工程和通航运河的工程师；它们有相互对峙的哲学学派和相互对立的宗教思想。在许多方面类似基督教的一个伟大宗教出现在印度，取代了旧的宗教，传到中国，风靡全境，随后这个宗教又在它的发祥地被另一种宗教所取代，正如基督教在发祥地被取代一样。人在学会一起居住以后很久，才有生活，才有活跃的生活，才有产生改良的发明。此外，印度和中国在征服习惯和思想方式不同的民族时，都接受注入的新生命力。

我们知道的所有文明中最固定、最僵化的文明是埃及的文明，那里甚至艺术最后也呈现因袭的固定不变的形式。但我们知道在它之前必定有一个充满生气和活力的时期——一个像我们现在那

样精神饱满的发展和扩充的文明，否则艺术和科学决计不会达到这样的高度。新近的考古发掘从地下发现的物件使我们认识已知埃及以前的更早的埃及。那个时期的雕像和雕刻品非但没有死板和因袭的形式，而且富有生命和表现力，显示出热烈、自然和自由的艺术竞争，这是活跃而充实生活的标志。可以看出埃及曾有过进步的文明。

可是当前发展理论未能说明原因的不仅仅是这些滞留的文明。人类不仅在进步道路上走到这么远后停顿下来，事实上人类在进步道路上走了很远之后然后后退。它不是与这个理论相冲突的孤立事例——它是普遍规律。世上迄今存在过的每一个文明都有它的蓬勃发展时期、滞留时期和停顿时期，有它的衰落和消亡时期。所有出现和昌盛过的文明，到今日尚存的只有滞留的文明和我们自己的文明，我们的文明还没有亚伯拉罕观看金字塔时金字塔的年代悠久——而在金字塔的后面存在 2 000 年有文字记载的历史。

我们自己的文明与先前的任何文明相比，有较广泛的基础，属于较先进的类型，前进得较快，上升得较高，这无疑是正确的。但即使在这些方面，我们的文明超出希腊罗马文明的程度几乎不比希腊罗马文明超出亚洲文明更多；如果事实确是如此，那就不能证明我们文明的永久存在和今后进步，除非能表明它在导致以往各种文明衰落的那些方面特殊优越。当代理论没有提到这点。

实际上，解释全世界历史事实的所有理论中没有比这个理论走得更远的，它认为文明是自然选择过程的结果，而自然选择能改进和提高人的能力。说文明出现于不同时间的不同地方并以不同速度进展，与这个理论并无矛盾之处；因为那可能是推动力与抗拒力的不平衡而产生的；但到处有进步的开始（因为即使最落后部落也有某些进步），没有一处有进步的继续，而到处进步陷于停步或倒退，这与这个理论绝对矛盾。因为，如果进步能使人的本性中改善并固定下来，这样就会产生进一步的进步，尽管可能出现偶尔的中断，但一般的规律应是进步将继续下去，即进步导致新的进步，文明发展为更高级的文明。

可是，不仅一般规律，甚至普遍规律也与此相反。大地是死亡帝国的坟墓，就像它是死人的坟墓。进步不能使人适应更大的进步，当时与我们现在文明有一样活力和先进的每一个文明都自行停止进步。一次又一次，艺术衰败，学识下坠，力量衰退，人口变稀，直到曾经建造过宏伟神庙和庞大城市，开凿过穿过群山的河流，把大地耕耘得像花园，在生活细节上讲究最大精致的人民，成为身无长物的野蛮人。他们甚至忘却祖先的伟业，并把祖先光辉时期留下的一鳞半爪看作是神怪所为，或者认为是洪水时代以前伟大民族的遗物。这是多么真实。当我们想到过去历史，它看来像是冷酷无情的规律，我们没有希望避免它，犹如“充满生命力”的青年没有希望逃脱所有人共同命运——死亡一样。西皮奥在迦太基的废墟上哭泣说，“噢罗马，有一天这必然是你的命运！”麦考利那幅新西兰人若有所思地凝视伦敦桥坍塌拱门的图画，即使那些看到荒野上升起城市和致力于为新的帝国奠基的人听了、看了也会浮想联翩，不胜感慨。所以，当我们建造一座公共大厦时，我们在最大奠基石上钻个孔穴，在孔穴里小心地封入我

们时代的某种纪念物，留待大厦成为废墟而我们早被忘却时的人们去发现它。

这种兴衰交替的文明，这种永远尾随进步的倒退是不是与一种向上的有节奏运动（虽然我不会提出这个问题，我想，要肯定这个问题比普遍想象的难得多）没有什么区别；因为不论肯定或否定这个说法都反驳这个理论。文明死亡了，无声无息，艰苦地获得的进步永久从这个种族中消失。但是，即使承认每一次进步浪潮使另一次更高的浪潮成为可能，每一个文明把火炬传给一个更高的文明，这个认为人的本性变化促使文明进步的理论不能解释这些事实；因为在每一个实例中，并不是由旧文明熏陶和从遗传中改进的民族成为新的民族，而是从较低水平中出现一个簇新的民族。一个时代的野蛮人成为下一个时代的文明人；转过来，它们又被新的野蛮人继承。因为到现在为止，情况一直是这样：在文明影响下的人，虽然最初有所改进，随后便退化。今日的文明人大大优越于不文明人；但是不文明人在每一个死亡文明的鼎盛时代，也是文明人。可见存在邪恶、堕落和文明的种种衰败征象，这些东西超过一定程度总要表现出来，这是迄今为止一直存在的事实。被野蛮人压倒的每一种文明，实际上是被内部腐朽消灭的。

这个普遍的事实一旦得到承认，便否定遗传促成进步的理论。纵观世界历史，最大进步线与任何遗传线的任何时间长度都不相吻合。在任何特定遗传线上，倒退看来永远紧跟进步。

因之我们能说，一个民族或种族的生命和个人的生命一样，即每个社会群体都有一定数量的能量，能量的耗竭必然导致衰败吗？这是一种陈旧而传布甚广的想法，至今仍有许多人这么想，在发展哲学论述者的著作里经常可以看到。当然，我不知道为什么这种想法不用物质和运动这种术语加以阐述，以便把它清楚地列入一般进化原理的范畴。因为把社会中的个人看作原子，那么社会的发展就是“物质的结合和伴随着运动的消耗，在这个过程中，物质从不明确的无凝聚力的同质体变为明确的有凝聚力的异质体，在这个过程中，保留的运动经历平行的变化”。[①] 这样一来，在社会生命和根据星云假设的太阳系生命之间就有类似之处。由于太阳的热和光是由运动着的原子聚集而产生，当原子最后达到平衡状态或静止，运动最后停止时，接着的是静止状态，这种静止状态只有得到外部力量的冲击才能再开始运动，而外力的冲击逆转进展的过程，使运动结合，使物质消散成气体状态，再次由于气体的凝结逐渐产生运动；所以可以这样说，个人在社会中的结合，形成一种力量，它产生文明的光和热，而当这个过程停止，个人进入一种平衡状态，各人都处于固定的位置，接着便出现僵化，而由野蛮人的入侵引起的旧的解体和新的扩散，对于重新开始新的文明进展的过程是必要的。

但类比是最危险的思想方式。它们可能把类似的东西联系在一起从而掩蔽了真理。所有这样的类比都是表面性的。社会有不断繁殖的儿童的新鲜活力，它不像一个人那样，因精力衰退而衰老。社会的总力量必然是其成员力量的总和，除非它成员的生命力减弱，社会不可能失去生命力。

可是在把一个民族的生命力比作个人生命力的类比里，和在

① 赫伯特·斯宾塞的进化定义，“第一定律”，第 396 页。

我刚刚提到的那个类比里，都包含承认一个明显真理的意思，即最后导致进步停止的障碍是由进步过程引起的；毁灭以往所有文明的环境是文明进步本身所产生的环境。

这是当前哲学忽视的真理；但这是意义最深长的真理。任何关于人类进步的正确理论必须说明这个真理。

第二章　文明的差异——为什么

想要发现人类进步的规律，第一步必须确定我们认为是文明差异的那些差别的基本性质。

当前哲学把社会进步归因于人本性产生的变化，这个观点与我们已知的历史事实不符。我们还知道，不同文明阶段各社会之间的差异，如果加以考虑，不能认为是组成这些社会的个人内心差异的结果。个人之间存在自然差异这是确实的，存在一种人的特质的遗传无疑也是对的；但是不能用这种方式来解释不同社会状态中人们之间的巨大差异。现在看得十分重要的遗传影响，较之人入世后塑造人的种种影响是微不足道的。有什么比语言更深深地植根于人的习惯里？它不仅是脱口而出表示意愿的本领，而且是思想的媒介。有什么比语言保持得更久长或更快地表示人的国籍？可是我们并非生下来之前就掌握了语言。我们本国的母语只是在咿呀学语的婴孩时期就学习它，才成为我们的母语。虽然他的祖先已有无数代使用一种语言说话，没有听到过任何语言的孩子，他学习任何其他语言都同样方便。其他国家的、地方的或阶级的特性也和语言一样。它们看来是教育和习惯的结果，不是遗传的结果。被印第安人捉去的、在兽皮棚屋中养大的白人孩子的情况表明这点，他们变为十足的印第安人。我相信由吉人赛人养大的孩子，也是一样。

由白人养大的印第安孩子或其他明显不同种族的孩子的情况不一定是这样，我想这是因为这些孩子从来没有受到与白人孩子完全相同的对待。有一位在黑人学校执教的绅士曾告诉我，他教的黑人孩子，在10岁或12岁以前，比白人孩子真的更聪明和学得更容易，但是过了这个年龄，他们似乎变得愚钝和粗心起来。他想这是天生人种低劣的证据，我当时也这么想。但我后来偶然听到一位理解力很强的黑人绅士（希勒里主教）的一席话，使我茅塞顿开。他说："我们的孩子在幼小时，和白人孩子同样聪明，同样容易接受教诲。但当他们长大到理解他们所处的地位时——理解他们被人视作劣等民族一员，今后绝不可能干比厨子、侍者或那类职业更高等的工作时，他们的抱负消失了，不想再继续努力。"其实此外他还可以加上：作为贫困、无教养和无抱负父母的孩子，家庭对他们起了不良的影响。我相信，一般观察后的意见是，在受教育的最初阶段，无知父母的孩子与有教养父母的孩子同样容易接受，但以后，作为一般规律，后者逐渐赶在前面，成为最聪明的男子和女人。理由很简单。学生在学校学习初步的较简单的知识时，黑人和白人的孩了并驾齐驱，但当学习的东西变得复杂时，那些习惯在家里讲上等英语，听聪明会话的孩子有机会得到更多更好的书籍，有难题容易得到答案，他们就有重要的有利条件。

在生活的后阶段也能看到同样的情形。有一个从普通劳动阶级上升的人，在他能与有文化的人和重要人物接交时，他将变得更加聪明更加文雅。以由贫困父母生育在同一家庭和同等方式抚养的两兄弟为例；一个从事粗笨职业，一直以每天的辛苦劳动谋求生活；另一个以充当替人跑腿的侍应生开始，后来在另一个方向得到发展，最后成为成功的律师、商人或政界要人。到 40 岁或 50 岁时他们的悬殊差别是显著的，如果不细加思索的话，将认为其中一个能出人头地的原因在于他有较大的天赋能力。有两个姐妹所表现仪态和智力的差异也同样惊人，其中一个嫁给穷人，她终生烦恼，受不到多少关怀和没有任何改善的机会；另一个嫁给后来发迹的人，把她带入上等社会，使她有机会提高她的趣味、扩大她的理解力。“与下等人的交往破坏良好的仪态举止”这句话就是说明这个普遍规律：人的性格深受条件与环境的塑造。

我记得有一次在巴西港口看见一个黑种男人，穿着十分时髦的衣服，却赤着双足。一个和我在一起的做过几趟奴隶贸易的水手持有一种理论，他认为黑人不是人，只是一种猴子，他指出那个黑人作为证实他理论的论据，坚持说穿鞋子不是黑人的本性，在黑人放任自己时，他会根本不穿衣服赤身露体。我后来知道在那里认为黑奴穿鞋是“不适当的”，正如在英国人们认为穿着整齐的男管家戴珠宝饰物是“不适当的”一样；虽然在穿着上我后来看到一些白人任自己喜欢穿衣服，穿得和那个巴西奴隶同样的不协调。但大量引用的事实表明，遗传的理论并不比这位前甲板上的达尔文信徒的意见有更大的意义。

例如，纽约的大量罪犯和领公家救济者都是三四代穷人的下代，这个事实被广泛引用以证明遗传的作用。可这个事实并不足证明，因为对这个事实有更接近的、适当的解释。穷人会养出穷人（甚至不是亲生的孩子）正如与罪犯密切接近会使道德高尚双亲的孩子成为罪犯。当生存竞争剧烈的时候，习惯于依赖赈济，必然会失去自力更生所必需的自尊心与独立精神。众所周知，赈济将产生要求更多赈济的后果，这是千真万确的，公家赈济和私人施舍是不是害处比好处更多，还是尚无定论的问题；小孩子表现出与他们父母同样的感情、爱好、偏见或才能的性格也是同样的理由。他们吸收这些性格就像他们从老朋友那里吸收来的一样。当然也有例外，但例外证明这个规律，因为孩子不像父母而有特殊的变化，会使人吃惊。

我想，存在着一种常常用来说明被看作性格隔代遗传现象的微妙影响——这个同一影响使阅读低级小说的男孩想去当海盗。我以前认识一个血管里流着印第安人酋长血液的绅士。他当时经常告诉我从他祖父那里得知的一些传说，说明许多白人难以理解的东西——印第安人的思想习惯，打猎时那种紧张而忍耐的嗜血的神情，紧要关头的沉着、毅力。从他详细谈论这些事情的神情看，我相信，像他这样受过高等教育的有教养的人，在一定环境中，还会流露出可以看成是他印第安血统的性格；可实际上这完全可以解释为他缅怀祖先的功绩所产生的幻想。①

在任何大型社会里我们可以看到（和在不同阶级与集团之间一样）与文明程度不同的社会之间存在的同一种差别——知识、信仰、习惯、爱好和辞语的差异，生活在同一国家的同一种族的人民，

① 华兹华斯在他的《布鲁厄姆城堡宴会之歌》用诗歌形式指出这个影响：

铁盔甲在他的厅堂里锈得发黄，
克利福德表示流血的想望；
“压服苏格兰人，”矛在呼叫；
“拿着我走向法兰西的心脏，”
这是盾的渴望。

在极端情况下，其差异几乎和文明社会与野蛮社会间的差异一样大。石器时代以后社会发展的各个阶段还能在当代存在的社会中找到，在同一国家和同一城市中同样可以找到有同样差异的集团肩并肩地生活着。在像英国和德国那样国家里，在同一地方出生和抚养的孩子，长大后说不同的语言，持不同的信仰，有不同的习惯，表现出不同的兴趣；甚至在美国这样的国家里，在不同圈子或集团之间也有同样的差异，虽然在程度上有所不同。

可是这样差异肯定不是天生的。没有人生下来就是卫理公会教徒或天主教徒，前者不发“H”音，后者发这个音。所有这些区分不同集团或圈子的差别，全都来自圈内人们的密切交往。

土耳其的近卫步兵是幼小从基督徒父母那里抢来的青年组成的，但他们仍然是狂热的穆斯林，仍然表示出土耳其人的性格；耶稣会会士和其他教会牧师表现出不同的特征，但这种特征当然不是由遗传维持的；甚至像学校和军队那样的团体，它们的成员在那里只待一个短时间，并不断更换，但这些团体也显现出共同的特性，这是这些人在一起共同生活造成的精神影响的结果。

我认为在每一个社会中存在的环绕每一个个人的传统、信仰、风俗、法律、习惯和种种人际交往，即赫伯特所称的“超机体环境”，是决定民族性的重要因素。就是它而不是遗传，使英国人不同于法国人，使德国人不同于意大利人，使美国人不同于中国人，使文明人不同于野蛮人。就是通过以上所说的环境，维护、扩展或改变民族性。

在一定限度内（如果你愿意，可以说其本身并无限度），遗传可以造就或改变人的性质，但这话对人的肉体说比对人的精神说更为正确，对动物说又比对人的肉体说更为正确。从畜养鸽子和牛中推演所得结论不适合于人，道理是明白的。人的生命即使在最粗野状态时也比动物复杂万倍。人不断受到无数外来的影响，在无数影响中遗传的相对影响变得越来越小。一个只知道吃、喝、睡觉和生育，其心理活动不比动物更多的人种，我深信经过长时间小心的选种和培育，会培育出各种各样体型和特性的人，就像我们以同样方法在培养家畜品种中所取得的成果一样。当然实际上没有这样的人种；而且即使有这样的人，通过心灵对肉体的精神作用，也会时刻干扰育种过程。你不可能把一个思想活动紧张的人像对猪催肥那样，把他关在屋子里供他饮食使他发胖。人类生活在地球上的时间很可能比许多动物长。他们在使动物发生最显著变化的气候差异下分道扬镳，但不同人种中间的肉体差别几乎不比白马与黑马之间的差别更大——他们中间的差别肯定不像同一亚种的狗之间那么大(譬如说像㹴与猎的变种那么大)。即使在各人种之间出现的这种肉体差异(虽然有人说这是自然选择和遗传的结果)，也产生在人与兽还很接近的时候，也就是说那时候人的心智还不很发达。

如果这个道理对人的体格来说是正确的，那么，这个道理对人的精神素质来说，其正确性达到多高程度呢？我们把我们的肉体部分带到世上；但心灵是后来发展的。

任何有机体的生长都有一个发展阶段，这个动物将成为鱼或爬虫，猴子或人，除了环境以外无法解释。新生婴儿的情况也一样；尚需唤醒意识与能力的心灵将是英国、德国、美国或中国的心灵——文明人的心灵还是野蛮人的心灵——完全决定于婴儿出世时所在地的社会环境。

假如把一些最文明父母所生的婴儿运往无人居住的地方。假如他们在奇迹般的方式中活下来，直到长大到能照顾自己的年龄，你想他们会变得怎么样？他们将比我们知道的野蛮人更加孤立无助。他们必须发现火；必须制造最粗糙的工具和武器；必须发明语言。总之他们必须跌跌绊绊地学会最低等人种现在掌握的知识，就像孩子学习走路那样。我毫不怀疑到一定时候他们会做所有这些事情，因为人的心灵潜伏着会做这些事情的可能性，正如人的躯体结构潜伏着人会走路的能力；但我不相信，他们做这些事情比放在同样环境中的由野蛮人父母所生的孩子做得更好或更坏，更快或更慢。即使具有杰出人物曾经显示的那种最高的智力，如果上一代的人与下一代的人分隔一段时间（如 17 年蝗灾），人类将会怎样？一次这样的间隔将使人类不止退回到野蛮状态，而是退回到相比之下我们知道的野蛮状态成为文明的那种境地。

反过来，假使用一群野蛮人的婴儿替代同数量的文明人的婴儿而不让母亲知道（后一点为使实验公平起见很有必要），他们长大时会表现出什么不同的地方吗？我想凡与异民族和异阶级相处较久的任何人不会以为有任何不同。因此我们学会这个重大的教训："人的本性全世界都一样。"这个教训从图书馆里也可以学到。我不详说旅行家的记述，因为著书的文明人对野蛮人的记述，总是和野蛮人一旦对文明世界作短暂访问然后写书时，书中对我们的记述一样；但那些记载异时异族人民生活和思想的古代文字，翻译成我们今天语言时，就如隐约看到我们自己的生活和思想。他们表达的感情基本上与我们相同。伊曼纽尔·多伊奇说，"这是对历史或艺术所有调查研究的结果。他们过去甚至和我们现在一样。”

世界上有一个民族的情形能很好地说明哪种特性由遗传、哪种特性由交往传播。犹太人比欧洲任何人种都更慎重、更长期地保持他们血统的纯正，可我还是认为，可以归因于血统纯正的唯一特色是容貌的特色，要是有人不厌其烦加以观察的话，可以看出这种特色实际上比一般设想的还要不显著。虽然犹太人总是在自己种族中通婚，他们到处还是被周围环境所改变——英国、俄国、波兰、德国和东方的犹太人在许多方面彼此不同，其程度与那些国家中的其他民族相互间不同一样。可是他们也有许多共同的地方，到处维持他们的个性。理由是很明白的。是希伯来宗教到处保持希伯来人种与众不同的特性，而宗教当然不是世代传递，而是靠人们交往联系传播的。孩子们从箴言和交往中得到的这个宗教（与他们获得体貌特色的方式不同），其教义不仅是排斥其他宗教的，而且还引起他人的怀疑和厌恶，产生强大的外界压力，这种压力甚至比它的箴言起更大的推动作用，促使到处的犹太人形成一个社会中的社会。就这样造成和保持了某种具有不同性质的特殊环境。犹太人的内部婚姻是他们形成特殊社会的结果，不是产生这种社会的原因。那种突然从犹太父母那里抢过孩子，把他们在这个特殊环境以外抚养成人的迫害未能奏效的事情，可用减轻宗教信仰严厉程度的办法来实现，这在美国已经很明显，那里由于实行这个办法，犹太人和非犹太人间的区别正在很快消失。

在我看来，这种社会网络或环境的影响可以解释时常被认为是种族差异证据的事物——较不文明种族在接受较高等文明时的困难，和有些种族在较高等文明面前趋于消亡的情形。正如一个

社会环境坚持其存在那样，那些从属于一个社会环境的种族很难甚至不可能接受另一种社会环境。

如果说有任何民族的性格是固定的话，那便是中国人的性格。可是在加利福尼亚的中国人十分灵巧地学会美国人工作、经商、使用机器的方式，以致可以证明他们不缺乏灵活性或天生的适应能力。他们之所以在其他方面不改变，这是因为他们周围依旧是中国环境。他们从中国来，期望回中国去，留在这里时生活在他们自己的小中国里，正如在印度的英国人保持一个小英国。我们不仅自然地寻找与我们有同样特性的人交往联合，因此在个人不是绝对孤立的地方坚持使用同一语言、奉行同一宗教和习俗；而且这些与外界的差异惹起了外界的压力，这种压力迫使他们紧密联合。

这些明显的道理完全说明了在一个发展阶段与另一个阶段、一种文化与另一种文化遇合处所见到的全部现象，而无须依赖天生差异的理论。例如，比较语言学表明，印度人与他们的英国征服者属同一种族；个人的事例更充分表明，如果个人能够完全、绝对地生活于英国环境中（如上文所说，要做到这点只要把婴孩放入英国家庭，使孩子长大后不知道，孩子周围的人们也不知道任何差别便可），只需要一代便能彻底地在他们身上注入英国文明。但在印度国内，英国思想习惯的进展必然是很缓慢的，因为这些思想习惯在那里遇上由巨大人口永远保持的，并和日常生活交织在一起的原有思想习惯的网。

白哲特先生在《物理学与政治学》里力图解释为什么野蛮人在我们的文明面前变得衰弱无力，而他们不在古代人的文明面前衰败的原因，他设想这是因为文明的进步给予我们更健壮的体格。

在指出罗马作家并不对野蛮人的处境表示哀悼，野蛮人到处忍耐地与罗马人接触，而罗马人也与野蛮人结盟的事实后，他说（第47—48页）：

> “野蛮人在基督纪元元年时和在18世纪时完全没有变化；如果说他们能经受与古代文明人的交往，而经不住与我们交往，结论应是我们的人种比古代人可能要更强壮；因为我们必须经得起也确实经得起比古代人所患的更严重疾病。我们也许可以把不变的野蛮人当作量器使用，测量我们体格的力量，因为野蛮人也接触同样疾病。”

白哲特先生不想解释为什么1800年前的文明不能像今天文明那样，对野蛮人具有同样的压倒优势的原因。谈论这些事没有用处，也没有证据说明人的体格有一点增强。对于曾目睹我们的文明如何影响较落后民族的任何人来说，对这个问题的回答很现成但并不使人愉快。

并非因为我们的体格比野蛮人的体格健壮，以致对我们相对无害的疾病一定会使他们死亡。这是因为我们懂得并有了治疗那些疾病的方法，而野蛮人既不懂也没有这种方法。在接种预防发明之前，与文明滓渣俱来的疾病，对野蛮人和对文明人一样是毁灭性的。文明人没有办法加以控制，野蛮人由于无知不得不任其横行，在我们发明如何治疗这些疾病以前，它的毁灭性对野蛮人和对我们是一样的。不仅如此，文明对野蛮冲击的后果削弱野蛮人的力量，而不是把他们带入使文明人有力量的环境。在他们的风俗习惯不趋于消失而仍尽力坚持着的时候，他们原来适应的环境被强迫改变了。他们成为大地上没有猎物的猎人，被夺走武器的战士，并要他们在法律的专门性细节中服罪。他们不仅处在两种文化的中间，而且如白哲特先生关于印度印欧混血儿所说的话，他们处身于两种道德之中，他们学会了文明的邪恶的一面，没有学到文明的美德。他们失去传统的维持生活的手段，他们丧失自尊心，丧失道德观念；在堕落中了此一生。这些可怜的人可能被发现在边境市镇或火车站附近闲荡，准备乞讨、偷盗或干罪恶的勾当，他们可不是白人侵占他们打猎场前印第安人的合适代表。他们失去了他们原有的力量和美德，并未得到更高的力量和美德。事实上，推动红皮肤人的文明并不表示美德。对于远处海外边境上的盎格鲁-撒克逊人来说，当地人没有权利要白人必须尊敬他，他陷于贫困，他不被了解，他受欺骗受虐待。他死去，在与他同样的环境下我们也会死去。他在文明面前消失了，就像罗马化的布立吞人在撒克逊野蛮人面前消失一样。

罗马古典作家对野蛮人为什么不表示哀伤，罗马文明为什么只是同化而不毁灭它的真正理由，我认为可以从下列事实中找到，那就是古代文明与它遇到的野蛮人文明十分近似，更重要的事实是古代文明不像我们文明那样向外扩张。它向前推进的方式不是用扩大殖民地区的方法，而是使用征服的方法，征服一个地方只是把它降为一般统辖的新行省，让人民的社会，一般还让当地政治组织在很大程度上保持原状，所以在没有分割和破坏的情况下开始同化的进程。日本文明现在正以几乎相同的方式使自己同化于欧洲文明。

在美国，盎格鲁-撒克逊人消灭而不是同化印第安人，完全是因为他没有把印第安人带入他的环境中，双方接触的方式也不是诱导或允许印第安人原来的思想习惯作相当迅速的改变以适应这位新来的强大近邻给他带来的新环境。这些未开化人种接受我们的文明并没有天生的障碍，这点在个人事例中已一再表明。就迄今进行的实验而言，也同样表明这点，如耶稣会教士在巴拉圭的实验，方济各会教士在加利福尼亚的实验，新教教士在几个太平洋岛屿的实验，结果都是一致的。

在我们所知道的任何时期中，人种体格改良的假设完全没有证据，说白哲特写作时期内发生这个情况，更加无稽。从古典时代的雕塑人像，从古代士兵背负的重物和行军的路程，从赛跑者的记录和体育家的技艺等方面，我们知道人种不论从体格魁梧上还是从力气上，在 2 000 年内并无增进。而通常人们更有信心地和更普遍地谈论的智力上增进的假设，则更为荒谬。不论诗人、艺术家、建筑家、哲学家、雄辩家、政治家或军人，现代文明能造就比古代有更大智力的个人吗？没有必要背诵一连串名字，每一个小学生都知道这些名字。我们从古人那里找寻智力佼佼者的模范与典型。如果我们花片刻时间去想象最古老、最流行的信仰所持的那个可能性——即莱辛宣称可能有最大真实性的信仰，虽然他在形而上学的基础上接受它——假定荷马或维吉尔、狄摩西尼或西塞罗、亚历山大或汉尼拔或恺撒、柏拉图或卢克莱修、欧几里得或亚里士多德在 19 世纪重入人世，我们能假设他们不如今天的人吗？或者如果我们举出古典时代以后任何一个时期（甚至最黑暗时期），或我们有所了解的任何更早时期，我们会找不到根据当时的

条件和知识程度表现出与现在人们所表现的同等高度智力的人吗？在较不先进的民族中，当我们注意力集中于它们时，我们会找不到在他们条件下表现出与现代文明能够表现的同样伟大的智力的人吗？铁路的发明能证明比没有手推车时发明手推车有更伟大的创造力吗？现代文明中的我们显得比早于我们的人和与我们同代的、较不先进种族的人高，只是因为我们站在金字塔上，并非我们生得高。千百年为我们做的不是增高我们的身材，而是为我们搭好我们可以立足于其上的构架。

让我再重述一遍：我的意思不是说，所有人全具有同样的能力，或者在智力上都一样，就像我不想说人们的身体全都一样。世上亿万人中，也许没有两个人的思想和躯体完全一模一样。我的意思也不是说，不存在清楚、显著的思想上的种族差别，就像我不是说不存在清楚、显著的身体上的种族差别。我不否认遗传在传递心理特征上的作用和传递躯体特征上的作用和方式相同，也许达到同样的程度。不过在我看来，人类的思想和躯体一样有一个共同的标准和自然的对称轴，所有的偏离都会回复到这个标准。我们所处的环境可能产生种种畸形，如弗拉塞德人紧压婴儿的头部造成扁头，中国人束缚女孩儿的脚造成小脚。但是弗拉塞德婴儿生下来依然是自然形的头，中国婴儿依然有自然形的脚，看来自然也同样使人回复到正常的心理形态。一个孩子不能继承他父亲的知识，犹如他不能继承他父亲的玻璃眼睛或人造假腿；最无知双亲的孩子可能成为科学的先驱或思想界的带头人。

可是这是我们关心的一件大事：不同时期、不同地方各个社会人民之间的差异（我们称它为文化差异），不是个人生来即有的差

异，而是社会固有的差异；如赫伯特·斯宾塞所说，它们不是由个人的差异产生的，而是由把这些个人带入社会的条件所产生的差异。总之，我认为区分社会差异产生的原因就是这样：每一个社会不论大小，都必然为自己织一张知识、信仰、习俗、语言、兴趣、制度和法律的网，个人从出生到死去，一直在这张由社会织成的网里边，或者应该说在这些网里边，因为除了最最简单社会以外的社会都是由较小的社会组成的，这些较小社会相互重叠、相互交织。它们就是母体，在那里，人的心灵逐渐发展，从那里，人的心灵打上烙印。这就是习俗、宗教、成见、爱好和语言发展并永远保持下去的情况。这就是技术传播，知识储存，一个时间的发明成为共有财富，并把它们传给下一代的情况。虽然这种网常常形成进步的最严重的障碍，但也是它使进步成为可能。就是它使我们今天的学童能在几个钟点里学会比托勒密更多的宇宙知识；就是它使最平凡的科学家懂得比亚里士多德伟大心灵懂得的更多的东西。它对于种族等于记忆对于个人一样重要。我们惊人的艺术，博大深远的科学，奇迹般的创造发明，全通过这个网出现。

由于一个世代造成的进步以这种方式牢固地成为下一世代的共同财产，并成为再次前进的出发点，人类得以绵绵不断地进步。

第三章　人类进步的规律

那么，什么是人类进步——文明发展的规律呢？

虽然推测起来人类在同一时候以相同的能力出发，为什么现在社会发展上存在如此巨大的差异；这点必须解释清楚和确切，不能使用含糊的概念或表面的类比。这个规律必须说明滞留、衰败及毁灭文明的原因；必须说明文明兴起的一般事实，和以往文明进步总要逐渐形成使社会僵化和衰落的力量的原因。它必须不但说明进步的原因，也要说明退步的原因；说明亚洲文明和欧洲文明间一般特性的差异；说明古典文明和现代文明的差异；说明各种社会进步速度不同的原因；说明作为明显次要现象的文明突发、起步和中止的原因。因此，这个规律必须告诉我们，什么是进步的基本条件，什么样的社会条件推动进步，什么样的社会条件阻止进步。

要发现这样的规律并不困难。我们只要观察便能见到。我不想假装要把它说得非常正确、精细，我只想把它指出来。

促使进步的刺激物是人本性固有的欲望——满足动物天性需要的欲望，满足智力天性需要的欲望，和满足同情天性需要的欲望；生存的欲望，求知的欲望和工作的欲望——无穷的欲望永远不会满足，一个欲望满足了，新的欲望又产生了。

心灵是人进步的工具，有了它，每一次前进保证成为以后新进步的有利基础。虽然人运用思想不会增加一寸身材，但人运用思想可以扩大他了解万物和控制万物的力量，就我们能够知道的而言，这种力量是无限的。人生命的短促只能允许个人取得一点成就，虽然每一代人只能做一点点事情，但每一代都继承他们先辈的收获，可逐步提高人类的状况，就像珊瑚虫，这一代建在上一代的工作上，逐渐使自己从海底上升。

因此，智力是进步的原动力，人的进步总是和使用在进步事业上的智力成正比——进步事业上使用的智力是指用于扩大知识，改进生产、分配方法和改善社会条件的智力。

智力有固定的数量，也就是说一个人用脑能做的工作有一定限度，就像他用肢体能做的工作有一定限度一样；因此，用于进步的智力只是非进步事业使用后留下来的一部分。

这些消耗智力的非进步事业可以分为维持和冲突两类。所谓维持我的意思不但指维持生活，而且包括维持社会条件和保持已经获得的进步。所谓冲突不仅指战争和战争准备，而且包括一部分人牺牲别人来满足欲望和另一部分人抗拒这种侵犯所花费的全部智力。

把社会比喻为一条船。它在水上前进靠的不是水手的努力，而是用于推进它的力量。任何用于舀水需要的力量消费，或者船员中间殴斗和为船的航向相互争吵所消耗的力量都将减少推进航行的力量。

在人人独自生活情况下，全部人力都用于维持生活，只有人们联合在社会里，才能解放人的智力用于较高的目的。人的联合允许劳动分工，越来越多的人互相合作，带来各种各样的节省，所以联合是进步的第一要素。人们在和谐交往中聚在一起，才有可能进行种种改良，联合越广大越紧密，改良的可能性越大。给予联合中每个人的权利应该以平等的道德原则为准承认或忽视这个原则，决定浪费在冲突中的智力的或大或小，平等（或公正）是进步的第二要素。

因而人们在平等中的联合是进步的规律。联合能解放用于改良的智力，而平等（或公正或自由，在这里此词指同一东西，即承认道德准则）可防止智力在无谓的斗争中消耗掉。

这就是进步的规律，它能解释所有的差异，所有进步，所有中止和倒退。人们由于密切聚在一起而趋向进步，由于彼此合作而增加可以用于改良的智力；但是由于激起冲突或者联合中出现条件和权力的不平等，就会使进步趋势减弱、受阻，甚至逆转。

即使天赋的能力相同，显然社会发展有时快有时慢，有时停止或倒退，这要根据发展遇到阻力的大小。在一般情况下这些对改良的阻碍，根据其与社会本身的关系，可以分为外部的和内部的两种。第一种在文明的较早阶段发挥较大的力量；第二种在文明较后阶段变得更为重要。

人的本性是合群的。为了叫他们与同胞生活在一起，不需要捕捉或驯服。在人降生时的极度无助状态和他力量成熟之间需要很长时间，这使家庭关系成为必要；我们可以看到，在未开化人中间比在文明人中间家庭的范围较大，它的扩大趋势也更加强烈。最早的团体是家庭，扩大成为部落，依旧有共同的血统关系，甚至成为巨大民族的时候，仍宣称有共同的血统。

把这种人放在像这样的表面和气候千变万化的地球上，即使人的能力相同，出发点平等，显然社会发展一定非常不同。

人们联合的主要限制或阻力来自地理条件，由于各地地理条件大大不同，必然产生社会进步的相应不同。人口净增加速度和随着人口增加人们能够聚合一起的紧密程度，在人们知识很低，维持生活主要依赖自然自动给予的条件下，极大地决定于气候、土壤和地理构造。在需要许多动物性食物和温暖衣服的地方，在土地看来贫瘠和低产的地方，在热带森林茂密野蛮人微小力量无法开发的地方，在丛山、沙漠或海湾使人与外界隔绝的地方，人们的联合和由联合而形成的改善力量，开始时只能有小量发展。但在气候温和的富饶平原，那儿人们用较少劳力可以维持生活，在较小区域里人们便能紧密联合，一开始就有较多智力用于改良。因此文明自然地首先出现在巨大河谷和台地，在这些地方我们找到文明的最早遗址。

这些自然条件的差异，不仅直接导致社会发展的差异，而且由于社会发展的差异，在人的内心引起一种障碍，或者说引起一种对改善的阻力。由于家族和部落彼此隔绝，它们之间缺乏友好的感情，在语言、风俗、传统、宗教——总之，在不论大小的每一个社会不断织造的社会整个网络中出现差异。有了这些差异，偏见出现了，仇恨升起，接触容易产生争吵，侵凌招致侵凌，委屈激发报复[①]。因此，在这些分隔的社会集体之间出现了以实玛利情绪和

① 从无知演变为蔑视与憎恶有多么容易，对我们来说，把具有不同举止、习惯、宗教等的那些人，看作是比我们低劣的证明是多么自然，任何能多少摒弃偏见并处身于不同阶级中的人都能在文明社会中看到这一点。例如，在宗教界，这种赞美诗精神：

“我宁愿是个浸礼会会员，带着发光的脸孔，

不愿是个卫理公会会员，永远失去天恩，”

在所有宗派中都能见到。如英国主教所说，“正统观念是我的见解，异端是别人的见解，”而普遍的倾向是把正统教派以外的和与流行宗教不合的所有人看作异教徒或无神论者。在所有其他差异中也可见到同样的倾向。

该隐心情，战争成为各社会彼此间长期的似乎是自然的关系，人的能力消耗在攻击和防守上，消耗在相互残杀和相互破坏财产上，或者消耗在战斗准备上。这样的仇恨坚持了多久，今天文明世界的保护性关税和常备军就是证明；要摆脱偷外国人的东西不是盗窃的思想有多么困难，这点从制定国际版权法的困难中表现得很明白。我们能对部落和宗族的长期争斗感到惊奇吗？我们能对彼此分隔的、互不影响的社会织造每个人都不能躲避的各自的社会环境的网络，使战争成为常情，和平变作例外感到惊奇吗？“他们过去甚至和我们现在一样”。

战争是对联合的否定。日益加剧的战争使人们分隔在不同的部落里，因此限制了改良；在人与人之间隔绝得不那么厉害，人口有可能大量增加的地方，即使当时社会从整体上说还在它的边境以外打仗，文明仍能从没有部落战争的有利条件中得到进步。这样，在自然对人的紧密联合阻力最小的地方，战争的阻力似乎也最小被感觉到；在文明首先开始的富饶平原，虽然分散的部落还处在野蛮状态，文明会上升到很大的高度。由此看来，当分散的小型社会还处于长期战争状态之下时，走向文明的第一步是出现某个征服其他部落的部落或民族，把这些小社会联合成大社会，并保持内部的和平。在这种和平联合力量遭到外部攻击或内部分歧破坏的地方，进步停止，倒退开始。

并不是单单征服（把智力从战争必要性中解放出来）能促进联合和推动文明。如果说气候、土壤和地表构造最初分隔人类，它们也鼓励交换。本身就是联合或合作的一种形式的商业不但直接推进文明，而且通过增进与战争相反的利益和消除产生偏见和憎恶之母的无知，从而间接推进文明。

宗教也是一样。虽然它呈现的形式和引起的仇恨常常使人们疏远并产生战争，但它在别的时候也是推进联合的手段。像在希腊人中间那样，共同的礼拜时常平息战争并提供联合的基础，而正是基督教对欧洲野蛮人的胜利才产生现代文明。罗马帝国破碎时，如果没有基督教会，没有任何联合黏结剂的欧洲，有可能陷入比北美印第安人好不了多少的境地，或者只能在入侵游牧民族征服的弯刀下接受带有亚洲印记的文明，这些游牧民族从阿拉伯沙漠兴起，由一种宗教融合成为强大的力量，把自古以来分散的部落联合在一起，从此把共同的信念注入联合之中，使这个宗教波及人类的很大一部分。

纵观我们知道的世界历史，我们见到的任何地方，文明兴起于人们的联合，联合遭到破坏，文明便消失。就这样，以保证内部和平的多次征服使之遍布欧洲的罗马文明被北方民族入侵所压倒，使社会再次破碎成分裂的碎片；现在在我们现代文明中不断取得的进步，是在封建制度再次开始把人们联合在更大的社会中，和罗马的宗教最高权力像罗马帝国军团曾经做过的那样把这些社会带入共同关系时开始的。随着封建奴役演化为民族自治，基督教起着改善行为的作用，推动在黑暗时代她所掩藏的知识，把和平联合的线索结合在她无所不在的组织中，并以她的宗教教义教育人们联合起来，于是使更大的进步成为可能；随着人们加入越来越紧密的联合和合作，进步以越来越大的力量继续向前。

如果不考虑我可以称它为内部抗拒或阻力的东西，它从正在前进的社会中心出现，并使好端端开始的文明不是自行停止便是被野蛮人毁灭，不把它弄个明白，我们就永远无法懂得文明的过程和文明史表现的种种不同现象。

作为社会进步动力的智力，因人们的联合而得到解放，这种联合也许可以适当地称它为整体化。社会在整体化过程中变得更加复杂；社会中的个人变得更加相互依赖。职业和职能都专门化。人民不再飘泊游牧，大多定居下来。个人不再试图以自力供给他的全部需要，不同的商业和产业相分立，一个人学习这种技术，另一个人学习另一种本领。知识也同样，知识的领域不断扩大，不是一个人所能掌握，知识分成各种门类，不同个人学习和追求不同门类。同样，宗教仪式的举行也由一群专门献身于那个事业的人负责，而维持秩序，管理司法，指派公共职务和分配奖金以及指挥战争等等都成为一个有组织政府的专门职责。总之，用赫伯特·斯宾塞为进化所下定义的语言说，从社会与组成它的个人的关系看，它的发展就是从不明确的、无凝聚力的同质体转向明确的、有凝聚力的异质体。社会发展阶段越低，社会越像最低等的动物有机体，没有器官或肢体，可以从它体上割去一部分它还会活着；社会发展阶段越高，社会越像高等有机体，它有专门的机能与能力，每一成员不可缺少地依赖其他成员。

这个在社会内部进行的整体化过程，职能和权力的专门化过程，根据的也许是人类本性中最深刻的一种规律，伴随着产生不平等的永久倾向。我的意思不是说那种不平等是社会发展的必然结果，但在社会发展的同时不对社会安排进行改革，听其自然，那么不平等就成为永远的趋势，在社会发展所产生的新环境中只有改革才能保证平等。打个譬喻说，每一个社会为自己织造的法律、习俗和政治制度的外衣，随着社会发展永远趋向于变得太紧。再打个譬喻说，一个人向前走穿过曲径，如果他一直往前，他将肯定迷路，要通过曲径，只有理智和正义能使他继续走上向上的道路。

因为，当伴随着社会发展同来的整体化能解放智力使其致力于改良时，由于人口增加和社会组织复杂性的增加，就会出现产生不平等状态的相反趋势，它将浪费智力，当这些不平等加剧时，改良陷于停顿。

找出促成进步的规律和阻止进步的力量的最后根源，在我看来，将大大有助于解决比物质世界起源更深的问题——罪恶的起源问题。

人的本性存在两种特性，记住这两点是重要的。其一是习惯的力量，即继续以同样方式看问题、做事情的趋向；另一个是精神和道德堕落的可能性。第一个特性对社会发展的作用是在习惯、风俗、法律和做事方法失去原来用途以后很久依旧保持它们不放；另一个特性是允许被人们正常观念直觉地憎恶的制度和思想方式产生和发展。

现在，社会的成长和发展不仅使每个人越来越依赖所有人，而且与社会的影响力相比，个人的影响力大为减少，甚至没有力量影响自己的环境；但人们联合或整体化的作用引起一种与个人力量总和显然不同的集体力量。可类比的事物，或者说同样规律的事例到处都能找到。动物的有机体增加到相当复杂的程度时，引起比原来生命和各部分机体更高的整体生命和力量；后者具有意识活动，不再像以前只是无意识的活动。一群人的行动和冲动，时常可以观察到，不同于在同样环境下引起的各个人的行动和冲动。

一个团的战斗力与许多士兵单独战斗大不相同。对于这些没有必要详加说明。在我们上文对地租性质和起源进行的探究中，我们探索了我提到的同样事理。在人口稀疏的地方，土地没有价值；一俟人们聚集一起，土地价值就出现和上升；这种价值明显地不同于由个人努力产生的价值；它由人们的聚集结合引起，结合使价值提高，结合破碎时，价值就消失。这种情况对于不是由财富表现的权力而言完全相同。

随着社会发展，保持先前社会秩序的倾向往往把集体权力置于社会一小部分人的手中，而由于社会进步而获得的财富与权力的不平等分配必定产生更大的不平等，因为侵占行为因袭成习，正义的思想由于人们习惯地容忍非正义行为以致模糊不清。

在这种情况下，家长统治式的社会组织很容易变为世袭的君主政体，在此种政体下国王像是人间的神，人民群众仅仅是被他任性摆布的奴隶。父亲应是指挥家庭的首领是很自然的，他死后，作为家庭这个小社会成员里年纪最大、经验最多的长子应该继承领袖地位。为了家族扩大后继续这样的安排，就把权力交付给一个特殊的世系，这样交付的权力必然随着社会财产的不断增加和社会权力的增长而继续增大。家族的首领上升为世袭的国王，他自以为是有超越别人权利的人，别人也同样看待他。随着与个人权力相对照的集体权力的增长，他司赏罚的权力增加了，因而增加人们谄媚他和畏惧他的动机；如果这样的趋势不受阻挠，到最后整个民族匍匐在君王脚下，10 万人苦役 50 年去建造一个终有一天要死去的国王的陵墓。

一小群野蛮人的打仗首领不过是他们中间的一员，他们服从他只是因为他最勇敢、最谨慎。但是当大量人群一起行动时，由每个人选出领袖变得很困难，盲目顺从成为必要并是可以实行的好办法，出于指挥大规模战争的需要，绝对专制的权力出现了。

职能专门化的情形也是如此。当社会发展到一定程度，那时不再召集生产者离开生产岗位去打仗，专门成立正规军队，这样做对生产力显然有利；但这样做不可避免地趋向于权力集中在军人阶级或他们首领的手中。国内秩序的维持、管理司法、建筑和维修公共工程，显然还有宗教仪式，这些职能全都为特殊阶级所掌握，这些阶级的意图在于扩大它们的职能和增加它们的权力。

可是不平等的重大原因是占有土地造成的对自然的垄断。人们最初的观念看来总认为土地是公有财产；最初体现土地公有的粗糙方法——如每年一次分配土地或耕种公地——只适合社会发展的较低阶段。在人力生产品中自然产生的财产思想很容易转移到土地上，而当人口稀少时保证土地改良者和使用者得到劳动报酬的制度，到最后由于人口增加地租出现，起了剥夺生产者工资的作用。不仅如此，把地租拨作公用以求社会的高度发展，是土地保留为公共财产的唯一易行办法，但当政治和宗教权力落入一个阶级手里时，土地所有权被那个阶级占有，社会上其余人都变成佃户。战争和征服使政治权力集中，产生奴隶制度，在社会发展使土地具有价值的地方，造成对土地的占有。手中有集中权力的统治阶级很快把土地所有权集中在他手中。被征服土地的大部分落入那个阶级的人们之手，原来在那些土地上耕种的人，成为他们的佃农或农奴。在社会自然发展过程中每个国家在短时期留下的公地，以及在战争情况下原始的农村耕作制度遗弃的牧场和林地，更

容易被那个阶级占有，这种情形我们在近代事例中可以见到。不平等一旦成为事实，随着社会发展土地所有权便更加集中。

我只是打算提出一般事实说明随着社会发展一定会出现不平等，并未指出依据不同条件而必然变化的特殊后果。可是这个主要事实使我们可以弄清楚所有僵化和倒退的原因。由人们在社会中结合而产生的权力与财富的不平等分配，必然会阻止，最后会抵消促使改良和社会进步的力量。一方面，社会上群众被迫为维持生计而付出他们的智力，另一方面把智力消耗在保持和加强这个不平等的制度中，花在铺张、奢侈和战争中。分裂为一个统治阶级和一个被统治阶级的社会，分裂为极富和极贫的社会，可能“建造得像巨人，修饰得如珠宝，”但它将是无情骄傲和无聊虚荣的纪念物，它的宗教从拯救人的职责改变为压迫人的工具。创造发明在短时期内可能还能继续发展；可它是供人奢侈的精美物品的发明，不是减轻苦活和增加能力的发明。在神殿的秘方中或在宫廷的寝室里可能仍在找寻内科医生的知识；但这种知识将作为秘密藏起来，如果有人胆敢把这种知识公开，以提高一般人的思想或改善一般人的生活，他将被踩在脚下，被看成危险的革新者。用于这种发明的智力必定减少用于改良的智力，所以不平等给予人的一定不是改良而是相反。在那些被迫为生计干苦活因而陷于无知的阶级中坚持旧制度的意愿有多么强烈，这点已众所周知无须多加说明，另一方面，现有社会制度给予特殊利益阶级的保守性也同样明显。这种抗拒革新（即使是一种改良）的趋向在每一个组织里均可看到，在宗教、法律、医药、科学和商业行会里都有这种趋向，组织越严密这种趋向越强烈。一个严密的组织总是直觉地不喜欢革新和

革新者,这只是表示它直觉地害怕改革推倒它与普通老百姓中间的屏障,因而丢失它的重要性和权力;而它永远设法小心地保护它的特殊知识和诀窍。

就是在这种情况下,僵化代替进步。不平等的加剧必然使改良终止;由于不平等依旧坚持或者激起徒劳的反抗,它使维持现状所必要的智力也收缩,于是倒退开始。

这些道理使文明史上的种种疑问豁然开朗。

人口增加时,在气候、土壤和地理结构不会隔绝人群的地方,和文明相应地最早产生的地方,与在阻隔中发展成多种多样的较小社会以后才合并为一个紧密联合体的地方相比,自然形成的对进步的内部阻力要更为正规和彻底。在我看来,这点就是早期文明普遍特性与晚期欧洲文明不同的原因。这些同质的社会从一开始发展就没有不同习俗、法律、宗教等之间的冲突倾轧,表现出较大的一致性。集中和保守的力量将集合在一起。对立的酋长不会抵消彼此力量,各种各样信仰也不会遏止教士势力的增长。政治和宗教的权力以及财富和知识就这样倾向于向同一中心集中。产生世袭国王和世袭僧侣的同一原因会产生世袭的工匠和劳动者,把社会分裂成种种等级。由人们联合所解放的力量就这样浪费了,阻止进一步前进的壁垒渐渐升起。群众中多余的精力被用在建造庙宇、宫殿和金字塔;用于满足统治者的骄傲心理和奢侈欲望;如果在有闲阶级里出现改良的意向,立刻会被害怕革新的思想所抑制。在这种情况下发展的社会最后必然因不允许进一步发展的保守性而停滞下来。

这种完全僵化状态一旦达到时,将继续多久,看来决定于外部

原因，因为社会环境铸成的铁箍抑制改良也抑制瓦解。这样的社会最容易征服，因为人民群众在无望的劳动生活中养成被动默默忍受的个性。如果征服者仅仅取代原统治阶级的地位，像喜克索人在埃及和鞑靼人在中国所做的那样，万事和以前一样照常进行。如果他们抢劫破坏，宏伟辉煌的宫殿和庙宇化为废墟，人烟为之稀疏，知识和艺术荡然无存。

欧洲文明在性质上不同于埃及类型的文明，因为它不是从一开始就在同一环境里发展或至少不是从长时期处于同一环境的同质人民的联合中产生，而是从分隔时就获得不同社会特性的人民的联合中产生，它们较小的组织很早就防止了权力和财富集中在一个中心。希腊半岛的地形在早期就把人民分隔成许多小社会，一旦这些小共和国和名义上的王国停止在战争中浪费精力，和平的商业合作扩大时，文明的光辉便大放光彩。可是联合的原则力量薄弱，不足以从内部部落战争中拯救希腊，当战争由于征服而停止时，不平等的倾向虽有希腊贤人和政治家设法阻止，它还是产生了恶果，而希腊的英勇、艺术和文学统统付诸逝水。罗马文明的兴起与扩展、衰落和垮台的情形也是如此，可以看出联合和平等两个原则在起作用，在这两个原则的结合中出现进步。

从意大利独立农夫和自由市民的联合中产生，从使交战各国变成共同关系的征服中获得新的力量，罗马的力量和平地使世界安静下来。但是不平等的趋势一开始就遏止真正的进步，并在罗马文明扩展时加强。罗马文明并没有像同质文明那样僵化，在同质文明中，习俗和迷信的有力桎梏迫使人民服从，或许也保护人民，无论如何保持统治者与被统治者之间的和平；它腐朽了，衰落了，垮台了。在哥特人或汪达尔人突破罗马军团防线很久之前，甚至在罗马的边境还在向前推进的时候，罗马的精神已经死了。巨大的庄园毁灭了意大利。不平等吸干了罗马世界的力量，毁灭了罗马世界的勇气。政府变成专制主义，甚至暗杀也不能缓和它的残暴；爱国心变成奴性；最肮脏的不道德行为公然毫无忌惮地进行；文学堕落为儿戏；学识被遗忘掉；丰腴地区未经战祸变成荒地。不平等到处产生政治上、精神上、道德上和物质上的衰退。压倒罗马的野蛮状态不是来自外部，而是来自内部。这是以奴隶和农奴代替独立意大利农夫和把行省分割为元老院议员家族庄园的制度的必然结果。

近代文明的优越可归因于产生联合同时产生平等。关于这一点有两大原因：由于北方民族的涌入使集中的权力分散成无数小中心；和基督教的影响。没有前一个原因，一定会出现如同东罗马帝国那样的僵化和缓慢腐朽，在东罗马，教会与政府合二为一，而对外力量的丧失并不使对内专制有所减轻。没有后一个原因将恢复野蛮状态，不会有联合或改良的源泉。那些小酋长和有自主权的地方贵族到处抓住地方主权，彼此牵制。意大利的城市恢复它们古时的自由，建立起自由市镇，村社地位巩固，而农奴获得所耕种土地的所有权。条顿民族平等思想的影响在瓦解和脱节的社会组织里起作用。虽然社会分裂为无数隔绝的碎片，但密切联合的思想一直存在——它的存在表现在统一帝国的重建中，也表现在对统一教会的要求上。

虽然基督教由于腐朽文明的渗透而变形和不纯；虽然在它的教堂里进入异教邪神，它的礼拜仪式中进入异教的形式，它的信经里进入异教的思想;但它人人平等的基本思想没有完全消灭。刚出现的文明出现两件非常重要的事情——设立教皇职位和教士的独身制。第一件事阻止宗教权力集中在与世俗政权同一系统里;后一件事阻止建立教士种姓制,而当时所有权力几乎都是世袭的。

在教会消灭奴隶制的努力中;在它的上帝休战日中;在它的修道院制度中;在它团结各民族的宗教会议和它的不管政治疆域到处传布的敕令中;在出身低贱者身上,它把使最高傲者对之下拜的神迹给予他们;在它的主教身上,他经过任圣职仪式与最大贵族处于平等地位;在它的"仆人的仆人"身上,以它的名义,凭一枚普通渔夫的戒指,他的教士有权仲裁国家之间的纠纷,使国王替他执镫;不管怎样,教会是联合的推进者,是人人生来平等的证人;当它早期的联合和解放工作接近完全完成时——它努力缔造的纽带已很坚固,它所保持的学识已交给全世界——它自己培养了一种精神,以打破它本来会束缚人们思想的锁链,并在欧洲的一大部分地区,分裂了它的组织。

欧洲文明的兴起和发展是一个非常巨大和复杂的主题,不可能在几段文字里加以正确的描述;不过它的所有细节和它的主要特色一样,说明在社会趋向紧密联合和较大平等时进步继续向前的真理。文明就是合作。团结和自由是它的要素。联合的大规模扩充不仅是指更大和人口更多的社会的出现,也是指商业的增加和多种多样的交易,它把每个社会联结在一起,把相隔遥远的其他社会联结在一起;还包括国际和国内法律的完善;财产与人身安全保障,个人自由以及民主政治的发展;总之,向承认人人有生活、自由和追求幸福的平等权利前进。就是这些使我们现代文明比以往任何文明伟大得多和优越得多。就是这些解放智力，它卷起使人们不了解世界大部分地区情况的无知帷幕；它测量旋转天体的轨道，并使我们在一滴水中看到颤动的生命；它为我们打开自然的神秘前室，看到长久埋葬了的过去的秘密；它驯服自然力为我们服务，与自然力相比，人力是多么渺小；它以无数重大发明增加生产能力。

在我已提到的弥漫于当前文献的宿命论思想中，甚至流行把战争和奴隶制说成是人类进步的手段。但作为联合对立面的战争，只有在它阻止今后发生战争或冲破反社会壁垒（它本身就是消极战争）时才对进步有利。

至于奴隶制，我看不到它怎么能够帮助树立自由，而作为平等同义词的自由，从人能够想象的最原始时代开始，它就是进步的刺激物和条件。奥古斯特·孔德认为奴隶制度消灭了人吃人习性，他的想法和埃利亚的幽默观念同样怪诞。后者说，人类吃了人肉才有吃烤猪肉的爱好。他假设，在人身上有一种从未发现过（除非是最不自然环境的结果）的嗜好——最可怕的需要或最野蛮的迷信[①]——就是一种原始的冲动，使他（即使在他的最低状况时也是所有动物最高状况）具有高等野兽也未显示的自然食欲。这种见解还认为奴隶制开创文明，因为奴隶制给予奴隶主有从事改良的闲暇。

奴隶制从来没有也决计不能有助于改良。不管这个社会只有

① 桑威奇群岛土人吃他们酋长的尸体以表示对他们所喜欢的酋长的尊敬。对他们憎恨的暴虐的酋长的尸体碰都不碰。新西兰土人有一种想法，吃了他们敌人，他们就得到敌人的力量和勇敢。这看来是吃战俘的根源。

一个主人和一个奴隶，还是有几千个主人和几百万个奴隶，奴隶制必然浪费人力；不但因为奴隶劳动的生产能力小于自由劳动，而且因为主人的能力在管理和监视奴隶中同样浪费掉，完全不可能运用在真正的改良上。奴隶制自始至终和其他否定人天生平等的制度一样，妨碍和阻止进步。奴隶制在社会组织里发挥作用的大小与它阻止改良的程度成正比。古典世界里奴隶制十分普遍，无疑这就是当时繁荣文学和精练艺术的智力活动从未有任何作为近代文明特色的伟大发明和创造的原因。没有一个占有奴隶的人是有创造力的人。在一个蓄奴社会里，奴隶主阶级可能变得奢侈和优雅，但绝没有创造力。凡贬低劳动者地位和掠夺劳动者劳动果实的不论任何事物都会窒息创造精神，即使出现创造发明也不会加以利用。只有自由才有唤起创造能力的魔术般的力量，有了这种能力就占有大地的宝藏和空气中看不见的力量。

人类进步的规律就是道德准则吗？只要社会调节促进正义，只要社会调节承认人与人之间权利的平等，只要社会调节保证每个人有完全的自由，个人的自由只受其他人同等自由的限制，文明必定前进。只要社会调节做不到这些，前进的文明必然停顿和倒退。政治经济学和社会科学所能教导人们的道理不可能超出1 800年前被钉在十字架上那个人教诲贫穷渔夫和犹太农夫的简单真理。这个真理虽经受人类自私心理的曲解和迷信思想的歪曲，看来还是形成一直努力系统地阐述人类精神渴望的每一种宗教的基础。

第四章　现代文明为何衰落

我们在上一章所得出的结论，同我们在那以前所得出的几个结论完全一致。

关于人类进化规律的这部分讨论不仅把我们已经在本研究中阐明的政治经济诸规律看成是层次更高的一条规律——也许是我们在思想上所能理解的最高层次的一条规律——的组成部分，而且还证明，按我提出的方式实施土地公有制将大大推动文明的进程，否则就必然导致倒退。我们这样的文明，必不进则退，停止是不可能的。它不像尼罗河流域文明一类的同质文明，这一类的文明论资排辈塑造人类，像用砖砌成金字塔一样使他们囿于成说。它同在有史时期的范围内有兴有衰且植根于这种变迁的文明要像得多。

现在的问题是凡说及无论从哪一点来看我们都不是在进步者便遭到嘲笑，我们这个时代的精神竟是那位谄媚的宰相向那位焚烧古书的中国皇帝建议发布的敕令——“胆敢议论诗书者斩；以古非今者斩且灭族”——的精神。

然而，很显然，正如我们有过兴盛的时期，我们确也有过衰落的时期；还要明显的是，这些衰落的时期并不是一开始人人都看得出的。

当奥古斯塔斯在把砖造的古罗马城改为大理石造的古罗马城，当财富日增，国力鼎盛，当胜利的军团长驱直入扩大疆域，当习俗中呈现文明、语言上刻意求精、文学艺术又添新的更加瑰丽的花朵，在这种时候，如果有谁说古罗马帝国正在走向衰落，那他就一定是个莽汉。然而事实就是这样。

而且谁留神一下都可以明白，尽管我们的文明显然是在比以往任何时候都更快地进步着，但是那导致古罗马帝国从进步走向倒退的同一原因现在也在起作用了。

使以前每一种文明归于毁灭的原因，无一不是财富和权力分配不均的趋势。这同一趋势在我们今天的文明中也观察得出，而且在影响与日俱增地起着作用，在每个进步的乡镇都可以看到这种影响，乡镇愈进步，影响的强度愈大。工资和利息日趋降低，地租日趋提高，富者愈富，贫者愈贫，中产阶级不复存在。

这个趋势的根源我已在前面查出，并已在那里说明用什么简单的方法即可以铲除这个根源。这里我要指出的是，假如不设法铲除这个根源，怎样一来进步必定变成退步以及现代文明一如以前的各种文明由盛而衰、终于退化为野蛮状态。鉴于有很多人看不出进步何至于变成退步，以为这种情况不可能发生，因此是很值得指出怎样一来这种情况竟然出现了。例如，吉本就认为，现代文明是绝对毁坏不了的，因为已经没有野蛮人去侵犯它，更何况随着印刷术的发明，印行的图书成倍增加，再度失去知识的可能性不复存在，这已成为妇孺皆知的一种看法。

社会得以进步的条件，正如我们在探索人类进步的规律的过程中所揭示的，是联系和平等。自我们第一次看到西罗马帝国灭亡后那黑暗时期内升起的文明的曙光以来，现代发展就总的趋势来说，就一直是走向政治和法律平等——走向废除奴隶制；走向废除社会等级制；走向肃清世袭特权；走向用议会制政体代替专制政体；走向宗教事务上有自决权；走向更平等的人身和财产保障而不论其地位高低、势力强弱；走向迁移和就业、言论和出版的更大自由——的。现代文明史就是朝这个方向前进，为实现人身、政治和宗教自由而斗争并取得胜利的历史。而贯穿于其间的这条总的规律，举出下列事实即可证明，每当这个趋势不可逆转时，文明就前进，而当它被遏止或受阻时，文明就停滞。

这个趋势在北美共和国已经是完美无缺地表现出来，在那里，政治上和法律上的权利绝对平等，而且由于有轮流执政制，官僚主义就连滋生都不可能；在那里，信教或不信教一视同仁；在那里，每个少年都可期望当总统，每个成年人对公众事务都有平等的发言权，每个官员能否得到那个短暂的任期，都直接、间接地取决于民众的投票。在英国，在扩大选举权和肃清君主政体、贵族政治和主教统治等残迹方面，这个趋势还没有取得胜利；而在德国和俄国这样一些神权尚存且比法律上假定存在而实际上不存在的事实多得多的国家，它还远未奏效，但已成主导趋势。欧洲很快就会完全实施共和政体了，这已只是个时间问题，或者更确切地说，是个不期而然的问题了。因此，在这一点上，在所有国家都在前进的方向上，美国是各大国中最先进的国家，正是在美国，我们得以看出这种走向人身和政治自由的趋势在多大程度上能够自行完成。

这种向政治平等发展的趋势的第一个作用，在于促进财富和权力的更平等的分配；因为尽管人口比较稀少，财富分配不均主要

还是由于人权享有不均，而只有在物质进步发生时，土地私有制过程中这种不平等趋势才会变得明显起来。但现在的情况显然是，绝对的政治平等本身并没有阻止住土地私有制过程中不平等趋势的产生，更何况还要明显的是，政治平等和财富分配日趋不均并存，最终不是导致实行有组织的极权统治的专制主义，就是导致更坏的无政府主义的专制主义。

把共和政体变成最卑鄙、最残暴的专制政体，在形式上并不一定要改变宪法或放弃普选。数世纪前，恺撒就曾当着古罗马世界绝对主人的面，要求用别的方式，而不是以在他面前发抖的元老院的权力进行统治。

但内容既已失去形式还有何用，且民选政体的形式又是自由的内容最易失去的形式。物极必反。在存在推进变化的条件的情况下，实施普选制和理论平等的政体最易变成专制政体，因为情况如此，专制政体即能以人民的名义和威力向前推进。有鉴于权力的来源只此一个，一旦大权独揽，诸事顺遂。无选举权阶级既不复存在，即已不复有事由向什么人提出呼吁，还哪来特权阶级又保卫自身权利又保卫他人权利。抵御洪水的屏障既不复存在，还哪来超越它的高地。他们是佩绶带的贵族，为首者是一个戴主教冠、用大宪章控制不兰他日奈王朝的大主教。毁了斯图亚特王朝全盛期的是中产阶级，而纯粹的豪富贵族阶层则可望收买专制君主但决计不为的。

而且条件一悬殊，普选制也就使得夺取权力来源容易起来，因为对政府的行为不直接感兴趣的人所掌握的权力多了，这些人由于受匮乏折磨、受贫穷煎熬，随时都想把他们的选票出卖给出价最高的人或是跟着最引人注目的民众领袖走;这些人由于受苦受难而变得冷酷无情,看到政府荒淫暴虐甚至反而感到满意。这种情感,我们可以想象,原本是古罗马的无产者和奴隶当他们看到卡利古拉或尼禄在富裕的贵族中间大发脾气时才会感受到的。假定一个社会实行的是共和政体,一个阶级很富,不论公众事务怎么管理,都剥夺不了它那穷奢极欲的生活,另一个阶级又很穷,选举日能得几元钱似乎就比给予任何抽象承诺都要好;少数人财富滚滚而来,多数人处境艰难,又不知道该怎样改善,因而愤愤不平——情况如此,权力必落入徇私舞弊者之手,他们会像古罗马执政官兜售古罗马帝位那样买卖这个权力,或落入民众领袖之手,这个权力他们可以夺取并执掌一个时期,然而终必大权旁落,取而代之者非更坏的民众领袖莫属。

财富分配均匀——即大众有爱国心、品德和才智——的情况下,固然是政体愈民主愈好,但若财富分配严重不均,则政体愈民主反而愈坏;因为尽管腐败的民主政体本身未必就比腐败的独裁政体坏,但其于国民性的影响却是更坏一些的。把选举权给流浪者、给穷人、给劳动机会难以得到的人、给必须乞讨或行窃或挨饿的人,无异于酿成破坏。由因为贫穷而愤怒、而堕落的人执掌政治权力,无异于在狐身上系上火把,再把它们放到尚未收割的玉米地里,无异于让参孙(大力士)圆睁双眼、两臂抱着国民生命柱。

纵观古代共和国产生元首的办法,有采取世袭继承或抽签遴选的,有时这或许就让贤者、正直的人执政了,但在腐败的民主政体下,上台者为最坏的人却是必然的趋势。诚实和爱国心遭蹂躏,无耻之尤竟得逞。最好者怀才不遇,最坏者出人头地,而且取代坏人的还只能是更坏的人。既然国民性必然受统治者思想影响而逐渐接近于他们的素质且终于被视为无可厚非，那么，我们在漫长的历史上一而再、再而三看到善恶评价标准不断败坏、导致自由民阶层沦为奴隶阶层自当不可避免。

例如，在上一世纪的英国，当时，议会也就是贵族阶层的一个封闭的团体而已，一个显然脱离民众的寡头政治集团可以存在，但对国民性不会产生多大影响，因为在那种情况下，在民众看来，权力不是与腐败，而是与其他东西联系在一起的。但如果没有世袭特征，人们又习惯地以为凡地位最低者上升为有财有势的，都是他们品质坏所使然——如果是这样，那么，对这些品质的态度，人们终会由容忍变成钦慕。腐败的民主政体终必使国民堕落，而国民一堕落也就不可救药。生命终止而躯体犹存，瘦骨嶙峋，但待命运的犁头来埋葬了。

由民选政体而为最卑劣、最堕落的专制政体，此种转变系财富不均的必然结果，现在看来已不是遥远未来的事。它在美国就已开始，且在迅速地进行着。我们立法机关的立法标准在不断降低；能力和禀赋最高的人不得不回避政治，徇私舞弊者的手腕比政治家的声誉更有价值；人们参加投票选举不像以前那样郑重其事，金钱的力量比以前增大；难以唤醒人们注意改革的必要性和将改革进行下去了；政见差别已不再是原则性差别，抽象的说教在失去说服力；党派控制政权的局面在形成中，这就总的政体而言堪称寡头政治和独裁；凡此种种，均系政治衰落的迹象。

现代产物中具有典型意义的是大城市。在这里，富豪与赤贫并存。还是在这里，民选政体几乎已经荡然无存。在美国各大城市，今天分明都有一个统治阶级，与世界上最盛行贵族掌政的各国毫无二致。这个阶级的成员，他们支配他们的选区、安排出席提名总统等候选人的全国代表大会代表的内部名单、共商分配职位事宜和——虽然他们既不耕作也不纺织——衣冠楚楚、挥霍无度。他们是实力人物，有野心者对他们是唯命是从。他们都是怎样的一些人呢？是贤哲、好人、学者——因为洁身自好、才能出众、深孚众望、政体问题上有精湛研究而得同胞信赖的人——吗？不，他们是赌徒、酒吧间老板、拳击家，或是作过操纵投票过程或买卖官职及官方决议案的交易的更坏的人。他们同这些城市的政府之间的关系，就如古罗马禁卫军之于衰落中古罗马政府的关系。当时，凡想穿紫衣、坐显要席或得到权标的人，都得亲自前往或派使者前往他们的营地，给他们赠品和向他们许下诺言。正是通过这些人，富有的公司和强大的金钱利益集团得以在参议院和法院安插进他们一手提拔的人。担任学校校长、督学、陪审法官、州议会议员、众议院议员的正是这些人。当然，在美国有很多选区，像乔治·华盛顿那样的人、像本杰明·富兰克林那样的人或像托马斯·杰斐逊那样的人也进不了某个州议会众议院，这与在法国1789年革命前的旧制度下一个出身低贱的农民成不了法国陆军元帅是一样的。他们的那种名声大概就是一个难以补救的使他们不合格的原因。

在理论上，我们是彻底的民主主义者。以猪祭神，这种建议在从前的耶路撒冷是会激起恐慌和愤怒，不过几乎不会比它在我们中间所激起的恐慌和愤怒要大一些，我们是授予我们最杰出的公民以殊勋。但在我们中间，难道不是正在形成一个握有一切权力，然而却又没有第一流人物任何一方面品德的阶级吗？我们中间有头脑简单的公民，他们控制着数千英里的铁路，数百万英亩的土地，很多人的生活资料；他们像任命他们的职员一样任命各主权州的总督、像挑选辩护律师一样地挑选参议员，而且他们的意志之于州议会就像执法不阿的法国国王的意志一样至高无上。时势的暗流似乎要把我们再度拉回我们连做梦都以为我们已经挣脱了束缚的旧秩序中去。工匠和商人阶级的产生逐渐使封建制度解体——这个制度业已发展到如此彻底的程度，人们都把天堂看作是在封建的基础上组织起来的——和把三个神性的人的合一体中的第一个人和第二个人列为封建主和封建主佃户了。但既然工业和交换业已发展起来并在土地已成为私有财产的一种社会结构中起着作用，正如古罗马帝国最终瓦解导致的不安全感迫使每个自由民都寻找一个封建主一样，这种发展势必也要迫使每个工人都寻找一个雇主的。这看来似乎是一种必然的趋势。工业到处都倾向于以一人做主、多人听命的形式出现。而既然一个人是主人，其余的均为仆人，这一个人势必控制其余人，就连投票选举这些问题上也是如此。正像英格兰地主控制他的佃户的选举权一样，新英格兰工厂主也控制着他的工人的选举权。

尽管社会赖以存在的基础显然正在逐渐遭到破坏是再清楚不过的，但我们还是要问，这样一种又有铁路又有报纸又有电报的文明何以终有可能被毁坏掉？尽管文献总表示相信我们过去是、现在是，而且将来也必然是要把野蛮状态远远地，而且越来越远地抛到我们后面去，但又确有证据表明，我们实际上已经停止向前且正在重新倒回野蛮状态。我且说明如下：野蛮状态的特征之一便是不重视人权和财产权。我们盎格鲁-撒克逊人祖先的法律惩治杀人罪是课以与受害人地位相称的罚款，我们的法律则不管地位等级，从最低者到最高者，从最穷者到最富者，一律保护，犯下死罪则一律处以死刑，这被看作他们的野蛮和我们的文明的证据。其次，海上掠夺、拦路抢劫或买卖奴隶和敲诈勒索，曾经被视为合法职业，而今成了发展的野蛮状态的确证，而我们则摆脱这种状态，向前进步了。

但实际上，尽管我们有如此法律，凡富有且想杀人者，还是可以成为我们任何一个人口集中的工商业大城市的一个成员且如愿以偿，然后向法院自首，而他将要承受的惩罚很有可能只不过是拘留和罚金——金额部分视其自有财产、部分视受害者财产和地位而定——而已。他拿出的罚金，不是要给失去了保护人的受害者的家人；不是要给失去了一个市民的那个州；而是要给懂得设法拖延找到证人和通过不正当手段使陪审团意见分歧、无法作出决定的律师。

其次，若有人偷得很多，他也许可以肯定他所要受到的惩罚实际上也就是相当于减少他一部分赃物所得收入而已；而且假如他行窃不止，足以与某个女财主亲热起来了，那么正像一个海盗在进行了成功的巡航后受到尊敬一样，他也会受到他的同伙的尊敬的。即令他劫掠了对他信赖的人；即令他劫掠了孤儿寡妇；但只要偷得多，他就能逍遥法外，在世人面前夸耀他的财富。

更不待说朝这个方向发展的趋势还是个日见明显的趋势。哪儿财富分配不均情况最严重，它就在哪儿最有力地显示出来，并且随着这种不均的扩大而加剧。如果这不是向野蛮状态倒退又是什么呢？我前面提到的种种有法不依、执法不严问题，仅仅是说明我们每个司法部门法律机构作用日减的例证。听人说最好还是回复本原、废弃法律，因为那时为自卫起见人民可以组织治安维持会和自行执法权——人们正在越来越多地听到这种说法。这是说明进步呢抑还是说明倒退？

这完全是个常识范围内的问题。尽管我们也许用不着把它说透了，然而对共和制度的总的信念显然是举凡这种制度业已达到最充分发展的地方都在淡化减弱之中。共和主义，原来曾确信是国民幸福之源泉的，现在已不再有这种坚定信念了。勤于思考的人开始注意到它的危险，但还不知道如何克服这些危险；开始接受麦考利的见解、怀疑杰斐逊的见解了。[①] 有腐化且日益严重的现象，人民也普遍习以为常了。当今美国最不祥的政治预兆是出现了这样一种看法，即不是怀疑政府机关内有正派的人，就是把那里的人看成是不会抓住机会的傻瓜。就是说，人民自己也变质堕落了。由此可见，在当今的美国，共和政体是处在这样的一个过程中，在导致财富分配不均的条件的制约下，它必须经历这个过程，否则势将崩溃。

此过程的结局是凡能思想的人都清楚的。腐化司空见惯；热心公益的精神沦丧；重名誉、重德行、重爱国心的传统削弱；法律受到蔑视、改革成泡影；则群情激愤且稍有时机即诉诸暴力。伺机而动的无耻强人遂成愚民意愿或愚民激情的拥护者，起而打碎已无活力的种种政体。于是，笔又不敌于刀，但见破坏得逞，暴力与疯狂似的激动和着因为没落的文明而发出的悲咽，夹杂一起，大事

① 见麦考利致杰斐逊的传记作者兰德尔的信。

庆祝。

我所以谈及美国，就因为美国是各大国中最先进的国家。至于欧洲，尽管在下面火势是年复一年越烧越旺，但有古老法律和习俗挡着汹涌的大潮、有常备军使安全阀失灵，那还有什么可说？欧洲是有可能实行共和主义的，但它所处的条件不会容许它实行真正的共和主义，这条件就是石油纵火犯和断头台取代了庄严肃穆的自由之神！

为什么还会有新的野蛮人？到大城市的贫民区去走一走吧，即使现在，你也还可以看到那结成部落而居的人群！知识怎么能越来越贫乏乃至枯竭？人们不读书了，书用以点火、改作弹药纸了！

想起我们的文明在经历了衰落前的阵痛——以前的每种文明都经历过这样一个过程——后所会留下的微不足道的遗迹就令人不寒而栗。报纸既不可能长留世间，它不像羊皮纸；在坚固性上，我们的宏伟建筑物和纪念碑也无法与古文明的岩石凿成的庙宇大厦相比。[①] 更何况发明不仅使我们有了蒸汽机和印刷机，还有了石油和甘油炸药。

然而在今天，哪怕只是暗示一下我们的文明可能走向衰落，那都好像是悲观主义的胡言乱语。前此我提及的种种趋势，有头脑的人固然明白，但就多数有头脑的人来说，就像众多民众一样，他们还是坚定不移地相信我们的文明在大踏步进步中——这还是一

① 我以为，指出可以从当代尚存的宗教和墓葬遗迹——我们现有的据以了解古文明的东西也就是这些了——所得的我们的文明这个概念是多么不充分以及又会是何等令人误解也是有启发的。

种丝毫不容怀疑的基本信仰。

不过凡对此会细细考虑的人都将明白，在进步逐渐变成退步的地方，情况必然如此。这是因为在社会发展过程中，如在其他一切情况下一样，运动总倾向于按直线进行，因此，一旦进步在前，便极难看出会有衰落发生了，即令这种衰落确已开始，情况亦然；人们有一种几乎难以扭转的趋势，总认为凡过去进步了的而且现在还在进步着的向前的运动，将来还会是进步的。信仰、风俗、法律、制度和思维习惯之网是永远拆不开的，它在每个社会都处于不断的编织之中，而且使得在它围绕之中的个人形成了种种不同的国民性。就是说，文明衰落之时，社会并不是沿着它们前进的原路后退的。例如，政体上表现出来的文明的衰落就不会把我们从共和政体拉回到君主政体、再从那里拉回到封建政体，而是会把我们引向元首制和无政府状态。表现于宗教上，它不会把我们拉回到我们祖先的信仰，即拉回新教或天主教，而是引入种种新式异教，异教徒的信仰可以从摩门教或它种还要粗俗的“教派”中略知一二。表现于知识上，它不会把我们引向培根，而是引向中国的文人学士。

至于文明继一个时期进步后的退步何以如此缓慢，以致不为当时所觉察；不，那种衰落何以使大多数人误以为进步，这是不难明白的。例如，古典时期的希腊艺术与东罗马帝国的艺术之间就有巨大差别；但伴随这一变化的，或者更确切地说，引起这一变化的，是鉴赏情趣的变化。艺术家中最快跟上这种鉴赏情趣变化者在当时即被看成第一流艺术家。文学亦然。一等它较前乏味、幼稚和做作了，它也就合乎某种改变了的鉴赏情趣了，按照这种情趣，它缺点愈多，也就成了优点愈多、愈美。真正好的作家于是没有了读者，他被视为拙劣、枯燥或单调的了。戏剧的衰落也是如此，不是因为缺乏好的剧本，而是因为在当时的鉴赏情趣中，受教育程度低一些的一个阶级所占地位越来越重要了，而这个阶级，当然是把他们最推崇的看作是最好的戏剧了。宗教也是这样；迷信者想给宗教增添上的迷信成分，他们是认为那是进步的因素。还有一种情况，即文明的衰落继续之时，倒回野蛮状态，尽管它本身没有被认为是一种进步，但于适应时代的要求说，又认为似乎是必要的。

例如鞭打，作为对某几种罪行的一种刑罚，近来在英国的刑法中又予以恢复了，而且在大西洋的这一边也不乏鼓吹者。这种治罪的刑罚是否比关押好，对此我不发表意见；我只想就此事实强调说明，目前的两种明显的趋势，即犯罪数量与日俱增再加囚犯供养问题致使财政困难愈益严重，有可能导致野蛮刑法中摧残身体的酷刑得到更全面的恢复。显而易见，由于人们行为粗野、犯罪增加，古罗马文明衰落以来在审讯过程中有增无减地使用拷打这种情况，可以认为是对刑法的一种必要的完善。

在目前看法的情趣的变动趋势中是否已有什么迹象表明文明在退步，这没有必要加以研究；但有很多情况，毫无疑问，是有助于说明我们的文明业已达到一个关键时期，如果不朝着社会平等的方向作出新的开始，对于将来，19 世纪就可能成为它登峰造极的标志。这些工业衰落所引起的浪费和苦难多如饥荒或战争，因此这种衰落就像人得瘫痪前出现的痛苦和休克。现在无论在哪里都已十分清楚，就是这种社会不平等的趋势——在土地被少数人垄断的地方，这是物质生产进步的必然结果——如果任由继续发展，则势必使我们的文明走向那易进难退的下坡路。无论何处，由于生存竞争日趋激烈，亦即人们为免遭被人推翻和蹂躏而越来越必须全力以赴争夺财富，我们哪还有力量去获得并保持进步。在每个文明国家，穷人、罪犯、精神错乱者和自杀者都在与日俱增。在每个文明国家，都有各种疾病，且有增无已，有得自用脑过度的，有得自营养不良的，有得自住处肮脏的，有得自单调乏味工作的，有得自使用童工的，有得自妇女为贫困所迫而不得不干的差使和犯下的罪行的。在每个高度文明的国家，逐渐提高已有几个世纪之久，本世纪头一个 25 年间似乎已达顶点的预期寿命，现在好像是都在下降了。[①]

这些数字所示的不是处在进步中的文明，而是就其潜在倾向说业已开始退步的文明。当潮水在海湾或河中由涨潮变成落潮时，这个变化并非突然完成的；涨潮之势犹存，就已开始退落了。太阳越过子午线，唯靠矮影缩短才能辨认；日温还在升高。然而，转向中的潮水不久终必完全成为落潮，西沉中的太阳终必继以黑夜；情况是如此的不容置疑，以至于尽管知识还在增加、发明还在层出不穷，新辟的州还在相继出现，以及城市还在扩大之中，但文明终于开始衰萎——我们必须建造更多监狱、更多救济院、更多精神病院以与人口成比例的时候终于到来。社会不是从头到脚，而是从脚到头走向死亡的。

① 显示这些情况的统计数字系塞缪尔·罗伊斯所搜集，见题为“退化与种族教育”的一本书，该书便于查阅，书中所提建议，纽约年高德劭的彼得·库珀慷慨解囊付诸实施了。十分令人奇怪的是，罗伊斯先生提出的唯一的补救措施乃是创办幼儿园。

但确有证据表明文明衰落的趋势，这些证据要比统计资料所能提供的要具体可见得多。莫名而又普遍的失意感；劳工阶级苦难的加深；普遍感到有骚乱和一触即发的革命的可能性。如果当此之际明确想到设法缓解了，那诚然还有一线希望；但情况并非如此。教师是有时到国外学习了，但寻根究底，彻底解决问题的总的能力却未见丝毫提高。还是向贸易保护主义倒退：一如向其他破产了的政体学说倒退，就是证明。① 而且就连达观的自由思想家，眼看那横扫整个文明世界的宗教思想的巨大变化，也不能不感到这个重大事实可能会产生极其重要的影响，而影响所及，只有未来才能显现出来。这是因为现在发生的不是宗教的形式的变化，而是否定和破坏宗教的根本思想。基督教不仅仅是清除迷信的影响的问题，在民众看来，它根本上就是在消亡中，就像基督教问世时种种老的异教在消亡中一样。而且绝无取而代之的东西。聪明的上帝和重视来生的根本观念，在民众思想上正在迅速失去位置。姑且不论这本身是否可能就是一种进步，但宗教在世界历史进程中所起作用的重要性还是证明目前进行中的这种变化是重要的。如果人类的世界历史表明人性中最深层的特性尚未发生突然变化，那么使之突变的最有力的作用和反作用现在是准备就绪了。这种观念嬗变阶段历来是过渡时期的标志。出现这种思想状态要比发生法国革命早，诚然在规模和深刻性上不如后者大（因为我认为，凡注意我们的文学的走势，且与他所遇到的人谈论这类问题的

① 就建设性的治理国家本领——重视基本原理以及使手段适应目的——而言，一个世纪前通过的美国宪法比最近通过的几个州的宪法要好得多，在这些州宪法中又以加利福尼亚州宪法的历史为最短，且系极糟糕的一部。

人都会明白唯物主义思想现在进行的是翻起底土，而不是刨一刨表土的工作）。但与现在发生着的宗教思想的瓦解最相似的变化要在古文明开始由盛及衰演变的那个时期出现。可能出现什么变化，凡人谁也不知道，但某种大变必然出现，这是富有思想的人开始感觉到了。大变动在即，文明世界摇摇欲坠。这个变动，不是向上腾越，为实现我们仍在梦寐以求的进步开路，势必向下倾覆，把我们拉回到野蛮状态中去。

第五章　极为重要的真理

我们研究的这后一部分，因受篇幅所限，我有很多想说的话只得从略了，而简略地谈谈我反复想过的一点看法不会是不恰当的。

然而，虽说前面未加详论，但至少这一点是无疑义的了，这就是，我们研究政治经济部分得出的真理，不仅同样明显地体现在民族兴亡和文明盛衰之中，而且与那些关于关联的由来已久的认识即我们所谓道德观念相一致。由此可见，我们的结论是确实可信的。

结论给人的感受是安危同在。它表明，由不公平、不平等的财富分配所引起，在现代文明的进程中日趋明显的邪恶不是进步过程中偶然出现的现象，而是必然使进步停止的趋势；它们不会自行扫除，正相反，根源不除，祸害不止，势必遵循以前每一种文明的衰败道路把我们推回野蛮状态为止。它同时又表明，这些邪恶不是自然规律造成的；其根源完全在于因违背自然规律而产生的社会失调，而在铲除这种根源的过程中，我们将大大推动文明的进步。

折磨人同时又使人变得残忍的富裕之中的贫穷，以及来源于贫穷的形形色色的邪恶，其源概出于公正之被否定。既然允许少数人独占大自然恩赐给每一个人的机会，我们也就违背了基本的公正规律——因为据我们所知，我们从大处着眼看事物时，公正看来似乎是宇宙中最主要的规律。但要根除这种不公正、维护人人享有大自然赋予的机会的权利，我们就得顺应这条规律——我们就得铲除造成财富和权力分配不合乎自然规律的不平等的主要根源；我们就得消除贫困；抑制贪得无厌的欲望；截断罪恶和不幸的源流；用知识之灯照亮黑暗的地方；推动发明、促进发现；以政治上强硬代替政治上软弱；和杜绝无政府状态与专制。

我提出的这种改革符合政治、社会或道德上的一切需要。它具有真正改革所必需的特性，因为它有助于使其他所有改革都容易进行。其宗旨就是不折不扣地在形式和内容上实现独立宣言阐明的真理——“不言而喻”的真理，而该宣言的核心是“人生来平等；他们享有某些不可剥夺的天赋权利；其中包括生存、自由和追求幸福的权利！”

一旦平均地权被否定，这些权利便全被否定，因为有了土地人类才能生存。政治权利平等补偿不了天赋平等权利的被否定。一旦平均地权被否定，随着人口增长和发明迭出，政治自由必成竞争饥饿工资条件下的就业岗位的自由而已。这是我们过去忽视的真理。于是，我们的街道上有了乞丐、马路上有了游民；贫穷使我们夸耀为政治上的君主的人变成了奴隶；匮乏导致了我们的学校启迪不了的愚昧；平民按主人的意旨投票；蛊惑民心的政客窃据了政治家的地位；金钱法力无边；不要说公民品德这个赞辞，就连虚假的捧场也不配获得的人身居要职；我们原以为十分强固的共和国的支柱由于负担日重已显倾斜。

我们在名义上、形式上尊敬自由女神，我们为她树塑像、唱赞歌。但我们对她又将信将疑。因此我们求之心切，她也就愈见至高无上。她容不得虚情假意！

自由女神！信之则诚心诚意祈求，夸夸其谈震耳欲聋则无济于事。因为自由即公正，而公正乃自然规律——保障兴旺、平衡和力量的规律，体现博爱和互助的规律。

凡认为自由女神当她废除了世袭特权并给了人们以投票权之时便已完成了其使命、凡认为她与日常生活再无关系的人，都没有明白她的崇高之所在——在他们看来，歌颂过她的人似乎必为狂人、为她而献身者似乎又系傻瓜无疑！正如太阳既是生命之源又是光源，阳光不仅穿过云层，且助长一切生物之发育、提供一切活动以契机和变一切原本无情无生命之物为多种多样的生物和美好事物，自由与人类的关系也是如此。人类不是为了某种抽象概念才忍饥挨饿命赴黄泉，在每个时代，自由女神都为之作证，为自由女神而殉难者饱经沧桑。

我们认为自由是一回事，德行、财富、知识、发明、民族强盛和民族独立是另外一回事。但就这一切而论，自由是源泉、是母亲、是必要条件。她之于德行，犹如有颜色而添上了光泽；她之于财富，犹如有谷物而得着了阳光；她之于知识，犹如有风景而映入了眼帘。她是发明的才能、民族强盛的肌体、民族独立的精神。自由兴则德行蔚然成风，财富日积月累，知识有增无已，发明而使人类才智倍增，且见更自由的民族在力量和精神上崛起于其邻邦之中，犹如身材高大眉清目秀的索尔格外引人注目一样。自由衰则德行沦丧、财富日减、知识贫乏、发明中断，且见文治武功上原系强大的帝国一蹶不振，成为自由一些的野蛮人唾手而得的战利品！

自由的太阳迄今是还只有部分微弱的光芒洒向人间，但进步则全靠她才产生的。

自由女神来到在古埃及鞭子下直不起身子的奴隶中间,把他们从监狱中放了出来,使他们在沙漠中经受锻炼并把他们训练成为一个征服者民族。摩西法律中的自由精神使他们当中的思想家高居显赫的社会地位,终于得以一瞻上帝创造的一切,并以还在用言语表达最高思想境界的诗歌激励他们当中的诗人。自由女神开始出现在腓尼基人的海滨,船只穿越两岸悬岩对峙的直布罗陀海峡,破浪前进,驶向未知的海洋。她的部分光芒照到古希腊,于是大理石异彩纷呈,给人以各种理想的美的享受,语言成了解释最深邃的思想的工具,来犯的大王的无数军队,在各自由城邦为数不多的民兵的抗击下,就像巨浪击石,溃败了。她的光芒照到意大利农民四英亩大小的农庄,从她的力量中孕育出了征服世界的一个国家。这光芒从德意志武士的盾上反射回来,但见奥古斯塔斯为他的军团的覆灭落了泪。黑夜过后,黎明到来,她的斜射的光线再度落在了自由城邦之上,于是科学复兴、现代文明开始、新世界出现;而且自由兴则艺术繁荣、财富聚积、力量增强、知识扩充,一派勃勃生机。在各民族的历史上,我们都可以看到这同一真谛。是产生于大宪章的力量赢得了 Crecy 和 Agincourt。是自由从都铎王室暴政下的复兴为伊丽莎白女王时代增了光添了彩。是把一个加冕的暴君推上断头台的精神在这里播下了参天大树的种子。适值西班牙获得统一之际,是古代自由的活力使它成了世界头号强国,后来只是由于民主亡而暴政起才沦为最弱的国家。注意,在法国,17 世纪暴政下奄奄一息的一切理智的力量是由于 18 世纪民主觉醒才重振雄威,而当代克敌制胜的强大力量又是建立在大革命时期

法国农民有了选举权的基础之上的。

我们怎么可以对她将信将疑呢?

在当代,一如以往,引起不平等从而破坏自由的阴险力量正在悄然渐衰。在地平线上,乌云开始低垂,自由又在向我们召唤。我们必须进一步跟随着她;我们必须对她深信不疑。要不我们完全接受她,要不她就离去。人类有选举权,这还不够;在理论上,他们在法律面前还应该人人平等。他们必须有利用机会和生活资料的自由;他们必须有享受自然恩泽的平等权利。非如此,则自由之光离去!非如此,则黑暗来临,进步所释放出来的力遂成破坏进步的力。这就是一般规律。这就是几个世纪给我们的教训。社会结构除非建立于公正的基础之上,否则是维持不下去的。

我们首先要作出的社会调整就是扭转公正遭否定这一现实。允许某一个人占有维系他人生存的土地,我们就在某种程度上使得他们成了这个人的奴隶,受奴役的程度且随物质生产进步而加深。这是阴险的炼丹术,它在用他们所不了解的方法榨取各文明国家大众的繁重劳动的成果;这是在建立一种更残忍、更无希望的奴隶制以取代已被捣毁的奴隶制;这是在废除政治自由而实行政治专制主义,它不久就会使民主政体变成无政府主义。

它把物质进步这原本使人得福的事变成了祸根,它使人们挤进有害健康的地窖和贫民窟;它充斥于监狱和妓院;它使人们因贫困而痛苦、因贪心而憔悴;使妇女丧失纯真的女性美;使小孩丧失生命之晨的欢乐和天真无邪的心灵。

文明,其基础如此,是持久不了的。宇宙的永恒的规律不容它存在。灭亡的帝国的遗迹可资证明,每个活着的人证明说它持久不了。是比仁慈更崇高、比博爱更威严的力量，亦即公正本身，要求我们纠正这一错误。公正是否认不了的；公正也不容被废弃——正义的公正自是不可战胜的。我们还要以礼拜仪式和祈祷式击退飞来的横祸吗？饥饿的婴儿哭、疲惫的母亲泣时，我们还要以建教堂来抗拒宇宙的永恒规律的旨意吗？

做做祷告原也无妨，但把由于贫穷所致的痛苦和野蛮归因于莫测高深的神意，使自己束手求助于上帝和让上帝对我们大城市的贫穷与犯罪负责，那就是亵渎神明的言辞。我们往往亵渎神明。我们往往中伤神明。仁慈的人是可以把世界治理得好一些，正直的人是可以用脚踩掉溃疡性蚁冢！但使我们文明中罪恶和苦难加重的不是全能之神，而是我们。上帝给了我们大量礼物——真是太多了。但像猪争食一样，我们互相厮扭着在泥潭中把它们全给践踏了——在泥潭中把它们全给践踏了！

今天，就是在那些文明的中心，贫穷和痛苦也足以让那些没有闭上眼睛、不是麻木不仁的人伤心了。我们敢求救于上帝，要他消除人们的忧虑吗？就算上帝听到了祷告，而且宇宙间太阳的确也遵照上帝旨意燃烧释放出了更大能量，空中一派生机、地面充满活力，每一根草现在都长成两根、发芽后苗株增加 50 倍的种子现在能增加 100 倍了！就算这样，贫穷会消除呢，抑还是匮乏能减少？显然都不能！由此而增生的利益，有也只能是一时之利。源源不断流经物质世界的新的财富只有通过土地才能得到利用。而土地又系私有财产，因此现在垄断着这一天赋资源的阶级也必垄断全部新的自然资源。得益者唯土地所有者而已。地租提高了，而工资还是会低于维持温饱所需的水平！

这不只是政治经济学上的推论，而且还是人们身感实受的实际情况。我们了解这一点就因为我们耳闻目睹过这种情况。就以我们这个时代说，我们就亲眼看到，人类有能力驾驭一切、有能力使整个世界种种神秘现象具体化、有能力制造一切了，这就恰如自然界向人类提供的东西增加一样，使人们可以享有的东西增加了。有人想到了要利用蒸汽为人类服务。又有人说起要利用闪电作环球通讯用了。在每个方面都有人把物质的规律一一揭示出来，在每个工业部门都出现了钢制铁造的机器工具，其于财富生产的影响，恰如自然界向人们提供的东西增加了一样。结果如何？还不是土地所有者得到了一切。本世纪种种辉煌的发现和发明既没有使工资提高，也没有使劳动减轻，其结果只是使少数人更富有、使多数人处于更绝望境地。

上帝赋予的礼物可以如此不受惩罚地被人霸占吗？劳动者一无所获，贪婪者财源茂盛——多数人饥肠辘辘，少数人挥霍无度——这难道是可以容忍的吗？翻一翻历史吧，每一页上都写有教训说，这种邪恶绝不能任由逍遥法外，惩治不义的复仇女神绝不会迟疑或睡觉！再看看今天的情况。这种情况能让它继续下去吗？我们能说“身后之事于我何干！”？否，国家的支柱即使现在也已在摇晃，而社会的基础，由于有在地下燃烧而释放的力的撞击，也开始颤动。不是使社会得到复兴就是使之变成废墟的斗争，不是业已开始的话，也即将来临。

命令已经发出！虽然蒸汽和电相继得到利用，社会进步又孕育出种种新的动力，自然力不是把我们推向更高的发展阶段，就是使我们走向毁灭，就像以前一个个民族、一种种文明走向毁灭一样。而遭到毁灭前所存的幻想从人们的不安——文明世界是因此而在剧烈震动着——中所看到的，仅仅是一时的原因产生的一时的结果。民主思想与主张贵族执政的社会调整之间有某种不可调和的冲突。在这里的美国和在那里的欧洲一样，都可以认为是出现这种冲突了。我们不能继续又是让人们得到选举权，又是迫使他们到处流浪。我们不能继续又是让男孩、女孩在公立学校得到教育，而后又不给他们以过体面生活的权利。我们不能继续又是空谈不可剥夺的人权而同时又不给不可剥夺的享受天赋的权利。即使现在，旧瓶所装新酒也已开始发酵、自然力也已积聚，冲突不可遏止！

但只要还有时间，我们求助于正义女神且听她的话，我们信赖自由女神且跟她走了，现在构成威胁的危险就必定消失，现在构成胁迫的力量就会变成提高我们发展水平的力量。想一想现在浪费了的精力吧；想一想尚待开发的无限的知识领域吧；想一想那种种可能性吧——关于这，本世纪令人惊奇的发明还仅仅给了我们一点点启示呢。在贫困被克服的情况下，在贪欲变成崇高感情的情况下，在源于平等的博爱取代了现在招致人们你争我夺的猜忌和忧虑的情况下，在有条件悠闲自得用不着绞尽脑汁的情况下，谁估量得出我们的文明所能达到的高度？言必有中——难！未来的世界是诗人吟诵过、高级预言家用比喻方法讲过的黄金时代！它是一直以忽明忽灭的光辉迷住人的壮丽景观！它是基督教的极盛期——有宝石砌墙、珍珠作门的地上天国！它是耶稣的王国！

结　束　语

个人生活问题

我要做的事做完了。

但我还是思绪万千。研究完前面的几个问题，我又想起还有一个更为高深的问题尚需讨论。社会生存问题的背后，还有一个个人生存的问题。我感到光考虑其中的一个问题而不顾及另一个问题不行，并且我还想到，在这一点上，本书的读者也是和我思想相通的。因为诚如基佐所说："当文明史已告完成，当我们的现状已无可赘述，此时，人们定会自问是否都说透了，是否就无缺憾了？"

这个问题我现在讨论不了。我提起它来只是因为在写本书的时候，我就有过这种想法，它曾使我有过说不出的高兴，在这里说一下，读者中或许也有会感到高兴的；因为不论本书的命运如何，总会有人读它，他们在内心深处是已接受了某种新十字军的十字章的。这个想法不待我说他们也会有；但我们能更肯定地说，我们看到一颗星还是在我们知道其他的人也看见了它的时候。

我尽力试图阐明的真理，人们不会轻易接受的，否则，他们早就接受了，否则，它就绝不会令人费解了。但它会有知音——愿为它苦干的人；愿为它受累的人；如有必要愿为它死的人。这就是真理的力量。

真理最终会胜利吗？最终会的。但在我们所处的时代，或是在人们对我们还想得起来的时代，谁知道呢？

就对不公平的社会制度所造成的贫困与苦难、愚昧与野蛮有过身感实受的体会，因而决心一息尚存就要根除这些问题的人来说，有失望和痛苦之时在所难免。这在过去如此，现在也还是这样。但最令人沮丧的想法——最好、最勇敢的人有时也有这种想法——还在于认为他们在作绝望的努力、无谓的牺牲。

我们用不着闪烁其词。在这个世界上，真理和正义的旗帜举起了，而后又倒下了——而且常常是通过流血的方式被砍倒——的事，真是层见叠出。如果反对真理的是弱小力量，谬误何以经久不衰？如果正义只要一抬头非正义就会魂不附体，被压迫者何以长吁短叹？

但就明白了真理就照办，认识到正义就支持的人来说，成功不等于一切。什么成功不成功，谬误不也常有成功之时，非正义不也常有成功之时，难道真理和正义按理说就不应有它们自己的——在本质上属于它们的，而不是偶然得到的——成功吗？

它们有的，而且此时此地凡感觉到它们是占了上风的人都知道这一点。但有时不觉乌云蔽日。那些惨遭不幸否则一定当为同辈人作出贡献的人的传记，读起来真让人伤心。苏格拉底被毒死了；格拉古死于棍棒和石块之下；而其中最伟大、最纯洁的一人则被钉死在十字架上。这些还似乎只是部分例子而已。

现在，从俄国监狱里押出一批一批男女犯人，上着镣铐，解到西伯利亚流放地，他们如果不是有高尚的爱国心，何至于如此，定会过上舒适奢华的生活。在每一个国家中又有多少人贫困潦倒，忍受冷落和凌辱，连使人感到安慰的同情都没有得到就死去了？这是我们看到的。

但就是这些吗？

写这本书时，我曾捡到一张报纸。上有一则记述在基辅处决三个民粹主义者的短闻，显然系从一篇半官方的报道翻译过来的。这三个人中，一个是普鲁士国民勃兰特纳，一个无名士自称安托诺夫的，再就是贵族奥辛斯基。在绞刑架下还是让他们彼此吻别了。“然后就是绞刑吏切断绳子，法医宣布受刑者已死，尸体在绞刑架脚下一埋，三个民粹主义者遂被永远遗忘。”上述短闻如是说。我不相信。不；他们不会被遗忘！

本书从开始到完成，是怎么想就怎么写的。我下决心动笔，我一无理论要予以支持，二无结论要予以证实。只是一了解到大城市的惨状，我就惊恐万状，苦恼之至，非要弄清它的原因，找到根治的方法不可。

但由于进行了这项研究，我得到了某种意外的收获，某种泯灭的信心也恢复了。

渴望永生是内心深处的一种感情，它生而有之，而且随着见多识广而愈益强烈起来。这种感情，恐怕没有人会比那样一些人真正有更深刻的感受，他们已经开始明白宇宙之浩瀚和每一次的知识进步在我们面前所开辟出来的无限前程——这种前程非世世代代探索不止否则是不可能得到的。但在现时文化氛围下,对大多数已不受纯粹教义束缚的人来说,这种渴望只能是出于人的利己主义、虚无缥缈而且幼稚的幻想,其实现就连一点根据或理由都没有,恰恰相反,倒有根据或理由证明它与实际知识是矛盾的。

可不,当我们分析和探索起那种种使来世的希望破灭的观念的根源时,我认为我们会发现它们的根源不是自然科学的什么新发现,而是政治和社会科学中某些已在各个方面深深渗入人心的教义。就是这样一些教义,即人口生产增长过速以至于物质供给难以满足需要的趋势;罪恶和贫穷乃自然规律所使然,且系人类赖以不断进步的方法;以及人类的发展是人种缓慢进化的结果。这些获得普遍接受、认为是无可争辩的真理的教义,除了歪曲科学的解释外,便是违背自然科学发展所揭示的规律——它们使个人处于无足轻重的地位;它们使在宇宙处于有序化的情况下所能存在的这样一种观念——尊重人的生存或承认我们称为思想品德的素质——归于破灭。

人类永生的观念难以与大自然总是摧残人——它总是使人处于没有机会的境地——的观念一致起来。上帝必英明和仁慈的观念难以与这样一种信念相一致:不幸和堕落,即大多数人类的命运,系起因于上帝的旨意;尽管有看法认为,无论从心灵还是从身体上说,人类都是遗传特征导致永久继续的缓慢诱发变异的结果,这无可辩驳地使人想起这种观念,即人类生存的目的不在于个人得生存而在于民族得生存。就这样,在生存斗争与忧患中给予最有力支持和最深沉安慰的那种信念，我们当中有很多人已经失去，我们当中还有更多的人正在失去。

我们在进行本研究的过程中，已经讨论了这些教义并指出它们的谬误。我们指出，人口增长不存在超出供养界限的趋势；我们指出人力耗费和人类饱经苦难不是自然规律所造成的，而是因为人们愚昧、自私和违背自然规律的结果。我们指出，人类进步不靠改变人性取得，正相反，一般说来，人性看来好像就从未变过。

由此可见，我们用不着恐惧，没有恶魔在阻止现世人憧憬来世。困难是还有——因为不管走哪一条路，结果如何我们都无法预料；但看来似乎是决定性的、克服不了的困难毕竟都排除了。于是，还是有希望。

但不限于此。

政治经济学过去被称为沉闷的科学，而且照着现在的教法，现在也还是没有希望的，让人感到绝望。但正如我们已经指出的，其所以如此，是因为这门学科的编讲者唯命是从，以假乱真，自相矛盾，欲言又止，鞭挞邪恶不力，结果反倒袒护了不公正行为。政治经济学原本应有它自己的对称性，如在这点上摆脱前人的窠臼——我是作了尝试了，那还是充满希望的。

不言而喻，按照支配财富的产生和分配的规律，现存社会状态中是不一定会有贫困和不公正的，正相反，它会是这样的，没有贫困，而且人性中全部优秀的素质和卓越的才能都有机会得到充分发展的社会状态。

还有，当我们明白社会的发展既不是由某种自然力所支配，也不是由某种无情的命运所支配，而是由既不可改变又施惠于人的规律所支配的时候；当我们明白人的意志是重要的因素，但当人们结为一体，其状况如何还要看他们怎么组织起来的时候；当我们明白经济规律和道德规律本来就是一条规律，而有识之士费尽心血掌握的真理，不过也就是良心凭着敏锐的直觉即可感知的事物的时候，个人生存问题也就不用担忧了。这些人，数以百万计，跟我们一样，同在这个地球上生活。他们有欢乐也有悲伤，有辛劳也有追求，有抱负也有忧虑；他们对事物有超乎一般感知的敏锐洞察力，他们有共通的感情，就连最歧异的信念也有了并存的基础，他们生老病死，相继逝去了，现在也不例外，他们的一生是短暂的，但岂能与无意义的废物相提并论。

各门科学所揭示的重大事实就是规律的普遍性。无论在哪里，也不管是苹果落地现象还是双星运行现象(双星即指两个恒星)，只要天文学家观察得到，他都能注意到相同的规律在起作用，这个规律在我们所能辨别的最微小的空间内起作用，就像它在天文学所涉及的无边无垠的距离内起作用一样。在天文学家天文望远镜所能观察到的范围之外，一运动着的天体飞来又离去。就天文学家可以观察到的该天体的轨道而言，看不到这个规律在起作用。天文学家会说这是一种例外吗？相反，天文学家会说，这仅仅是他所看到的一部分轨道；在他的望远镜所达不到的范围，这个规律仍在起作用。天文学家作出了这样的预言，他的话将在几个世纪后得到证实。

如果我们描绘出制约人类社会生活的规律，我们将会发现，在最大的社会中和最小的社会中，这些规律都是相同的。我们将发现，乍看起来似乎是背道而驰的和例外的东西，实际上仅仅是同一原理的不同表现形式而已；我们将发现，在我们所能观察到的任何地方，社会规律都会碰到道德规律，并同道德规律相一致；我们将发现，在社会生活中，正义确实会得到报答，非正义必将受到惩罚。但这些我们在个人生活中是不可能看到的。如果我们只着眼于个人生活，就不可能看到普遍规律同好的或坏的，正确的或错误的，正义的或非正义的最细小的联系。[①] 我们能够说，在社会生活中非常明显的规律在个人生活中就不正确了吗？这么说是不科学的。对其他事情我们也不能这样说，我们不是可以确切地说，这只不过证明我们还不明白个人生活的全部含义吗？

政治经济学所发现的规律，就像物质世界中的事实和关系，看来好像是与智力发育规律一致的，智力发育不是一种必然的、不自觉的进步，而是一种人的意志起着启发力作用的进步。但在人活着的时候，正如我们所认识到的，智力发育也就走了一点点路。智力是在体力衰竭以后才开始醒悟的——那时它才朦朦胧胧地意识到在它的面前有一片广阔的天地，它才开始学习和发挥它的作用，认识各种关系并寄予同情，而此时，它也随着身体的死亡而消失了。除非有某种回天之力，否则此时智力看来好像只能是萎缩、衰

① 我们可别欺骗孩子。只是因为柏拉图曾经说过，当他们把我们告诉他们的值得嘉许的传说抛弃时，他们也全把我们告诉他们的真的东西也抛弃了。与自己有关的美德通常会给他们带来好报。不论是一个商人或一个贼如果他严肃、谨慎、信守诺言，他就会更加成功的；至于与自身无关的美德——

“不论有谁得到了他应该得到的，
还是有什么功绩他得到了，
那似乎都是精神世界的故事而已。”

竭。不论是像洪堡那样的人，还是赫歇耳那样的人，从皮斯加山眺望上帝赐给亚伯拉罕的迦南地方的摩西那样的人，统领军队的约书亚那样的人，或是在狭小的圈子中过着美好生活的和蔼可亲的人，如果上述智力和性格的发育就此止步的话，那似乎就会是意志脆弱的人，而与我们从宇宙的环环相扣、不断发展中所能看见的结果不一致了。

就支配我们智力发育的一条基本规律——实际上即政治经济学赖以得出所有推论的规律，我们想象不出会有什么没有目的的手段，和没有宗旨的计划。诚然，对于万物，就我们在这个世界上所接触到的来说，人类身上的智力的证实和利用提供这种目的和宗旨了。但除非人类自身继续发展或有新的进步，否则其生存就难理解。这种形而上学的必然观念是如此顽固，以至于仅仅给予个人以生命的人不得不把可以尽善尽美的观念给予民族了。但是，正如我们所看到的，而且这个论点原来也可以表述得透彻得多的，现在没有任何东西表明民族有任何根本的进步。人类的进步并不是人性的进步。体现文明的进步不靠人的素质获得，而靠社会的素质获得。因此，它们不是一成不变的，而是随时有可能失去——不，无时无刻不在消失着。况且，如果人类的生存就此止步而不超过我们在这里所论述的范围的话，那么我们面临的民族的困难就会同个人的困难完全一样！因为个人固然要死亡，民族同样确定无疑地也必死亡。我们知道地球上曾经出现过人类难以生存的地质条件。我们知道这种条件还会再出现。即使现在，由于地球按固定轨道旋转，北极的冰盖也在慢慢变厚，而且，冰河再次流动，偏南的海浪向北涌流，以至于把现代文明的中心淹没于海水

之下，正像它们现在也许就淹没着其发达程度和我们文明一样高的古代文明一样，这样的时期也在逐渐到来。经历了这些时期后，科学看到的是一个无生命的地球，一个能量枯竭的太阳——太阳系由各天体碰撞在一起的结果，整个太阳系还原为气态等等巨变重新开始的一个时期到来。

那么生存，绝对、必然地与死亡相连的生存——的意义是什么呢？我以为只有作为另一个生存的通道，生存才是可以理解的。而且，生存的实际情况，只有用某种理论才说明得了；这种理论，唯神话和信条才能表达，而人类借以尽力描写他们的最深刻的感性认识的这些神话和信条，又的确在随时随地以某种方式予以表达了。

过去人们的种种经典——圣经，亚吠陀经，吠陀经，Dhammapadas，和可兰经；古老哲学的种种神秘学说，种种奇异宗教的深意，全基督教会会议的教规，福克斯人、韦斯利美以美教派教徒和萨服那洛拉人的训诫，红印第安人的传统和黑色野蛮人的信仰，都有它们彼此一致的某种核心思想——某种像是人们对于同一基本真理的大相径庭的理解。从我们一直在追求的那一系列思想中，模模糊糊好像有一种过去的人们朦朦胧胧看到的东西——最终关系的某种隐约的显现，即为表达这种显现所作的必然分解或典型和象征的努力。有种着善恶之树的花园。有主人有活可干的葡萄园。有死后通向来世的道路。有我们看不到结局的考验和奋斗。

回头再来看看今日的世界。

看哪！就在此时此地，在我们这个文明社会，古老的象征还有意义，古老的神话还有人相信。尽职之道还常常通向死荫的幽谷，浮华市场的街道上走过基督教徒和伊斯兰教徒，圣战不止。善灵还在与邪神作战——神明还在与魔鬼作战。战斗的号角之声，不绝于耳。

号角声声，直听得善灵心潮激荡！不屈的精神、高昂的斗志，世界观在需要它们。美还未挣脱桎梏，金戈铁马还在摧残人生的真善美。

而与善灵一起作战的人们，虽然也许彼此并不认识，有朝一日总会在某个地方应召从军。

真理和公正好似硕果累累，但我们也许并没有真正明白。我们能真正明白吗？一切都在消失，即使在我们这里，我们也是莫名其妙的。能使人感到有光和色存在的物体的振动，频率一旦超过某一点，我们也就不能辨别了。只有在类似的幅度内，我们才能听到声音。就连动物也有我们所没有的感官。与太阳系相比，我们的地球不过是小到难以辨别的一点而已；而太阳系本身与茫茫宇宙相比又是沧海一粟。我们能说我们视而不见的就会湮没无闻吗？不，不会湮没无闻。在我们知识的范围之内，自有永恒的规律支配一切。

希望之不灭，就是各种宗教的灵魂！诗人歌颂过它，预言家预言过它，有着最强劲脉搏的人的心同它相呼应地跳动着。普卢塔克说，这是在任何时代、任何国度心地纯洁、眼光敏锐的人——他们就像站在思想发展的顶峰眺望苍茫的大海，注视到了陆地的朦胧出现——都要说的：

“人的灵魂，由于包裹在肉体和感情内，除了借助于哲学，仅仅在想象中就像做梦那样得以与上帝有交往以外，别无联系。但一旦脱离肉体而进入了看不见的、无形的、不可通行的和纯粹的天空，上帝就成了它们的领袖和国王；在那里，它们可谓完全地依靠他，而且全神贯注地凝视着一往情深地感受着人所表达或讲述不了的那种美了。”

译 名 对 照 表

三 画

马尔萨斯 Malthus

凡·温克尔,里普 van Winkle,Rip

四 画

韦兰 Wayland

韦德,本 Wade,Ben

韦斯特,爱德华 West,Edward

韦尔斯,戴维·A Wells,David A.

韦德伯恩,戴维 Wedderburn,David

巴师夏 Bastiat

巴克尔 Buckle

巴特勒 Butler

贝姆 Behm

贝赞特,安妮 Besant,Annie

比特 Bute

比塞特,安德鲁 Bisset,Andrew

戈德温 Godwin

戈东诺夫,鲍里斯 Godoonof,Boris

瓦格纳 Wagner

内姆西斯 Nemesis

匹克威克 Pickwick

牛顿,艾萨克 Newton,Isaac

孔德,奥古斯特 Comte,Auguste

五 画

布拉西 Brassey

布尼安 Bunyan

布利斯戴尔 Bleesdale

布莱克斯通 Blackstone

卡莱尔 Carlyle

卡利古拉 Caligula

卡德摩斯 Cadmus

卢梭 Rousseau

卢库卢斯 Lucullus

卢克莱修 Lucretius

尼禄 Nero

尼科尔森,N. A. Nicholson,N. A.

史密斯 Smith

史密森 Smithson

古尔德 Gould

弗勒德 Flood

加图 Cato

边沁 Benthan

兰德尔 Randall

汉尼拔 Hannibal

白哲特，沃尔特 Bagehot，Walter

六　　画

安泰 Antæus
安东尼 Antony
安托诺夫 Antonoff
安德森，詹姆斯 Anderson，James
西利 Seeley
西塞罗 Cicero
西皮奥 Scipio
西耶斯，阿贝 Sieyès，Abbé
华莱士 Wallace
华盛顿，乔治 Washington George
华兹华斯 Words worth
亚伯拉罕 Abraham
亚历山大 Alexander
托勒密 Ptolemy
托克维尔，德 Tocqueville，De
多伊，约翰 Doe，John
多伊奇，伊曼纽尔 Deutsch，Emanuel
伊丽莎白 Elizabeth
伊拉斯谟 Erasmus
吉本 Gibbon
亚里士多德 Aristotle
米开朗琪罗 Michael Angelo

七　　画

阿斯特 Astor
阿尔瓦 Alva
阿普尔顿，D. Applcton，D.
阿里，穆罕默德 Ali，Mohammed
阿加西斯 Agassiz
克鲁索，鲁宾逊 Crusoe，Robinson
克莱夫 Clive
克利福德 Clifford
克娄巴特拉 Cleopatra
克利斯托，蒙特 Cristo，Monte
麦考利 Macaulay
麦卡洛克 McCullcch
沃克，阿马萨 Walker，Amasa
沃克，弗朗西斯·A. Walker，Francis A.
里德，温伍德 Reade，Winwood
里德利 Ridley
汤森 Townsend
汤姆 Tom
希罗狄安 Herodian
希勒里 Hillery
纳塞 Nasse
杜阁 Turgot
扬，阿瑟 Young，Arthur
伯克 Burke
李嘉图 Ricardo
苏格拉底 Socrates
阿里，海德 A1i，Hyder
狄摩西尼 Domosthenes
利特里姆 Leitrim
库珀，彼得 Cooper，Peter

八　　画

拉班 Laban
拉姆，查尔斯 Lamb，Charles

拉蒂默，休 Latimer Hugh
拉夫勒耶，M. Laveleye，M.
拉扎勒斯 Lazarus
恺撒 Cæsar
凯尔恩斯 Cairnes
凯默 Keimer
凯里，亨利·C. Carey，Henry C.
凯勒，乔治·W. Cuyler，George W.
罗杰斯 Rogers
罗，理查德 Roe，Richard
罗思柴尔德 Rothschild
罗伊斯，塞缪尔 Royce，Samuel
迪克 Dick
欧几里得 Euclid
参孙 Samson
佩里 Perry
孟德斯鸠 Montesquieu
杰斐逊，托马斯 Jefferson，Thomas
图德，伊丽莎白 Tudor，Elizabeth
范德比尔特 Vanderbilt
坦南特，威廉 Tennant，William

九 画

哈勒姆 Hallam
哈里 Harry
科林斯，J. A. Collins，J. A.
科贝茨 Cobbetts
洪吉 Hongi
洪堡 Humboldt
柏拉图 Plato
威斯敏斯特 Westminster
勃兰特纳 Brandtner
南丁格尔，弗洛伦斯 Nightingale，Florence

十 画

泰恩，M. Taine，M.
泰勒，理查德 Taylor，Richard
格拉古，提比略 Gracchus，Tiberius
荷马 Homer
哥伦布 Columbus
特威德 Tweed
埃利亚 Elia
拿破仑 Napoleon
莎士比亚 Shakespeare
夏多布里昂 Chateaubriand
高塔马 Gautama
桑顿，威廉 Thonnton，William
班克罗夫特 Bancroft
莫尔，托马斯 More，Thomas
海因德曼，H. M. Hyndman，H. M.

十 一 画

维什努 Vishnu
维吉尔 Virgil
维多利亚 Victoria
梅因，亨利 Maine，Henry
梅塞纳斯 Mæcenas
基佐 Guizot

十 二 画

斯密，亚当 Smth，Adam
斯韦香 Swetchine

斯坦福 Stanford
斯多葛派 Stoic
斯威夫特 Swift
斯图尔特，詹姆斯 Stewart. James
斯宾塞，赫伯特 Spencer，Herbert
普利尼 Pliny
普赖斯 Price
普卢塔克 Plutarch
普伦基特 Plunkett
道奇，埃德温 Dodge，Edwin
道勒，苏拉哲 Dowlah，Surajah
奥尔良 Orlean
奥辛斯基 Ossinsky
雅各布 Jacob
富兰克林，本杰明 Franklin，Benjamin
温克尔赖德 Winkelried
奥古斯塔斯 Augustus
黑斯廷斯，沃伦 Hastings，Warren
惠廷顿 Whittington

十三画以上

魁奈 Quesnay
福西特 Fawcett
赫歇尔 Herschel
德拉夫勒耶，埃米勒 de Laveleye，Emile
德拉夫勒耶，M. de Laveleye，M.
德维尔，维尔 de Vere Vere
德斯塔尔 de Stael
德保罗，味增爵 de Paul，Vincent
摩西 Moses
穆勒，约翰・斯图尔特 Mill，John Stuart
戴夫斯 Dives

图书在版编目(CIP)数据

进步与贫困/(美)亨利·乔治著;吴良健,王翼龙译.
—北京:商务印书馆,2017
(汉译世界学术名著丛书:120年纪念版:珍藏本)
ISBN 978-7-100-14187-1

Ⅰ.①进… Ⅱ.①亨… ②吴… ③王… Ⅲ.①经济思想史—美国—近代 Ⅳ.①F097.124

中国版本图书馆CIP数据核字(2017)第137531号

汉译世界学术名著丛书
(120年纪念版·珍藏本)
进步与贫困
〔美〕亨利·乔治 著
吴良健 王翼龙 译

商务印书馆出版
(北京王府井大街36号 邮政编码100710)
商务印书馆发行
南京爱德印刷有限公司印刷
ISBN 978-7-100-14187-1

2017年12月第1版 开本710×1000 1/16
2017年12月第1次印刷 印张32

定价:150.00元